»Man huldigt nicht diesem Eros, ohne zum Fremden zu werden in unserer Gesellschaft, wie sie nun einmal ist«, schrieb der homosexuelle Schriftsteller Klaus Mann verbittert und resigniert. In Deutschland haben die Vorurteile gegenüber der Homosexualität eine lange Geschichte, die bis ins christliche Mittelalter zurückreicht und auch mit der Propagierung der »sexuellen Revolution« in den sechziger Jahren noch nicht ihr Ende gefunden hat. Ein historischer Überblick über die Diskriminierung und Verfolgung von Homosexuellen in Deutschland seit dem Mittelalter bis zur Neuzeit erscheint um so wünschenswerter, als eine solche zeitlich umfassende Darstellung bisher noch nicht vorliegt. Die Begriffe, mit denen Liebe und Sexualität zwischen Männern bezeichnet werden, wechselten im Laufe der Geschichte. Den Begriff »Homosexualität« gibt es erst seit Mitte des vergangenen Jahrhunderts. Entsprechend den Begriffen änderten sich auch die Argumente gegen homosexuelles Verhalten. Für das Christentum des Mittelalters war Homosexualität die heidnische Sünde par excellence und wurde entsprechend hart bestraft. Bis zur Aufklärung wurde das Thema weitgehend verdrängt, und in der Folgezeit wurde die Homosexualität als Bedrohung der bürgerlichen Normen empfunden. Die Wissenschaft der Jahrhundertwende betrachtete die Homosexualität als Krankheit, eine Auffassung, die von Nazis aufgegriffen und mit barbarischer Konsequenz zu Ende gedacht und praktiziert wurde. Asozial und krank sind weiterhin die am häufigsten benutzten Etikette im Zusammenhang mit Homosexualität.

Helmut Blazek, Jg. 1959, hat Germanistik, Philosophie und Theaterwissenschaft studiert. Nach Lektorentätigkeit an der Prager Universität absolvierte er eine Verlagslehre und ist heute freier Autor und Mitarbeiter von Schwulen-Zeitschriften.

Helmut Blazek

Rosa Zeiten für rosa Liebe

Geschichte der Homosexualität

 Fischer
Taschenbuch
Verlag

Originalausgabe
Veröffentlicht im Fischer Taschenbuch Verlag GmbH,
Frankfurt am Main, November 1996

Gesamtherstellung: Clausen & Bosse, Leck
Printed in Germany
ISBN 3-596-12819-6

Gedruckt auf chlor- und säurefreiem Papier

Inhalt

Danksagung

Mein besonderer Dank gilt Dr. Nicole Schaenzler für die kritisch-liebevolle Durchsicht des Manuskripts sowie Klaus Böldl, der für die Thematik stets ein offenes Ohr hatte. Beide haben mir die Arbeit an dem Buch durch ihre Anregungen sehr erleichtert.

Schwulsein bedeutet, daß diese Entscheidung das ganze Leben durchdringt, das bedeutet auch, vorgeformte Lebensweisen abzulehnen, das bedeutet, aus seiner sexuellen Wahl den Motor für eine Veränderung seiner ganzen Existenz zu machen.

Michel Foucault

»Man huldigt nicht diesem Eros, ohne zum Fremden zu werden in unserer Gesellschaft, wie sie nun einmal ist; man verschreibt sich nicht dieser Liebe, ohne eine tödliche Wunde davonzutragen.« Mit diesen bitteren Worten äußerte sich der schwule Schriftsteller Klaus Mann zum Thema Homosexualität.

Dieses Buch versucht aufzuzeigen, mit welchen Vorurteilen Schwule in allen Epochen der Geschichte konfrontiert waren; es will dem Leser einen historischen Überblick geben über die Geschichte der Homosexuellen von der griechischen Antike bis in die 90er Jahre unseres Jahrhunderts. Der Schwerpunkt liegt auf den historischen Ereignissen in Deutschland.

Dem Autor ist bewußt, daß die Abhandlung eines derart gewaltigen Zeitraums zwangsläufig zu Verkürzungen führen muß; dennoch scheint ein solcher Überblick über die Geschichte der Schwulen-Diskriminierung und der ihr entgegenwirkenden Emanzipationsbewegungen notwendig, da es in der vorliegenden Literatur eine zeitlich umfassende Darstellung des Themas nicht gibt.

Bestimmte Kapitel, wie etwa dasjenige zur NS-Zeit, haben einen größeren Umfang als andere (etwa das zum Mittelalter); der Autor ging bei dieser Gewichtung davon aus, daß die jüngere und jüngste Vergangenheit für den heutigen Leser von besonderer Relevanz sein dürfte.

Die Begriffe, mit denen man die homosexuelle Liebe bezeichnete, wechselten im Laufe der Epochen. In vorliegendem Buch werden die Ausdrücke »Homosexualität« bzw. »Schwulsein« verwendet, und zwar ausschließlich im Sinne von Sexualität, die sich auf Partner gleichen Geschlechts richtet.

Der Begriff »Homosexualität« wurde in Deutschland erst im Jahr 1869 geprägt; im klassischen Altertum oder im Mittelalter gibt es keine genauen Synonyme dafür. Und das ist kein Zufall: Der Präsident der Deutschen Gesellschaft für Sozialwissenschaftliche Sexualforschung in Berlin, Erwin J. Haeberle, weist darauf hin, daß die Homosexualität »kein Naturphänomen (ist), sondern eine soziokulturelle Konstruktion, die nur in den westlichen Industrienationen seit dem 18. Jahrhundert möglich war« (*Süddeutsche Zeitung* v. 17. 3. 1994).

Heute gehen Sexualwissenschaftler davon aus, daß es »homosexuelle Männer« gar nicht gibt, sondern nur Männer, die mit anderen Männern Sex haben. Es gibt keinen »homosexuellen« Persönlichkeitstypus, Wesenszug oder Charakter, sondern nur »homosexuales Verhalten, das auf einem weiten Spektrum verschiedener Häufigkeit und wechselnder Intensität weit über die Bevölkerung verteilt ist« (Haeberle, ebd.).

Wie sich die Begriffe für »Homosexualität« wandelten, so änderten sich auch die Argumente, die gegen homosexuelles Verhalten ins Feld geführt wurden.

Homosexualität wurde im Mittelalter als heidnische Sünde *par excellence* betrachtet, da sie gegen die Gesetze Gottes und der Natur verstoße. Darüber hinaus sah man in ihr einen Affront gegen das Bibelwort »Seid fruchtbar und mehret Euch«.

Das Christentum, das eine künstliche Trennung von Körper und Geist einführte, bestrafte schwule Beziehungen auf das härteste. Geprägt wurde diese radikale Verurteilung von Homosexualität von der jüdischen Sexualmoral. Im Alten Testament (3. Buch Moses) heißt es: »Wenn jemand bei einem Manne liegt wie bei einer Frau, so haben sie getan, was ein Greuel ist, und sollen beide des Todes sterben.«

Weder »Lustknaben« noch »Knabenschänder« können laut Paulus in das Reich Gottes gelangen.

Seit dem vierten Jahrhundert stand auf gleichgeschlechtliche Liebe (oft auch auf lesbische Beziehungen) in beinahe sämtlichen christlichen Staaten die Todesstrafe.

Im Zeitalter der Reformation und Gegenreformation wurde das Thema Homosexualität in deutschen Landen weitgehend verdrängt; die neue Theologie behandelte es so gut wie nicht. So ging Martin Luther in seinen Schriften, in denen er sich kritisch mit dem Enthaltsamkeitsideal der katholischen Kirche befaßte, auf Homosexualität kaum ein. Dies ist erstaunlich, hätte Luther doch schwules Verhalten katholischer Geistlicher als Ausdruck der Degeneriertheit der katholischen Kirche agitatorisch instrumentalisieren können.

In der Zeit der Reformation (16. Jahrhundert) gab es in der Rechtsprechung tiefgreifende Wandlungen.

Kaiser Karl V. erließ die »Peinliche Gerichtsordnung«, die für homosexuelle »Delikte« den Feuertod vorschrieb, und das für das ganze Heilige Römische Reich.

Das Thema Homosexualität wurde so gründlich verdrängt, daß es hundert Jahre später, zur Zeit des Absolutismus, z. B. in der Literatur überhaupt nicht auftauchte – nicht einmal in Grimmelshausens »Simplicius Simplicissimus«, wo es an der Schilderung (sexueller) Sitten und Gebräuche wahrlich nicht mangelt.

Erst in der Epoche der Aufklärung (18. Jahrhundert) wurde in Deutschland über Schwulsein wieder öffentlich diskutiert. Die alles auf die Vernunft setzende Aufklärung wollte auch dieses Phänomen erklären, wenngleich sich selbst Schriftsteller und Philosophen vor Homosexualität ganz offensichtlich ekelten. Die Aufklärer kamen zu dem Ergebnis: Schwule Aktivitäten sind ein Ersatz für heterosexuelle. Und gewöhnt sich ein Mann erst einmal daran, wird ihn nichts mehr dazu bringen, »auf den Weg der Natur zurückzutreten«. So der Jurist Johann Jakob Cella. Homosexualität wurde als unvernünftig betrachtet, da sie nicht der Fortpflanzung dient. In der deutschen Aufklärung (aber auch schon bereits im Mittelalter) wurde eine These vertreten, die in der NS-Zeit und sogar noch in der Adenauer-Ära wieder auftauchte: Zwischen einer starken Verbreitung von Homosexualität und dem Verfall eines Staatswesens bestehe ein Zusammenhang.

Somit wurden schwule Männer als Bedrohung für das Gemeinwesen betrachtet.

Eine liberalere Einstellung Schwulen gegenüber findet sich bei Intellektuellen aus der Goethe-Zeit. Homoerotisches Empfinden wurde von Goethe selbst, dem Schriftsteller Jean Paul und dem Literaturkritiker Friedrich Schlegel nicht mehr negativ bewertet, aber ein Ausleben der Homosexualität kam für sie keineswegs in Frage. Die genannten Autoren bejahten zwar homoerotisch gefärbte Männerfreundschaften, schwule Liebschaften jedoch lehnten sie ab. Schwules Empfinden, so Jean Paul, sollte der Mann in den Dienst der absoluten, romantischen Liebe zur Frau stellen. Jean Paul, wie auch Goethe, betrachtete homosexuelles Fühlen als eine Art Übergangsphase: Zum Erwachsenwerden gehört, auf das Ausleben von Homosexualität zu verzichten.

Explizit gegen das aufklärerische Dogma von Sexualität wandte sich der Jurist Friedrich Wilhelm von Ramdohr, insofern er schwule Neigungen als durchaus natürlich bezeichnete. Schwules Empfinden sei Ausdruck einer Persönlichkeit, und ein solcher ureigenster Ausdruck könne niemals moralisch verwerflich sein. Aus seiner revolutionären Sexualtheorie hat Ramdohr jedoch keine Konsequenzen für das praktische Leben gezogen: Das Ausleben von Homosexualität lehnt auch er ab; schwule Männer sollen sich mit Männerfreundschaften begnügen.

In der Zeit vom Biedermeier bis zur Gründerzeit spielt die im Mittelalter und der Aufklärung vertretene Ansicht, Homosexualität sei widernatürlich, da sie nicht der Fortpflanzung diene, keine so große Rolle mehr. Abartig gilt Schwulsein jetzt deshalb, weil Schwule in ihrem gesamten Wesen »weibisch« seien und so gegen ihre wahre Natur – die männliche – verstießen. Diese Wende in der Argumentation hängt mit dem neuen bürgerlichen Verständnis von Ehe und Familie zusammen. Die Familie wird jetzt nicht mehr nur als Garant von geordneter Sexualität, von Bevölkerungswachstum und streng geregelter Erziehung betrachtet, sondern stellt einen Gegenpol zur Arbeitswelt dar, der für Intimität sorgt. Gerade das, was der in der zunehmend härter werdenden Arbeitswelt agierende Mann nicht bekommt – nämlich Geborgenheit und Zuwendung –, das soll ihm nun das traute Heim mit zugehöriger Frau am Herd bereiten. Aufgrund des biologischen Unterschieds sei der Mann »männlich« (d. h. aktiv und fordernd), die Frau »weiblich« (d. h. passiv und hingebungsvoll).

Diese Rollenverteilung unterdrückte nicht nur die Frauen, sondern auch schwule Männer, denn aufgrund ihres »mannweiblichen Wesens« sah man in ihnen eine Bedrohung dieses Systems. Der Homosexuelle wurde als Feind bürgerlicher Norm und Kultur angesehen; er wurde nicht nur moralisch geächtet, sondern auch juristisch verfolgt.

Die Auffassung, daß Schwulsein eine krankhafte Erscheinung sei, setzte sich gegen Ende des 19. Jahrhunderts bei immer mehr Psychiatern durch.

So sonderbar es auf den ersten Blick scheinen mag, bot diese Pathologisierung von Homosexualität schwulen Männern eine gewisse Chance: nämlich die Möglichkeit, sich öffentlich über ihr Schwulsein zu äußern.

Indem sich Schwule selbst als krank bezeichneten, konnten sie über ihr »Leiden« sprechen – es handelte sich jetzt ja weder um eine

»Sünde« noch um ein »Verbrechen«. Wie stark manche Schwule ihre Form der Sexualität als etwas Krankhaftes betrachteten, zeigt die Schrift *Gedanken zum Sexualitätsproblem* (1909) des dänischen Autors Hermann Bang. Der homosexuelle Mann, so heißt es darin, sei ein Irrtum der Natur, eine ebensolche Verfehlung wie ein »schiefes Blatt« oder ein »schiefes Ohr«.

Weil Homosexuelle krank seien, so die Argumentation von Ärzten wie Richard von Krafft-Ebing oder Rudolf Virchow, dürften sie juristisch nicht belangt werden. Krafft-Ebing verfaßte 1894 eine Streitschrift, in der er die Abschaffung des Paragraphen 175 forderte, der für »widernatürliche Unzucht«, zwischen Personen männlichen Geschlechts Gefängnisstrafen und sogar die Aberkennung der bürgerlichen Ehrenrechte vorsah. Insbesondere der Berliner Arzt Magnus Hirschfeld setzte sich für die Streichung des § 175 ein. Hirschfeld, selbst homosexuell, war einer der Begründer der deutschen Sexualwissenschaft, sozialdemokratischer Reformpolitiker und führende Figur der ersten Schwulenbewegung in Deutschland. Im Gegensatz zu Krafft-Ebing oder Virchow vertrat er die Ansicht, daß Homosexualität eine völlig natürliche Form von Sexualität sei. Diese These begründete er mit seiner Theorie der »sexuellen Zwischenstufen«, der zufolge es kaum einen rein männlichen oder rein weiblichen Menschen gibt. Vielmehr sei die sexuelle Wirklichkeit bestimmt von unendlich vielen sexuellen Zwischenstufen. Weil es *unendlich viele* solcher Stufen gäbe, sei es nicht möglich, festzustellen, wo auf dieser Folge von Stufen Gesundes aufhören und Krankes anfangen solle.

Der Kampf Magnus Hirschfelds und anderer Wissenschaftler gegen den § 175 war vergeblich; er blieb weiterhin bestehen.

Daß Homosexuelle krank seien: diese Ansicht vertraten auch die Nationalsozialisten. Ihre Absicht war es, die schwulen »Volksschädlinge« »auszumerzen«.

Dabei gingen sie mit äußerster Brutalität vor: Wissenschaftler nehmen heute an, daß zwischen 5000 und 15 000 Männer, die aufgrund des § 175 verurteilt und in Konzentrationslager eingewiesen wurden, dort ums Leben gekommen sind. Nahezu alle »Argumente«, die in der Geschichte bislang gegen Homosexualität aufgeführt wurden, finden sich in der NS-Ideologie wieder: Neben der Ansicht, Homosexualität sei eine »ansteckende Seuche«, die vor allem die Jugend bedrohe, betrachtete man Schwule als Staatsfeinde. Bevölkerungspolitisch gesehen sei der homosexuelle Mann ein »Blindgänger«, der seine Zeugungskraft sinnlos verschwende, anstatt sie in den Dienst der Ausbreitung der »arischen Rasse« zu stellen – er sei ein Verhinderer der Fortpflanzung und bedrohe dadurch das Weiterbestehen des deutschen Volkes. Wie schon in der Zeit des Biedermeier galten Homosexuelle bei den Nazis als abartig, weil sie »weibisch« seien, und ebenso wie im frühen 19. Jahrhundert betrachtete man Schwule als Bedrohung der starren Grenzziehung zwischen »männlicher« und »weiblicher« Rolle. Auf diese Grenzziehung legten die Nationalsozialisten größten Wert, aber nicht deshalb, weil man das Konzept von Familie als Raum des Intimen bewahren wollte. Vielmehr war den NS-Ideologen die Aufrechterhaltung des tradierten »Gegensatzes« männlich–weiblich deshalb wichtig, weil dieses anthropologische Modell die Ausprägung männlich-aggressiver »Tugenden« legitimierte.

Als Gefahr für das in Rede stehende Geschlechterrollen-System wurden Homosexuelle auch in der Adenauer-Ära betrachtet. Die Bundesrepublik übernahm nicht nur die gegen Homosexualität gewandten »Argumente« der Nazis, sondern behielt auch den vom NS-Regime verschärften § 175 bis zum Jahr 1969 (!) bei. Schwule wurden in der Bundesrepublik Deutschland weiterhin massiv diskriminiert: Die Haft homosexueller Männer in Konzentrationslagern wurde als Vorstrafe betrachtet (!); von irgendeiner Art von Wiedergutmachung war nicht die Rede. Dagegen wehren sich seit kurzem acht schwule Überlebende des Holocaust aus verschiedenen europäischen Staaten. Sie veröffentlichten eine Erklärung *(Declaration Of Gay Survivors 50 Years After Their Liberation)* in Zusammenarbeit mit dem »Holocaust Memorial Museum« in Washington. In dieser Erklärung heißt es: »Wir wenden uns an die junge Generation und an alle, die nicht von Haß und Homophobie geleitet werden. Bitte unterstützen Sie uns in unserer Anstrengung, an die Nazi-Grausamkeiten gegen Juden, Zigeuner, Behinderte, Zeugen Jehovas, Freimaurer, polnische und russische Kriegsgefangene, Widerstandskämpfer und Homosexuelle zu erinnern und sie zu dokumentieren (Zit. n. *Frankfurter Rundschau* v. 2.8.1995).«

Der Homosexuelle als Kranker: Dieser irrigen Ansicht leistet in jüngster Zeit der kalifornische Neurobiologe Simon LeVay Vorschub, wenngleich er dies nicht beabsichtigt. In seinem Buch *Keimzellen der Lust* (Heidelberg, Berlin, Oxford 1994) behauptet er, daß die sexuelle Ausrichtung von Männern als hetero- oder homosexuell von der Beschaffenheit einer Region im Hypothalamus (einem Teil des Zwischenhirns) abhängt. Dieser Nucleus sei bei heterosexuellen Männern bedeutend größer als bei Frauen und homosexuellen Männern, und erst aus dieser besonderen Größe entstehe sexuelles Begehren nach Frauen. Stark vereinfacht bedeutet LeVays Theorie, daß Schwule nicht über genügend Gehirnzellen verfügen, um erotisches Interesse an Frauen entwickeln zu können. Wer homosexuelles Verhalten als pathologisch betrachtet, kann sich durch LeVays Buch also bestärkt fühlen: Schwulen »fehlt« eben doch etwas.

Einen schweren Schlag für die Emanzipationsbewegung der Schwulen, die sich in den siebziger Jahren entwickelte, bedeutete und bedeutet das Auftreten der Immunschwächekrankheit AIDS zu Beginn der achtziger Jahre.

Die Ansicht, daß Homosexualität etwas Krankhaftes sei, scheint sich durch das Phänomen AIDS für weite Teile der Bevölkerung zu bestätigen. Das in der Nazi-Zeit propagierte Bild vom Homosexuellen, der Gesunde mit seiner »Krankheit« ansteckt, lebte durch AIDS wieder auf. In Susan Sontags Aufsatz *AIDS und seine Metaphern* (München, Wien 1988), in dem sich die US-amerikanische Essayistin und Autorin mit der sozial- und medizinpolitischen Bedeutung der Metaphorisierung von AIDS befaßt, wird festgestellt: »Es scheint so, als brauchten alle Gesellschaften eine Krankheit, die sie mit dem Bösen identifizieren und ihren ›Opfern‹ als Schande anlasten können...«.

Susan Sontag hebt hervor, daß AIDS in erster Linie nicht als Krankheit betrachtet und analysiert wird, sondern daß Politiker, Ärzte und »Moralisten« das seuchenhafte Auftreten von AIDS dazu nutzen, die Krankheit als »Plage« zu metaphorisieren und so in einen politischen Zusammenhang stellen, in welchem Visionen vom Untergang der Menschheit und der Welt bestätigt zu werden scheinen.

Der durch das Auftreten von AIDS vermehrt auftretenden Schwulenfeindlichkeit wirkte im März 1994 der Deutsche Bundestag entgegen: Der § 175 – Symbol der Diskriminierung von Homosexuellen in Deutschland – wurde gestrichen. In seiner letzten Fassung hatte der Paragraph homosexuelle Handlungen mit Männern unter 18 Jahren unter Strafe gestellt, während das Schutzalter für Mädchen bei 16 Jahren lag. Diese offenkundige Ungerechtigkeit ist nun endlich beiseite geräumt.

Die Gesetzesreform diente auch der Vereinheitlichung des Rechts in

West- und Ostdeutschland, wo die 16-Jahres-Grenze schon länger galt. Verbunden mit der Abschaffung des § 175 wurde eine Vorschrift geschaffen (§ 182), die Jugendliche unter 16 Jahren – unabhängig vom Geschlecht – vor sexuellem Mißbrauch schützen soll. Unter Strafe stehen jedoch nur solche Fälle, in denen der ältere Partner eine fehlende Fähigkeit zu sexueller Selbstbestimmung des Mädchens oder des Jungen ausnützt.

Mit der Abschaffung des § 175 (er war seit 1871 in Kraft) geht ein Kampf zu Ende, der 123 Jahre lang dauerte. Grund zum Jubilieren gibt es für Schwule in Deutschland deshalb jedoch nicht: Homosexuelle Männer werden in den letzten Jahren zunehmend von rechtsradikaler Gewalt bedroht; überdies hat die Diskriminierung von Schwulen und Lesben am Arbeitsplatz erschreckende Ausmaße angenommen. Und nach wie vor haben homosexuelle Paare nicht die Rechte, die heterosexuellen vom Staat und der Kirche eingeräumt werden.

Das vorliegende Buch beschränkt sich darauf, die Geschichte der *männlichen* Homosexualität zu umreißen – selbstredend nicht deshalb, weil der Autor eine historische Darstellung der Unterdrückung und des Emanzipationskampfes weiblicher Homosexueller für überflüssig hielte, im Gegenteil: Die Thematisierung der lesbischen Liebe verdient gewiß Untersuchungen, die sich ausschließlich darauf konzentrieren – sie sollten aber besser von Frauen verfaßt werden.

August 1996
Helmut Blazek

1. Von der Schwierigkeit, Knaben richtig zu lieben

Antikes Griechenland

»… in dem Augenblick, wo ich ihn eintreten sah, war ich, ich muß es gestehen, ganz erstaunt über seine Schönheit und Gestalt; alle Welt schien in ihn verliebt zu sein und war befangen und verwirrt, als er eintrat; eine Schar von Verehrern begleitete ihn. Daß erwachsene Männer wie wir diesem Eindruck unterworfen waren, überraschte nicht, aber ich fand diese Stimmung auch bei den Knaben; alle bis zum kleinsten Kinde, wandten sich um und sahen nach ihm, wie nach einer Statue« (zit. n. Symonds, 1992: 60).

So äußert sich Sokrates in Platons *Charmides* über die Ankunft eines schönen Jünglings. War Homosexualität im antiken Griechenland akzeptiert? Es hat wohl wenig Sinn, diese Frage so zu stellen, denn die Griechen dachten nicht in Kategorien wie Homo-, Bi- oder Heterosexualität. Michel Foucault, dessen Ausführungen zur Homoerotik im alten Griechenland zu den fundiertesten Untersuchungen zu diesem Thema gehören, schreibt dazu:

»Die Griechen setzten die Liebe zum eigenen und die zum andern Geschlecht nicht als zwei einander ausschließende, radikal unterschiedene Verhaltensweisen gegenüber. Die Unterscheidungslinien folgten nicht einer solchen Grenze. Der Gegensatz zwischen einem Mann, der sich zu mäßigen und beherrschen weiß, und einem, der sich den Lüsten hingibt, war vom Gesichtspunkt der Moral aus viel wichtiger als der zwischen den verschiedenen Kategorien von Lüsten, denen man sich am liebsten widmen mochte« (Foucault, 1991: 237).

Für die Griechen war es selbstverständlich, daß ein Mann eine Frau oder einen anderen Mann begehren konnte, da der Mensch Sehnsucht nach dem »Schönen« habe, gleich welchen Geschlechts dieses sei; keineswegs war ein männer- oder jungenliebender Mann für sie von Natur aus »anders«. Doch fällt auf, daß die griechische Gesellschaft die *paiderastia*, also die Liebe zwischen einem erwachsenen Mann und einem Jüngling oder Knaben, als etwas Problematisches betrachtete, sonst hätte es keinen Grund gegeben, über Homoerotik so intensiv zu diskutieren, wie es damals der Fall war.

Worum ging es in den Auseinandersetzungen über Männerliebe? Zunächst einmal ist festzuhalten, daß Gegenstand dieser Diskurse die Liebe zu Knaben und kaum die zwischen erwachsenen Männern war. Die Beziehung zwischen einem älteren, bereits »entwickelten« und aktiven Mann und einem jüngeren, heranwachsenden Mann stellte für die Griechen einen empfindlichen Bereich des gesellschaftlichen Lebens dar. Das Verhältnis Mann–Knabe wurde einem Ritualisierungs-System unterworfen, welches »das wechselseitige Verhalten und die jeweiligen Strategien (definierte), die beide Partner beachten müssen, um ihren Beziehungen eine ›schöne‹, ästhetisch und moralisch wertvolle Form zu geben« (Foucault, ebd.: 249). Die Rollenverteilung bei dem Verhältnis Mann–Knabe war eindeutig: Der *erastés* (der erwachsene Liebhaber) übernahm den aktiven, die Initiative ergreifenden Part; dem *erómenos* (der geliebte Jüngling) wurde die passive Rolle zugewiesen.

Vom Mann wurde erwartet, daß er seine Liebe zeigte, aber auch zu kontrollieren wußte, den Knaben mit Geschenken umwarb, ihm vernünftige Ratschläge erteilte und sonstige Dienste erwies (etwa das Knüpfen von Beziehungen, die für den Jungen förderlich waren); der Knabe oder Jüngling dagegen durfte nicht zu schnell nachgeben, hatte sich jedoch dem Mann dankbar und erkenntlich zu zeigen. Ein Vergleich der Beziehungen Mann–Knabe und Ehemann–Ehefrau ist für das Verständnis der Knabenliebe aufschlußreich: Die Frau ist auf das Haus, also einen Innenraum, verwiesen, während sich der Mann »außen«, etwa an öffentlichen Versammlungsorten, aufhält. Letzteres trifft auch auf den Knaben zu, dem ebenfalls öffentliche Orte – wie Gymnasium oder Ringplatz – zugeordnet sind. Wird die Frau von ihrem Mann »regiert«, so »regiert« der Mann den Knaben – insofern er kein Sklave ist – keineswegs: Der Knabe ist frei in seiner Entscheidung, und gerade daraus resultiert für den Mann beim Werben um den Jüngeren ein Lustgewinn: Das Werben stellt ein libidinös besetztes »Kampfspiel« dar, bei dem als Grundregel gilt: Der Ältere hat die Entscheidungsfreiheit des Jüngeren zu akzeptieren. Es ist ein Kampfspiel, bei dem der Prozeß des Älterwerdens eine entscheidende Rolle spielt.

Die Bedeutung des Faktors Zeit bei der Knabenliebe hat der im 6. Jahrhundert v. Chr. lebende Dichter Theognis in einer seiner Elegien klar zum Ausdruck gebracht:

»Knabe, wie lange noch willst du mich fliehen? Damit ich dir folge, um dich zu suchen. Zum Ziel komme ich schon noch dabei. Dir steht die ganze Welt offen. Und so beginnst du zu flüchten, weil du den wilden Instinkt eines Raubvogels hast. Bleibe doch stehn! und gewähre mir Liebe! Denn all die Geschenke Aphrodites hast du doch nur für ganz kurze Zeit« (zit. n. Campe, 1994: 17).

Knaben waren für die Griechen vor allem deshalb begehrenswert, weil sie sich in einem Übergangsstadium befanden; es gab die Auffassung, »daß ein Mann seiner Schönheit wegen am meisten bewundert wurde, bevor ihm der Bart zu sprießen begann« (Dover, 1983: 67). Zwar konnten auch erwachsene Männer dem Schönheitsideal der Griechen entsprechen (das zeigt etwa die klassische Bildhauerei, die den Körper des Mannes dem des Jungen vorzieht), doch »in der Sexualmoral ist es der jugendliche Körper mit seinem eigentümlichen Zauber, der als das ›gute Objekt‹ der Lust empfohlen wird« (Foucault, ebd.: 253 f.). Die typischen körperlichen Merkmale des Heranwachsenden wurden keineswegs wegen ihrer Ähnlichkeit zur weiblichen Schönheit geliebt, sondern sie wurden »an sich selber oder in ihrer Nachbarschaft mit den Zeichen und Verheißungen einer sich ausbildenden Männlichkeit geschätzt: die Kraft, die Ausdauer, der Schwung gehörten ebenfalls zu dieser Schönheit: und es war gerade gut, daß die Übungen, die Gymnastik, die Wettkämpfe, die Jagd sie verstärkten und daß sie so garantierten, daß diese Anmut sich nicht ins Weichliche und Weibliche verkehrt« (ebd.: 254).

Ein zentrales Problem der »griechischen Liebe« bestand darin, daß der spezielle Reiz eines Heranwachsenden nur von kurzer Dauer ist – »die Geschenke Aphrodites« besitzt der Knabe, wie Theognis schreibt, eben »nur für ganz kurze Zeit«. Aus dieser Tatsache resultierte beim Liebhaber die Angst, die Anmut des Knaben vergehen zu sehen, und der Knabe fürchtete sich davor, daß sich der Mann von ihm abwenden könnte, wenn er aufhörte, Knabe zu sein. Da es als unstatthaft galt, wenn der Mann nach der Adoleszenzphase seines Geliebten weiterhin ein sexuelles Verhältnis zu ihm aufrecht erhielt, die Verbindung zwischen den beiden aber auch nicht zerstört werden sollte, fand man folgende »Lösung«: Die Liebesbeziehung sollte in eine Freundschaft (*philía*) umgewandelt werden, die im Gegensatz zur Knabenliebe den Vorteil besaß, *dauerhaft* zu sein. Was genauer unter dieser Freundschaft verstanden wurde, beschreibt Foucault: »*philía* heißt die Ähnlichkeit des Charakters und der Lebensform, das Teilen der Gedanken und der Existenz, das wechselseitige Wohlwollen« (ebd.: 255).

Die Sexualethik der Griechen forderte keine erotische Beziehung zwischen Ehemann und Ehefrau; von der Institution Ehe wurde in erster Linie die Sicherung des Nachwuchses erwartet. Im Gegensatz dazu betrachtete man bei der Knabenliebe den Bezug zum Eros als notwendig, wenn es darum ging, die Beziehung auf eine schöne und vollkommene Ebene zu heben. John Addington Symonds, der mit seiner Studie *A Problem in Greek Ethic* (1883) die erste umfassende Interpretation der griechischen Päderastie vorlegte, vertritt die Auffassung, »daß die Knabenliebe für ethisch höher galt als die zum Weibe« (Symonds, 1992: 51). Seine These stützt sich auf Platons *Symposion*, in dem eine Unterscheidung zwischen himmlischer und irdischer Liebesgöttin (*Aphrodite*) vorgenommen wird: Die Liebe, die das »Kind« der irdischen Aphrodite ist, »ist ihrem Wesen nach gemein und kennt keine Unterschiede, da nur die niedere Art der Männer sie fühlt; sie paßt für die Liebe zu Frauen so gut wie für die Liebe zu Jünglingen; sie gilt mehr dem Körper als der Seele« (zit. n. Symonds, ebd.: 51 f.). Anders verhält es sich mit der Liebe, die Produkt der himmlischen Aphrodite ist:

»Wen sie inspiriert, der wendet sich dem Manne zu und entzückt sich an dem, der die tüchtigste und geistvollste Natur ist; jeder kann den reinen Enthusiasten an der Art seiner Zuneigung erkennen, denn er liebt nicht einen Knaben, sondern ein geistiges Wesen, dessen Vernunft sich zu entwickeln beginnt... Wenn die Liebenden solche zu ihren Gefährten wählen, so wollen sie ihnen treu bleiben, ihr ganzes Leben mit ihnen verbringen und sie nicht in ihrer Unerfahrenheit gewinnen, sie betrügen, ihr Spiel mit ihnen treiben...« (ebd.: 52).

Die antike griechische Gesellschaft legte größten Wert darauf, daß der Mann den Knaben nicht sexuell ausbeutete; er mußte ihm gegenüber Selbstbeherrschung an den Tag legen. Disziplin wurde aber auch vom

Knaben verlangt; der Heranwachsende mußte sich darüber im klaren sein, daß Nachlässigkeiten bezüglich seiner Ehre Schande über ihn bringen und damit seiner späteren Karriere schaden konnten. Das Übergangsalter vom Knaben zum Mann galt als eine Art »Probezeit«, in welcher der junge Mann seinen moralischen »Wert« beweisen mußte; verhielt er sich in dieser Zeit nicht tugendhaft, konnte sich das negativ auf seinen zukünftigen Rang im Stadtstaat (*Polis*) auswirken. Dabei waren die Verhaltenskriterien genau festgelegt:

»Es geht um die wohlbekannten Punkte der griechischen Erziehung: die Haltung des Körpers (sorgfältige Vermeidung der *rhathymía*, dieser Verweichlichung, die immer ein schändliches Zeichen ist), die Blicke (in denen sich die *aidós*, die Scham zeigt), die Art zu reden (sich nicht in die Leichtigkeit des Schweigens flüchten, sondern ernsthafte und spielerische Rede zu mischen wissen), die Qualität der Leute, mit denen man umgeht« (Foucault, ebd.: 263).

Wie man sich einen idealen Knaben vorstellte, zeigt eine Stelle aus der Komödie *Die Wolken* von Aristophanes:

»Wenn er sass, bedeckte er sich anständig; wenn er aufstand, vergass er nie, den Eindruck, den er in den Staub gemacht hatte, wegzuwischen, damit niemand ihn sähe, wenn er fort war. Bei Tisch ass er, was ihm hingesetzt wurde, und plauderte nicht unnütz. Auf der Straße suchte er nie den Blick Vorübergehender auf sich zu lenken, um einen Liebhaber zu finden... Er ehrte das Alter und bildete sich ein Vorbild der Sittsamkeit. Im Gymnasion gab er sich edeln und schönen Übungen hin oder lief mit seinen Kameraden um die Wette« (zit. n. Symonds, ebd.: 55).

Insbesondere prüfte man das Verhalten des Knaben auf dem Gebiet der Liebe. Keineswegs galt es für ihn als Schande, begehrt zu werden; im Gegenteil: Daß er von Männern umworben wurde, interpretierte man als Zeichen dafür, daß er besondere Qualitäten besaß. Welche Qualitäten an einem Jüngling geschätzt wurden, darüber gibt der *Eroticus*, eine feierliche Rede von Demosthenes, Auskunft. Der Vortrag, der den Jüngling Epikrates lobt und ermahnt, preist dessen Tugend und Schönheit, durch die sich Epikrates über die anderen jungen Männer erhebt;

sein Wert besteht vor allem darin, daß er sich von keinem Mann beherrschen läßt. Für den sexuellen Bereich bedeutet das, daß ein Knabe keine sexuellen Praktiken akzeptieren soll, die für einen jungen Mann als »entwürdigend« gelten. Kenneth J. Dover stellte bei der Untersuchung antiker Vasenmalerei fest, daß es keine einzige Darstellung gibt, bei der ein Mann einen anderen fellationiert (Dover, ebd.: 95); des weiteren stellt Dover fest, daß ein »anständiger« Knabe »niemals Penetration auch nur einer Öffnung seines Körpers erlaubt« (ebd.: 96). Die gesellschaftlich akzeptierte homoerotische Sexualpraktik war der Schenkelverkehr, bei dem der Knabe die passive, der Mann die aktive Rolle spielte. Auffällig ist, daß bei den Darstellungen des Schenkelverkehrs auf Vasen der Knabe stets aufrecht steht – im Gegensatz zu Frauen, die beim Geschlechtsverkehr in liegender, gebückter oder aufgestützter Haltung gezeigt werden (ebd.: 95). Dieser Unterschied in der Körperhaltung sollte offenbar betonen, daß der Knabe, obgleich er beim homosexuellen Verkehr der passive Partner ist, letztlich keine so untergeordnete Rolle wie die Frau beim heterosexuellen Akt spielt.

Was ein Knabe, der ein erotisches Verhältnis zu einem Mann einging, nicht tun durfte, war: ein passives Verhalten zeigen. Es durfte nicht passieren, daß sich der Knabe

»behandeln und beherrschen läßt, daß er kampflos nachgibt, daß er der willfährige Partner der Gelüste des andern wird, daß er seine Launen befriedigt und daß er seinen Körper jedem Beliebigen und nach Belieben darbietet – aus Verweichlichung, Wollust oder Gewinnsucht. Das ist die Schande der Knaben, die den Nächstbesten akzeptieren, die sich skrupellos anbieten, die von Hand zu Hand gehen, die dem Meistbietenden alles gewähren« (Foucault, ebd.: 268).

Männliche Prostitution wurde von den Griechen äußerst negativ bewertet. Das zeigt sich z. B. in der Rede, die ein gewisser Aischines gegen seinen Kontrahenten Timarchos vor dem Areopag hielt; Aischines, der selbst Knaben liebte, wirft Timarchos Ausschweifungen vor:

»Ich will schöne Knaben nicht herabsetzen; ich leugne nicht, dass ich oft geliebt und viele Streitigkeiten und Eifersuchtsscenen darin erlebt habe; aber ich behaupte auf das Bestimmteste, dass zwar die Liebe zu schönen und mässigen Jünglingen der Menschheit Ehre macht und von Grossherzigkeit zeugt, dass es aber von Schamlosigkeit und schlechter Erziehung zeugt, wenn Jemand einen freien Knaben zu Ausschweifungen kauft. Geliebt zu werden ist eine Ehre, sich zu verkaufen eine Schande« (zit. n. Symonds, ebd.: 70).

Und genau das wirft Aischines Timarchos vor: ein Strichjunge gewesen zu sein, ein *pornos*, für den folgende Verhaltensweisen als typisch betrachtet wurden:

»Annahme von Bezahlung, Bereitschaft zu homosexueller Hingabe – sogar Verlangen nach solcher –, Einnahme einer gebückten oder kauernden Stellung, Empfang des Penis eines anderen Mannes in Anus oder Mund« (Dover, ebd.: 99).

Männer, die sich prostituiert hatten, wurden drakonisch bestraft: Sie durften kein Amt ausführen; ihre Meinung vor dem Volk oder dem Rat zu äußern, war ihnen untersagt. Strichjungen waren ehrlos. Wer im sexuellen Bereich die passive Rolle akzeptiert hatte, sich penetrieren ließ – so lautete eine zentrale Begründung –, der sei nicht in der Lage, im politischen Bereich die Rolle des Aktiven zu spielen. Ganz besonders verachtet wurden erwachsene Männer, die sich mit der passiv homosexuellen Rolle identifizierten – sie wurden in der Öffentlichkeit lächerlich gemacht (insofern überhaupt über sie gesprochen und nicht der Mantel des Schweigens über sie gebreitet wurde).

Dover gibt ein weiteres »Argument« an, mit dem die Absprechung der Bürgerrechte ehemaliger Stricher legitimiert wurde: »wie auch immer sein (des Strichers; H. B.) ursprünglicher Charakter war, wurden forthin sein moralisches Urteilsvermögen und seine Gesinnung von seiner Prostitution bestimmt« (ebd.: 101). Daß ein Knabe, Jüngling oder Mann sich passiv zeigte, wurde von den Griechen also strikt abgelehnt. Da aber in der »griechischen Liebe« ein passiver Part übernommen werden mußte, weil die sexuelle Rolle des erwachsenen Mannes ausschließlich als aktive konzipiert war, war die Situation des Knaben sehr diffizil: Einerseits war er als Geliebter ein Objekt, andererseits durfte er ein solches als zukünftiger Mann keineswegs sein. Letzteres drückt sich im Sprachgebrauch der Griechen aus: Wenn es um eine Beschreibung sexueller Aktivitäten geht, ist die Ausdrucksweise relativ zurückhaltend: So ist die Rede davon, daß der Knabe dem

Mann »einen Dienst erweise«, daß er ihm »nachgibt«, sich ihm »unterwirft« – die passive sexuelle Rolle des Knaben wird also nicht deutlich zum Ausdruck gebracht.

Die Griechen verneinten, daß der Knabe als passiver Sexualpartner Lust empfinden könne; so heißt es in Xenophons *Symposion*: »Ein Knabe nimmt übrigens nicht wie eine Frau an der Liebeslust eines Mannes teil, sondern er bleibt der nüchterne Zuschauer seiner sinnlichen Glut« (zit. n. Foucault, ebd.: 283).

Es wird demnach bestritten, daß zwischen dem Mann und dem Knaben ein *gemeinsames* Lustverhältnis besteht. Das bedeutet jedoch nicht, daß sich der Knabe dem Mann gegenüber frostig zeigen muß; er darf ihm »einen Dienst erweisen«, wenn er dem Mann dankbar und zugeneigt ist und ihn bewundert. Zu schnell allerdings darf sich der Knabe nicht »unterwerfen«. Die sexuellen Spielregeln erwarten von ihm, daß er dem Werben des Mannes zunächst Widerstand entgegensetzt, wodurch er beweist, daß er sich mit der Rolle des Lustobjekts nicht identifiziert. Gibt er dem Drängen des Erwachsenen schließlich nach, darf er beim Geschlechtsakt nur Befriedigung darüber empfinden, dem Liebhaber Genuß zu bereiten.

Die Existenz all dieser Spielregeln macht deutlich, wie schwer es den Griechen fiel, sich den Knaben als Objekt der Lust des Mannes vorzustellen.

Diese Schwierigkeit führte teilweise sogar dazu, den homosexuellen Akt zwischen Mann und Knabe als widernatürlich anzusehen, da der Knabe durch ihn »verweiblicht« werde. Der Schriftsteller und Philosoph Xenophon läßt in seinem *Symposion* und den *Memorabilia* einen Sokrates auftreten, der streng zwischen der Liebe des Mannes zum Körper des Knaben und jener zu dessen Seele unterscheidet. Die Hinwendung zum Knaben soll sich laut Xenophon von jeglicher Art der Körperlichkeit trennen. Eine andere Lösung für das »Problem« der »Verweiblichung« des Knaben durch den homosexuellen Akt bietet die Theorie, die Aristophanes' Rede in Platons *Symposion* vorstellt: Erzählt wird ein Mythos, dem zufolge die erzürnten Götter die ursprünglichen Wesen in zwei Hälften teilten, und zwar in eine weibliche und eine männliche bzw. in zwei gleichgeschlechtliche. Die Geschlechtlichkeit der jeweiligen Hälfte wurde davon bestimmt, ob das Ursprungswesen männlich, weiblich oder androgyn war. Das geteilte, verliebte Wesen sehnt sich nach seiner verlorenen Hälfte; ein Knabe, der die

Hälfte eines männlichen Ursprungswesens ist, wird somit Sehnsucht nach einem Mann haben. Das Problem der »Unnatürlichkeit« der Rolle des Knaben beim homosexuellen Verkehr existiert nicht mehr, ist es doch ganz natürlich, wenn die eine Hälfte ihre Ergänzung sucht.

Platons eigene Ansicht ist jedoch eine ganz andere: Seine Theorie der Erotik weicht entschieden von den traditionellen Diskursen ab. Stand vor Platon vor allem die Frage nach dem »richtigen« Liebesverhalten im Zentrum, so beschäftigt sich Platon jetzt mit einem anderen Punkt: Sein Interesse richtet sich nun auf das Wesen der Liebe. Indem Platon das Phänomen der Liebe selbst analysiert, will er eine Antwort auf die Frage finden, was in Wahrheit das Objekt der Liebe ist. Wie bereits erwähnt, betrachtet Xenophon die Liebe zum Körper als minderwertig. Dieser Ansicht ist auch Platon. Aber so, wie er diese Meinung begründet, weicht er von Xenophons Gedanken ab. Die Minderwertigkeit der Liebe zum Körper beruht nicht

»auf der Würde des geliebten Knaben und dem Respekt, den man ihm schuldet, sondern auf dem, was – im Liebenden selbst – das Wesen und die Form seiner Liebe bestimmt (sein Verlangen nach Unsterblichkeit, sein Streben nach dem Schönen in seiner Reinheit, die Erinnerung an das, was er über dem Himmel gesehen hat)« (Foucault, ebd.: 301).

Aus dem Gesagten den Schluß zu ziehen, Platon verdamme die körperliche Liebe zwischen Mann und Knabe, wäre jedoch verfehlt. Wer die Schönheit auf diese Weise liebt, hat nur die höheren Formen der Liebe zur Schönheit noch nicht erreicht.

Auf welche Weise löst Platon nun das Problem, daß der Knabe einerseits Objekt der Lust des Mannes ist, andererseits dies jedoch als zukünftiger aktiver Mann nicht sein darf? Platon postuliert, daß die Liebe die Bewegung zur Wahrheit ist. Derjenige, der auf dem Weg zur Wahrheit am weitesten fortgeschritten ist, erscheint als der Liebenswerteste. Daraus ergibt sich die Rollenverteilung der »griechischen Liebe« wie folgt:

Der Mann als Wissender, als Meister, tritt jetzt als Liebesobjekt des Jünglings auf. Nach wie vor ist der Mann in den Knaben oder Jüngling verliebt und begehrt ihn; aber weil ihn die Kraft der wahren Liebe trägt, weist er körperliche Intimität mit dem Knaben von sich. Foucault schreibt über diese Umkehrung der Rollen:

»es sind die jungen Knaben, die schönen und von so vielen Liebhabern verfolgten, die in Sokrates verliebt sind; sie folgen ihm Schritt für Schritt, sie suchen ihn zu verführen; sie wünschen, daß er ihnen seine Gunst erweise, das heißt, daß er ihnen den Schatz seiner Weisheit mitteile. Sie sind in der Position der Liebhaber und er, der alte Mann mit dem unschönen Körper, ist in der Position des Geliebten« (ebd.: 305).

In Platons *Symposion* und *Phaidros* vollzieht sich ein Wechsel von einer Erotik, die sich auf das Liebeswerben des Mannes und die Freiheit und Männlichkeit des Knaben konzentriert, zu einer Erotik, deren Gegenstand die Entsagung des Mannes und Meisters bzw. die gemeinsame Wahrheitssuche von Knabe und Mann ist.

Hervorzuheben ist, daß diese Form von Askese keine Abwertung der Knabenliebe beabsichtigt; vielmehr ging es darum, »sie zu stilisieren und sie also, indem man ihr Form und Gestalt gab, aufzuwerten« (ebd.: 310).

2. Sünde wider Gott und Natur

Homosexualität im Mittelalter

Im Februar 1994 reagierte die katholische Kirche empört auf den mit großer Mehrheit gefaßten Beschluß des Europa-Parlaments in Straßburg, der homosexuellen Paaren das Recht zu heiraten sowie die Möglichkeit, Kinder zu adoptieren, einräumt. Papst Johannes Paul II. bezeichnete diese Resolution als »im Widerspruch zum göttlichen Plan«. In diesem Kontext erwähnte er explizit das Wirken Satans in der Welt. Mit seinen Ausführungen hat Johannes Paul II. in aller Deutlichkeit gezeigt, daß er sich zur guten alten katholischen Tradition bekennt, Schwule zu verteufeln, wie dies etwa der Geistliche Petrus Damianus in seinem 1049 erschienenen Werk »Buch Gomorrha« unternommen hat. Schwule sind für ihn von Dämonen Besessene:

»Das begehrliche Streben der Besessenen richtet sich ... nicht mehr auf Dinge, nach denen es das Fleisch in natürlicher Bewegung verlangt, sondern auf Gegenstände, die nur ein teuflischer Sündenfall eingeben kann. Denn wenn ein Mann sich dem anderen gewaltsam aufdrängt, um unreine Handlungen zu vollziehen, handelt es sich nicht um den besagten Naturtrieb, sondern ausschließlich um Anreize durch teuflische Einflüsterung« (zit. n. Campe, 1988: 63).

Die erwähnte Straßburger Entscheidung wurde auch von den deutschen Bischöfen abgelehnt: Der Vorsitzende der katholischen Deutschen Bischofskonferenz, Karl Lehmann, hob hervor, daß er die Diskriminierung Homosexueller ablehne, aber auch gegen eine rechtliche Anerkennung sogenannter Ehen gleichgeschlechtlicher Paare sei. In diesem Zusammenhang verwies Lehmann auf die mosaischen Gesetze des Alten Testament zur Homosexualität – Zitat: »Du darfst nicht mit einem Mann schlafen, wie man mit einer Frau schläft; das wäre ein Greuel.«

Immerhin bezieht sich Karl Lehmann nicht auf Mose 20.13 – er will

Schwule ja nicht diskriminieren –, wo das Verbot wiederholt und auch die Strafe für schwulen Verkehr angesprochen wird: »Wenn jemand beim Knaben schläft wie beim Weibe, die haben einen Greuel getan und sollen beide des Todes sterben; ihr Blut sei auf ihnen.«

Es ist also evident: Die katholische Kirche diskriminiert Homosexuelle nach wie vor; Männer, die Männer lieben, dürfen ihrer Ansicht nach nicht verachtet werden; ein Ausleben ihrer Sexualität lehnt die Kirche aber immer noch kategorisch ab, wenngleich freilich nicht mehr so radikal wie im Spätmittelalter, als sie dafür sorgte, daß Homosexuelle öffentlich und häufig lebendigen Leibes verbrannt wurden.

Ist im Alten Testament die Todesstrafe (wahrscheinlich Steinigung) für Homosexuelle vorgesehen, so findet sich im Neuen Testament kein Hinweis darauf, daß Schwule getötet werden sollen. Homosexuelle Handlungen werden im Neuen Testament als Verfehlungen betrachtet, die auch nicht härter zu bestrafen seien als andere »Untugenden«. Für Paulus sind schwule Männer »unrein«; er schreibt über sie: »die Männer haben verlassen den natürlichen Brauch des Weibes und sind aneinander erhitzt in ihren Lüsten und haben Mann mit Mann Schande getrieben und den Lohn ihres Irrtums (wie es denn sein sollte) an sich selbst empfangen.« Laut Paulus müssen Homosexuelle mit folgendem »Lohn« rechnen: »Sie wissen Gottes Gerechtigkeit, daß, die solches tun, des Todes würdig sind, und tun es nicht allein, sondern haben auch Gefallen an denen, die es tun.« Gisela Bleibtreu-Ehrenberg weist darauf hin, daß Paulus mit der »Todeswürdigkeit« des Homosexuellen nicht auf Hinrichtung anspielt, sondern:

»Der Tod, von dem gesprochen wird, ist der Tod des Leibes und der Seele am Tage des Gerichts, der bald erwartet wird… der ›Lohn‹, den die Bösen – und darunter auch die Homosexuellen – an sich selbst empfangen, dieser Lohn des ›Irrtums‹, der in Wahrheit ein Stehen auf der falschen Seite ist, ist jener Tod des Leibes und der Seele, den eben alle die erleiden werden, die ihre Seele nicht – durch Taufe bzw. Übertritt zum Christentum – retten wollen oder aber nach der Taufe rückfällig werden« (Bleibtreu-Ehrenberg, 1978: 202).

Nachdem das Christentum Staatsreligion geworden war, trafen die Kaiser Constantius und Constans im Jahr 326 folgenden Erlaß:

»Wenn ein Mann nach Art einer Frau heiratet und die Männlichkeit verleugnet, was erstrebt er denn, wenn das Geschlecht seine Bedeutung verliert, wenn es sich um ein Verbrechen handelt, wovon man besser nichts wüßte, wenn Venus in eine andere Form verwandelt wird, wenn Liebe gesucht und nicht gefunden wird? Wir ordnen an, daß die Gesetze, ausgerüstet mit dem Schwert der Rache, aufgerichtet werden, damit die jetzt oder in Zukunft Schuldigen unter die ausgesuchtesten Strafen gestellt werden« (zit. n. Bleibtreu-Ehrenberg, ebd.: 188).

Diese Anordnung der beiden Kaiser wurde später in den »Codex Justinianus« aufgenommen, von dem noch die Rede sein wird. Für die Geschichte der Homosexuellenverfolgung bedeutsamer ist ein Edikt von 390, das die Caesaren Valentinian, Theodosius und Arcadius an einen gewissen Orientius richteten, der die Interessen der Caesaren in der römischen Regierung vertrat. In diesem Schreiben wird Orientius dafür gelobt, »verweichlichte Effeminierte«, welche die »alte derbe Kraft des Volkes« brächen, festnehmen und sie öffentlich verbrennen zu lassen, »damit alle erkennen, daß die Behausung der männlichen Seele allen heilig sein soll, und daß keiner ohne Gefahr der Todesstrafe auf das Geschlecht eines anderen Mannes ausgehe, der sein eigenes (männliches) auf schimpfliche Weise verloren hat« (zit. n. Bleibtreu-Ehrenberg, ebd.: 189).

Homosexualität wurde im Mittelalter nicht als mögliche Veranlagung thematisiert, sondern sie galt als Konsequenz falschen Denkens und Sittenlosigkeit. Und wie richtiges, sittliches Sexualverhalten auszusehen hatte, entschieden die christlichen Theologen. So bestimmte die theologische Schule von Alexandria im 3. Jahrhundert, daß lediglich die Sexualakte, die der Fortpflanzung dienten, »natürlich« und von Gott gewollt seien; sündhaft seien demzufolge Analverkehr zwischen Mann und Frau, homosexueller Verkehr und Unzucht mit Tieren. Als Sammelbegriff für all jene »perversen« Sexualhandlungen prägte das Kirchenrecht den Begriff »Sodomie« (der erst Ende des vorigen Jahrhunderts auf seine heutige Bedeutung »Sexualverkehr mit Tieren« eingeschränkt wurde). Der Ausdruck »Sodomie« geht zurück auf die Genesis, in der der Mythos von Sodom und Gomorrha erzählt wird. Die Geschichte erzählt von Lot, der als »Zugereister« in der Stadt Sodom lebt, die für ihre Sittenlosigkeit berüchtigt ist. Als Lot Besuch von zwei Engeln bekommt, verlangen die Einwohner Sodoms, daß er die beiden Männer zu ihnen herausführt – die Sodomiter wollen die Besucher *kennenlernen*. Was in diesem Zusammenhang unter *kennenlernen* zu verstehen sein könnte, verdeutlicht Joachim Campe:

»Das könnte bedeuten, daß sie Lot mißtrauen und nachprüfen wollten, wen er bei sich beherbergt. Die Formulierung könnte aber auch ihre verkehrten sexuellen Gelüste umschreiben. Lots Antwort scheint darauf hinzudeuten – er bietet den Sodomitern nämlich als Ersatz seine beiden Töchter an. Als er am nächsten Tag mit seiner Familie die Stadt verlassen hat, zerstört Gott sie durch ein exemplarisches Strafgericht: er läßt Feuer und Schwefel vom Himmel regnen« (ebd.: 36 f.).

Bis heute konnten die Philologen nicht klären, ob es in diesem Mythos tatsächlich um Homosexualität geht; in unserem Zusammenhang ist das aber auch nicht von entscheidender Bedeutung. Wesentlich dagegen ist, daß die »Sodom-Mythe« (Bleibtreu-Ehrenberg) gegen Homosexuelle ins Feld geführt wurde und verheerende Wirkungen zeitigte. Der 527 auf den Thron gelangte Kaiser Justinian verfaßte zwei Gesetzesnovellen (in den Jahren 538 und 559), in denen er Homosexuelle zusammen mit Blasphemikern für die Zerstörung von Sodom und Gomorrha, für Hungersnöte, Erdbeben und Pestepidemien verantwortlich machte. In der Novelle von 538 behauptet Justinian, daß durch »Vergehen« wie Homosexualität und Gotteslästerung

»Hungersnot, Erdbeben und Pest (entstehen), und darum ermahnen wir sie (Homosexuelle, Blasphemiker), sich der angegebenen unerlaubten Handlungen zu enthalten, damit sie nicht ihr Seelenheil verlieren... Wir haben... den ruhmwürdigen Praefectus der Kaiserstadt beauftragt, diejenigen, welche bei den angegebenen unerlaubten und frevelhaften Handlungen auch nach dieser unserer Verordnung beharren, fesseln zu lassen und der höchsten Strafe (Todesstrafe) zu unterwerfen, damit nicht in der Folge des Übersehens solcher Vergehen sowohl die Stadt als der Staat durch solche frevelhaften Handlungen Schaden leiden« (zit. n. Bleibtreu-Ehrenberg, ebd.: 192).

Ob die gegen Schwule gerichtete »Sodom-Mythe« eine persönliche Erfindung Justinians darstellt oder nicht, darüber sind sich die Wissenschaftler uneins: Bleibtreu-Ehrenberg geht von einer derartigen Erfindung aus (1978: 193); Joachim Campe dagegen vertritt die Auffassung, daß jüdische Gelehrte am Ende des 1. Jahrhunderts den Mythos neu entdeckt und interpretiert hätten; ihrer Meinung nach zeige sich in der Sodom-Geschichte, wie Gott Homosexualität bestrafe. Für Justinian kam die »Sodom-Mythe« jedenfalls sehr gelegen, konnte er doch nun der Bevölkerung Sündenböcke vorweisen, die für die damaligen häufigen Erdbeben und Pestwellen verantwortlich gemacht werden konnten, weil sie angeblich durch ihr »unzüchtiges« Verhalten Gottes Zorn provoziert hatten.

Darüber hinaus konnte Justinian bequem gegen politische Gegner vorgehen, indem er ihnen Homosexualität vorwarf. Hergemöller hebt hervor, daß diese scharfen Anordnungen gegen Homosexuelle konsequent angewandt wurden. Dies belegt z. B. das »Blutbad von Thessalonike« (390), das Theodosius »der Große« anrichten ließ, nachdem die dortige Bevölkerung einen der Homosexualität bezichtigten Zirkuskutscher schützen wollte (Hergemöller, 1990: 317).

Die Haltung der Kirche ist und war lust- und leibfeindlich; wesentlich beeinflußt wurde das Frühchristentum in dieser Einstellung von antiken philosophischen Ideen. Platon untergliederte die Seele in die Bereiche »Kopf« (Logistikon), »Brust« und »Unterleib«. Dem »Kopf« blieb vorbehalten, das einzig wahre Ziel, nämlich die Vereinigung mit dem unendlich Schönen, erreichen zu können. Die »Brust« als Sitz des Mutes und insbesondere der »Unterleib« als das Zentrum des Verlangens müssen vom »Kopf« unter Kontrolle gehalten werden, damit er von ihnen in der Verfolgung seines Zieles nicht gestört wird.

Wie im Kapitel über die Knabenliebe im antiken Griechenland deutlich wurde, läßt sich Platons Philosophie nicht einfach als körperfeindlich betrachten. Zwischen den drei Seelenbereichen »Brust«, »Unterleib« und »Kopf« besteht aber doch ein Spannungsverhältnis, bei dem der »Kopf« dem griechischen Philosophen zufolge die Oberhand behalten soll. Plotin, der Vater des Neuplatonismus, wandelte dieses Spannungsverhältnis sechshundert Jahre später in eine oppositionelle Relation, indem er den Leib als Gegenpol zum Geist setzte. War für Platon und Plotin ein (allzu) sinnliches Leben ganz einfach Dummheit, weil es die Annäherung an das Absolute beeinträchtigte bzw. verhinderte, so betrachtete das Christentum eine körperbetonte Existenzweise als sündhaft. Für Unmäßigkeiten in bezug auf Essen und Trinken wie auch für »abnormes« Sexualverhalten verhängte die Kirche Bußstrafen, die in Bußordnungen, den Poenitentialen, festgelegt wurden. Bleibtreu-Ehrenberg hebt hervor, daß sich in »praktisch allen erhaltenen Bußbüchern... Bußen für Ehebruch, Homosexualität, Zoophilie, Selbstbefriedigung, Inzest u. ä. sog. ›Fleischesvergehen‹... (finden), die stets einen zeitlich begrenzten Ausschluß von der Kommunion nach sich ziehen« (Bleibtreu-Ehrenberg, 1978: 209).

In den Bußordnungen wird die Dauer der Buße (bei der es sich um Fasten handelt) festgelegt. Ein Beispiel ist das »Poenitentiale Vinniai« aus dem 6. Jahrhundert, das als ältestes irisches Bußbuch gilt. Jungen, die miteinander anal verkehren, müssen zwei Jahre Buße tun; Männer, die sich oral befriedigen, drei Jahre. Kommt das »Vergehen« regelmäßig vor, ist eine Erhöhung der Bußzeit auf sieben Jahre vorgesehen. Für schwule Geistliche waren schärfere Bußstrafen vorgesehen. Erwähnt sei hier der etwa 965 geborene Burkhard von Worms, der in seinem kirchenrechtlichen Werk »Decretum« zu rigorosem Vorgehen gegenüber homosexuellen Geistlichen rät:

»Wer als Kleriker oder Mönch jüngeren Männern oder Minderjährigen nachstellt, gleich ob man ihn nun bei einem Kuß oder in sonst einer schändlichen Situation überrascht hat, soll öffentlich gegeißelt werden und seine Tonsur verlieren. Wenn er dann zum Zeichen seiner Schande kahlgeschoren ist, soll man ihm überall ins Gesicht spucken, dann soll man ihn in Eisenketten schließen und ihn in sechsmonatiger Haft streng büßen lassen. Jeweils an drei Tagen der Woche soll er sich nur gegen Abend mit etwas Gerstenbrot stärken dürfen« (zit. n. Campe, 1988: 57).

Angesichts der Härte der Maßnahmen gegen schwule Geistliche nimmt es nicht wunder, daß viele dieser Männer ihr Begehren sublimierten: In den Klöstern entstand ein literarischer, unverkennbar homoerotisch geprägter Freundschaftskult. Als Beispiel dafür sei aus einem Gedicht des im Jahr 809 in Schwaben geborenen Geistlichen Walahfried Strabo zitiert, das der Autor an seinen Mitbruder Liutger gerichtet hat:

»Was du an Glück auch empfängst – auch ich will mich freuen darüber; / wenn aber Unglück dich trifft, bin ich im Herzen voll Leid. / Was der

Mutter ihr einziger Sohn, der Erde die Sonne, / was den Gräsern der Tau, Fischen die Strömung der See, / was den Vögeln die Luft, den Wiesen das Murmeln der Bäche, / das ist dein teures Gesicht, lieber Junge, für mich. / Wenn es geschehen könnte, – wir meinen, es könnte geschehen –, / zeig dich dann unserm Blick; bitte tue es schnell! / Weil ich nämlich erfuhr, daß du dich nah bei uns aufhältst, / ruh ich nicht eher, bevor ich dich möglichst bald sah. / Größer sein möge dein Ruhm, dein Leben und deine Gesundheit / als aller Sterne und als aller Sandkörner Zahl« (zit. n. Campe, 1988: 49).

Was die Synodalbeschlüsse der Kirche betrifft, war körperliche Gewalt gegen Schwule nicht vorgesehen. Die Ausnahme: In der Synode von Toledo wurde festgelegt, daß aufgrund des Umsichgreifens der Homosexualität drastische Strafen erforderlich seien.

Und die bestanden im Ausschluß aus der christlichen Gemeinschaft, Kahlscheren, Auspeitschen mit Ruten sowie Exilierung. Falls ein Homosexueller anschließend nicht genügend gebüßt und bereut hatte, wurde ihm auf dem Sterbebett die Kommunion verweigert. Die Anordnung, Homosexuelle auszupeitschen, also körperlich zu bestrafen, verweist darauf, daß altrömische Bestimmungen zu dieser Zeit noch virulent waren. Im anschließenden Exkurs soll das Verhältnis der Römer zur Homosexualität beleuchtet werden.

Exkurs: Homosexualität im alten Rom

Ein gesellschaftlich akzeptiertes Ethos der Pädophilie wie in der griechischen Antike existierte bei den Römern nicht. Gleichwohl betrachtete man die Liebe zu Jungen nicht als widernatürlich – zumindest vom Blickwinkel des erwachsenen Mannes aus gesehen. Die Römer unterschieden strikt zwischen Sexualbeziehungen zu Freigeborenen und zu Sklaven. Was letztere betrifft, gab es keinerlei Tabus, da Sklaven nicht als gleichwertige Menschen betrachtet wurden, sondern als Eigentum, mit dem man nach Belieben verfahren konnte. Streng bestraft wurden dagegen Männer, die mit Söhnen römischer Bürger sexuelle Kontakte unterhielten. Denn ein solcher Mann »entzog den Jungen nicht nur der Autorität, die sein Vater über ihn wie alle anderen Familienmitglieder ausübte. Er tastete zugleich die sexuelle Integrität eines freien Mannes an – und die war durch ein striktes Tabu geschützt« (Campe, 1988: 29). Freigeborene bis zum Alter von 17 Jahren unterstanden der väterlichen Hauszucht, die Verbannung aufs Land und sogar Tötung legitimierte. »Stuprum cum masculo« – also »Schändung eines Mannes« – wurde im Heer mit Prügel bestraft, die tödlich enden konnte.

Gegen Ende der Republik wurde ein Gesetz erlassen, das sexuellen Verkehr mit Jungen mit hohen Geldstrafen ahndete; unter Kaiser Augustus betrachtete man diese Art der Bestrafung jedoch als nicht ausreichend. Die »Sentenzen« – Strafbestimmungen, die möglicherweise der römische Jurist Julius Paulus verfaßt hat – enthalten drei Passagen, in denen von Homosexualität die Rede ist:

»Wer einen Freien vergewaltigt, wird geköpft; wer seiner eigenen Schändung zustimmt, muß durch Abgabe seines halben Vermögens gestraft werden und darf über den größeren Teil seiner verbleibenden Güter keine testamentarischen Verfügungen treffen; ferner: Wer einen freigeborenen Jungen durch List und Überredung und mit Hilfe bestochener Helfershelfer zur Schändung zu entführen sucht, wird beim vollendeten Verbrechen geköpft, beim Versuch mit Deportation auf eine Insel bestraft, die korrupten Helfer erleiden die Todesstrafe« (Bleibtreu-Ehrenberg, 1978: 188).

Erwachsene Homosexuelle, die beim Sexualverkehr die passive Rolle einnahmen, galten in Rom als anstößig. So berichtet etwa Tacitus indigniert von Kaiser Nero, der sich angeblich eine ganze Reihe von Lustknaben hielt, wovon jeder auf eine bestimmte Sexualpraxis spezialisiert gewesen sei, und einen dieser Jungen soll Nero sogar mit allen Formalitäten geheiratet haben. Auch der Schriftsteller Petronius, ein Günstling Neros, der im Gegensatz zu Ovid ein sexuelles Verhältnis zwischen einem Jungen und einem Mann eindeutig positiv bewertet, lehnt passives schwules Verhalten bei erwachsenen Männern ab: In seinem Roman *Satyrikon*, der die »Halbwelt« Roms mit ihren Ganoven und Prostituierten beschreibt, stellt er einen solchen Mann als abstoßende Erscheinung dar – Petronius findet es widerlich, daß der Mann geschminkt ist und sich mit Küssen dem Penis der Hauptfigur nähert. »Verweiblichte« Männer stießen bei den Römern schon früh auf Ablehnung: Zwitter und ähnliche Erscheinungen jagten ihnen Furcht und Schrecken ein; man hielt sie, wie Livius in seiner *Römischen Geschichte* berichtet, für Unglückszeichen und versenkte sie im

Meer. Auch Ausdrücke, die als krasse Schimpfwörter galten, belegen die Verachtung effeminierter Männer: z. B. »cinaedus« (Schwuler, verweichlichter Mann, Wüstling), »homo effeminatus« und »pathicus« (Lustknabe).

Schwule wurden im Mittelalter auch für politische Schwierigkeiten und Niederlagen verantwortlich gemacht: Im Jahr 829 richteten Teilnehmer der Pariser Reformsynode ein Schreiben an Ludwig den Frommen und dessen Sohn, in dem nahezu der gesamte Verlust der spanischen Mark sowie massive Angriffe der Bulgaren und Normannen auf das Reich als Folge sündhaften Treibens, insbesondere der Bestialität und Homosexualität, dargestellt wird. Die absurde Behauptung, Schwule würden durch ihr Verhalten den Zorn Gottes auf das Reich lenken, findet sich auch bei dem geistlichen Rechtsschriftsteller Benedictus Levita, der im 9. Jahrhundert lebte. Er verfaßte um 850 eine Sammlung angeblicher Verordnungen Karls des Großen, sogenannte Kapitulare. Tatsächlich waren diese Anweisungen ge- und verfälscht; sie stellen eine Mixtur aus (u. a.) den »Sentenzen« von Paulus, den Novellen von Justinian, kirchenrechtlichen Anordnungen und Umgestaltungen echter Kapitularien dar. Was wollte Benedictus Levita mit dieser Manipulation bewirken? Heinrich Brunner vertritt in seiner *Deutschen Rechtsgeschichte* die Meinung, daß die

»Tendenz des Werkes... (dahinging), die kirchlichen Gewalten durch Erhebung über die weltliche Macht von der letzteren unabhängig zu machen... Als die Reichseinheit in Trümmer gegangen war, stieg der Einfluß des Laienadels und war keine Hoffnung mehr vorhanden, die steigenden kirchlichen Ansprüche auf dem Wege der weltlichen Gesetzgebung durchzusetzen. Man griff daher zu dem Auskunftsmittel, die kirchlichen Wünsche auf dem Wege der Fälschung zur Geltung zu bringen, indem man die entsprechenden Rechtssätze als Kapitularien einschmuggelte« (Brunner, 1887: 384 ff.).

Benedictus Levita bezieht sich in den Passagen, die auf Homosexualität Bezug nehmen, auf die schon erwähnte »Sodom-Mythe«; »Unzucht« zwischen Männern stellt für ihn eine besonders schwere Sünde dar:

»infolge dieses Verbrechens sind nämlich ganze Städte von himmlischem Feuer verbrannt und vom Schlund der Hölle verschlungen worden. Und 40000 oder noch mehr aus dem Stamme Benjamin wurden deshalb durch das Schwert ihrer Brüder getötet. Aus diesen weiteren Beweisen augenscheinlicher göttlicher Rache erhellt, wie verabscheuungswürdig und verflucht bei der göttlichen Majestät dies Laster ist« (zit. n. Bleibtreu-Ehrenberg, 1978: 221).

Diese Schuldzuweisungen an die Adresse der Schwulen genügen Levita jedoch nicht; er behauptet, daß aus dem homosexuellen Verkehr »Unedle«, »Degenerierte« und gänzlich der Wollust Ergebene hervorgehen, und daß die Homosexuellen das gesamte Volk zum Negativen und »Unedlen« herabsinken lassen. Auch seien Schwule dafür verantwortlich, wenn das Volk »weder im weltlichen Kriege tapfer, noch im Glauben standhaft, noch vor den Menschen ehrbar, noch Gott gefällig« erscheint. Mit der Ansicht, Homosexualität führe zu Entartung und Degeneration, nimmt Benedictus Levita bereits die »Argumente« vorweg, welche die Nationalsozialisten tausend Jahre später gegen Schwule ins Feld führen werden, um die Verfolgung, Verstümmelung und Ermordung schwuler oder als schwul eingestufter Männer zu legitimieren. Mit Hilfe der abstrusen Behauptung, Länder, die nicht zur rechten Zeit gegen die in ihnen lebenden Homosexuellen vorgegangen sind, wären durch Besiegung und Unterwerfung durch andere Völker bestraft worden, liefert Levita ein Erklärungsmodell für politische Niederlagen (im Konkreten hier für den Verlust der spanischen Mark). Bleibtreu-Ehrenberg stellt richtig fest, daß »durch die nichtlogische Kausalitätsverknüpfung ›wo Unzucht, da Verlust von Ländern‹ jedes sexuelle Verhalten, das nicht der christlichen Zucht entspricht, nicht etwa, wie bisher, schlichtweg als Sünde, sondern im politischen Sinne als Hochverrat eingestuft« wird (Bleibtreu-Ehrenberg, ebd.: 225). Von der bislang geltenden christlichen Anschauung, daß Sünder, wenn sie bereuen, Gnade vor Gott finden können, zeigt sich bei Levita keine Spur; vielmehr postuliert er einen unentrinnbaren Mechanismus, der schwules Verhalten mit der Rache Gottes verknüpft. Aber damit nicht genug: Homosexuelle als Sündenböcke reichen Benedictus Levita nicht; jegliche Handlung, die sich gegen die Geistlichkeit richtet, beschwört nach Levita Gottes Zorn herauf – es ist klar, daß es dem Fälscher der karolingischen Kapitulare darum geht, mit Hilfe dieser Theorie die Macht der Kirche zu stärken. Als Strafe – nicht nur für Homosexuelle, sondern auch für Menschen, die der

Kirche in irgendeiner Weise entgegenwirken – sieht Levita den Feuertod vor. Welchen Einfluß die gefälschten Kapitulare Levitas tatsächlich auf die Rechtspraxis hatten, darüber gehen die Meinungen auseinander: So behauptet Bleibtreu-Ehrenberg, daß sehr rasch eine Umsetzung in die Gerichtspraxis erfolgte (ebd.: 230), während Joachim Campe annimmt, daß die angeblich königlichen Erlasse in der Alltagswirklichkeit von keiner besonderen Bedeutung gewesen seien: »Sie waren den örtlichen Richtern nicht einmal immer bekannt; und eine wohlorganisierte Bürokratie, die sie hätte kontrollieren können, gab es noch nicht« (Campe, 1988: 48).

An weltlichen, germanischen Rechten, die sich gegen Homosexuelle wandten, sind lediglich drei belegt: das Gesetz des Gulathings sowie die westgotischen und die friesischen Rechte. Das Gesetz des Gulathings, das in Norwegen in Kraft war, sah für Homosexuelle die Friedlosigkeit vor; Schwule wurden als Vogelfreie behandelt, was gleichbedeutend mit der Todesstrafe war. Überdies wurde ihr Besitz zwischen dem König und dem Bischof aufgeteilt. Was die westgotischen Rechte anbelangt, so sind zwei Regelungen hervorzuheben: zum einen das Edikt des Königs Chindasvinds (641–649), das Schwule mit Kastration und Verbannung aus der christlichen Gemeinschaft bestrafte, sowie das »Breviarium« von König Alarich II., das bis 654 galt: Es ahndete homosexuelle Aktivitäten mit öffentlichem Verbrennen. Gemäß dem friesischen Recht (wahrscheinlich bis zum 11. Jahrhundert gültig) hatte ein Homosexueller die Wahl zwischen Selbstkastration, Lebendigbegrabenwerden und Verbrennen bei lebendigem Leib (Bleibtreu-Ehrenberg, ebd.: 232 f.).

Nicht nur weltliche Richter, sondern auch Schriftsteller ergriffen gegen Homosexuelle Partei: So etwa Heinrich von Veldeke, der in der ersten Hälfte des 12. Jahrhunderts geboren wurde. Er verkündete, daß Homosexuelle Feinde der Frauen seien – ein Vorwurf, der bei der höfischen, die »Minne« pflegenden Gesellschaft freilich schwer ins Gewicht fiel. Veldeke wirft Schwulen auch vor, sich der Fortpflanzung zu entziehen; in einem Versroman belehrt eine Mutter ihre Tochter folgendermaßen:

»Er ist ein so verdorbener Mann / daß ich dich ihm nicht geben kann. / Denn er hat einen sündigen Leib – / nie noch liebte er ein Weib. / Davon zu sprechen ist nicht gut, / was er mit den Männern tut, / und daß

er Frauen nicht begehrt. / …Und wäre jeder Mann / diese Laster so ge-
wohnt wie er / …entvölkert wär' die Welt, / es brauchte nicht mal
hundert Jahr'« (zit. n. Campe, ebd.: 65).

Es gab aber auch Höfe, wo Homosexualität ausgesprochen willkommen war: So läßt sich das anglonormannische Königtum (1066–1154),
das nicht nur England und die Normandie, sondern auch die Graf-
schaften Chartres, Meaux und Blois beherrschte, als Zentrum homoerotischer Kultur bezeichnen. Die »Poeten und Jünglingsfreunde, die
als Bischöfe, Äbte und zum Teil als Heilige ihren Platz in der Kirchen-
geschichte erhalten haben, (sind) durchweg dem Einflußbereich des
anglonormannischen Königtums zuzuordnen« (Hergemöller, ebd.:
318). Zu diesem Personenkreis gehörte beispielsweise Marbod von
Rennes, der sich insbesondere für die Wiederbelebung der Knaben-
liebeslyrik einsetzte. Eines seiner Gedichte richtete der 1123 als
Bischof von Rennes verstorbene Marbod »An einen abwesenden
Freund«; das Gedicht beschwört diesen Freund, zu dem Jungen, den er
liebt, zurückzukehren:

»Den größten Wert dieser Welt hat ein Junge, der treu zu dir hält, /
Wartest du etwas nur zu: die Treue schwindet im Nu. / Wenn sich so
viele Chancen ihm bieten – man macht ihm Avancen –, / Groß ist da
die Versuchung: Ich fürchte, es siegt die Verlockung. / Komm doch
zurück! Keine Rast! Wenn dir lieb ist, was du so / lieb hast« (zit. n.
Campe, 1994: 50).

Ein anderer französischer Dichter, dessen Werk sich ebenfalls mit der
Knabenliebe befaßt, ist ein Geistlicher namens Hilarius, der Anfang
des 12. Jahrhunderts in Paris studierte. Von ihm stammt das Gedicht
»An einen Knaben aus England«, in dem das lyrische Ich seine Liebe
zu einem Jungen in einer für die damalige Zeit erstaunlich offenen und
selbstverständlichen Weise zur Sprache bringt. Für Hilarius ist
Schwulsein offensichtlich etwas Selbstverständliches, Natürliches:

»Sei gegrüßt, du schöner Knabe! Weiß ich doch, dich reizt nicht Gold,
/ dich um Handgeld zu verkaufen, schiene ein Verbrechen dir. / Nein,
die Anmut und die Würde wählten dich zum Aufenthalt. Und dir folgen alle Blicke, wann und wo du auch erscheinst. / Blond die Locken,

edle Züge und der Nacken zart und weiß, / und die Worte süß betörend – doch was sagt das einzelne? / Ganz erst bist du schön und herrlich, und kein Makel ist an dir. / Freilich weiht sich nicht der Keuschheit, wer so hübsch ist, wie du / bist… Was die Knaben und die Mädchen sich ersehnen, das bist du. / Und sie seufzen und sie flehen, wen sie einzig sehn, bist du. / Irrtum wär es oder Sünde, sagte man ›Aus England du!‹ / Denn ein E fehlt. Heißen muß es: ›Aus der Engel Land kamst du‹« (zit. n. Campe, 1988: 61 f.).

Die Gleichsetzung Homosexualität = Sünde ist offenbar für Hilarius herzlich wenig relevant.

Harte Maßnahmen gegen schwule Kleriker beschloß die Kirche auf dem III. Lateranischen Konzil (1179): Für homosexuelle Geistliche sah man entweder die Zwangsaufgabe des Priesteramtes oder die Einweisung in ein Kloster vor, wo sie Buße tun sollten: Schwule Laien sollten für immer aus der Gemeinschaft der Gläubigen ausgeschlossen werden.

Im 13. Jahrhundert entwickelten sich die Moraltheologie, das Kirchenrecht sowie die theologische Anthropologie in starkem Maße. Unter Gregor IX. (gest. 1241) wurde zum erstenmal ein Strafgesetzbuch entwickelt, das für das gesamte christliche Imperium maßgebend war. Die veränderten anthropologischen und moraltheologischen Vorstellungen fanden ihren Niederschlag in den Schriften der Scholastiker, bei denen auffällt, daß sich ein Hauptaugenmerk dieser Philosophen (des Dominikaners Paul von Ungarn, Albertus Magnus, Thomas von Aquin u. a.) auf die Diskriminierung Homosexueller richtet. Thomas von Aquin ist, wie andere Scholastiker auch, der Ansicht, daß die »widernatürlichen« Unzuchtssünden die ärgsten dieser »Sünden-Gattung« sind. Aquin differenziert zwischen vier Unzuchtssünden: Der Verkehr mit dem »unvorschriftsmäßigen Geschlechte«, der an dritter Stelle steht neben: Onanie, Verkehr mit Tieren und sexuellen Aktivitäten mit dem falschen »Instrument«, also Oral-, Anal- und Interfemoralverkehr (Hergemöller, ebd.: 319). So schlimme Sünder Schwule auch für Thomas von Aquin sind: Zu derart haarsträubenden Schuldzuweisungen an Homosexuelle, wie etwa Paul von Ungarn, der behauptet, Sodomie sei die Ursache für die Sintflut gewesen, läßt er sich dann doch nicht hinreißen.

Hatte die Kirche im ersten vorchristlichen Jahrtausend dem Hexenglauben Widerstand entgegengesetzt (im »Canon Episcopi« z. B., der um 900 verfaßt wurde, empfahl man den Bischöfen, Menschen, die an Hexerei glaubten, aus der christlichen Gemeinschaft zu entfernen), so änderte sich das etwa Mitte des 13. Jahrhunderts. Die theoretische Grundlage für den Hexenwahn und die -verfolgung durch die Kirche lieferte die mittelalterliche Dämonologie. Augustinus postulierte, daß Dämonen keineswegs nur Produkte der Phantasie, sondern physisch real existierende Wesen seien, welche die Menschen zur Sünde verleiten wollten, um sie zu Dienern Satans zu machen. Frauen würden von Dämonen verführt, damit ihre Lasterhaftigkeit möglichst zunähme. Thomas von Aquin elaborierte die Dämonologie von Augustinus; er glaubte an »Buhlgeister«, und er vertrat auch die Annahme, Hexen flögen tatsächlich aus, um Satan am Hexensabbat zu huldigen. Dies kam der Inquisition sehr gelegen, konnte sie sich doch in der Verfolgung der »Hexensekte«, die es tatsächlich niemals gegeben hatte, auf die Autorität Aquins berufen.

Gegründet wurde die Inquisition ursprünglich zur Verfolgung zweier »Ketzer«-Sekten, der Katharer und Waldenser. Die Katharer vertraten eine dualistische Weltanschauung, die dem Satan Macht über die Welt einräumte. Für die Kirche stellten die Katharer eine Gefahr für ihre Einheit dar:

»Weil bei dem durch die Katharer kultivierten dualistischen Begriff der beiden ›Reiche‹ Gottes und des Teufels die Idee nahelag, bei dieser neuen schweren Bedrohung der Einheit der Kirche trete erstmals in der Geschichte der Sektenbildung Satan selbst auf den Plan, kam hierfür nach kirchlichem Dafürhalten nur die allerhöchste Strafe, nämlich der Feuertod, als Ahndung in Betracht« (Bleibtreu-Ehrenberg, ebd.: 254).

Die Katharer stritten der Schöpfung der Welt ihren positiven Wert ab, und auch die Bedeutung, die der ehelichen Fortpflanzung zugesprochen wurde, wurde von dieser großen Sekte in Zweifel gezogen. Dadurch bedrohten die Katharer die strenge Grenzziehung der Kirche zwischen positiv und negativ bewerteter Sexualität, was dazu führte, daß man den Sektenmitgliedern (und überhaupt allen Häretikern) unzüchtige Praktiken unterstellte. Umgekehrt wurden auch Menschen, die der »Unzüchtigkeit« verdächtigt waren, daraufhin »untersucht«

(d. h. gefoltert), ob sie nicht auch der Häresie (und in der Zeit des Hexenwahns) der Hexerei schuldig seien. Soldan / Heppe dokumentieren in ihrer *Geschichte der Hexenprozesse* einen solchen Falle: Nachdem einem Mann weder Diebstahl noch »Sodomie« nachgewiesen werden konnte, folterte man ihn, um herauszufinden, ob er nicht ein Mitglied der Hexensekte sei. Nach mehrfacher Anwendung der Tortur gestand er schließlich, bezeichnete mehrere Bürger der Stadt gleichfalls als Hexer; nach dem Geständnis und den Beschuldigungen wurde der Mann verbrannt (Soldan / Heppe, 1911, Bd. 2: 33 ff.).

Meist waren es Frauen, die man der Hexerei, des Schadenszaubers und der Unzucht mit dem Satan beschuldigte. Insbesondere die deutschen Inquisitoren Heinrich Institoris und Jakob Sprenger erreichten mit ihrem *Hexenhammer*, dem *Malleus maleficarum* (1487), daß sich die Hexenverfolgung auf Frauen konzentrierte. Doch sind auch Fälle belegt, nach denen Männer wegen Hexerei und homosexuellen Verkehrs mit dem Teufel angeklagt wurden. So wurde einem Mann wegen dieser »Verbrechen« im Jahr 1336 in Köln der Prozeß gemacht; er gestand schließlich, daß die Hexer den Anus des Teufels geküßt und danach mit ihm oder untereinander Sexualverkehr getrieben hätten (Campe, ebd.: 72).

Im Hochmittelalter wurden die gegen Homosexuelle gerichteten kirchlichen Verdikte rasch in die juristische Alltagspraxis umgesetzt. Hergemöller schreibt:

»Bedeutende Städte, die sich im Laufe des 13. Jahrhunderts zu teilautonomen, selbstverwalteten Zentren entwickelt hatten, begannen nach der Mitte des 13. Jahrhunderts … Gesetze gegen die Sodomiter zu erlassen: Siena 1262 / 70, Bologna 1288, Florenz folgte 1325, Perugia 1342. In anderen Städten wurden Sodomiter nur aufgrund der allgemeinen Hoheitsbefugnisse … verfolgt und hingerichtet« (ebd.: 321).

Homosexualität ist ein Verbrechen, das mit dem Tode zu bestrafen ist: Diese Ansicht hatte sich zwischen 1250 und 1300 durchgesetzt. Im Spätmittelalter, also im 14. und 15. Jahrhundert, nahm die Verfolgung Homosexueller an Intensität zu. Welche Faktoren prägten in diesem Zeitraum das Verhalten gegenüber Schwulen? Hergemöller hebt hervor, daß die Bestrafung homosexuellen Verhaltens sich früher »eher im privaten, religiös normierten Rahmen« abgespielt habe, wohingegen in dem in Rede stehenden Zeitraum das »Verbrechen« der Homosexualität in ein Offizialdelikt umgewandelt wurde (ebd.: 323).

Dadurch richtete sich das Interesse juristischer Behörden und das der Öffentlichkeit auch auf Autoritätspersonen. Es fand eine Reihe von Skandalprozessen statt, welche die Macht von Herrschern beschnitt bzw. völlig aufhob. Aber auch »Durchschnittsmenschen« waren von der Umwandlung der Homosexualität in ein Offizialdelikt betroffen: Nicht selten wurden Männer des »Verbrechens« der Homosexualität aus privater Rachsucht bezichtigt.

Die Todesstrafe – die Kapitalstrafe für Schwule – wurde oft mit Körper- und Ehrenstrafen verbunden bzw. durch sie ersetzt. Bei »Ersttätern«, Minderjährigen oder passiven Homosexuellen beschränkte man sich auch auf Geldstrafen oder Exilierung. Die Florentiner Akten »De puniendo sodomitas« (1325) etwa sehen für den älteren Sexualpartner Kastration vor, während der jüngere, falls er sich nicht gegen den Sexualakt gewehrt hat, ausgepeitscht wird und eine Geldstrafe zu zahlen hat. Im Venedig des Spätmittelalters wurde zum Teil von der Todesstrafe abgesehen; man begnügte sich mit der Exilierung von Homosexuellen. Der Grund dafür:

»Da die dortigen Instanzen von der Vorstellung ausgingen, daß eine unmittelbare Kausalbeziehung zwischen der körperlichen Präsenz der Sodomiter und der Überflutungsgefahr bestünde, waren sie nicht selten mit der bloßen Vertreibung der Delinquenten zufrieden. Diese haben allerdings häufig bereits vor der erwarteten Festnahme die Flucht aus der *Serenissima* gewählt« (Hergemöller, ebd.: 326).

In Italien gab es Kombinationen von Leibes- und Ehrenstrafen: So wurde 1426 Antonio Masi mit einer Schandhaube auf dem Kopf zur Richtstätte geführt und dort öffentlich kastriert. Auch andere Formen der Verstümmelung Schwuler sind belegt: Man hackte ihnen die Hand ab, blendete sie oder schnitt ihnen die Nase ab. Eine ausgesprochen sadistische Tötungsart wählte Karl IV., der während seines Italienzugs (1369) den Neffen des Luccheser Conservadore Matteo d'Arezzo dabei ertappte, wie er mit einem Jungen Geschlechtsverkehr hatte. Karl IV. ließ

»den Neffen öffentlich auf eine Leiter aufziehen, ihm die Hoden abschneiden und ihn anschließend vor den Toren der Stadt auf dem Scheiterhaufen verbrennen. Der unmündige Knabe entging der drohenden Körperstrafe nur dadurch, daß ein wohlhabender Bürger beim Kaiser eine Geldbuße in nicht genannter Höhe hinterlegte« (Hergemöller, ebd.: 327).

Wie bereits gezeigt, war bei den Westgoten die Kastration als Strafe für homosexuelles Verhalten vorgesehen; im Spätmittelalter jedoch findet sich diese Art der Verstümmelung relativ selten. Hergemöller unterscheidet bei den Todesstrafen zwei verschiedene Typen: zum einen die Vernichtung des Körpers des Homosexuellen auf blutige Weise, zum andern seine Tötung unter Vermeidung körperlicher Berührung. Die Wahl letzterer Tötungsweise wurde bestimmt durch eine archaische Scheu vor dem Anfassen eines schwulen Mannes; eine Scheu, die sich übrigens auch bei dem extrem homophoben Franziskanerprediger Berthold von Regensburg (gest. 1272) findet. Er betrachtet Schwule als derart unrein, daß alles, was sie berühren, bis in alle Ewigkeit verflucht sei.

Zu den Hinrichtungsweisen, welche die Berührung des Delinquenten zu umgehen suchen, gehören: das Versenken angeblicher Homosexueller in Sümpfen durch germanische Volksstämme (darüber berichtet Tacitus), das Tothungern in Käfigen (Beispiele dafür finden sich im frühen fünfzehnten Jahrhundert in Venedig und Augsburg) sowie (ebenfalls in Venedig) das Einsperren der Verurteilten in einen siedendheißen Kerker, wobei viele Gefangene an Hitzschlag starben oder erstickten. Diese Art der Verurteilung kam in den meisten Fällen einer langsamen Hinrichtung gleich. Die häufigste Strafe für Homosexuelle war jedoch das öffentliche Verbrennen – also jene Hinrichtungsart, die auch für »Hexen« und »Ketzer« bestimmt wurde. Meist wurde der Delinquent vorher enthauptet; diese Erleichterung des Sterbens war aber nicht zwingend vorgeschrieben. Warum für Schwule ausgerechnet die Tötung mittels Feuer vorgesehen war, darüber gibt Bernd Ulrich Hergemöller Auskunft:

»Die Feuerstrafe für Sodomiter, die schon in den spätantiken Rechtsquellen festgesetzt worden war, konnte sich ... auch auf die göttliche Strafe für Sodom und Gomorrha, die Vernichtung durch Feuer und

Schwefel, berufen. Natürlich diente die Verbrennung ebenfalls dem Ziel, die Delinquenten direkt in die Hölle zu befördern und eine spätere Gemeinschaft nach dem Tode auszuschließen« (ebd.: 329).

War in den meisten Städten für die Verfolgung und Aburteilung Homosexueller die ordentliche Gerichtsbarkeit zuständig, so machten z. B. Venedig und Florenz, die als Schwulen-Zentren galten, eine Ausnahme. Typisch für beide Städte sind ihre straffen gesetzlichen Regelungen in puncto Homosexualität. In Florenz verbrannte man zwischen 1352 und 1355 dreizehn wegen »Sodomie« verurteilte Männer, zwischen 1380 und 1383 fünf. Diese Zahlen erschienen den juristischen Instanzen zu niedrig, so daß sie auf die Todesstrafe für »Wiederholungstäter« bestanden.

Darüber hinaus schuf man im Jahr 1432 eine Institution mit dem Namen *Ufficiali della Notte* (»Herren der Nacht«), deren Spezialauftrag in der Verfolgung von »Unzuchtsverbrechen« bestand. Die heutige Forschung geht davon aus, daß zwischen 1478 und 1483 etwa eintausend Männer wegen schwuler Handlungen angezeigt wurden. In Venedig wurde die Homosexuellenverfolgung noch eifriger als in Florenz betrieben. Anlaß für das rigide Vorgehen gegen Schwule war ein Skandal (1406), in den Mitglieder der angesehensten Familien verstrickt waren. Der Rat von Venedig reagierte prompt: Er setzte eine hohe Belohnung für Personen aus, die homosexuelle Männer auf die Anklagebank brachten. Möglicherweise nach dem »Vorbild« der Florentiner *Ufficiali della Notte* wurde 1418 in Venedig ein Kollegium gegründet, das sich ganz der Verfolgung »unzüchtiger« Männer widmete: das *Collegium contra sodomitas*, auch *Collegium sodomitarum* genannt. Diese Institution arbeitete effektiv: Innerhalb eines Zeitraums von einhundert Jahren schloß sie etwa dreihundert Fälle ab; für viele Abgeurteilte bedeutete das den Tod. Hergemöller umreißt die Arbeit des Kollegiums näher:

»Das Collegium beschränkte sich nicht auf die Verfolgung angezeigter Delikte…, sondern erstreckte seine Aktivitäten auch auf ›präventive‹ Maßnahmen. In dem Wunsch, die sodomitische Unzucht vollständig auszurotten, wurden alle ›üblen Stätten‹ in einer Liste erfaßt, vor allem Lagerhäuser, Schankstätten, Wirtshäuser, Bordelle, Hafenanlagen, Hinterhöfe und Stadtbefestigungsanlagen. Besonderes Augenmerk hatten die Herren auf die Matrosen, so daß 1420 alle venezianischen Schiffe zum städtischen Hoheitsbereich erklärt wurden, auch wenn sie auf hoher See waren« (Hergemöller, ebd.: 332).

Eine Anordnung von 1461 wies alle Ärzte und Barbiere an, sämtliche Fälle von Unterleibsverletzungen – insbesondere wenn sie auf Analverkehr hinwiesen – zu melden; bei Zuwiderhandlungen drohte Berufsverbot. Dieser Meldepflicht wurden später sämtliche Stadteinwohner unterworfen.

Der Denunziation wurde schließlich Tür und Tor geöffnet, als am 27. August 1500 eine Art »Kronzeugenregelung« in Kraft trat, die Straffreiheit für die in einen »Unzuchts«-Fall verwickelten Personen vorsah, die ihren Partner zur Anzeige brachten und versicherten, sie hätten nicht aus freiem Willen »unzüchtig« gehandelt. Denunzianten wurden von den venezianischen Behörden ausgesprochen gut bezahlt:

»Wer ›von außen‹, d. h., als Unbeteiligter, einen Sodomiter zur Anzeige brachte, sollte jetzt – abgesehen von den allgemeinen Belohnungen von 1500 Lire – mit einem Kopfgeld von 200 Lire belohnt werden, wenn durch seine Anzeige die Todesstrafe verhängt, und sogar mit 250 Lire, wenn der Delinquent eine Kerkerstrafe erhalten würde« (Hergemöller, ebd.: 333).

Hervorzuheben ist, daß Homosexuelle im Spätmittelalter nicht überall in einem solchen Ausmaß wie in Venedig verfolgt wurden: Ein gutes Beispiel bietet Köln, das von einer Verfolgung schwuler Männer sogar gänzlich absah: 1484 untersuchte man ihren Lebensstil und den Grad der Verbreitung homosexuellen Verhaltens; die Stadtväter beschlossen aber, keine Homosexuellen zu verfolgen. Sie vertuschten die Ergebnisse der Untersuchung, freilich nicht aus Menschenliebe, sondern weil sie befürchteten, ein Bekanntwerden der Studie könnte Männer dazu anreizen, es selbst einmal mit einem anderen Mann zu versuchen.

Charakteristisch für das Verhalten gegenüber Homosexuellen im Spätmittelalter ist – neben intensivierter Verfolgung und Bestrafung – eine »sexualstrafrechtliche ›Diskursivierung‹« (Hergemöller) von Homosexualität:

»Je intensiver die Verfolgung, desto detailfreudiger werden die Aussagen der Protokolle, desto intimer wird der Zugriff der Obrigkeit auf Leib und Leben der Opfer. Das Verlangen der Verfolger, die ihnen ausgelieferten Männer zu foltern, trifft sich mit deren wachsendem Interesse an der Spezifizierung der sexuellen Tatvorwürfe« (Hergemöller, ebd.: 334).

Die Inquisitoren wollen möglichst genau über homosexuelle Handlungsweisen informiert werden; man kann wohl annehmen, daß eigene, unterdrückte schwule Wünsche die Ursache dieser Detailbesessenheit waren. Was interessierte die Inquisition im einzelnen an homosexuellen Handlungen? Hergemöller stellt vier Fragenkomplexe fest, die für die »Herren der Nacht« besonders relevant waren (ebd.: 336 ff.): Das Verhältnis von aktivem zu passivem Partner, die Körperlage, der Grad der sexuellen Befriedigung und die Käuflichkeit eines der Partner. Was den ersten Fragenbereich betrifft, ist festzuhalten, daß der passive Partner (also derjenige, der sich penetrieren läßt), vor allem wenn er noch unmündig war, milder als der aktive bestraft wurde. Bezüglich der Körperlage der Sexualpartner war für die Inquisitoren von Interesse, ob der Passive auf dem Rücken oder auf dem Bauch lag. Die Rückenlage – die übliche Position der Frau – wurde nicht so negativ bewertet wie die Bauchlage, die man als Stellung der Tiere betrachtete. Erfolgte beim homosexuellen Akt Samenaustritt, war die »Unzuchtssünde« wesentlich schwerwiegender, als wenn dies nicht der Fall gewesen war. Ursache dieser Auffassung ist der hohe Stellenwert, den man dem Sperma im Rahmen der Ehe- und Fortpflanzungstheorie zusprach. Die Frage schließlich, ob sich einer der Partner prostituiert habe, war für die Inquisitoren von größter Wichtigkeit: Im Gegensatz zur weiblichen Prostitution war die mannmännliche bei Höchst-, also Todesstrafe, untersagt.

Soziologisch betrachtet, diente die Homosexuellenverfolgung im Mittelalter einer Verstärkung der sozialen Integration, da man den »Unzüchtigen« zum gemeinsamen Gegner erklärte, der als Zielscheibe von Aggressionen funktionalisiert wurde. Darüber hinaus galten Schwule als Out-Group, da sie sich den theoretisch hochgeschätzten Institutionen Ehe und Familie »verweigerten«. Die Verfolgung schwuler Männer erwies sich zudem als wirksames Mittel zur Sozialdisziplinierung. Dazu Bernd Ulrich Hergemöller:

»Während die Hexenverfolgung die objektive Funktion eines Sanktionsmittels der Sozialdisziplinierung gegen Frauen erhielt, bekam die Sodomiterverfolgung in Ergänzung hierzu die Funktion, auf die Normen- und Regeltreue der Männer einzuwirken. Es versteht sich von selbst, daß jeder Mann durch peinliche Erfüllung der religiösen und sozialen Pflichten darauf bedacht sein mußte, auch nur den Schatten des Sodomieverdachts von sich fernzuhalten, ebenso wie jede Frau ängstlich darum bemüht sein mußte, jeder Möglichkeit einer Hexenbesagung aus dem Weg zu gehen« (ebd.: 347).

Zusammenfassend läßt sich feststellen, daß *sämtliche* in der Früh- und Spätneuzeit virulenten diskriminierenden Theorien in bezug auf Homosexualität im Mittelalter wenn auch nicht voll ausgeprägt, so doch im Kern vorhanden sind:

1. Homosexuelle als Verursacher direkter Körperverletzung (s. venezianische Anweisung an Barbiere und Ärzte);
2. Homosexuelle als Verführer (s. Kölner Ablehnung einer öffentlichen Untersuchung und Verfolgung homosexuellen Verhaltens von 1484);
3. Homosexuelle als Verhinderer der Fortpflanzung (der Prediger Bernhardin von Siena forderte zu Pogromen gegen Schwule auf, da sie für den Rückgang der Geburtenrate verantwortlich seien);
4. Homosexuelle als Kranke (obwohl Homosexualität meist als freiwillige Sünde aufgefaßt wird, findet sich auch die Pathologisierung Schwuler, so etwa bei Albertus Magnus: Er betrachtet Homosexualität als ansteckende Krankheit, die von einem auf den anderen übertragen wird).

3. Der verdrängte schwule Deutsche
Homosexualität im Zeitalter der Reformation und des Absolutismus des 17. Jahrhunderts

»Man hält in Rom die Unkeuschheit für die Königin des menschlichen Lebens; sie richten ihre Gedanken darauf, der Unkeuschheit in mancherlei Gestalt und auf seltsame, ausgefallene und unerhörte Weise zu pflegen, so daß sie sogar den Kaiser Tiberius und seine Lustknaben... übertreffen. Ja, die Unkeuschheit in der gewöhnlichen Weise zu betreiben, verachten sie und heißen es Bauernwerk, denn zu Rom *tut* man Dinge, die wir uns hier zu *sagen* schämen, so widernatürlich sind sie!« (zit. n. Campe, 1988: 86). So der Mainzer Bürger Ehrenhold in Ulrich von Huttens 1520 veröffentlichtem Dialog *Römische Dreifaltigkeit*. Hutten, der sich vehement gegen den Ablaßhandel der römischen Kirche wandte, stand mit der Auffassung, Rom sei ein Sündenbabel, nicht allein da: In zahlreichen Streitschriften von Reformatoren wurde Rom als neues Sodom, seine Kirchenfürsten als notorische Homosexuelle bezeichnet. Zweifellos setzten die Protestanten den »Unzuchts«-Vorwurf als politische Waffe gegen Rom ein – jenen Vorwurf, der Teil der Strategie des Klerus gegen die Waldenser und Katharer gewesen war. Insbesondere die englischen Protestanten geißelten die schwulen »Laster« der Kirche, wohingegen die deutschen Protestanten (mit Ausnahme Huttens) mit derartigen Vorwürfen sehr zurückhaltend waren:

»So fehlt in Luthers Schriften jeder Hinweis auf die Homosexualität des römischen Klerus. Nur im Gespräch wurde er deutlich – wir wissen davon durch die Aufzeichnungen, die Schüler von seinen Tischreden gemacht haben. So erklärte er einmal: ›Papst, Kardinäle, Bischöfe... sind reiche, faule Wänste... (sie) sind gottlos, Gotteslästerer und Sodomiten‹« (ebd.: 77).

Auch das Thema Homosexualität in Klöstern wurde von den deutschen Protestanten kaum aufgegriffen, obgleich es brauchbare Argumente gegen Mönchtum und Zölibat geliefert hätte. Lediglich an einer einzigen Stelle äußert sich Luther, der das Mönchsleben aus eigener Erfahrung gut kannte, zur Entstehung der Priesterhomosexualität:

»Ja, wenn jemand die Gabe der Keuschheit hätte! So sie aber nicht da ist, drängt dich die Not, ehelich zu werden. Willst du hernach sagen: ich will diese Fessel nicht anlegen, ja, so wirst du hernach Brunst und böse Lust leiden müssen, daß – wo du einen Knaben siehst – wirst fühlen müssen, daß du das Geschenk der Keuschheit nicht hast« (zit. n. Campe, ebd.: 78).

Weshalb die deutschen Reformatoren den Komplex Homosexualität aus ihrer Theologie ausgrenzten (so gibt es z. B. keine Theorie, die der katholischen Lehre von der Sünde wider die Natur zur Seite zu stellen wäre), bleibt unklar. Campe nimmt an, daß dabei »Irrationales«, ein »Ekel vor einer nicht geheuren Form der Sexualität« im Spiel gewesen sei (ebd.: 79), doch diese Auffassung überzeugt nicht sonderlich, da Gefühle wie Ekel und Abscheu in Verbindung mit schwulem Verhalten von jeher eine Rolle gespielt haben und es nicht einzusehen ist, weshalb sich gerade im Zeitalter der Reformation derartige Empfindungen so verstärkt haben sollten, daß man über Homosexualität den Mantel des Schweigens breitete.

Reformen wurden im 16. Jahrhundert nicht nur im religiösen Bereich vollzogen; auch die Rechtsprechung wurde unter Karl V. erneuert: 1533 erschien die »Peinliche Halsgerichtsordnung«, ein Gesetzeswerk, das für das gesamte Heilige Römische Reich Geltung besaß. In bezug auf homosexuelle »Delikte« sieht der Artikel 116 folgende Regelung vor:

»So eyn Mensch mit eynem vihe, man mit man, weib mit weib unkeusch treyben, die haben auch das leben verwürckt und man soll sie der gemeynen gewohnheit nach mit dem feur vom leben zum tod richten« (zit. n. Bleibtreu-Ehrenberg, 1978: 297).

In der Rechtspraxis jedoch hielt man sich durchaus nicht sklavisch an diese Bestimmung, wie Mathias Kohan-Bernstein nachgewiesen hat: »die gemeindeutschen Kriminalisten wie auch landesrechtlichen Gesetzgebungen… (betrachteten) die in der Peinlichen Gerichtsordnung

Art. 116 behandelte Materie weder als abschließend noch als für sich bindend« (Kohan-Bernstein, 1909: 20).

Ganz im Gegensatz zu Deutschland wurde im Italien des 16. Jahrhunderts Homosexualität diskutiert; sie wurde zum Gegenstand der bildenden Kunst und der Literatur. Andreas Sternweiler schreibt dazu:

»In der italienischen Renaissance entsteht im Rückgriff auf die Antike und ihre Freiheiten ein bisexuelles Gegenideal (zum kirchlichen Modell von ›richtiger‹ Sexualität; H. B.), das alle durch die kirchliche Moral unterdrückten Formen von Sexualität umfaßte. So gibt es die unterschiedlichsten Versuche, losgelöst vom christlichen Begriff der Sodomie, homosexuelles Verhalten, insbesondere die antikische Päderastie, in die zeitgenössischen Liebestheorien und Lebensweisen zu integrieren. Eros und Sexus, Liebe und Sexualität, die die Kirche getrennt wissen wollte, werden wieder zu einer Einheit« (Sternweiler, 1993: 11).

In der italienischen Renaissance wird das Modell der »griechischen Liebe« wieder aufgegriffen; schwules Verhalten wird meist bei Beziehungen zwischen einem Mann und einem Jüngling oder Knaben thematisiert. Daß Homosexualität in der damaligen Zeit von den gebildeten Kreisen diskutiert und gelebt wurde, bedeutet freilich nicht, daß Schwule von Verfolgungen verschont blieben. So wurden z. B. in Florenz vier Bürger angezeigt, die man des homosexuellen Verkehrs mit einem gewissen Jacopo Saltarelli bezichtigte; einer der Angeklagten war Leonardo da Vinci. Die Angeklagten kamen im Frühling 1476 mit einer Verwarnung davon.

Ein bemerkenswerter Fall, von dem Hans Mayer berichtet, ist der des Kunstmalers Giovanantonio Bazzi (1477–1549), der als »Il Sodoma« in die Kunstgeschichte einging: Er machte aus seiner Homosexualität nicht den geringsten Hehl.

Giorgio Vasari charakterisiert Bazzi folgendermaßen: Er war

»ein fröhlicher und lockerer Mann, der andere mit seinem wenig keuschen Leben erheiterte, weshalb er – da er stets von Knaben und bartlosen Jugendlichen umgeben war, die er sehr liebte – den Spitznamen Sodoma bekam. Das störte ihn nicht weiter, sondern machte ihn beinahe stolz« (zit. n. Mayer, 1981: 176).

Auch Behörden gegenüber gab er sich offen als Schwuler zu erkennen – die Ablehnung einer Steuererklärung unterschrieb er mit »Sodoma Sodoma derivatum M. Sodoma«.

Einer der berühmtesten Künstler der italienischen Renaissance, der junge Männer liebte, war Michelangelo. Im Alter von 58 Jahren lernte er den römischen Adligen Tommaso del Cavalieri kennen. Cavalieri ließ sich die Verehrung, die ihm der Künstler entgegenbrachte, gern gefallen. Michelangelo richtete Gedichte an den geliebten Jüngling und schenkte ihm Zeichnungen, deren Gegenstand fast immer ein antiker mythologischer Stoff war. Nicht nur diese Zeichnungen, sondern auch die Sonette, die Michelangelo Cavalieri widmete, sind homophil. Bei den meisten dieser Gedichte handelt es sich um Liebesgesänge; sie gehören zu klassischen Beispielen platonisierender Erotik. In seinem Aufsatz *Die Erotik Michelangelo's* (1950) hebt Thomas Mann hervor:

»Edle Liebe, davon ist er durchdrungen, setzt ihr Hoffen nicht auf Dinge, die zum Schwinden verdammt sind, und nichts kann ihm Gottes Huld, das ewig Schöne und Gute zu reinerer Andacht enthüllen, als eben die Hülle, diese irdische Lieblichkeit, vor der er nur kniet als vor Gottes Ebenbild« (Mann, 1974: 786).

Wie Thomas Mann annimmt, ging es Michelangelo nicht darum, daß Tommaso del Cavalieri seine Liebe erwiderte. Vielmehr habe der Künstler den Geliebten als »Mittel göttlicher Begeisterung« angesehen, in seiner Schönheit das Göttliche verehrt, seine Zärtlichkeit für ihn als »Gleichnis der Liebe Gottes« verstanden. Michelangelo lehnte körperliches Ausleben von Homosexualität ab; sein Hingezogensein zu Cavalieri sollte »keusch« bleiben, wie folgendes Sonett deutlich zeigt:

»Wenn keusche Liebe, die der Himmel sendet, / Wenn auch das Glück zwei Liebende sich teilen, / In *einem* Mitleid beider Wunden heilen, / Wenn beider Herz zu *einem* Geist sich wendet, / Zu *einem* Flug, der erst am Himmel endet, / Weil eine Seele sich zwei Leiber teilen, / Wenn Amor mit den spitzen, goldnen Pfeilen / Im selben Feuer brennt und blendet, / Wenn selbstlos jeder in dem andern Heil nur / Und Freude und sein Wohlgefallen findet / Und beide sich zu *einem* Ziel verschwören: / Tausendmal dies wär' doch der kleinste Teil nur / Der

Liebe, die nun dich und mich verbindet; / Verächtlichkeit allein kann sie zerstören« (zit. n. Campe, 1994: 65).

Der Beziehung zwischen Michelangelo und Cavalieri bereitete »Verächtlichkeit« kein Ende: Bis zu Michelangelos Tod (1564) blieb die enge Verbundenheit beider Männer bestehen.

Auch im Italien um 1600 – und das trotz einer permanenten Schwulen-Verfolgung – war es Pädophilen möglich, ihre Neigungen auszuleben. Sie idealisierten ihre Beziehungen zu Jungen im Sinne der Antike und stellten pädagogische Zielsetzungen in den Vordergrund. Von besonderem Interesse in diesem Zusammenhang ist eine 1652 erschienene Schrift mit dem Titel *Alcibiade fanciullo a scola* von Antonio Rocco (1586–1652). Das Büchlein, das unter Pseudonym in Venedig herauskam, beleuchtet das Selbstverständnis von Freigeistern, die Jungen liebten. Der Text stellt dar, mit welchen Argumenten ein Lehrer seinen Schüler Alkibiades zum freiwilligen Sex zu überreden sucht, wobei der pädagogische Impetus des Lehrers, der sich antiker rhetorischer Mittel bedient, besonders auffällt. Er belehrt Alkibiades:

»Eine Handlung ist natürlich, wenn die Natur dazu antreibt, wenn sie sie vollzogen und beendet zu sehen wünscht. Wenn also die Freude an dem Anblick schöner Knaben ein natürliches Gefühl ist, wie kann jene Liebe die Natur verletzen? Und da die Natur nichts Überflüssiges, Unnützes schafft und alles, was sie anfängt, zu einem Ende führt, wie sollte sie, da sie jenen Knaben eine Schönheit geschenkt hat, welche die Herzen zur Liebe zwingt, wie sollte sie, sage ich, die also Liebenden sich in unfruchtbaren Begierden verzehren lassen wollen? Hat jene Schönheit keine Berechtigung? Ist sie überflüssig, unnütz? Nein, ihre Träger sind dazu geschaffen, Begierden zu stillen, die ihre Befriedigung, ihr einziges Ziel in dem Genuß erblicken. Läßt die Natur nicht stets zwischen den sich am meisten ähnelnden Geschöpfen Liebe walten? Und ist nicht die Ähnlichkeit zwischen Mann und Knaben größer als die zwischen Mann und Weib?« (zit. n. Sternweiler, ebd.: 213).

Als Ziel der Begierde also erscheint hier der sexuelle Genuß: Diese moderne Betrachtungsweise ist ein Schlag ins Gesicht der verklemmten und bornierten Auffassung der Kirche, die sexuelle Handlungen lediglich als Akte der Fortpflanzung akzeptiert. Mit den oben zitierten

Überredungskünsten scheint der Lehrer seinen Schüler übrigens nicht sonderlich beeindruckt zu haben; erst die Behauptung, mit dem Sperma des Lehrers übertrage sich dessen Wissen, läßt Alkibiades schließlich dem schwulen Verkehr zustimmen.

Um 1600 treten nicht nur in den Theatern, sondern auch im öffentlichen Leben vermehrt Androgyne auf. So schreibt Dalla Porta:

»Auf der Insel Sizilien gibt es viele ›effeminati‹, und in Neapel habe ich einen gesehen, der hatte nur wenige Barthaare oder gar keine; er hatte eine zarte Stimme, zarte und gerade Augenbrauen und schamhafte Augen wie Frauen… er dachte wie eine Frau und benutzte für sich immer den weiblichen Artikel, wenn er von sich sprach: ›trista me, amara me‹: und schlimmer als eine Frau ertrug er die schändliche Liebe, also die Sodomie« (zit. n. Sternweiler, ebd.: 216).

Daß sie der »schändlichen Liebe« anhingen, führte nicht zuletzt bei Päpsten zu schizophrenem Verhalten: So bei Clemens VIII., während dessen Pontifikat viele Männer wegen »Sodomie« angezeigt wurden – Strafen erfolgten aber nur relativ selten.

In England galt in dem in Rede stehenden Zeitraum ein Homosexualität betreffendes Gesetz, das Heinrich VIII. (1509–1547) erlassen hatte. Es bestrafte Schwule mit dem Tod; das Vermögen der Verurteilten wurde eingezogen. Der juristische Alltag zur elisabethanischen Zeit sah jedoch liberaler aus: Eine Hinrichtung vor 1608 ist nicht belegt. Nichtsdestotrotz stellte Christopher Marlowe (1564–1593), der Begründer des Theaters des elisabethanischen Englands, tradierte Moralvorstellungen in Frage, als er in seiner Tragödie *Edward II* schwule Liebe in das Zentrum eines Theaterstückes stellte. Das Drama erzählt die Geschichte des Königs Edward, der von seinem Geliebten Gaveston nicht ablassen will, obwohl ihn Adel, Klerus und seine Frau Isabella davon abbringen wollen. Interessant ist, daß man Edward nicht die »Widernatürlichkeit« seines Verhältnisses mit Gaveston vorwirft – der Edelmann Mortimer findet an der Homosexualität Edwards offenbar nichts Anstößiges. Er rät seinem Neffen:

»da sein (Edwards, H. B.) Herz so in Gaveston vernarrt ist, laß ihm ohne Beschränkung seinen Willen. Die mächtigsten Könige hatten ihre Günstlinge… Und nicht nur Könige, sondern die weisesten Männer. Der Römer Tullius liebte Oktavius, der ernste Sokrates den wilden Alkibiades« (Marlowe, 1981: 57 [Akt I, Szene 4]).

Die Antwort von Mortimers Neffen steht stellvertretend für die Haltung des gesamten Adels gegenüber Edwards Homosexualität: Das »lüsterne Gemüt« des Königs stört ihn nicht; dagegen kritisiert er, daß Gaveston, ein Mann von »niederer Geburt«, durch die Gunst des Königs mächtig wird und so eine Bedrohung für den Adel darstellt. Wie wird die Beziehung von Edward zu Gaveston von Christopher Marlowe charakterisiert? Gaveston erscheint als zwiespältige Figur: Einerseits will er die Liebe des Königs für seine Zwecke benützen (»Ich muß lüsterne Dichter, geistreiche Unterhalter haben, Musiker, die durch Berührung einer Saite den gefügigen König dahinbringen können, wo es mir gefällt.«). Andererseits liebt er Edward wirklich. Gaveston freut sich, in London zu sein, weil diese Stadt »ihn beherbergt, den ich so liebe, den König, an dessen Busen ich getrost sterben und immer noch die Welt zum Feinde haben kann«. Der freche, durchaus zur Gewalt bereite Gaveston erscheint in Marlowes Tragödie als der aktive, der wankelmütige, nachgiebige Edward als der passive Partner. Hans Mayer stellt zu Recht fest, daß Edward – übrigens der erste schwule Titelheld in einem europäischen Drama – ein König ist, »dem seine Lieblinge über alles gehen, so daß all seine Aktionen, Schenkungen, Verbannungen, Lobes- wie Haßworte stets gleichsam von der sexuellen Frenesie zeugen« (Mayer, ebd.: 194).

»Ehe mein süßer Gaveston mich verläßt, soll diese Insel auf dem Ozean schwimmen und zum unbesuchten Indien treiben.« Diese Worte von Marlowes Edward zeigen, daß der König zum Äußersten bereit ist. Wegen Gaveston kommt es zum Bürgerkrieg, in dessen Verlauf Gaveston von einem Edelmann ermordet wird. Edward wird entmachtet, eingekerkert und auf eine Art getötet, die auf die passive Homosexualität des Königs verweist: Das Mordinstrument ist ein glühendes Eisen, das dem Opfer offenbar in den Anus getrieben wird.

Homoerotik spielt nicht nur im Werk von Christopher Marlowe eine wichtige Rolle; auch der bedeutendste Dramatiker des elisabethanischen Englands, William Shakespeare, thematisiert die Liebe zwischen Männern. Shakespeare richtete einige seiner Sonette an einen jungen Mann (um wen es sich handelt, ist nicht bekannt), in den er verliebt war. Eines dieser Gedichte sei angeführt:

»Am klarsten sieht mein Auge nachtversiegelt; / Am Tage achtet's vieler Dinge nicht; / Doch schlummernd, wenn im Traum dein Bild sich spiegelt, / Hell-dunkel strahlt es durch die Nacht, ein Licht. / Du, dessen Schatten Schatten leuchten macht, / Was gäbe wohl dein Bild für holde Schau / Dem hellen Tag, in noch viel hellrer Pracht, / Das schon so leuchtet in des Schlummers Grau! / Wie selig wär mein Auge, dich im satten / Lebendgen Licht des Tages anzusehn, / Wenn schon in toter Nacht dein schwanker Schatten / Im schlafgebannten Auge mag bestehn! / Ein jeder Tag ist Nacht, wenn du nicht hier, / Und Nacht ist Tag, führt dich ein Traum zu mir« (zit. n. Campe, 1994: 69).

Das 121. Sonett von Shakespeare zeigt, daß der Schriftsteller zu seiner Homosexualität stand und seine Liebe zu einem Mann selbstbewußt und mit scharfen Worten zu verteidigen wußte:

»ich bin, der ich bin, und die so dumm sind, / Daß sie mich schmähn, enthüll'n die eigne Schmach. Ich bin gerade, wo sie alle krumm sind, / Ihr Haß trifft nicht das Glück, von dem ich sprach« (ebd.: 68).

Im Gegensatz zu englischen Schriftstellern griffen deutsche Autoren des 17. Jahrhunderts das Thema Homosexualität nicht auf:

»Nicht einmal in den düstersten Gemälden von Lastern und Perversionen, die die Dramatiker entwarfen, taucht Homosexualität auf; und auch Grimmelshausen stellte sie nicht dar, obwohl er in seinem ›Simplicius Simplicissimus‹ (1688) sonst recht realistisch die Sitten- und Hemmungslosigkeit schilderte, die unter der Soldateska des Dreißigjährigen Krieges herrschte. Homosexualität war, nach hundert Jahren Reformation und Gegenreformation, aus der Phantasie verdrängt« (Campe, ebd.: 93).

Diese Verdrängung führte in der deutschen Literatur zu einem Männerfreundschaftskult, der sich des Vokabulars der Liebesdichtung bedienen konnte, weil *körperliche* Liebe zwischen Männern undenkbar erschien. Das Gefühl eines Mannes für einen anderen sollte durch die Verwendung der Sprache als »etwas Großartiges und Ungemeines erscheinen: die barocke Lust an der rhetorischen Übertreibung spielte da mit« (ebd.: 94).

Von einer tiefen Freundschaft spricht ein Gedicht des Lyrikers Simon Dach (1605–1695), das er anläßlich seines Freundes Roberthin verfaßte:

»O der mann nach meinem sinn, / Roberthin, mein trost ist hin, / Der, in dessen leben / Meines sich befand! mein rath, / Meine ruh und zuflucht hat / Gutte nacht gegeben. / ... Stracks fällt sein gesicht mir ein, / Stehend pflag er so zu seyn, / So ist er gesessen.«

In der damaligen Zeit wird auch mit einer für uns verblüffenden Selbstverständlichkeit die körperliche Schönheit des Freundes gepriesen. So hebt etwa Paul Fleming (1609–1640) die Sinnlichkeit des Mundes seines Freundes hervor; »du Mund«, schreibt Fleming, »den Venus selbst in Nektar tauchte«, und schließlich wird der Mund sogar als »Labsal meiner Sinnen« bezeichnet.

Es ist schwer zu entscheiden, ob nicht doch außer der Lust an übertriebenen sprachlichen Formulierungen homoerotische Empfindungen bei der Entstehung dieser Texte von Bedeutung waren. Joachim Campe hält das für durchaus möglich:

»gerade junge Literaten fanden in der Beziehung zu Freunden häufig einen Ersatz für fehlende gesellschaftliche Anerkennung; mitunter vielleicht auch Ersatz für die Liebe einer Frau: denn heiraten konnte erst, wer ein sicheres Auskommen hatte« (Campe, ebd.: 94).

Recht wenig Toleranz gegenüber Schwulen zeigte Liselotte von der Pfalz, die über das Frankreich Ludwig XIV. in einem Brief schrieb:

»Man kann wohl von diesem Land hier sagen, wie in der Heiligen Schrift steht: ›Alles Fleisch hat sich verkehrt.‹ Mir ist bang, daß man mit der Mode auch die Laster von hier in unser Vaterland bringen wird. Denn wenn die Franzosen einen hübschen Deutschen sehen, laufen sie ihm so lange nach, wie sie können, um ihn zu bekommen« (zit. n. Campe, ebd.: 97).

Liselotte von der Pfalz heiratete 1671 den Bruder Ludwigs XIV. (1643–1715), den Herzog Philipp von Orléans. Aus politischen Erwägungen heraus, denn von Liebe konnte zwischen den beiden nicht die

Rede sein: Der Herzog fühlte sich zum eigenen Geschlecht hingezogen und war fortwährend in schwule Liebesbeziehungen verstrickt; besonders schwierig gestaltete sich sein Verhältnis zu Chevalier de Lorraine, der heterosexuell war und Philipp von Orléans hemmungslos ausbeutete. Ludwig XIV. wußte, daß sein Bruder schwul war: Dies kam ihm jedoch gelegen, kümmerte sich Philipp doch mehr um seine Jungen als um Staatsgeschäfte. Außerdem dachte der Sonnenkönig in puncto Homosexualität relativ liberal, was im französischen Adel Tradition hatte. So umgab sich beispielsweise Heinrich III., der Frankreich von 1573 bis 1584 regierte, mit hübschen jungen Männern, und viele Adelige seiner Zeit lebten ihre Homosexualität offen aus.

Während der Regierungszeit Ludwig XIV. hatte Schwulsein am Hof sozusagen Konjunktur. Jacques Solé hebt hervor, daß Philipp von Orléans

»zum Typus jener seltsamen Herren von Versailles (wurde), parfümiert und schleifenverziert, gepudert und auf hochabsätzigen Schuhen, wie Frauen geschmückt mit Ringen, Armbändern und Geschmeide, den langen künstlichen Haaren schließlich etwas Schminke im Gesicht hinzufügend« (Solé, 1979: 223).

Auch berühmte Generäle lebten in dieser Zeit ihr Schwulsein offen aus; etwa Vendôme, der mit Kammerdienern und ihm untergeordneten Offizieren sexuelle Beziehungen unterhielt, oder Huxelles, der zusammen mit Männern seines Generalstabs und seines Gefolges schwule Orgien veranstaltete.

Ganz im Gegensatz zu Frankreich wurde homosexuelles Verhalten vom deutschen Adel nicht akzeptiert.

4. Das 18. Jahrhundert

Aufgeklärt auch in puncto Homosexualität?

»Neue Gedanken brechen den Geist religiöser Enge und weltlicher Willkür. Sie verkünden die Herrschaft der Vernunft und des natürlichen Menschenrechts und ringen dem allmächtigen Staate die rechtlich gesicherte Stellung des Bürgers ab. Das ist das Zeitalter der Aufklärung« (zit. n. Bleibtreu-Ehrenberg, 1978: 314). Mit diesen Worten beschreibt der Rechtsgelehrte Johann Samuel Friedrich Böhmer das neue Zeitalter. Die Herrschaft der Vernunft – bestimmt sie von jetzt an auch das Verhalten und Denken Schwulen gegenüber? Die Antwort sei vorweggenommen: Die Aufklärung ist Homosexuellen gegenüber ein wenig liberaler eingestellt, als das in vorhergehenden Epochen der Fall war. Keinesfalls bedeutet das aber, daß Homoerotik nicht nach wie vor als etwas zu Verabscheuendes betrachtet wurde.

Das 18. Jahrhundert revolutionierte das Strafrecht; eine gänzlich neue Strafphilosophie bildete sich heraus, nach der Strafen ausschließlich durch die menschliche Natur und das auf ihre Gesetze gegründete Gemeinwesen legitimiert wurden. Kein Gottesgesetz konnte ab jetzt als Grundlage für die Bestrafung eines Menschen herangezogen werden. Trotz der neuen Naturrechtslehre war jedoch zunächst von einer wirklichen Liberalisierung des Strafrechts in puncto Homosexualität wenig zu spüren. Johann Samuel Friedrich Böhmer, der sich strafrechtlich mit Homosexualität eingehend befaßte, vertrat die Ansicht, daß für »Sodomie« zwischen gleichgeschlechtlichen Menschen der Tod durch das Schwert durchaus angemessen sei. Also immer noch die Todesstrafe, wenngleich auch nicht mehr durch das Feuer. Allerdings sah Böhmer in bestimmten Fällen von der Ermordung Schwuler ab: Bei Mangel an Bildung und religiöser Erziehung sowie Jugendlichkeit des »Täters« sollte die Prügelstrafe angewendet werden. Gefängnisstrafe, und zwar auf Lebenszeit, sah der Göttinger Professor Justus Claproth in seinem 1774 vorgelegten Entwurf vor, der die »Peinliche Gerichtsordnung« ablösen sollte. Es ist dies in der Tat ein »Ohnmasgeblicher

Entwurf«, wie ihn Claproth selbst bezeichnet, belegt er doch in kurioser Weise, daß Personen in die Diskussion über Homosexualität eingriffen, die von der Materie keine Ahnung hatten. Claproth schreibt:

»Wenn ein Mensch sich mit einem Thiere soweit fleischlich vermischt, daß ein Geburtsglied in das andere würklich hineingebracht wird, …Der Thäter soll… in aller Stille auf Lebenszeit in ein Gefängnis gesetzt werden, und mit niemand Umgang pflegen. (a)…Wenn zwei Mannspersonen mit einander sich auf obgedachte Art (!!!) fleischlich vermischen, …so soll die obige Strafe statt finden. Wer sich auf eine unnatürliche Art seines Saamens entledigt, es sey Manns- oder Frauensperson (!!!), soll zu keiner Inquisition und Strafe gezogen werden, sondern er ist durch die natürlichen Folgen genug bestraft« (zit. n. Derks, 1990: 146).

Wie es zu bewerkstelligen ist, daß ein Mann seinen Penis in den eines anderen Mannes hineinpraktiziert und eine Frau Samen ergießt, erklärt Claproth leider nicht. Neun Jahre nach diesem kuriosen Entwurf erschien die gekrönte Preisschrift *Abhandlung von der Criminal-Gesetzgebung* (1783) der beiden Juristen Hans Ernst von Globig und Johann Georg Huster. Die Autoren vertreten darin die Ansicht, daß es besser sei, über Homosexualität den Mantel des Schweigens zu breiten, als diese »abscheuliche Verunstaltung der Liebe« zu bestrafen, denn schwule Aktivitäten seien »gefährliche Schauspiele«, die leicht unschuldige Menschen verführen könnten. Globig und Huster betrachten Schwule als »Unthiere«, die den »Staat und selbst die Natur« entehren; die Ursachen für homoerotische Neigungen sehen die Autoren in einer »Sättigung des natürlichen Triebes« bzw. einer Einschränkung desselben.

In ihrer Preisschrift beziehen sich Globig und Huster explizit auf den italienischen Juristen Cesare Beccaria, dessen Werk *Dei delitti e delle pene* (1764) einen Meilenstein in der Rechtsgeschichte darstellt:

»Beccaria stellte die herkömmlichen Begriffe von Laster und Tugend in Frage, um sie dem Kriminalrecht zu entziehen: einziger Grund und Maßstab einer vom Staat ausgesprochenen Bestrafung könne nur der dem Staat und der Gesellschaft zugefügte Schaden sein. Sünden zu strafen stehe allein in Gottes Gerechtigkeit, der der menschliche Richter nicht vorzugreifen habe. Diese Unterscheidung zwischen öffentlichen Schaden stiftenden Verbrechen und privater, damit folgenloser Unmoral sollte für die weitere Entwicklung der Diskussion die größte Bedeutung haben« (Derks, ebd.: 143).

Beccaria sieht also Straflosigkeit für homosexuelle Aktivitäten vor, da sie keine Verbrechen darstellen (sofern keinem Bürger dabei Schaden zugefügt wird), während Globig und Huster Schwule noch immer für Verbrecher halten, die man eigentlich »zu Vermeidung des Ärgernisses und der Verführung aus der Gesellschaft verbannen« müßte. Es ist somit evident, daß Globig und Huster nur scheinbar einer Meinung mit Beccaria sind. Weshalb beziehen sie sich dann aber auf den Italiener? Dazu Paul Derks:

»Beccaria hatte mit seinen Zweifeln die Rechtsausleger und selbsternannten Rechtsreformer in den fatalen Zwang gebracht, ihre Aufgeklärtheit, ihren Reformwillen beweisen zu müssen... Man gibt sich durch die Berufung auf Beccaria ein aufgeklärtes Air und redet gleichzeitig begrifflos in den alten Beurteilungskriterien weiter daher« (Derks, ebd.: 149).

Das Werk Beccarias ist nicht zuletzt deshalb von herausragender Bedeutung, weil in ihm zum erstenmal im juristischen Schrifttum schwule Aktivitäten soziologisch begründet werden. Der Italiener hebt hervor, daß

»Knabenliebe und andere unordentliche Vermischungen des Fleisches, worauf die Gesetze das Feuer gesetzt, und um derentwillen der Richter mit Freuden zur Marter eilet, ...ihren Ursprung in den Leidenschaften der sklavisch und in enge Gesellschaft vereinigten Menschen (nimmt), nämlich nicht sowohl aus ekelhafter Sättigung an gewöhnlichen Ergötzlichkeiten, als vielmehr aus der fehlerhaften Erziehung, welche die Menschen, um sie anderen nützlich zu machen, sich selber unnütz macht« (zit. n. Bleibtreu-Ehrenberg, ebd.: 315 f.).

Das Zusammenleben vieler Menschen auf zu engem Raum und in ungesunden Verhältnissen sind also nach Beccaria Ursachen für Homosexualität – und auch die Errichtung nicht naturgemäßer Abgrenzungen zwischen beiden Geschlechtern macht der Autor für solche »unordentlichen Vermischungen des Fleisches« verantwortlich.

Beccarias Ansicht, Homosexualität an sich stelle keinen Gegenstand der Gesetzgebung dar, teilt Ernst Carl Wieland, Philosophie-Professor in Leipzig, keineswegs. In seinem Werk *Geist der peinlichen Gesetze* (1783/1784) postuliert er, daß sämtliche »sinnliche Ausschweifungen« in den Kompetenzbereich der Richter fallen können, weil jede davon »unsere Kräfte schwächt oder aufreibt« und den Bürger so daran hindert, seine Pflichten zu erfüllen. Darüber hinaus handle der »Wollüstling« gegen die Gesetze der Natur. Originalton Wieland:

»Was die unnatürliche Unkeuschheit betrifft: so ist sie schon aus dem Grunde strafbar, weil sie den ursprünglichen Anordnungen und folglich den Gesetzen der Natur widerspricht. Sie wird aber noch strafbarer in Beziehung auf die bürgerliche Gesellschaft, weil der Wollüstling, der sich diesen Lastern überläßt, gewöhnlich ein schlechter Bürger ist, und nur in dem Fall seine Pflichten gegen den Staat erfüllen kann, wenn er durch sein glückliches Genie eben so weit über andere Menschen hervorragt, als er sich durch seine unreinen und schändlichen Begierden unter die Menschheit erniedrigt« (zit. n. Derks, ebd.: 150).

Hier scheint ein neuer Aspekt in dem juristischen Diskurs über Schwulsein auf: Einem außergewöhnlich begabten Mann kann seine Homosexualität eher nachgesehen werden, da er sie durch seine besonderen Fähigkeiten kompensieren kann, wodurch er wiederum seine Pflichten gegenüber dem Staat erfüllt. Welche Verpflichtungen es nun eigentlich sind, denen der »durchschnittliche« Schwule (und Durchschnittsmenschen sind laut Wieland die meisten Bürger) nicht nachkommt, das erwähnt der Autor nicht. Bis auf eine Ausnahme: Der Homosexuelle entzieht sich der bürgerlichen Pflicht der Erfüllung des »natürlichen Endzweck(s) des Unterschiedes der Geschlechter«, er trägt zu »gefährlichen Zerrüttungen und Unordnungen« des Staates bei, worunter Wieland nicht zuletzt die Verhinderung der »Vermehrung der Volksmenge« zählt. Dieses »Argument« gegen Homosexualität ist wahrlich nichts Neues: Wie gezeigt wurde, findet es sich schon im Mittelalter. Ernst Carl Wieland erweist sich durch seine Auffassung als Vertreter der Verfalls-Theorie (Bleibtreu-Ehrenberg), die im

Verlauf der Geschichte immer wieder gegen Schwule ins Feld geführt wird. Bleibtreu-Ehrenberg faßt die Inhalte dieser Theorie wie folgt zusammen:

»Sodomie schadet dem Staat auf zwar mittelbare, jedoch höchst nachteilige Weise, weil sie die Individuen, die sie betreiben, für die Zwecke des Staates und für die Staatsbürgerschaft untauglich macht. Dies geschieht auf mehrfache Art: Sodomiten vergeuden ihre Zeugungskraft, anstatt mit ihr für den Staat Untertanen zu schaffen. Sie schwächen sich durch Ausschweifungen, wodurch sie erstens zum Dienst am Staat untauglich und zweitens schließlich sogar unfähig werden, sich selbst zu erhalten, so daß sie der Staatskasse zur Last fallen. Durch ihr böses Beispiel wirken sie sittenverderbend, weshalb der Staat dem ›Laster‹ im Interesse der Bürger entgegenzutreten verpflichtet ist« (Bleibtreu-Ehrenberg, ebd.: 325).

Als Bestrafung für Homosexuelle schlägt Wieland die »Entfernung des Wollüstlings von den Geschäften« vor; bei schwulen Vätern plädiert er für eine härtere Strafe, da sie ein schlechtes Beispiel für ihre Kinder abgäben.

Für Feinde der Gesellschaft werden Schwule auch von Johann Georg Krünitz, einem nicht sehr bedeutenden Lexikographen, gehalten. In seiner *Ökonomisch-Technologischen Enzyklopädie oder allgemeines System der Staats-, Stadt-, Haus- und Landwirtschaft* findet sich ein Beitrag über »Knabenschänderei, Knabenschändung« (1784), der einen krassen Rückfall ins Mittelalter darstellt:

»Auf die Päderastie und Sodomiterei wird 3 Mos 20,13–16 Lebensstrafe gesetzt, die vermutlich durch Steinigung vollzogen wurde... Wenn man bedenkt, wie fürchterlich Knabenschänderei dem Staate ist, und wie sehr dieses abscheuliche Laster sich insgeheim auszubreiten pflegt, so wird man nach den Regeln der Politik die Strafe nicht zu hart finden« (zit. n. Campe, 1988: 118).

Krünitz plädiert in seinem Artikel ausschließlich für brutalste Bestrafungen Homosexueller; er fordert absolut diskriminierende Strafmaßnahmen, um die »Schändlichkeit« schwuler Aktivitäten deutlich werden zu lassen. So macht er sich z. B. dafür stark, »Knabenschänder« an den Pranger zu stellen und der Bevölkerung auszuliefern, was »so gut wie der Tod« wäre.

Auf fruchtbaren Boden gefallen sind Beccarias Überlegungen bei seinem Übersetzer Karl Ferdinand Hommel. In seinen *Philosophischen Gedanken über das Criminalrecht*, die ebenfalls 1784 aus Hommels Nachlaß erschienen sind, hält er die wichtigsten Grundsätze Beccarias fest:

»Moralität aus Furcht ist nichtswürdig und sklavisch. Die Größe des Nachtheils, den ein Verbrechen dem einzelnen Bürger oder dem Staate verursacht, ist der Masstab für die Strafe. Man vermenge nicht Sünde und Verbrechen« (zit. n. Derks, ebd.: 152).

Hommel betont, daß »fleischliche Vergehen« lediglich aus Schwachheit resultierende Sünden seien, die im Gegensatz zu Vergehen aus Böswilligkeit keinem Menschen Schaden zufügen. Sollte sich dennoch eine Person durch ein derartiges »Vergehen« geschädigt fühlen, sei ihr die Möglichkeit eingeräumt, eine zivilrechtliche Klage führen zu können.

Schon im Jahr 1765 war Hommel massiv für eine strikte Trennung zwischen Sünden und Verbrechen eingetreten, eine Unterscheidung, die für eine sinnvolle Entwicklung des Strafrechts unabdingbar war. Mit erfrischender Klarheit schreibt er:

»Man muß Sünde, Verbrechen und verächtliche Handlungen nicht untereinander werfen. Ein Loch im Strumpf haben, ist weder Sünde noch Verbrechen, sondern Schande; seine Schwester zu heyrathen, ist bey den Christen Sünde, aber kein bürgerliches Unrecht. Denn Verbrechen oder Unrecht heißt nur dasjenige, wodurch ich jemanden beleidige. Bloß dieses ist der Gegenstand bürgerlicher Strafgesetze. Es kann etwas schändlich, es kann etwas sündlich und doch bürgerlich kein Verbrechen sein. Mensch, Bürger und Christ sind drey unterschiedene Begriffe« (zit. n. Bleibtreu-Ehrenberg, ebd.: 315).

Ein Jahr nach Hommels *Philosophischen Gedanken über das Criminalrecht* meldet sich bereits wieder die Verfalls-Theorie zu Wort, und zwar in Gestalt des Tübinger Juristen Christian Gottlieb Gmelin. Freilich sind ihm die Forderungen nach Straffreiheit für »fleischliche

Vergehen« bekannt, und er lehnt auch entschieden die Todesstrafe dafür ab, jedoch möchte er Schwule nicht ungeschoren davonkommen lassen. Der Staat, so argumentiert er in seinen *Grundsätzen der Gesetzgebung über Verbrechen und Strafen,* könne Homosexualität aus bevölkerungspolitischen Erwägungen heraus nicht dulden. Gmelin möchte auch gern Masturbation und Tierschändung bestraft sehen, wenngleich nicht so streng wie die »Knabenschänderei«, denn diese füge dem Knaben Schaden an Leib und Seele zu. Der Jurist plädiert bei diesem »Verbrechen« für Gefängnis, im Wiederholungsfall sogar für lebenslänglich.

Das Onanieren hält auch Johann Jakob Cella für ein höchst verderbliches Laster, das von »Weichlichkeit und Müsiggang« hervorgerufen wird; er geht davon aus, daß es Ursache für sämtliche »sodomitische« Akte ist. Allerdings lehnt es Cella im Gegensatz zu Gmelin ab, Onanisten zu bestrafen – die Auseinandersetzung mit der Selbstbefriedigung ist für ihn Sache der Pädagogen. »Unzuchtsdelikten« widmet Cella ein ganzes Buch: *Über Verbrechen und Strafe in Unzuchtsfällen* (1787). Wie Beccaria ist auch Cella der Meinung, daß »Unzüchtige« nicht juristisch belangt werden sollten, sofern bei ihren Aktivitäten nicht die Rechte eines anderen Menschen tangiert werden.

Lediglich auf Antrag der Eltern des »Verführten«, seinem Vormund und im Fall der Erregung öffentlichen Ärgernisses zieht Cella Bestrafungen in Betracht. Ansonsten erscheint es ihm ausreichend, Schwulen durch die Polizei Angst einzujagen, um sie einzuschüchtern. Aufschlußreich ist das Bild, das sich Cella vom »Knabenschänder« macht, der übrigens auch bei ihm wegen seiner »widernatürlichen Geilheit« dem Staat schadet. So stellt sich Cella den »Knabenschänder« vor:

»Der Knabenschänder braucht einen Gegenstand, der blos leidend sich verhält. Ihm genügt also auch ein ganz junger, unerwachsener, unmündiger Kamerad: ja er sucht, um den sinnlichen Kitzel zu vermehren, gewöhnlich die jüngsten, hübschsten Knaben zu Opfern seiner infamen Wollüste aus« (zit. n. Derks, ebd.: 158).

Aus diesem Zitat geht hervor, daß Cella annimmt, der homosexuelle Verkehr vollziehe sich unbedingt anal. Zu dieser Unterstellung meint Derks in seiner prägnanten Diktion:

»Daß diese allen Homosexuellen unterstellte Aktionsart erst von Johann Ludwig Casper 1851 statistisch und mit dem Ergebnis untersucht wurde, von Häufigkeit, gar Ausschließlichkeit könne nicht die Rede sein, verschlägt nichts: Homosexuelle sind Hinterlader, schon in der *Griechischen Anthologie*, bei Catull und Martial. Daran hat sich bis zum 20. Jahrhundert wenig geändert. Auch bei Cella spielt sich also der Mechanismus, erst anale Vorstellungen zu reproduzieren, um dann vor dem eigens dazu gemachten Bilde zurückzuschaudern, ab« (ebd.: 157 f.).

Cella ist der Ansicht, daß beim schwulen Verkehr der heterosexuelle Akt nachgeahmt werde: Derjenige, der sich penetrieren läßt, spielt den Part der Frau, während sich die Rolle des aktiven Partners nicht wesentlich von der beim »normalen« Geschlechtsverkehr unterscheidet, weshalb es möglich sei, daß ein Mann – durch irgendwelche Umstände auf den Geschmack an Knaben gekommen – nicht mehr davon abläßt: Gewährt ihm doch der Sex mit Knaben annähernd den gleichen Genuß wie mit dem »natürlichen« Partner, einer Frau. Der Knabe wird also als *Ersatz* für eine Frau verwendet, und der »Schänder« des Jungen *gewöhnt* sich daran. Joachim Campe schreibt zu der von ihm so genannten *Ersatz- und Gewohnheitstheorie*:

»Cella bedenkt nicht, daß das Bedürfnis nach homosexuellen Beziehungen offenbar tief in der Persönlichkeit mancher Männer verwurzelt sein muß, wenn sie trotz gesellschaftlichen Drucks an ihrem Lebensstil festhalten – daß also Begriffe wie *Ersatz* und *Gewohnheit* kaum angemessen sind« (Campe, 1988: 102).

Während Cella das Thema »Unzucht« in aller Breite abhandelt, faßt sich Karl Theodor von Dalberg in seinem *Entwurf eines Gesetzbuchs in Criminalsachen* (1792) ausgesprochen kurz. Über die »Sodomie« läßt sich Dalberg explizit überhaupt nicht aus; aus seinem *Entwurf* ist aber zu entnehmen, daß homosexuelle Handlungen nur zu Strafsachen werden können, wenn ein Mann mit einem Minderjährigen, einem Verheirateten Sex hat bzw. Arglist und Gewalt mit im Spiel sind.

Zusammenfassend läßt sich sagen, daß den angeführten Diskursen über Homosexualität – mit Ausnahme des in seiner Brutalität und, gelinde gesagt, Rückständigkeit aus dem Rahmen fallenden Lexikonartikels von Krünitz – gemeinsam ist, daß die Todesstrafe für schwule »Vergehen« nicht mehr in Betracht gezogen wird.

Der Homosexuelle wird in der Aufklärung häufig nicht nur als Schädling des Staates, sondern auch seiner eigenen Person betrachtet. Er fügt sich selbst, so die Ansicht, Unrecht zu, da er in seiner hemmungslosen Sexgier

»kein Verhältnis zu einem Partner (schafft), das die ganze Persönlichkeit einbezieht; statt dessen würdigt er sich zu einem Ding herab und macht sich, wie Kant schreibt, zu einem ›ekelhaften Gegenstand‹« (Campe, ebd.: 102).

Der Homosexuelle: ein »ekelhafter Gegenstand« – aber auch ein Kranker. Im Frankreich des 18. Jahrhunderts läßt sich die Pathologisierung Schwuler nachweisen; zusammen mit der Bestialität Bezichtigten, Kriminellen und Geisteskranken wurden Homosexuelle in Internierungslager eingesperrt. Welche Gründe dafür herangezogen wurden, darüber gibt Bleibtreu-Ehrenberg Auskunft:

»Wer sich homosexuell betätigt, ist... bereit, jedes andere Verbrechen zu verüben! Nirgends könnte er besser aufgehoben sein, als in der Gesellschaft von Irren und Verbrechern, da er die Elemente des Wahnsinns wie die des Lasters in seinem Charakter vereinigt« (Bleibtreu-Ehrenberg, ebd.: 330).

Anfänge der Vorstellung vom Schwulen als »Entartetem«, als Fall für die Pathologie, die im 19. und 20. Jahrhundert besonders virulent wird, finden sich also schon im sogenannten Zeitalter der Aufklärung. Die Vorurteile des Mittelalters gegenüber Homosexuellen bleiben nach wie vor bestehen; nur wird im 18., 19. und 20. Jahrhundert anders argumentiert. Vor der Aufklärung bedeutet »Sodomie« eine Bedrohung des Staatswesens, weil sie den Zorn Gottes heraufbeschwört; in und auch nach der Aufklärung gefährdet sie das Gemeinwesen, weil sie selbiges zerrüttet (Verfalls-Theorie). Und weiter: Vor der Aufklärung bedeutet »Sodomie« eine Gefährdung des Individuums, weil Seelenstrafe im Jenseits auf den Schwulen wartet; in und auch nach der Aufklärung, weil Homosexualität »moralischer Wahnsinn« ist (Bleibtreu-Ehrenberg, ebd.: 328–337).

Wurden in diesem Kapitel bisher Theorien zur Erklärung von Homosexualität und zu ihrer strafrechtlichen Behandlung dargelegt, so soll nun der Frage nachgegangen werden, welche Reformen des Strafrechts hinsichtlich »fleischlicher Vergehen« im 18. Jahrhundert vorgenommen wurden. Das gemeine Strafrecht basierte zwar immer noch auf der »Peinlichen Halsgerichtsordnung« Karls V., die für »Sodomie« die Todesstrafe vorsah, doch im juristischen Alltag setzte man sich häufig über die Bestimmungen der »Halsgerichtsordnung« hinweg. Heinrich Luden schreibt in seinem *Handbuch des teutschen gemeinen und particularen Strafrechtes* (Bd. I, Jena 1847):

»Gegen viele Verbrechen, welche die Gesetze mit Todesstrafe bedrohten, wurde dieselbe im Gerichtsgebrauche gar nicht mehr erkannt, und bei anderen Verbrechen machte der Gerichtsgebrauch die Anwendung der Todesstrafe von Erfordernissen abhängig, die so selten erwiesen werden konnten, daß dieselbe in der Regel nicht angewendet werden brauchte (z. B. bei Fleischesvergehen…) Der Gerichtsgebrauch, der sich in der angegebenen Weise über die Gesetze hinwegsetzte, war, obgleich an und für sich eine Anomalie, doch eine Nothwendigkeit, da von Seiten der Gesetzgebung nichts geschah, das Strafrecht mit den Anforderungen der fortschreitenden Humanität und Bildung in Einklang zu halten… Das richtige Verhältnis zwischen Gesetz und Richter wurde geradezu umgekehrt, indem der Richter, an Statt das Gesetz anzuwenden, den Verbrecher gegen die Härte desselben in Schutz nehmen mußte« (zit. n. Bleibtreu-Ehrenberg, ebd.: 306).

Gesetzesreformen waren also dringend angesagt, und in Österreich und Preußen wurden auch welche vorgenommen. Auf österreichischem Boden setzte die Reformierung des Strafrechts unter Maria Theresia ein, die 1773 die Folter abschaffte. Homosexuelle wurden aber nach wie vor gemäß der »Constitutio Theresiana« aus dem Jahr 1768 mit der Todesstrafe bedroht. Darin heißt es:

»Ein Knabenschänder, oder aber da sonst ein Mensch mit dem anderen sodomitische Sünd getrieben hätte, der solle anfangs enthauptet; und nachfolgends dessen Körper samt dem Kopf verbrennet… (werden)« (zit. n. Bleibtreu-Ehrenberg, ebd.: 308).

Kaiser Joseph II. legte 1787 ein Gesetz vor, das die »Constitutio« ablöste – doch von einer Humanisierung des Strafrechts zeigte sich keine Spur; vielmehr ging es Joseph II. darum, potentielle Täter durch drakonische Strafen abzuschrecken. Und dazu gehörte das »Schiffziehen«, eine extrem brutale Strafe:

»die vorher ausgemergelten, vom Hunger ausgezehrten Verbrecher… (werden) in Reihen vor die Fahrzeuge gespannt, oft über den halben Leib oder bis an den Hals unter Wasser, (sie müssen) Moräste durchwaten und dabei unausgesetzt arbeiten« (ebd.: 308).

Das »Schiffziehen«, das die bis dahin üblichen Arten von Todesstrafen ablöste, war nichts anderes als eine neue Form der Hinrichtung, da die meisten der dazu Verurteilten die Strafe nicht überlebten. Für Homosexuelle, die das Gesetz als politische Verbrecher bezeichnete, war im Falle der Erregung öffentlichen Ärgernisses »Züchtigung mit Streichen« und »zeitliches öffentliches Arbeiten« vorgesehen, was relativ harmlos klingt, jedoch keineswegs war: Denn diese Art von »Arbeit« war das »Schiffziehen«.

Auch »strenges Gefängnis«, mit dem weibliche und männliche Prostituierte sowie Schwule, deren Aktivitäten »weniger bekannt geworden waren«, bestraft wurden, bedeutete »Schiffziehen«.

Wenn man sich vor Augen hält, daß die deutschen Richter für »Unzucht« nicht mehr die Todesstrafe vorsahen, läßt sich das Gesetz Josephs II. schwerlich als Reformgesetz bezeichnen; mit aufklärerischen Liberalisierungstendenzen hat es nicht das geringste zu tun. Erst sechzehn Jahre später (1803) fand eine tatsächliche Liberalisierung der österreichischen Gesetzgebung in puncto Homosexualität statt: Das *Österreichische Gesetzbuch gegen Verbrechen* ahndete »Unzucht gegen die Natur« mit einem halben bis zu einem ganzen Jahr Kerker, was freilich auch nicht allzu angenehm gewesen sein dürfte.

Eine Umwandlung von Todes- in Haftstrafe erfolgte in Preußen im Jahr 1794: Das *Preußische Landrecht* erachtete ein- bzw. mehrjährige Zuchthausstrafen und die anschließende Verbannung für Schwule als ausreichend. Diese Bestimmung stellt eine weitere »Liberalisierung« dar, nachdem 1721 Friedrich Wilhelm I. eine Verordnung erlassen hatte, der zufolge der Tod durch das Feuer nicht mehr als einzig verbindliche Strafe für Homosexuelle erachtet wurde.

Die Anordnungen des *Preußischen Landrechts*, wie mit Schwulen zu verfahren sei, wurden von einem gewissen Svarez ausgearbeitet, der dem künftigen Friedrich Wilhelm III. von 1791 bis 1792 Vorträge hielt. Interessanterweise gibt sich Svarez in diesen Vorträgen weitaus liberaler als in seinen Strafbestimmungen; ganz im Sinne von Beccaria sieht er hier nämlich von einer Bestrafung Schwuler ab, »insofern kein anderes Deliktum dabei konkurriert«. Von Beccarias Geist ist in Svarez' Strafanordnungen herzlich wenig zu spüren. Im *Preußischen Landrecht* heißt es:

»Es soll... ein solcher Verbrecher, nachdem er ein- oder mehrjährige Zuchthaus-Strafe, mit Willkommen und Abschied, ausgestanden, aus dem Ort seines Aufenthalts, wo sein Laster bekannt geworden, auf immer verbannt werden.«

»Willkommen und Abschied«: Was so freundlich klingt, war tatsächlich grausam: Hinter diesen beiden Begriffen verbirgt sich nichts anderes, als daß der Verurteilte bei Einlieferung ins und Entlassung aus dem Zuchthaus ausgepeitscht wurde.

Wurde in den juristischen Diskussionen der deutschen Aufklärung das Thema Homosexualität aufgegriffen, so schweigen sich die Dichter lieber darüber aus. Es existiert in der damaligen Literatur keine eindeutige Beschreibung einer homoerotischen Beziehung; davon ausgenommen sind Autoren, die der französischen Aufklärung verpflichtet waren, wie etwa Christoph Martin Wieland (1733–1813). In seiner Verserzählung *Juno und Ganymed* (1765) wird die Pädophilie thematisiert, und zwar auf eine Weise, die für die französischen Aufklärer typisch ist: Das Phänomen der Knabenliebe wird nicht mit Abscheu und Angst abgehandelt, sondern mit Ironie. In *Juno und Ganymed* greift Wieland auf den griechischen Mythos zurück, der die Geschichte von Zeus und dem Hirtenknaben Ganymed erzählt. Zeus ist in den hübschen Jungen verliebt; er nimmt ihn zu sich auf den Olymp. Dort dient Ganymed dem obersten Gott als Mundschenk, worüber Zeus' Gattin Juno nicht gerade begeistert ist. Sie herrscht ihren Mann an:

»Wie weit treibt Ihr das Spiel sogar am Göttertische? / Wir essen nie vor Euch in Ruh, / stets währt das Tändeln und Gezische, / man lacht, man winkt, man wirft sich Küsse zu; / und soll dein Nektarpunsch dir

schmecken, / so muß dir Ganymed den Becher erst belecken. / Kaum
setzt er an, / so reißest du / den Kelch ihm aus der Hand, die Spur hin-
wegzusaugen, / wo er den Mund im Trinken hingedrückt, / und siehst
ihn schmatzend an, und rollst entzückt, / wie ein Bacchant, die lie-
bestrunknen Augen. / Ja, heute scheutest du dich nicht, / vor unser
aller Angesicht / ihn gar zu küssen und zu herzen / ...Fi! Herr
Gemahl, es ist nicht zum Ertragen! / Ist das auch eine Lebensart / für
jenen Gott, durch den die Riesen fielen? / So alt, so einen großen Bart,
/ und noch mit kleinen Buben spielen!« (zit. n. Campe, 1988: 121 f.).

Zeus setzt sich zur Wehr, indem er sich auf Platon bezieht: Hinter seiner Liebe zu Ganymed stehe die Liebe zum Schönen. Aber Wieland
läßt deutlich werden, daß sich Zeus mit dieser Auffassung etwas vor-
macht. In ihrem Haß rächt sich Juno an Zeus: Die tugendhafte, alles
andere als sinnliche Göttergattin schläft mit Ganymed, der daraufhin
auf die »griechische Liebe« als schlechten Ersatz für Heterosexualität
verzichtet. Joachim Campe resümiert: »Wielands Leser konnten also
beruhigt sein: am Ende siegte doch die Sexualität, die für sie die natürliche war« (ebd.: 124).

Juno und Ganymed zeigt, wie Wieland über Homosexualität dachte:
Für ihn war sie offenbar »eine Art exzentrischer Verrücktheit, – die
sich ein Mann angewöhnen kann, wenn seine Frau aus Verklemmtheit
prüde ist und auch die leichten Mädchen keine Abwechslung mehr bieten« (Campe, ebd.: 121). Die Ersatz- und Gewohnheitstheorie findet
sich somit auch in der deutschen Belletristik des 18. Jahrhunderts.

Wie Beccaria in Italien, so vertrat Voltaire in Frankreich die Ansicht,
Homosexualität sei kein Verbrechen. Voltaire schreibt:

»Das ist ein niedriges und abscheuliches Laster (Ekel vor der Homosexualität gibt es also offenbar auch bei Voltaire; H. B.), dessen wahre
Strafe die Verachtung ist... aber die Sodomie fällt, wenn keine Gewalt
vorliegt, nicht in die Zuständigkeit der Gesetze. Denn sie verletzt kein
Recht eines anderen Menschen« (zit. n. Campe, ebd.: 107).

Und in seinem *Philosophischen Wörterbuch* räumt Voltaire 1763 zwar
ein, daß Homosexualität das Ende der Menschheit nach sich zöge; dies
wäre aber nur der Fall, wenn sie ein allgemein verbreitetes Phänomen
wäre, was jedoch nicht zuträfe.

Die liberalen Ansichten Beccarias und Voltaires wurden von der französischen Gesetzgebung schließlich übernommen: Die Verfassunggebende Versammlung unterließ es 1791, Strafbestimmungen gegen Schwule im neuen bürgerlichen Recht festzuschreiben, und auch im von Napoleon 1810 erlassenen *Code Pénal* gibt es keine gegen Homosexuelle gerichteten Paragraphen. Obgleich es in Frankreich – wie bereits erwähnt – zu Internierungen von Schwulen kam, läßt sich doch feststellen, daß das politische und gesellschaftliche Klima für Homosexuelle weitaus angenehmer als z. B. in Deutschland war:

»Homosexualität war... für die aufgeklärten Bürger in Frankreich ein Laster wie alle anderen auch – wie etwa Spielleidenschaft oder Trunksucht. Dagegen reicht das, was Voltaire *Verachtung* nennt: also Diskriminierung, Skandal und Ausschluß aus der ›anständigen Gesellschaft‹. Eine zusätzliche Verfolgung der Homosexualität durch Polizei und Gerichte erschien der französischen Öffentlichkeit unnötig. Es gab keine tiefsitzenden Ängste vor einer ›unordentlichen‹ Sexualität, die sich am Ende epidemisch ausbreiten und den moralischen Halt der Gesellschaft zerstören könnte. Vielmehr sah man realistisch, daß die Homosexuellen eine Minderheit waren und auch bleiben würden« (ebd.: 108).

Auch in Italien stand man Schwulen nicht so ablehnend wie in Deutschland gegenüber. Das war vermutlich einer der Gründe, weshalb der homosexuelle Kunsthistoriker und Altertumsforscher Johann Joachim Winckelmann nach Rom ging. Geboren wurde der Gelehrte 1717 in Stendal; im Alter von 31 Jahren begann er mit seinen Studien und arbeitete als Bibliothekar bei dem Grafen Bünau in der Nähe von Dresden. 1757 reiste er nach Rom und wurde Direktor der Vatikanischen Antikensammlung. Aus seiner Beschäftigung mit der Antike resultierten bedeutende Abhandlungen und Bücher zur griechischen Kunst. Winckelmanns Begeisterung für antike Darstellungen männlicher Schönheit war untrennbar mit seiner Liebe zu Jünglingen und Männern verbunden; er selbst stand zu seiner Homosexualität:

»verflocht sie immer wieder in heitere Causerien über sich selbst und seine Lebensart. Die jungen Männer, die ihm begegneten, die er führen und belehren konnte und an denen er sich erwärmte, wenn sie schön waren, waren sein Lebensglück. Eros verwandelte sich in pädagogisches Bemühen, ohne ganz in ihm aufzugehen; pädagogische Lüge ist ferne« (Derks, ebd.: 178).

Seinen Briefen zufolge scheint sich Winckelmann in Rom ausgesprochen wohl gefühlt zu haben; er unterhielt auch »Amouren« – wie er sich ausdrückte – zu italienischen Jünglingen. In einem Brief vom 29.1.1757 schreibt Winckelmann:

»Ich kann also vergnügt seyn und es macht mir nichts Sorge als meine Schriften; ich habe so gar jemand gefunden, mit dem ich von Liebe rede: ein junger, schöner, blonder Römer von 16 Jahren, einen halben Kopf größer als ich: aber ich kann ihn nur einmahl die Woche sprechen: des Sonntags Abends speiset er bey mir« (Winckelmann, 1952, Bd. 1: 266).

Winckelmann weiß die relativ liberale Einstellung der Italiener gegenüber Homosexuellen zu schätzen; er genießt, wie aus einem Brief vom 10.3.1766 hervorgeht, seine Freiheit:

»hier pflege ich allein im August zu wohnen, und dieses Jahr gedenke ich es in einer schönen Gesellschaft eines individui zu thun, weil ich von der Schönheit schreiben will nach einer lebendigen Schönheit. Niemand kanzelt mich hierüber ab, und niemand fragt, was macht Ihr? sondern ich thue was mir einfällt, und ich suche, so viel möglich ist, meine verlohrne Jugend zurück zu rufen« (ebd., Bd. 3: 170).

Einer der jungen Männer, die Winckelmann mit den römischen Kunstschätzen vertraut zu machen suchte, war Reinhold Friedrich von Berg, ein baltischer Aristokrat, in den sich Winckelmann heftig verliebte. Nachdem Berg nach Paris gereist war, um in seine Heimat zurückzukehren, sandte ihm Winckelmann einen Liebesbrief nach, in dem er unumwunden seine erotischen Gefühle für den jungen Mann zugibt:

»So wie eine zärtliche Mutter untröstlich weinet um ein geliebtes Kind…; eben so bejammere ich die Trennung von Ihnen, mein süßer Freund, mit Thränen, die aus der Seele selbst fließen. Ein unbegreiflich Zug zu Ihnen, den nicht Gestalt und Gewächs allein erwecket (aber doch auch!; H. B.), ließ mich von dem ersten Augenblicke an, da ich Sie sahe, eine Spur von derjenigen Harmonie fühlen, die über menschliche Begriffe gehet, und von der ewigen Verbindung der Dinge angestimmet wird... Mein werther Freund, eine gleich starke Neigung kann kein Mensch in der Welt gegen Sie tragen: denn eine völlige Übereinstimmung der Seelen ist nur allein zwischen zween möglich; alle anderen Neigungen sind nur Absenker aus diesem edlen Stamme. Aber dieser göttliche Trieb ist den mehresten Menschen unbekannt, und wird daher von vielen übelverstanden gedeutet. Die Liebe in dem höchsten Grad ihrer Stärke muß sich nach allen möglichen Fähigkeiten äußern... und diese ist der Grund, worauf die unsterbliche Freundschaften der alten Welt, eines Theseus und Pirithous, eines Achilles und Patroclus gebaut sind« (ebd.: Bd. 2: 232 f.).

Winckelmann verweist in diesem Brief vom 9.6.1762 auf antike Männerfreundschaften; ein Bezug, der ihm dazu dient, sein Schwulsein zu artikulieren, es selbst zu akzeptieren. Damit funktionalisiert Winckelmann – vermutlich zum erstenmal – antike Männerfreundschaften auf eine Weise, die für Homosexuelle Modellcharakter bekommen wird:

»ein Mann, der so wie der Abbate in der Antike lebte, konnte aus seinem antik zu nennenden Lebensgefühl solche heroischen Freundschaften verwenden zur Modellierung, zur Denk- und Sagbarmachung dessen, was sein Inneres bewegte. Die jetzt mögliche individuelle Selbstdefinition mußte, da eine gleichgestimmte Genossenschaft entbehrt wurde, sich an antiken Mustern schulen. Durch diesen Vorgang bei Winckelmann wurde für die homosexuellen Einzelgänger ein neues Denkmodell bereitgestellt: von nun ab sollte der Rekurs auf Orest und Pylades, auf Aristogeiton und Harmodios aus der selbstzusammengestellten Ahnenschaft nicht mehr verschwinden. Diese Ideologie, die anachronistische Gleichzeitigkeit herstellt in der Kommunikation mit antiken Paaren, die man für seinesgleichen nimmt, verhalf gleichwohl zu einer Findung des eigenen Ich« (Derks, ebd.: 182).

Hans Mayers Auffassung, daß viele Äußerungen Winckelmanns von »modischer Empfindsamkeit« geprägt seien (Mayer, 1981: 200), ist also eine ziemlich oberflächliche. Hier von »Mode« zu reden, ist auch deshalb nicht angebracht, weil der Freundschaftskult der Stürmer und

Dränger, wie Mayer übrigens selbst richtig feststellt, wenige Jahre nach Winckelmann einsetzt – aber eben erst *nach* Winckelmann. Was überdies gegen die These von der »modischen Empfindsamkeit« spricht, ist die Leidenschaftlichkeit von Winckelmanns Gefühlen für Berg, die sich nicht zuletzt in seiner Reaktion auf die Nachricht von Bergs Hochzeit zeigt. In Winckelmanns Gratulationsschreiben an den Geliebten schwingt Verbitterung mit:

»Ich glaube aus dem, was Sie mir von Ihrer glücklichen Verbindung melden, daß Sie eines der vergnügtesten Menschenkinder auf Erden sein müssen – und ich wäre im Stande, einige Tagesreisen zu machen, um Zeuge von allem zu sein... Ich gehe im künftigen Sommer bis Berlin; aber ich kann von dorther nur schreiben – werde mir aber vorstellen, daß ich von neuem in Ihre Fußstapfen trete. In Frascati ist leider die Platane, in deren Rinde ich den süßen Namen meines Freundes schnitt, umgehauen« (zit. n. Campe, ebd.: 116).

Winckelmann sah Reinhold Friedrich von Berg nicht wieder: Er wurde im Jahr 1768 von dem Hotelkoch Arcangeli in Triest erstochen. Die Polizei ging von einem Raubmord aus; von sexuellen Kontakten zwischen Winckelmann und Arcangeli ist in den Polizeiakten nicht die Rede. Daß es zwischen den beiden Männern zu sexuellen Handlungen gekommen ist, ist nicht sonderlich wahrscheinlich, widersprach Arcangeli doch entschieden dem Schönheitsideal Winckelmanns: Er war pockennarbig und 38 Jahre alt. Arcangeli erhielt für sein Verbrechen die Todesstrafe: Er wurde aufs Rad geflochten.

Vor allem Goethe setzte sich für die Person und das Werk Winckelmanns ein, das als erstes als das Schaffen eines Homosexuellen rezipiert wurde:

»Dafür sorgte eine Ausgabe seiner Briefe, die 1805 mit einem Vorwort von Goethe erschien: darunter waren auch solche, die deutlich von seinen Neigungen und Gefühlen sprachen. Doch Goethe hatte keine aufklärerischen Bedenken mehr: er zeigte Verständnis für Winckelmanns ›griechischen Geschmack‹ in der Liebe. Sein Beispiel lehrte, daß Liebe zum gleichen Geschlecht nicht in der Gewöhnung an gewisse Handlungen besteht, sondern einen eigenen Stil des Fühlens, Lebens und Denkens bedeutet. Und der war es gewesen, der seinen Sinn für die

Werke der griechischen Bildhauer geweckt und geschärft hatte«
(Campe, ebd.: 117).

Für Goethe unterlag es keinem Zweifel, daß ein Jünglinge liebender
Mann durchaus männlich, also keineswegs »verweiblicht« sei – sofern
er die platonischen Ideale nicht außer acht ließ. Daß Winckelmanns
Homosexualität für Goethe kein Problem darstellte, zeigt nicht zuletzt
folgendes Zitat aus seiner Winckelmann-Studie (*Winckelmann und
sein Jahrhundert*, 1805):

»So finden wir Winckelmann oft in Verhältnis mit schönen Jünglingen, und niemals erscheint er belebter und liebenswürdiger als in solchen, oft nur flüchtigen Augenblicken« (Goethe, 1965: 423).

5. Schwule Freund- statt Liebschaften
Goethezeit

Johann Wolfgang Goethe lehnte die »Ersatz- und Gewohnheitstheorie« (Campe) der Aufklärung ab, die das Phänomen der Homosexualität erklären sollte – dies zeigte sich bereits in seinem Verhältnis zu Winckelmann. Er begriff Winckelmanns Schwulsein als festen Bestandteil seiner Persönlichkeit; darüber hinaus war ihm aber auch klar, daß Winckelmanns »Liebesleben«, weil es das Ausleben von Sexualität aussparte, von Frustrationen geprägt war. Obgleich Winckelmann von seinen Geliebten häufig enttäuscht wurde, kümmerte er sich intensiv um sie. Diese Tatsache beeindruckte Goethe sehr stark, wie aus folgendem Zitat hervorgeht:

»(Winckelmann) widmete sich ihm (dem jeweils Geliebten; H. B.), für ihn zu leben und zu leiden; für ihn fand er selbst in seiner Armut Mittel, reich zu sein, zu geben, aufzuopfern, ja er zweifelt nicht, sein Dasein, sein Leben zu verpfänden. Hier ist es, wo sich Winckelmann selbst mitten in Druck und Not groß, reich, freigebig und glücklich fühlt, weil er dem etwas leisten kann, den er über alles liebt, ja dem er sogar, als höchste Aufopferung, Undankbarkeit zu verzeihen hat« (zit. n. Campe, 1988: 131).

Einen entscheidenden Anstoß, sich mit Homosexualität zu befassen, erhielt Goethe vermutlich während seiner Italienreise. In Rom beobachtete er männerliebende Männer – ausgesprochen interessiert, wie es sich für einen *aufmercksamen Naturforscher* ziemt. Am 29.12.1787 schrieb er an den Herzog Karl August:

»(Sie) werden ein sonderbar Phenomen begreifen, das ich nirgends so starck als hier gesehen habe, es ist die Liebe der Männer unter einander. Vorausgesetzt daß sie selten biß zum höchsten Grad der Sinnlichkeit getrieben wird, sondern sich in den mittlern Regionen der Neigung und Leidenschaft verweilt; so kann ich sagen, daß ich die schönsten Erscheinungen davon, welche wir nur aus griechischen Überlieferungen haben, hier mit eignen Augen sehen und als ein aufmercksamer Naturforscher, das phisische und moralische davon beobachten konnte« (Goethe, 1887–1912, IV 8: 314 f.).

Gegen Liebe zwischen Männern hatte Goethe also nichts einzuwenden, wohl aber gegen Sex zwischen Männern: Den *höchsten Grad der Sinnlichkeit* sollten Schwule nicht anstreben. Winckelmann war für Goethe ein Mann, der diese Konzeption schwulen Lebens ideal verkörperte – *weil* er seine Sexualität nicht praktizierte, konnte Goethe feststellen: »Er hat als Mann gelebt und ist als vollständiger Mann von hinnen gegangen.« Die Bedeutung von Goethes Winckelmann-Aufsatz für die Entwicklung der Selbstachtung Homosexueller ist nicht gering zu erachten. Joachim Campe schreibt dazu:

»Goethe skizzierte immerhin einen Lebensstil, der zwar von der Norm abwich, sie aber nicht in Frage stellte – Homosexualität und moderne Kultur schienen versöhnt. Mochte Goethes Essay auch eine Existenzform rühmen, die ohne Selbstunterdrückung nicht denkbar ist, er trug doch dazu bei, etwas zu entwickeln, was den Homosexuellen bislang unbekannt gewesen war: Selbstbewußtsein« (ebd.: 132).

Nicht nur der Ersatz- und Gewohnheitstheorie, auch der Ansicht, Homosexualität sei ein Vergehen wider Gott und die Natur, widersprach Goethe, und seine liberale Auffassung fand auch Eingang in sein literarisches Schaffen. Im Spätwerk finden sich Texte, welche die Liebe zu Knaben thematisieren. So etwa in dem *Buch des Schenken*, das in dem Lyrik-Zyklus *West-östlicher Divan* (1819) enthalten ist. Inspiriert wurde Goethe zu diesem Werk von altpersischen Gedichten, denen Goethe das Pädophilie-Motiv entlehnte. Freilich: Das Verhältnis der beiden Figuren, des Dichters Hatem und des Jungen Saki, der als Schenke arbeitet, überschreitet nicht die Grenze zum Sexuellen, es ist, wie Goethe schreibt, ein »echt pädagogisches Verhältnis zwischen Alt und Jung« mit platonischer Rollenverteilung: Der Mann genießt die Schönheit des Knaben, während der Knabe ihn liebt und bewundert; Hatem zu dem jungen Schenken:

»Du kleiner Schelm du! / Daß ich mir bewußt sei, / Darauf kommt es überall an. / Und so erfreu' ich mich / Auch deiner Gegenwart, / Du Allerliebster, / Obgleich betrunken« (Goethe, 1973: 409).

Und der Knabe Saki himmelt Hatem wie folgt an:

»Nennen dich den großen Dichter, / Wenn dich auf dem Markte zeigest; / Gerne hör' ich, wenn du singest, / Und ich horche, wenn du schweigest. / Doch ich liebe dich noch lieber, / Wenn du küssest zum Erinnern; / Denn die Worte gehn vorüber, / Und der Kuß, der bleibt im Innern« (ebd.: 411).

Der pädagogische und moralische Wert der im *Buch des Schenken* dargestellten Beziehung zwischen einem Mann und einem Jungen besteht für Goethe darin, daß sich in

»diesem Verhältnis... eigentlich der Klugsinn der Kinder (entwickelt); sie sind aufmerksam auf Würde, Erfahrung, Gewalt des Älteren; rein geborene Seelen empfinden dabei das Bedürfnis einer ehrfurchtsvollen Neigung; das Alter wird hievon ergriffen und festgehalten... Höchst rührend aber bleibt das heranstrebende Gefühl des Knaben, der, von dem hohen Geiste des Alters erregt, in sich selbst ein Staunen fühlt, das ihm weissagt, auch dergleichen könne sich in ihm entwickeln« (zit. n. Derks, ebd.: 273).

Einige der Rezipienten von Goethes *Buch des Schenken* konnten diese ethische Bedeutung der Knabenliebe in den Gedichten keineswegs finden; so zeigt sich etwa der Schriftsteller Adelbert von Chamisso in einem Brief vom 18.7.1832 verdrossen darüber, daß

»Vater Goethe in dem Diwan (!) das Beispiel gegeben hat, mit der Knabenliebe zu coquetiren« (zit. n. Derks, ebd.: 271).

Wird homosexuelles Begehren im *Buch des Schenken* noch sublimiert, so ist dies im zweiten Teil des *Faust* nicht der Fall. Es ist der Teufel, also Mephistopheles, der auf hübsche Knaben – hier sind es Engel – ganz versessen ist:

»Ich mag sie gerne sehn, die allerliebsten Jungen; / Was hält mich ab, daß ich nicht fluchen darf? – / Und wenn ich mich betören lasse, / Wer heißt denn künftighin der Tor? – / Die Wetterbuben, die ich hasse, / Sie kommen mir doch gar zu lieblich vor! / Ihr schönen Kinder, laßt mich wissen: / Seid ihr nicht auch von Luzifers Geschlecht? / Ihr seid so hübsch: führwahr, ich möcht euch küssen! / Mir ists, als kämt ihr eben recht. / Es ist mir so behaglich, so natürlich, / Als hätt ich euch schon tausendmal gesehn, / So heimlich-kätzchenhaft begierlich: / Mit jedem Blick aufs neue schöner schön! / O nähert euch, o gönnt mir Einen Blick!« (Goethe, 1977, Bd. 5: 514 ff.).

Insbesondere auf einen Engel hat es Mephistopheles abgesehen; der Teufel spricht ihn recht respektlos an:

»Dich, langer Bursche, dich mag ich am liebsten leiden, / Die Pfaffenmiene will dich gar nicht kleiden, / So sieh mich doch ein wenig lüstern an! / Auch könntet ihr anständig-nackter gehen: / Das lange Faltenhemd ist übersittlich! / Sie wenden sich – von hinten anzusehen! – / Die Racker sind doch gar zu appetitlich!« (ebd.: 514 ff.).

Während die Beschreibung von homosexuellem Empfinden im *Buch des Schenken* literarisch stark stilisiert wird, erfolgt sie im zweiten Teil des *Faust* auf eine derb-komische Weise; eine dritte Darstellungsvariante wählt Goethe in einer berühmten Stelle seines Romans *Wilhelm Meisters Wanderjahre* aus dem Jahr 1829.

Es handelt sich um eine Badeszene: Der Fischerknabe, mit dem der junge Wilhelm Meister einen Ausflug unternimmt, befindet sich bereits im Wasser, Wilhelm zögert noch:

»Es war umher so warm und so feucht, man sehnte sich aus der Sonne in den Schatten, aus der Schattenkühle hinab ins kühlere Wasser. Da war es denn ihm leicht, mich hinunterzulocken, eine nicht oft wiederholte Einladung fand ich unwiderstehlich und war, mit einiger Furcht vor den Eltern, wozu sich die Scheu vor dem unbekannten Elemente gesellte, in ganz wunderlicher Bewegung. Aber bald auf dem Kies entkleidet, wagte ich mich sachte ins Wasser, doch nicht tiefer, als es der leise abhängige Boden erlaubte; hier hieß er mich weilen, entfernte sich in dem tragenden Elemente, kam wieder, und als er sich heraushob, sich aufrichtete, im höhern Sonnenschein sich abzutrocknen, glaubt' ich meine Augen von einer dreifachen Sonne geblendet, so schön war die menschliche Gestalt, von der ich nie einen Begriff gehabt. Er schien mich mit gleicher Aufmerksamkeit zu betrachten. Schnell angekleidet, standen wir uns noch immer unverhüllt gegeneinander, unsere Gemüter zogen sich an, und unter den feurigsten Küssen schwuren wir eine ewige Freundschaft« (zit. n. Campe, ebd.: 147).

Eine Stilisierung der Beschreibung von Homoerotik ist bei dieser Szene nicht notwendig, denn die Schwärmerei eines Jünglings für einen anderen war damals im Rahmen des literarischen Freundschaftskultes durchaus »salonfähig«. Überdies entwickelt sich Wilhelm zu einem gegengeschlechtlich interessierten Mann; gleichwohl schiebt er das schwule Erlebnis nicht beiseite, sondern bewahrt es in seiner Erinnerung. Dies wird auf der Handlungsebene des Romans deutlich: Der Fischerknabe ertrinkt, Wilhelm versucht vergeblich, den geliebten Freund ins Leben zurückzurufen:

»Ich warf mich auf... meinen Freund; ich wüßte nicht von meinem Zustand zu sagen, ich weinte bitterlich und überschwemmte seine breite Brust mit unendlichen Tränen. Ich hatte etwas von Reiben gehört, das in solchem Falle hilfreich sein sollte; ich rieb meine Tränen ein und belog mich mit der Wärme, die ich erregte« (ebd.: 148).

Wilhelm – der spätere Arzt – betätigt sich also bereits in dieser Entwicklungsphase (wenngleich vergebens) als Helfender; an späterer Stelle führt er explizit seine Berufswahl auf dieses Erlebnis zurück. Betrachtet Goethe, wie sich im Fall Winckelmann zeigte, Homosexualität einerseits als festen Bestandteil der Persönlichkeit, so vertritt er jedoch andererseits auch die Auffassung, schwules Verhalten könne auf einer noch nicht weit genug fortgeschrittenen Entwicklung der Persönlichkeit eines jungen Mannes basieren. Dazu Joachim Campe:

»So beobachtete Goethe, daß Knaben und Jünglinge dem eigenen Geschlecht gegenüber häufig unbefangener waren als erwachsene Männer – sie ließen sich zuweilen spontan von der Schönheit eines Kameraden faszinieren (wie er dies in der zitierten Wilhelm-Meister-Passage darstellt; H. B.). Das war für ihn freilich nicht nur ein Zeichen unverstellter Natürlichkeit, sondern auch der Unreife. Denn das Ziel aller Bildung war für Goethe gerade die Überwindung des ungeregelt Natürlichen: die feste Identität. Der Mann *soll* seine Phantasien und Empfindungen zügeln« (ebd.: 132).

Die Ansicht, zum Erwachsenwerden eines Mannes gehöre auch die Überwindung schwulen Fühlens, findet sich nicht nur bei Goethe: Jean Paul und Friedrich Schlegel äußerten sich in ähnliche Richtung. Neu an der Bewertung von Homosexualität bei Jean Paul ist, daß er die angeblich damit verbundene »Verweiblichung« als begrüßenswert erachtet. Ein homoerotisch Empfindender soll nicht

»unterdrücken, was in ihm weich und feminin ist – er kann und soll es vielmehr der Liebe zu einer Frau dienstbar machen. Denn der *weibliche* Mann, Jean Paul hat es unermüdlich wiederholt, ist der bessere, weil gefühls- und verständnisvollere Partner« (ebd.: 133).

Aus dem homophilen Mann als Feind der Frauen (Heinrich von Veldeke, 12. Jahrhundert) ist somit ein besonderer Freund der Frauen geworden. Experimente mit den »weiblichen« Möglichkeiten eines Mannes läßt Friedrich Schlegel in seinem Eheroman *Lucinde* (1799) anstellen. Der Jüngling Julius versucht, in einem Freundschaftsbund seine »Weiblichkeit« auszuleben:

»(Er) warf seinen ganzen Sinn auf die Freundschaft mit Jünglingen, die wie er der Begeisterung fähig waren. Diesen ergab er sein Herz, nur sie waren für ihn wahrhaft wirklich… In dem Gefühl und Umgang des einen Freundes fand er mehr als weibliche Schonung und Zartheit bei erhabenem Verstande und fest gebildetem Charakter… Indessen blieb es bei hohen Worten und vortrefflichen Wünschen. Julius kam nicht weiter und ward nicht klarer, er handelte nicht und er bildete nichts… Diese Wut der Unbefriedigung mußte ihn bald mit seinen Freunden selbst verstimmen und entzweien, von denen die meisten bei den herrlichsten Anlagen ebenso untätig und mit sich uneins waren wie er… Der eine Jüngling war durch eigne Schuld zu Grunde gegangen; der andre fing gar an, selbst gewöhnlich zu werden. Mit einem dritten war sein Verhältnis verstimmt und fast gemein geworden. Es war ganz geistig gewesen, und so hätte es auch bleiben sollen« (zit. n. Derks, ebd.: 220).

Sind homoerotische Beziehungen nicht mehr »zart« und »geistig«, werden sie also »fast gemein«, vertritt Schlegel die gleiche Auffassung wie Jean Paul: Schwule sollten auf ihre Form der Sexualität verzichten, ihre »weibliche« Seite nutzbar machen für die romantische Liebe zur Frau.

Ganz andere Töne werden in dem Idyllen-Roman *Ein Jahr in Arkadien* (1805) des Herzogs August von Gotha angeschlagen: Die darin enthaltene Idylle *Kyllenion* erzählt die Liebesgeschichte des jungen Hirten Julanthiskos und seines reichen Freundes Alexis, die nicht in irgendeine Form von Sublimierung der Homoerotik einmündet, sondern mit der Erfüllung schwulen Liebesglücks endet. Die Person des Verfassers verdient einige Anmerkungen, da der Herzog von der Geschichtsschreibung beinahe völlig übergangen wird, obwohl er eine der interessantesten Persönlichkeiten aus der späten Zeit des deutschen fürstlichen Kleinabsolutismus gewesen ist. Paul Derks nimmt wohl zu Recht an, daß das »Vergessen« dieses Fürsten keineswegs zufällig ist:

»Einer Geschichtsschreibung, die das Epitheton *groß* immer dann zur Hand hat, wenn sich ein König durch kriegerische Erfolge auszeichnet, mußte der entschwinden, der alle ihm als Mann, als Herrscher abverlangten Rollen kündigte und Alternativen zu entwickeln suchte« (Derks, ebd.: 410).

Um die Erweiterung seiner Macht kümmerte sich von Gotha wenig: Es interessierte ihn nicht, seinen Herrschaftsanspruch zu erweitern; lieber musizierte er, förderte die Komponisten Louis Spohr und Carl Maria von Weber und widmete sich der Dichtkunst. Und was von seinen Zeitgenossen als besonders irritierend empfunden wurde: Er hielt gern in Frauenkleidern hof. Die offene Zurschaustellung seiner »Weiblichkeit« ging auch Goethe zu weit:

»Des regierenden Herzogs August von Gotha darf ich nicht vergessen, der sich als problematisch darzustellen und, unter einer gewissen weichlichen Form, angenehm und widerwärtig zu sein beliebte. Ich habe mich nicht über ihn zu beklagen, aber es war immer ängstlich eine Einladung zu seiner Tafel anzunehmen, weil man nicht voraussehen konnte, welchen der Ehrengäste er schonungslos zu behandeln zufällig geneigt sein möchte« (Goethe, 1977, Bd. 11: 827).

Ob der Herzog tatsächlich homosexuell war, ist nicht beweisbar und nicht weiter von Belang – von Interesse ist seine literarische Darstellung der Homosexualität in *Ein Jahr in Arkadien,* die aus dem Rahmen der damaligen Denkschemata herausfällt. Zunächst erwidert der spröde Alexis die ihm von dem Schäfer Julanthiskos entgegengebrachte Liebe nicht. Was in der Darstellung dieser vorerst unglücklichen Liebe auffällt, ist, daß sie

»eingebettet (ist) in die Liebe der anderen Schäfer und Schäferinnen zueinander; von Kontraposition oder Abgrenzung ist nichts zu bemerken. Das Hauptaugenmerk des Erzählers gilt nicht nur dem unglücklich Liebenden, der... von seiner Umgebung belächelt oder bemitleidet wird und die Einsamkeit sucht. Die anderen Liebesbündnisse... finden inzwischen ihre Erfüllung« (Derks, ebd.: 418).

Schwule Liebe erscheint im Roman also durchaus nicht als etwas von den Normen der dargestellten Gesellschaft Abweichendes; keine der Figuren reagiert darauf verstört oder negativ wertend. Schließlich finden Julanthiskos und Alexis zueinander: Alexis hat sich im Gebirge verletzt, der Hirte rettet ihn:

»Der reiche Bewohner des Kyllene, Besitzer der schönsten Palläste und Gärten in Arkadien, ...der stolze Jüngling, um den so lang der treueste der Hirten gedient hatte, lag verwundet und matt, durchnäßt und waffenlos auf dem blutigen Felsen... Die Jünglinge wurden endlich von Alexis Sklaven gefunden, wie sie Mund an Mund auf dem weichen Moose einer der Kyllenischen Höhlen schlummerten. Alexis, der Gerettete, war nicht mehr undankbar, und Julanthiskos, der Findende, nicht mehr unglücklich« (zit. n. Derks, ebd.: 420).

Daß die sich liebenden Jünglinge ihre Empfindungen »überwinden«, sie in den Dienst der Liebe zu Frauen stellen, davon kann nicht die Rede sein:

»sie entschliefen Hand in Hand, um sich nie zu verlassen« (ebd.: 421).

August von Gotha kommt das Verdienst zu, vierzig Jahre nach Wielands *Juno und Ganymed* das Thema Homosexualität in der deutschen Literatur wieder zur Sprache gebracht zu haben, und zwar auf *neue* Weise: Hatte Wieland die mannmännliche Liebe mit Ironie behandelt (hinter der man eine gewisse Unsicherheit dem Phänomen gegenüber vermuten darf), so hat Gotha dieses Stilmittel nicht nötig, weil Homosexualität für ihn eine Art Sexualität ist, die nicht »abartig« ist: Dies zeigt sich in der bereits erwähnten selbstverständlichen Einbettung des schwulen Liebesverhältnisses in den Hetero-»Liebesreigen«. Daß Julanthiskos und Alexis sexuell miteinander verkehren, wird im Text nur schwach angedeutet, z. B. in der Szene, wo sie sich gemeinsam schlafen legen:

»dann sanken sie schlaf- und wonnetrunken auf das *schwellende Lager* (Hervorh. v. H. B.)« (ebd.: 421).

Aus der damaligen Freundschaftskult-Literatur fällt diese Passage jedoch keineswegs heraus; Paul Derks bemerkt dazu, daß Gotha diesen Kult genutzt hat, »um seine erotisch eigene Wege gehende Darstellung griffiger, geschmeidiger, leserfreundlicher zu machen« (ebd.: 421 f.). Es ist auch gar nicht notwendig, daß Gotha den sexuellen Charakter der Beziehung der beiden Jünglinge herausarbeitet, denn dieser ist

»im Kontext der übrigen Liebesverhältnisse selbstverständlich… die übrigen Paare heiraten, die Männer nehmen gemeinsam Wohnung, leben miteinander. Die Analogie, die ungesonderte Gleichbehandlung aller Zweierbindungen macht den Schluß zwingend, daß sich hier nicht zwei Seelenfreunde, sondern Liebender und Geliebter gefunden haben, deren Verhältnis zueinander sich auch in Erotik, auch in Einlösung sexueller Triebspannung konstituiert« (Derks, ebd.: 423).

Eine Sublimierung schwulen Empfindens, wie sie Goethe, Jean Paul und Friedrich Schlegel forderten, lehnt August von Gotha in seinem Idyllen-Roman also ab.

Für die bislang angeführten Autoren ist Homosexualität etwas

Natürliches, und das ist sie auch für den Schriftsteller und Herausgeber des *Magazins für Erfahrungsseelenkunde* Karl Philipp Moritz. Seit 1783 erschien diese Zeitschrift, die psychische Vorgänge beschrieb, ohne ethische oder religiöse Vorurteile zu berücksichtigen. Moritz vertrat die Ansicht, nur so könne eine wirkliche Analyse des Seelenlebens geleistet werden. 1791 erschien in Moritz' *Magazin* ein Artikel, der die Zuneigung eines Studenten zu einem Kommilitonen beschreibt. Dieser Student, so berichtet der anonyme Autor, habe keinen Moment lang ein sexuelles Verhältnis im Sinn gehabt; mit Knabenliebe, so nimmt er an, habe diese Beziehung nichts gemein. Er kommt aber ins Grübeln, denn:

»Freundschaftsgefühle äußern sich doch auch nicht so. Hat man schon Beispiele von einer so seltsamen Verirrung der menschlichen Natur? Und wie wäre meinem Freunde zu helfen?« (zit. n. Campe, ebd.: 138).

Der Autor mußte nicht lange auf eine Antwort warten: In der nächsten Ausgabe des *Magazins* erschien ein Leserbrief, der das richtige Medikament gegen diese »Verirrung« gefunden zu haben glaubt: Freundschaft statt Liebschaft. Der Leser schreibt über seine Zuneigung zu N., einen seiner Kommilitonen:

»Bei dem unmäßigen Verlangen, mit N.. in eine genaue Bekanntschaft zu treten, habe ich gleichwohl weiter keine andere unerlaubte Absicht gehabt. Ich wünschte nur die genaueste Vereinigung mit ihm; ja in meinen schwärmerischen Anfällen die Möglichkeit, mich ganz in ihn hineinziehen zu können, daß wir beide nur eine Person ausmachten. Vernunft und Religion aber hatten zuviel Einfluß auf mich, als daß ich unerlaubte Wünsche hätte sollen emporkommen lassen. Demungeachtet aber geriet ich in eine heftige Bewegung, daß ich im ganzen Gesichte glühte, als ein guter Freund, mit dem ich einmal abends spazierenging, zu mir sagte, da geht N.., er ist gewiß bei einem hübschen Mädchen gewesen? Er sagte dieses nur im Scherz; es hatte aber eine solche Wirkung auf mich, daß ich den ganzen Abend in der größten Unruhe zubrachte, ohne jedoch einen unedlen Wunsch in meiner Seele aufkeimen zu lassen. Dieses bezeugt auch mein jetziges Verhältnis mit N.., da ich nunmehr mit ihm bekannt bin, und nie etwas Unanständiges ihm zugemutet habe. Mein Wunsch, mit ihm bekannt zu werden, ist nun erfüllt, meine tötende Unruhe hat mich verlassen, ich freue mich und bin glücklich!« (ebd.: 139).

Religion und Vernunft gebieten also, von einem Ausleben des schwulen Begehrens abzusehen. Und die Vernunft ist es auch bei dem Juristen Friedrich Wilhelm von Ramdohr, die letztlich ein Verbot über homosexuelle Beziehungen verhängt. 1798 erschien seine dreiteilige Abhandlung *Venus Urania. Über die Natur der Liebe, über ihre Veredlung und Verschönerung.* In diesem Werk schildert Ramdohr eine (vermutlich) autobiographische mannmännliche Beziehung, über deren sexuellen Charakter er sich im Gegensatz zu dem anonymen Autor des *Magazins für Erfahrungsseelenkunde* im klaren ist. Diese Stelle sei ausführlich zitiert, da sie für Ramdohrs Theorie der Homosexualität von größter Bedeutung ist:

»Zwey Männer, in den Jahren erwachender Kräfte, trafen auf einer der berühmtesten Academien Deutschlands, auf einer Laufbahn der Vollkommenheit zusammen. Beyde waren frey von gröberen Ausschweifungen, und der eine ganz gewiß, der andere höchst wahrscheinlich, frey von Ansteckung nahmenloser Sünden. Der Körper des einen war von viel zarterer Beschaffenheit als der des Andern. Noch größer aber war die Verschiedenheit ihrer Charaktere. Der eine abgewinnend, ausdauernd, voller Aufmerksamkeit auf die Verhältnisse die ihn zunächst umringten; begabt mit großer Gewalt über den Ausbruch seiner Neigungen zu wachen; fähig, den Vortheil des Augenblicks zu nutzen, und nach und nach, aber sicher, das vorgesteckte Ziel zu erreichen… Der andere war heischend in seinen Forderungen, rasch in seinen Entschlüssen, unaufhaltsam in seinem Streben, so lange der Enthusiasmus dauerte. Er kannte kein Mittel zwischen Nichts und Allem. Sein Ziel lag immer außer den Grenzen seiner Verhältnisse… So standen beyde Männer in ihren frühen Jahren zu einander. Das reifere Alter hat vieles in ihren Charakteren anders modificiert. Genug, so wie sie damahls waren, standen sie unstreitig im Verhältnisse der ausgebildeten Zartheit zur rohen Stärke zueinander: der eine konnte für ein ungewöhnliches Weib von reiferen Jahren, der andere für einen Jüngling, in moralischer Rücksicht gelten. Der Jüngling liebte zuerst; das war in der Natur: er betete an, er ward gelitten, geführt, geleitet, und endlich wieder geliebt: auch das war in der Natur. Bald erhielt ihre wechselseitige Zuneigung den Charakter einer häuslichen Zärtlichkeit, bald darauf der Leidenschaft. Sie wohnten bey einander, und selten waren sie getrennt. Aber wenn sie es waren, so erwarteten sie den Augenblick des Wiedersehens mit der heftigsten Unruhe, und mit der lebhaftesten Ungeduld. Ein feines Feuer durchglühte ihre Adern bey jeder zufälligen Berührung; ihr unvermutheter Anblick flößte ihnen unerklärbare Wonne ein. Nächte durchwachten sie zusammen, und wenn der grauende Morgen sie endlich zwang eine Ruhe zu suchen, die der rege Geist dem ermatteten Körper versagte; so dehnte sich ihr Abschied an der Schwelle der Thür noch zu Stundenlangen Unterredungen aus. Wer hätte es vermuthen können, daß andere, als bloß geistige Affekte das Band unter ihnen knüpften! Dachten sie sich doch einander unter dem Bilde edler Geister, die zusammen der Vollkommenheit nachstreben, voll von Begierde nach Weisheit und Tugend! Glückliche Zeit, an welche derjenige, der sie mit empfand, nie ohne Rührung wird denken können! Sie verschwand aber bald, wie ein schöner Traum! Es folgten Eifersucht bey der geringsten Zuvorkommung gegen fremde Jünglinge, Furcht vor Erkaltung, Vorwürfe, Wiederaussöhnung, – und – wer wird es glauben? – bey einer von diesen, welche eine heftigere Umarmung, ein heisser Druck ans Herz besiegelte, zeigten sich bey beiden so grobe Symptome der erregten körperlichen Geschlechtssympathie, daß diese unschuldigen, schuldlosen, aber nicht ununterrichteten Jünglinge auf eine schreckliche Art über die Einwirkung unerwarteter Triebe aufgekläret wurden. Sie stürzten auseinander, und der Augenblick, der zwey reine Seelen in aller ihrer Klarheit darstellte, schien ihnen der schwarzeste Fleck ihres Lebens. Er endigte zugleich ihre Leidenschaft für einander, an deren Stelle in der Folge der Zeit Zärtlichkeit, auf Achtung gegründet, getreten ist« (Ramdohr, 1798, II: 104–107).

Drei zentrale Begriffe für die Sexualanthropologie Ramdohrs werden hier erwähnt: Die *Zartheit* des einen Jünglings steht der *Stärke* des anderen gegenüber; weiter unten ist die Rede von einer *Geschlechtssympathie*, die zwischen beiden Männern besteht. Ramdohr behauptet, daß sich bei jedem Menschen Anteile der *Stärke* und der *Zartheit* finden: Dominiert die *Zartheit* über die *Stärke*, ist die betreffende Person positiver Art bzw. männlichen Geschlechts; im umgekehrten Fall ist sie negativer Art bzw. weiblichen Geschlechts.

Das ist ein neuer Aspekt in der Homosexualitäts-Diskussion, der erst von der Psychologie und Psychoanalyse Anfang unseres Jahrhunderts wieder aufgegriffen und weitergedacht wird: Grundsätzlich habe jeder Mensch die Fähigkeit, eine homosexuelle Beziehung einzugehen. Es entscheidet also nicht das biologische Geschlecht über den Geschlechtscharakter, was Ramdohr durch das oben zitierte Fallbeispiel belegt sieht: Der eine Jüngling kann als *ungewöhnliches Weib von reiferen Jahren* gelten, der andere als Jüngling, also als Mann. Und daß der Jünglings-Mann das Jünglings-Weib liebt, das ist *in der Natur*. Zwar räumt Ramdohr ein, daß der sexuelle Trieb »den Zwecken der Natur zuwider durch namenlose Mißbräuche befriedigt« werden kann, doch redet der Autor einem reinen Zweckrationalismus der Sexualität keineswegs das Wort:

»Die Befriedigung des unnennbaren Triebes (d. i. des Sexualtriebs; H. B.), und der Zweck seines Strebens besteht nicht im Gefühle der Zeugung, sondern in dem Gefühle der vollkommensten Wirksamkeit derjenigen Kraft, deren sich freylich die Natur zu ihren Zwecken mit bedient. Aber selbst das Bestreben vernünftiger Creaturen in ihrer Nachkommenschaft fortzudauern, hängt von besondern Verhältnissen ab, die nie als nächster Reitzungsgrund des unnennbaren Triebes betrachtet werden können« (Ramdohr, ebd., I: 154 f.).

Die Rolle, welche die *Geschlechtssymphatie* im menschlichen Seelenleben spielt, umreißt Ramdohr in dem Abschnitt *Berichtigung der gewöhnlichen Begriffe über die Seelenliebe*. Die *Geschlechtssymphatie*, also die sexuelle Affinität zwischen zwei Menschen, kann mit Liebe nichts zu tun haben; umgekehrt jedoch ist Liebe ohne *Geschlechtssymphatie* für Ramdohr undenkbar:

»Aber Seelenliebe, in dem Sinne, daß der Körper gar nicht dabey interessiert wäre, kann ich es nicht nennen. Der Körper spielt allerdings eine wichtige Rolle dabey mit, nur äußert er diese nicht durch bestimmte Begierden nach dem unnennbaren Genuß, nicht durch grobe Symptome des unnennbaren Triebes« (ebd., II: 108).

Hier verwickelt sich Ramdohr in einen Widerspruch: Einerseits sollen sich bei der *Seelenliebe* keine derartigen *groben Symptome* zeigen, andererseits melden sich diese bei den beiden verliebten Jünglingen des Fallbeispiels sehr wohl zu Wort, sogar so stark, daß sie heftig darüber erschrecken. Sie sind wohl zu heißblütig, um sich an Ramdohrs Theorie der *Seelenliebe* zu halten.

Aus der revolutionären Behauptung, Homosexualität sei natürlich, da jeder Mensch grundsätzlich die Veranlagung dazu habe, hat Ramdohr nicht die Konsequenzen gezogen, die man erwarten könnte. So sehr zwei Männer sich auch sexuell begehren mögen: Das Ausleben von Homosexualität betrachtet auch Ramdohr als etwas Verbotenes – homosexuelle Handlungen sind »namenlose Mißbräuche« des Geschlechtstriebs. Wenn solche Aktivitäten einerseits natürlich, andererseits doch verabscheuungswürdig sind, müßte man davon ausgehen, daß Ramdohr neue Argumente für die »Perversität« von Schwulen ins Feld führt. Dem ist aber nicht so. Paul Derks nimmt an, daß eine »Neuorientierung der ethischen und moralischen Kategorien« bei Ramdohr deshalb nicht erfolgt, weil der Autor eine Rückkehr in die Natur befürchtet,

»die eine Rückkehr der Natur bedeuten könnte, einer Natur, die Bedrohung und Chaos und damit Vernichtung von errungener Kultur und Zivilisation dräut. Der gegenwärtige Zustand der gesellschaftlichen Verfassung, auch wenn er ausdrücklich nicht mehr mit natürlichen Zuständen zur Deckung gebracht werden kann, ist das beste Bollwerk gegen dieses Böse der Natur; er allein verbürgt einen organisierbaren, verwaltbaren, regierbaren gesellschaftlichen Körper und damit das Glück des Einzelnen, in diesem Körper aufgehoben zu sein: dieses Glück wird höher gestellt als ein fatales, nicht organisierbares und in Dienst zu nehmendes Glück des Auslebens der natürlichen Triebhaftigkeit, zu der der Möglichkeit nach auch homosexuelle Manifestationen gehören« (Derks, ebd.: 384f.).

Gerade *weil* jeder Mann und jede Frau potentiell homosexuell sind, ist Homosexualität eine so große Gefahr: Sie bedroht die Aufrechterhaltung der Institution Familie. Somit sitzt der Schwule hoffnungslos in einer »Argumentations«-Falle: Seine Art der Sexualität ist verabscheuungswürdig, ganz gleich, ob sie widernatürlich ist oder nicht – richtet sie sich nicht gegen die Natur, dann eben gegen die Gesellschaft; abzulehnen ist sie allemal. Und was machen da unsere beiden

Jünglinge aus Ramdohrs Fallbeispiel? *Sie stürzten auseinander, und der Augenblick, der zwey reine Seelen in aller ihrer Klarheit darstellte, schien ihnen der schwarzeste Fleck ihres Lebens.* Aber keine Bange – der schwarze Fleck der Homosexualität verwandelt sich mit der Zeit in eine weiße Fläche der *Zärtlichkeit, auf Achtung gegründet.* Wieder einmal müssen Schwule verzichten: ein Freundes- anstatt ein Liebespaar. Ramdohr legt Homosexuellen nahe, sich einen jungen Mann zu suchen, wobei das Verhältnis selbstredend nicht sexuell zu sein hat; und da solche Beziehungen

»von kurzer Dauer sind, machen sie der Ehe keinerlei Konkurrenz, stiften aber gleichwohl sozialen Nutzen: die pädagogische Zuwendung eines Älteren erleichtert dem Jüngeren, sich in der geistigen und moralischen Welt der Erwachsenen zurechtzufinden« (Campe, ebd.: 129).

Somit sind die Schwulen gesellschaftsfähig geworden: Sie bedrohen das Sozialwesen nicht nur nicht mehr, sondern sind ihm sogar nützlich. Freilich: Den Preis für dieses »Lebens«-Konzept haben sie zu zahlen. Joachim Campe schreibt dazu:

»Dieses Konzept, das unter den Homosexuellen mehr als hundert Jahre lang viele Anhänger fand, ist problematischer, als es auf den ersten Blick scheinen mag. Denn das platonische Rollenspiel setzt ein ungewöhnliches Maß an Selbstbeherrschung, sogar an Selbstunterdrückung voraus. Dabei ist vielleicht sogar der sexuelle Verzicht für Menschen, die puritanisch erzogen worden sind, noch leicht zu ertragen. Viel schwerer war es, das sollte die Biographie manches Homosexuellen zeigen, sich damit abzufinden, daß platonische Liebe eine Liebe auf Zeit ist – denn darauf hatte die christliche Erziehung nicht vorbereitet; im Gegenteil: sie lehrte, daß jede aufrichtige und ernsthafte Liebe zu einer ewigen Verbundenheit führen solle. Wer mit diesem Bewußtsein den Lehren Platons zu folgen sucht, kann eigentlich immer nur enttäuscht werden« (ebd.: 129).

Einer der berühmtesten dieser Enttäuschten war Johann Joachim Winckelmann – nicht nur für Goethe, sondern auch für Ramdohr der Prototyp des idealen Schwulen. Ramdohr hatte die naive Vorstellung, Winckelmann habe sein »Problem« dadurch in den Griff bekommen, daß er fortwährend an dem Bild eines »zartgebaueten Freundes«, dem »Bild seiner Schönheit« herumphantasiert habe. Sicherlich hat er darin recht, daß solche Vorstellungen für Winckelmanns Schaffen grundlegend waren, aber eine Lösung für sein »Problem« stellten solche Phantasien wohl kaum dar. Nicht nur Ramdohr, sondern auch

»viele homosexuelle Intellektuelle des 19. und noch des beginnenden 20. Jahrhunderts (haben sich) auf Winckelmann berufen und seine Haltung zum Vorbild erklärt. Dabei bedachten sie nicht, daß schöpferische Begabung ein Sonderfall ist, auf den sich kein allgemeingültiges moralisches Konzept gründen läßt. Oder – wenn sie es bedachten – waren sie gezwungen, in der Homosexualität das Privileg der Ausnahmemenschen zu sehen« (ebd.: 130).

Zweifellos drücken die hier dargestellten Auffassungen bzw. Theorien eine relativ liberale Einstellung gegenüber Homosexuellen aus – doch der Einfluß dieser Ansichten blieb auf intellektuelle Kreise beschränkt. Nach wie vor war für das Gros der Bevölkerung Homosexualität nichts Natürliches, sondern bedeutete »eine Reihe von sexuellen Praktiken, die nach spontanem Empfinden unnatürlich, weil ekelerregend waren« (Campe, ebd.: 133 f.). Obwohl sich die Anschauungen eines Goethe oder Ramdohr nicht in einer Neuorientierung des juristischen Denkens niederschlugen, wurde doch die Gesetzgebung in puncto Homosexualität liberalisiert – zumindest in einzelnen Regionen Deutschlands. Ursache für diese Reformen war jedoch keine tiefgreifende soziale Bewußtseinsveränderung, sondern die neue politische Situation: Nachdem das linksrheinische Gebiet in französischer Hand war (1795), galt dort freilich auch die französische Gesetzgebung, die für Schwulsein keine Strafen vorsah. Der bereits erwähnte *Code Pénal* blieb in den Rheinlanden, die nach der Niederlage Napoleons Hessen, Preußen und Bayern zufielen, weiterhin in Kraft – im preußischen Teil bis 1851.

Das Königreich Bayern, das zur Zeit der Herrschaft Napoleons enge politische Beziehungen mit den Franzosen unterhielt, beauftragte den Juristen Paul Johann Anselm von Feuerbach (1777–1833), ein neues Strafrecht zu entwerfen. Und der liberale Feuerbach hielt sich dabei an französische Rechtsauffassungen – besonders, was die Bestrafung von Sexualdelikten betraf. Feuerbach war der erste deutsche Jurist, der –

wie Beccaria – sämtliche »Sodomie«-Strafen abschaffen wollte, sofern keine Rechte eines anderen bei »unzüchtigen« Handlungen verletzt würden und auch die Rechte des Staates keine Beeinträchtigung dabei erführen. In krassem Gegensatz stand diese strafrechtliche Auffassung, die Feuerbach in seinem Entwurf für ein bayerisches Strafrecht (1810) darlegte, zu dem damals noch geltenden *Codex iuris bavarici criminalis* aus dem Jahr 1751, der für »Sodomie«-Handlungen folgende Bestimmung enthielt:

»Fleischliche Vermischung mit dem Vieh, toten Körpern oder Leuten einerlei Geschlechts, als Mann mit Mann, Weib mit Weib, werden nach vorgängiger Enthauptung durch das Feuer gestraft« (zit. n. Bleibtreu-Ehrenberg, ebd.: 319).

Der Entwurf Feuerbachs ging 1813 in das *Strafgesetzbuch für das Königreich Bayern* ein; in den *Anmerkungen* dazu wird explizit auf »Unzucht« eingegangen:

»So lange der Mensch durch unzüchtige Handlungen nur die inneren Pflichten gegen sich selbst, die Gebote der Moral überschreitet, ohne die Rechte eines anderen dadurch zu verletzen, ist von denselben im gegenwärtigen Gesetzbuche nichts bestimmt worden; Selbstbefleckung, Sodomie, Bestialität, der außereheliche Beischlaf, sind schwere Überschreitungen der moralischen Gebote, aber zur Sphäre der äußeren Gesetzgebung gehören sie nicht als Sünde, sondern soweit dadurch die Rechte anderer verletzt werden« (zit. n. Bleibtreu-Ehrenberg, ebd.: 319 f.).

Wie Beccaria nimmt also hier der bayerische Gesetzgeber eine strikte Trennung von Sünde und Verbrechen vor. »Widernatürliche Unzucht«, bei der Gewalt mit im Spiel war, wurde als Notzucht interpretiert – es gab somit keine Sonderregelung für homosexuelle Vergewaltigungen. Diese gesetzlichen Bestimmungen galten in Bayern bis zum Jahr 1871, jenem Jahr, in dem unter preußischer Federführung ein für das gesamte Deutsche Reich geltendes Recht entstand.

1822 erfolgte ein schwerer Schlag gegen die humanere Behandlung Homosexueller – es ist kaum zu glauben, daß er von niemand anderem ausgeführt wurde als von Feuerbach selbst. Feuerbach als »Wendehals«: In der letzten Ausgabe seines *Lehrbuchs des peinlichen Rechts* wollte er von einer liberalen Haltung gegenüber Schwulen nichts mehr wissen: »Sodomie«-Delikte waren jetzt für ihn Verbrechen, egal, ob damit die Rechte anderer verletzt würden oder nicht. »Sodomie« erscheint bei ihm wieder als altbekanntes Schreckgespenst:

»Sodomie im weitern Sinn a) besteht in der naturwidrigen Befriedigung des Geschlechtstriebes. Der hohe Grad von Verworfenheit, welchen dieses Laster voraussetzt; die aus demselben entspringende Verachtung der Ehe, welche Entvölkerung, Schwächung und zuletzt Auflösung des Staats zur Folge haben müßte; b) endlich die körperliche und geistige Entnervung, welche einen so Entarteten für die Zwecke des Staats unfähig macht, sind die Gründe, wodurch die Polizey zum Verbot dieser Handlungen und zur Bestrafung aufgefordert wird« (zit. n. Bleibtreu-Ehrenberg, ebd.: 320).

Worin der Grund für Feuerbachs »Wende« zu sehen ist, bleibt letztlich wohl im dunkeln. Bleibtreu-Ehrenberg nimmt an, daß der Jurist seine liberale Einstellung wegen heftiger Kritik seiner Kollegen nicht mehr aufrechterhalten konnte (ebd.: 319). Da Feuerbach im ersten Drittel des 19. Jahrhunderts einen kaum zu überschätzenden Einfluß auf die (juristische) Beurteilung von Homosexualität ausübte, bedeutete sein »Rückfall in vorrationales Denken… die weitere Tradierung« der Vorurteile gegenüber Schwulen, »das Scheitern aller aufklärerischen Bemühungen um eine Streichung der Sodomiedelikte aus den neuentstehenden partikularen Strafrechten« (Bleibtreu-Ehrenberg, ebd.: 322). Nach Feuerbachs Tod gab C.J.A. Mittermaier 1847 eine Neuauflage des *Lehrbuchs* heraus. Für ihn stellt das Strafrecht eine sittenbildende Einrichtung dar. Mittermaier läßt nur einen Grund gelten, der eine Bestrafung von »Sodomie« notwendig erscheinen läßt. Er liegt

»nur in der entschiednen *Volksansicht*… welche hier ein sehr schändliches Verbrechen sieht. Da die Volksansicht die Handlung wirklich als eine so schändliche betrachtet, daß sie *Bestrafung fordert*, so kann der Staat nicht gleichgültig sein« (zit. n. Derks, ebd.: 166).

Paul Derks kommentiert Mittermaiers Auffassung wie folgt:

»Diese *entschiedne Volksansicht* wird inskünftig nicht mehr verschwinden: sie ersparte den Juristen die Arbeit des eigenen Denkens, auch des Nachdenkens darüber, woher sie stamme: nicht zuletzt von den Juristen selbst« (ebd.: 166).

6. Schwul = weibisch, schwul = krank
Von der Restauration bis zur Gründung
des Deutschen Reiches

So sehr Goethe auch von den Intellektuellen des bürgerlichen Zeitalters geschätzt wurde – von seiner Toleranz gegenüber Homosexuellen wollte man nichts wissen. Schwulsein wurde als widernatürlich empfunden, aber nicht in erster Linie deshalb, weil sich Homosexuelle der Fortpflanzung »entziehen«, sondern weil sie als »effeminierte« Männer ihre wahre Natur – eben die männliche – verleugneten. Joachim Campe schreibt zu dieser Argumentationsweise, daß sie

»mit Veränderungen in der bürgerlichen Vorstellung von Ehe und Familie zusammen(hängt). Hegel, der sie vielleicht am genauesten erfaßt hat, bemerkte 1820 in seiner ›Philosophie des Rechts‹: die Familie garantiere keineswegs nur Ordnung im Sexuellen, Bevölkerungsreichtum und geregelte Erziehung; vielmehr schaffe sie auch vom *Gesetz der Liebe* bestimmte Gegenwelten zum bürgerlichen Arbeitsalltag. Und während es dort, wo unpersönliche Sachzwänge und materielle Interessengegensätze herrschten, nur auf Leistungskraft ankomme, so zähle in der Familie der ganze Mensch« (Campe, 1988; 161).

Die Rollenverteilung innerhalb der bürgerlichen Familie war klar definiert: Dem Mann wurde der Außenraum »Arbeitswelt« zugesprochen, in dem er sich zu behaupten hatte, der Frau der Innenraum »Familie«, den sie als »Regenerations«-Raum des Mannes mit emotionaler Wärme zu erfüllen hatte. Ein Konzept der Arbeitsteilung also, welches das reibungslose Funktionieren des ökonomischen Apparates sicherstellen sollte, eines Apparates, der an den Menschen neue Forderungen stellte, wie Lienhard Wawrzyn in seinem Buch *Der Automaten-Mensch* hervorhebt:

»Der moderne Handel, Wissenschaft und Massenproduktion waren in den alten Verhältnissen nur begrenzt möglich. Das ganze Subjekt mußte umgebaut werden, bis daraus der moderne Bürger wurde. Man mußte lernen, *alle Gefühlsregungen und Beziehungen,* sogar die Ehe, als Liebesbeziehungen auf ihren finanziellen Nutzen hin zu untersuchen und sich entsprechend zu verhalten. Das Feld schrumpft, in dem man offen zeigt, was man fühlt... Disziplin, Entsagung, Ausdauer: neue Tugenden mußten her, um... sich persönlich vor Mißerfolgen und Strafen zu schützen« (Wawrzyn, 1982: 110).

Disziplin, Entsagung, Ausdauer: Diese Tugenden wurden vom Mann erwartet, und gemäß der bürgerlichen Anthropologie durfte man dies auch mit Fug und Recht – betrachtete man doch den Mann als den von Natur aus aktiven »Kämpfer«, während der Frau der passive Part zufiel. Die Opposition »Mann« (aktiv) vs. »Frau« (passiv) sah die in Rede stehende Anthropologie im biologischen Unterschied zwischen Mann und Frau begründet; ein Unterschied, der sich freilich nicht zuletzt im Liebesleben niederschlug:

»Der biologische Unterschied zwischen den Geschlechtscharakteren führte nach Hegels Meinung nicht nur dazu, daß sich ein Mann sexuell anders verhielt als eine Frau; grundverschieden sei auch der Stil ihres erotischen Empfindens: der Mann liebe leidenschaftlich fordernd, die Frau dagegen sehnsüchtig hingebend – es sei daher ihr tiefster Wunsch, ihr Leben ganz an die Liebe zu setzen. So habe die Natur die Geschlechter für ihre sozialen Rollen geradezu geschaffen« (Campe, ebd.: 162).

Ein harmonischer Dreiklang, bestehend aus Natur, sozialer Rollenverteilung und ökonomischen Erfordernissen, erfüllt die deutschen Lande – daß die »weibischen« Homosexuellen nur als dissonierend Dazwischenfunkende betrachtet werden, versteht sich von selbst: Sie gefährden schließlich die saubere Trennlinie zwischen den Geschlechtern. Wie haben sich Schwule nun zu verhalten? Natürlich sollen sie sich in der Tugend der Entsagung üben, ihre »Effeminiertheit« eliminieren, weil sie damit gegen Kultur, Norm und Natur verstoßen.

Auch pädophile nicht-sexuelle Verhältnisse wurden von der Gesellschaft negativ bewertet:

»Denn ob einer nun sein sexuelles Ziel erreichte oder ob er enthaltsam bleiben wollte oder mußte – das änderte für die bürgerliche Phantasie am Stil und am Wert seiner Liebe gar nichts. Daher behauptete man: auch bei homosexuellen Platonikern werde man am Ende nicht auf pädagogische Bedürfnisse stoßen, sondern auf weibisches Empfinden und weibische Begierden« (Campe, ebd.: 162).

»Weibisch« zu empfinden: Diesen Vorwurf traf auch den homosexuellen Schriftsteller Graf August von Platen (1796–1835). So kritisierte z. B. der von Hegel beeinflußte Autor Ludwig Robert den vermeintlich nicht-männlichen Charakter von Platens lyrischem Werk. Originalton Robert:

»Der Anblick der ekelhaftesten Mißgeburt… kann nicht widerlicher sein als das glühende Körperlob der Jünglinge, dieses für sie kraftlose Schmachten, … diese unweibliche Weibheit im Gefühl der Freundschaft« (zit. n. Campe, ebd.: 165).

Und auch Heinrich Heine – über dessen Streit mit Platen noch zu sprechen sein wird – bläst aus dem gleichen Horn. Sein Urteil über den Lyriker Platen:

»In der Tat, er ist mehr ein Mann von Steiß als ein Mann von Kopf, der Name Mann überhaupt paßt nicht für ihn, seine Liebe hat einen passiv pythagoreischen (Pythagoras war ein Lustknabe Neros; H. B.) Charakter, er ist in seinen Gedichten ein Pathikos (griech. Bezeichnung für einen Schwulen, der beim Verkehr die passive Rolle einnimmt; H. B.), er ist ein Weib, und zwar ein Weib, das sich an gleich Weibischem ergötzt… (zit. n. Campe, ebd.: 179).

Tatsächlich charakterisiert sich das lyrische Werk Platens durch eine außerordentliche formale Strenge, die aus einer harten intellektuellen Arbeit resultierte – von irgendeiner Form der »Verweichlichung« kann nicht die Rede sein. Die Attacken Roberts und Heines gelten in Wirklichkeit auch nicht so sehr dem Schaffen Platens; vielmehr zielen sie auf die Person des Dichters, der zeitlebens unter seinem Schwulsein gelitten hat: Das »Coming-out« bedeutet für ihn die Gewißheit, von der Natur zum Unglücklichsein verurteilt zu sein.

Im Jahr 1818 schreibt sich August von Platen als Jurastudent in Würzburg ein, wo er vermutlich seine erste Liebesenttäuschung erlebt: Er wirbt mit Gedichten um die Gunst eines jungen Mannes namens Schmidtlein und schickt ihm im Oktober des folgenden Jahres einen Brief, der leider verlorengegangen ist. Schmidtleins Antwort darauf war für Platen niederschmetternd:

»Herr Graf!

Heute habe ich Ihr schimpfliches Schreiben erhalten, und heute schike ich es Ihnen sammt Allem, was ich hier noch von Ihnen in Händen habe, zurück... eben so bitte ich mir all das meinige zurük, denn weder will ich etwas von einem Menschen besitzen, den ich wegen seiner abscheulichen Gelüste verachten muß, noch soll er etwas von mir haben. Niemand hat Ihren schändlichen Brief gelesen, aber es sey Ihnen genug zu wissen, daß ich Sie vollkommen verabscheue, wie es jeder thun müßte, der diesen Ausfluß gräßlicher Verdorbenheit lesen würde... Wagen Sie es niemehr, mir auch nur Eine Zeile zu schreiben, oder wenn ich wieder in Ihre Nähe komme, nur Ein Wort mit mir zu sprechen; was mich angehet, so werde ich Sie von nun an als ein pestartiges Uebel meiden, u. Sie könnten sich sonst wirklich der Gefahr aussetzen, behandelt zu werden, wie es derjenige verdient, welcher der menschlichen Würde gänzlich entsagt hat« (Platen, 1969, II: 325).

Eine Tagebuchnotiz Platens macht deutlich, wie sehr ihn diese harte Zurückweisung getroffen hat:

»Ich komme mir vor wie ein Verbrecher, der sich vor sich selbst fürchtet... man muß ständig gegen das Leben kämpfen« (ebd.: 326).

Zwar erlebte Platen auch glückliche Beziehungen – etwa zu dem jungen Chemiker Justus Liebig –, sie waren jedoch nicht von Dauer, nicht zuletzt deshalb, weil sich die von dem Dichter geliebten Männer schließlich doch den Frauen zuwandten. Platens Gedicht *Werden je sich feinde Töne* drückt seine Trauer darüber aus:

»Du, zu deines Mädchens Laren / Kommst du nächtlich oft gegangen, / Schmiegst dich an die zarten Wangen, / Wühlst in ihren seidnen Haaren: Während ich, der im Gemüte / Auf den Wink der Gunst verzichtet / Bücher vor mir aufgeschichtet, / Überm Rauch der Lampe brüte. / Freund, es war ein eitles Wähnen, / Daß sich unsre Geister fän-

den, / Unsere Blicke sich verständen, / Sich vermischten unsre Trä-
nen: / Laß mich denn allein, versäume / Nicht um mich die goldnen
Tage, / Kehre wieder zum Gelage / Und vergiß den Mann der Träume!«
(Platen, 1982: 51).

Platen, der Träumer: Da seine Sehnsucht nach einer dauerhaften Liebe
zu einem Mann nicht befriedigt wird, flüchtet er sich in den Traum
von einer idealen Freundschaft, in der Sexualität ausgeschlossen ist
und der »schöne Freund« zu einer »schönen Form« – gleichsam zu
einer antiken Jünglingsstatue stilisiert wird.

Paul Derks weist darauf hin, daß sich August von Platen bereits früh
als Außenseiter betrachtet und sich selbst verurteilt habe:

»Platen haßte das Vorurteil der Menge und war sich selbst gegenüber
gerade dessen Vertreter. So nahm er die Chance des Stolzes, die
Winckelmann... für sich entwickelt... (hatte), nicht wahr, sondern
demütigte, der Masse Recht gebend, ein Leben lang sich selbst. Sein
Stolz war nur seine Keuschheit, mit der er nicht glücklich werden
konnte; denn er ging nicht ins Kloster, sondern suchte immer erneut
eine Begegnung um die andere und entsetzte sich immer erneut vor
dem, was er als seinen bösen Dämon ein für allemal definiert hatte,
ohne je weiter über das Recht einer homosexuellen Existenz nach-
zudenken. So wurde seine Lebensform die Spaltung, die Nicht-Iden-
tität, das Mißverständnis seiner selbst bei voller Klarheit über sein
Triebleben« (Derks, ebd.: 493 f.).

Daß sich Platen – durchaus nicht grundlos – von der Gesellschaft
geächtet fühlte, spielt, wie sich zeigen wird, in dem bereits erwähnten
Streit zwischen ihm und Heinrich Heine eine bedeutende Rolle.
Worum ging es bei diesem Konflikt?

Heine und Platen gehörten zwei unterschiedlichen literarischen
Strömungen an, die nicht gut aufeinander zu sprechen waren: Wäh-
rend Heine, zusammen mit Karl Immermann, einen fortschrittlichen
Romantizismus vertrat, stand Platen für einen neoklassizistischen
Formalismus, der jedoch politisch keineswegs reaktionär war. Wie
Hans Mayer hervorhebt, verstand Platen Heine und Immermann als
Konkurrenten; er sah

»in der deklarierten Freundschaft der beiden Autoren Heine und Immermann so etwas wie eine Liga…«, seine eigenen Arbeiten durch scheinbar kühnere Modernität des Glanzes zu berauben, auch wohl beim Verleger Cotta auszustechen« (Mayer, 1981: 215).

Im *Romantischen Ödipus*, einem satirischen Stück aus dem Jahr 1829, greift Platen Immermann (der als »Nimmermann« auftritt) und insbesondere Heine an: Von dem getauften Juden Heine ist die verächtliche Rede als vom »Synagogenstolz«, dessen Küsse Knoblauchgeruch absonderten. Platen kritisiert nicht das Werk Heines, sondern seine Existenz als getaufter Jude, dem im literarischen Diskurs kein Platz zukomme. Wie bereits gezeigt, schoß Heine scharf zurück: Dabei war sein Ziel zweifellos die soziale Ächtung August von Platens. Heine gegen Platen: ein Kampf zweier Außenseiter. Wie es psychologisch zu verstehen ist, daß die beiden Autoren als Vertreter von Minderheiten nicht nur keinerlei Solidarität entwickelten, sondern derart massiv aufeinander losgingen, darüber versucht Hans Mayer Auskunft zu geben. Er erklärt Platens antisemitische Äußerungen aus der Position eines Menschen heraus,

»der fühlt: Ich bin ein Grenzgänger; leidlich hübsche Kommilitonen komplimentieren mich höflich hinaus…, wenn ich zu innig die poetische Freundschaft agiere. Allein was auch immer: ich bin Graf von Platen und Hallermünde, und da lebt einer, dessen Abkunft unrein ist, so daß selbst ich ihn zurückweisen darf« (ebd.: 219).

Mayers Vermutung, das »erotische Außenseitertum« Platens habe Heine vor Augen geführt, daß er trotz allem Erfolg und der Taufe ein gesellschaftlich Randständiger geblieben sei, ist naheliegend. Und es ist auch leicht denkbar, daß dieser durch Platens Äußerungen ausgelöste Bewußtwerdungsprozeß zu folgender »emotionalen Stellungnahme« Heines geführt hat:

»Ich bin ein Grenzgänger; die Taufe als Entréebillet zur europäischen Kultur hat nur Formalitäten erleichtert, das Außenseitertum jedoch nicht von mir genommen. Allein was auch immer: ich liebe die Frauen und nur die Frauen, und da lebt einer, der es nicht tut, so daß selbst ich ihn abweisen darf« (ebd.: 219f.).

Die Öffentlichkeit reagierte auf Heines Ausfälle gegen Platen alles andere als positiv: Über Homosexuelle wollte man lieber nicht sprechen, da sie aufgrund ihres »weibischen« Wesens als Bedrohung des bürgerlichen anthropologischen Modells galten.

Daß man um dieses Modell im Zeitalter des Biedermeier nicht herumkam – gerade wenn es darum ging, für die Emanzipation Schwuler einzutreten –, davon ging der Schweizer Modesalon-Besitzer Heinrich Hoeßli aus. Er vertrat die Ansicht, daß Homosexuelle tatsächlich ein »mannweibliches« Wesen besäßen, dieses jedoch als Ausdruck eines bislang übersehenen »Dritten Geschlechtes« durchaus natürlich sei. Hoeßlis 1836 publizierte Anschauungen fanden jedoch kaum Beachtung: Über eine wie auch immer geartete Integration Schwuler in das anthropologische Modell zu diskutieren bestand keinerlei Bereitschaft. Das Interesse – nicht zuletzt der Richter und juristischen Schriftsteller – zielte im Gegenteil auf Ausgrenzung und Bestrafung Homosexueller ab. Die Meinung, Homosexualität sei ein Verbrechen wider den Staat, tritt bereits Anfang des 19. Jahrhunderts wieder auf den Plan: J. C. Salchow postuliert in seiner *Darstellung der Lehre von Strafen und Verbrechen* (1804/1805) den altbekannten angeblichen Zusammenhang zwischen Homosexualität und Verfall des Staates. Das Verbrechen der Sodomie beweise nicht nur die sittliche Verkommenheit des Täters, sondern habe schlimme Konsequenzen für die Gesellschaft, da es zu einer Mißachtung der Ehe, Entvölkerung und »Entnervung« führe (Bleibtreu-Ehrenberg, 1978: 326 f.).

Theodor Marezoll (*Das gemeine deutsche Criminalrecht als Grundlage der neueren deutschen Strafgesetzgebungen*, 1841) fordert – allen aufklärerischen Gedanken zum Trotz – das Recht des Staates zum Vorgehen gegen »Unzuchtsverbrechen«: Bei ihm ist die »Verfalls-Theorie« vollständig ausgeprägt und weist zusätzlich eine religiöse Argumentationsebene auf. Marezoll schreibt:

»Es sind verschiedene Gründe, welche den Staat veranlassen können und müssen, gewisse, mit der Befriedigung des Geschlechtstriebes in Verbindung stehende Handlungen, als Verbrechen, unter ein Strafgesetz zu ziehen. Gründe, welche bald alle zusammenwirken, bald dagegen nur einer, oder mehrere von ihnen. Dahin gehört die wichtige staatspolizeiliche Rücksicht, daß auf dem geregelten Geschlechtstriebe diejenige Fortpflanzung der Geschlechter, wodurch der Staat sich selber fortwährend ergänzt, beruht, so wie, daß umgekehrt die Ausartung des Geschlechtstriebes nicht bloß alle Bande der bürgerlichen Sittlichkeit zu lösen, sondern auch zu einer, in ihren Folgen unberechenbaren physischen Entnervung der Staatsbürger, zu führen droht. Dahin gehört ferner, daß auf dem gesetzlich geregelten Geschlechtstriebe gewisse Rechtsinstitute beruhen, welche die Grundlage des ganzen Familienlebens bilden und worauf so Vieles baut und bauen muß, namentlich die Ehe, das älterliche Erziehungsverhältnis mit der väterlichen Gewalt, das verwandtschaftliche Verhältnis, die Vormundschaft, die Erbfolge usw. Dahin gehört endlich auch noch der genaue Zusammenhang, welcher, nach manchen positiven Rechten, zwischen den auf den geregelten Geschlechtstrieb gebauten Rechtsinstituten und der Religion Staat findet, so daß die Verletzung dieser Institute dadurch in doppelter Beziehung sich als verbrecherisch herausstellt« (zit. n. Bleibtreu-Ehrenberg, ebd.: 327).

In welchen Fällen homosexuelle Handlungen zu bestrafen seien, darüber waren sich die Juristen in Preußen lange uneins. In der Zeit zwischen dem bereits erwähnten preußischen Landrecht von 1794, das ebenso Zuchthausstrafe mit »Willkommen« und »Abschied« wie die Verbannung des Täters vorsah, und dem preußischen Strafgesetzbuch von 1851 wurden zehn Entwürfe für die Ausarbeitung des letzteren vorgelegt, deren strafrechtliche Beurteilung der Homosexualität stark voneinander abwich. Aufklärerische Liberalisierungstendenzen prägen die beiden ersten Entwürfe: Hier wird eine Bestrafung nur dann vorgesehen, wenn öffentliches Ärgernis erregt wurde. Dagegen wandte sich der Entwurf von 1833, der »Sodomie« generell als ein zu ahndendes Verbrechen ansah.

Die liberalen, von der napoleonischen Gesetzgebung geprägten rheinischen Juristen konnten sich mit ihrem Antrag, homosexuelle Handlungen zu ignorieren und dem Gewissen des Täters anheimzustellen, zwar nicht durchsetzen, doch nahmen sie auf die endgültige Fassung des Strafrechts-Entwurfs immerhin einen entscheidenden Einfluß. Sie erreichten,

»daß die eigentlich vorgesehene Strafandrohung von Zuchthaus oder Arbeitshaus nicht zum Tragen kam, sondern statt dessen lediglich Gefängnis von einem halben Jahr bis zu vier Jahren sowie die Aberkennung der bürgerlichen Ehrenrechte als gesetzliche Sodomiestrafen gültig wurden. Die Entwürfe von 1843 und 1845 sahen nämlich Zuchthaus von mindestens zwei Jahren für den Mißbrauch einer Person unter 16 Jahren vor, der von 1830 sogar bei Personen unter 18 Jahren« (Bleibtreu-Ehrenberg, ebd.: 312).

Der letzte Entwurf des »Sodomie«-Paragraphen wurde als § 143 in das preußische Strafgesetzbuch aufgenommen. Sein Wortlaut:

»Die widernatürliche Unzucht, welche zwischen Personen männlichen Geschlechts oder von Menschen mit Thieren verübt wird, ist mit Gefängnis von sechs Monaten bis zu vier Jahren, sowie mit zeitiger Untersagung der Ausübung der bürgerlichen Ehrenrechte zu bestrafen.«

Dieser Paragraph wurde wörtlich als § 152 in das Strafgesetzbuch für den Norddeutschen Bund (1870) aufgenommen und diente als Basis für den § 175 des Strafgesetzbuchs von 1871.

Welche Tatbestände unter den Begriff »widernatürliche Unzucht« bis in die siebziger Jahre des 19. Jahrhunderts subsumiert wurden, darüber gibt Jörg Hutter in seiner rechtssoziologischen Untersuchung *Die gesellschaftliche Kontrolle des homosexuellen Begehrens* Auskunft:

»Das Preußische Obertribunal (das höchste preußische Rechtssprechungsorgan bis 1879; H. B.) bestätigte nach Inkrafttreten des Preußischen Strafgesetzbuches von 1851 die bisherige Tatbestandsauslegung beim Delikt der widernatürlichen Unzucht. Unter Sodomie sei nur die eigentliche Sodomie in ihren beiden Formen zu verstehen… Hiermit waren penetrierende Sexualakte unter Männern (Anal- und Oralverkehr; H. B.) sowie denen von Menschen mit Tieren gemeint« (Hutter, 1992: 31).

Bestraft wurden also sexuelle Akte, die bildlich an den »normalen« Geschlechtsverkehr erinnerten.

Auf eine allgemeine Akzeptanz stieß die Tatbestandsauslegung des Obertribunals keineswegs: So vertrat etwa das Kammergericht Berlin die Auffassung, daß der Begriff »widernatürliche Unzucht« einen »weiteren, noch andre und ähnliche Arten der widernatürlichen Wollustbefriedigung in sich schließenden Sinn« beinhalte. Als sich das

Kammergericht mit dem Fall eines Kammergerichtssekretärs zu befassen hatte, der zusammen mit zwei Gehilfen masturbiert und den Schenkelverkehr ausgeübt hatte, urteilten die Richter, daß Schenkelverkehr bei erfolgender Ejakulation dem Analverkehr analog sei. Dieses Urteil wurde vom Preußischen Obertribunal jedoch am 7. Februar 1857 aufgehoben; die drei Angeklagten wurden freigesprochen, da das Kammergericht den Begriff »widernatürliche Unzucht« falsch interpretiert habe. An seiner Tatbestandsauslegung hielt das Obertribunal auch noch nach Inkrafttreten des Strafgesetzbuches für das Deutsche Reich fest.

Obgleich die Rechtstraditionen im deutschen Raum voneinander abwichen, wurde die Tatbestandsauslegung doch von einer Gemeinsamkeit geprägt: dem Schweigen über homosexuelles Verhalten. Hutter hebt hervor, daß sich

»die Straftheorien zur widernatürlichen Unzucht in ihren Zielen (glichen). In Preußen bestimmte gleichermaßen wie in Sachsen und Bayern die Strategie, über sexuelle Abweichung möglichst Schweigen zu bewahren, die Auslegung des Tatbestandes. Einig waren sich die Straftheoretiker darin, durch eine mit Strafverfolgung bedingten Publizität nicht noch weiter zur Verbreitung des ›Lasters‹ beizutragen. In den Mitteln zur Umsetzung dieser Strafpolitik werden allerdings Unterschiede deutlich: In Preußen waren die strafwürdigen Verhaltensweisen auf penetrierende Geschlechtsakte begrenzt, in Bayern und Sachsen sollte nur bei Erregung öffentlichen Ärgernisses gestraft werden« (ebd.: 48).

Über Homosexualität möglichst zu schweigen war nicht nur die Intention der Richter, sondern zunächst auch der Ärzte. Schwuler Verkehr wurde bis in die sechziger Jahre des 19. Jahrhunderts nur selten thematisiert. Einer der Ärzte, die sich mit männlicher Homosexualität befaßten, war der Gerichtsmediziner Jean Baptist Friedrich (1796–1862). Seinem Beruf gemäß befaßte er sich ausschließlich mit sexuellen Akten, die zu Verletzungen bzw. zum Tod geführt hatten. Friedrich definiert mannmännliche »Unzucht« wie folgt:

»Die Unzucht zwischen Individuen männlichen Geschlechtes« erfolgt durch Päderastie (Friedreich versteht darunter ausschließlich Analverkehr), »wo der After des einen Individuums die Stelle der weiblichen Scheide vertritt« (zit. n. Hutter, ebd.: 53). Näheres über Homosexualität führt Friedrich nicht aus, da sich eine intensivere Auseinandersetzung mit diesem Thema verbiete.

Obwohl sich die Ärzte über Homosexualität lieber ausschwiegen, pflichteten sie

»dem juristisch entwickelten Kriterium – der Nachahmung des Beischlafes – bei. Durch das widernatürliche Benützen des Körpers allein werde der Beischlaf nicht kopiert. Verlangt werden müsse vielmehr, daß ein Mann eine andere Öffnung des Körpers eines anderen Mannes benutze, seinen Penis einführe und den Samen einspritze...« (Hutter, ebd.: 53).

Die Tatbestandsauslegung des Preußischen Obertribunals wurde somit von den Medizinern als richtig anerkannt.

Da die Gerichtsmediziner homosexuellen Verkehr mit Analverkehr gleichsetzten, galt ihr Interesse meist der Diagnostik dieser Art sexuellen Handelns. Ihr Ziel war es, körperliche Folgen des Analverkehrs festzustellen.

Der erste Gerichtsmediziner, der sich mit Afterbefunden in Zusammenhang mit homosexuellem Verkehr befaßte, war der Italiener Paolo Zacchia (1584–1659). Seine *Gesammelten gerichtsmedizinischen Erörterungen* enthalten ein Kapitel über die Merkmale der »Knabenschändung«, das die Auffassungen der Gerichtsmediziner bis in die Mitte des 19. Jahrhunderts entscheidend beeinflußte. Zacchia zufolge gibt es zwei körperliche Symptome, die einen stattgefundenen homosexuellen Analverkehr beweisen. Man könne

»zwischen der erst kürzlich begangenen und der gewohnheitsmäßigen Unzucht... (unterscheiden). Ohne Zweifel gelten die faltenlose Analschleimhaut sowie Fleischklümpchen im After als Kennzeichen der gewohnheitsmäßigen Unzucht. Risse am After sowie Rötungen und Entzündungen könnten dagegen meist nach kürzlich begangenen ›Schändungen‹ festgestellt werden. Diese Merkmale seien von den durch andere Gegebenheiten bedingten körperlichen Gebrechen sorgfältig abzugrenzen...« (Hutter, ebd.: 68).

Die gerichtsmedizinischen Lehrbücher, die in Deutschland während der Zeit des Biedermeier verfaßt wurden, befaßten sich ebenfalls mit einer Untersuchung des Afters des »Geschändeten«; darüber hinaus beschrieben sie die »typische« Beschaffenheit des Gliedes eines »Knabenschänders«. Das Phänomen Homosexualität begründeten sie mit der Ersatz- und Gewohnheitstheorie: Der Täter sei stets alt und verlebt (Gewohnheitstheorie), er benütze sein Opfer als Ersatz für eine Frau. Auf die Frage, warum sich der Täter angewöhnt hat, anstatt mit Frauen mit Knaben sexuell zu verkehren, geben die Lehrbücher folgende Antwort: Da sein Glied dünn ist, wird er von den Frauen abgelehnt – diese spezifische Beschaffenheit seines Geschlechtsorgans mache es ihm überdies leicht, in den Knaben einzudringen (Campe, ebd.: 167). Ein krasses Bild des typischen »Knabenschänders« sowie seines Opfers zeichnet Ludwig Mende (1779–1832), der seit 1823 als Professor für forensische Medizin in Göttingen tätig war. Im vierten Band seines Lehr- und Handbuches (1826) geht Mende in aller Ausführlichkeit auf das Thema Homosexualität ein:

»Die Unkeuschheit, die Männer mit Männern treiben, findet gewöhnlich zwischen einem älteren Manne und einem jungen Menschen statt, bei dem die Geschlechtsentwicklung eben erst beginnt. Sie heißt daher gewöhnlich: Knabenschändung, Päderastie. Der jüngere Mensch übernimmt dabei die Rolle des Frauenzimmers. In gerichtlich medizinischer Hinsicht kommen bei diesem Verbrechen die Merkmale und die Folgen desselben in Betrachtung... Die ersteren sind sowohl an dem, der seinen Geschlechtstrieb auf diese unnatürliche Weise stillte, als auch an dem anderen, der als Mittel dazu diente, sichtbar. Jener ist in der Regel schon bejahrt und an seinem ganzen Körper ist nicht weniger als an seinen Geschlechtsteilen eine Abnahme und gewisses Hinwelken sichtbar. Er sieht gemeiniglich blaß und wohl zugleich aufgedunsen aus, hat einen schielenden, freundlichen Blick, verfolgt Knaben und Jünglinge mit begehrenden Augen und streichelt und liebkost sie. Männer mit einer dünnen und nicht zu langen Rute sind diesem Laster am meisten ergeben, indem sie bei Weibern nicht genug Befriedigung finden und von diesen auch verschmäht werden. Sie haben deshalb in der Regel auch eine Abneigung gegen Frauen.
    Da indessen auch ein kleines männliches Glied doch immer nur mit Anstrengung in den After eines noch gar nicht oder doch nicht oft auf

diese Weise mißbrauchten Knaben eindringen kann, so wird man in einem Falle dieser Art doch öfters wohl Anschwellungen der Vorhaut, Einrisse darin und im Zäumchen und Röte und Anschwellung der Eichel wahrnehmen; ja unmittelbar nachdem die Tat vollzogen wurde, auch wohl Blut an dem männlichen Gliede und in der Leibwäsche finden« (zit. n. Campe, ebd.: 171).

Weitaus ärger sind nach Mende freilich die Folgen des homosexuellen Aktes für den Knaben:

»Unmittelbar nach der ersten oder anderen Begehung dieses Lasters findet man den After nicht so fest geschlossen wie im regelmäßigen Zustande, er ist rot, geschwollen und schmerzhaft und sogar bisweilen eingerissen und blutig… Wurde das Verbrechen längere Zeit mit dem nämlichen jungen Menschen fortgesetzt, so sieht man örtlich die After-Öffnung, wegen Erschlaffung des Schließmuskels und den Mastdarm selber so erweitert, daß weder Kot noch Blähungen zurückgehalten werden können, an der ersteren zeigen sich Schrunden, Knoten und Geschwüre, und aus dem letzteren fließt ein mißfarbener, übelriechender Schleim, und nicht selten ist ein Verfall des Mastdarmes vorhanden. Hiervon entsteht dann die Unfähigkeit, ordentlich zu gehen und zu sitzen« (ebd.: 171 f.).

Betreiben Täter und Opfer die »Unzucht« weiterhin, so ergeht es ihnen, laut Mende, ausgesprochen schlecht: Der Täter leidet aufgrund der mit dem homosexuellen Akt verbundenen »Nervenerschütterungen« an Erschöpfung und Abmagerung; er bekommt Geschwüre an der Eichel und andere Auswüchse. Von letzteren bleibt auch der Knabe nicht verschont, doch damit nicht genug: Er verfällt körperlich und auch geistig. Um das Ausmaß der Irrationalität der damaligen medizinischen Vorstellungen deutlich zu machen, sei noch einmal Ludwig Mende zitiert. Er beschreibt den Verfall des »geschändeten« Knaben in den düstersten Farben:

»An den Geschlechtsteilen bemerkt man oft eine solche Erschlaffung der Rute, daß das Aufrichtungsvermögen derselben dabei gänzlich verloren geht. Die Hoden sind welk und der Hodensack schlaff und herabhängend. Das allgemeine Aussehen ist blaß und verfallen. Die

Augen liegen tief im Kopfe und sind ohne Glanz, die Gesichtsknochen treten stark hervor, die Haut runzelt sich, und die Lippen scheinen kaum die Zähne bedecken zu können. Die Wirbelsäule ist gewöhnlich nach oben mehr oder weniger gekrümmt, der Kopf hängt vornüber, und die Schultern stehen nach vorne. Der ganze Körper ist mager, die Knie gekrümmt und der Gang unsicher. Längs der Wirbelsäule haben solche Unglückliche das Gefühl, als wenn Ameisen darin hin und her kröchen, sie spüren einen beständigen, dumpfen Schmerz im Hinterhaupte, ihr Gesicht wird schwach und das geistige Vermögen vermindert sich sogar bis zum Blödsinn. Zuletzt stellt sich die Wassersucht und Zehrfieber ein; falls nicht schon vorher Lebensüberdruß und Verzweiflung zum Selbstmorde führten, so macht jetzt der Tod der traurigen Szene ein Ende« (ebd.: 172 f.).

Daß homosexuelle Akte zum »Blödsinn« oder Irrsinn führen würden, leiteten die Ärzte auch von einem angeblichen Zusammenhang zwischen Onanie (als deren Konsequenzen nach weitverbreiteter Meinung Rückenmarksleiden, »Entnervung« und geistiger Verfall galten) und Homosexualität ab. Manche Ärzte gingen nämlich davon aus, daß der penetrierte Partner während des sexuellen Aktes masturbiert würde, was der Onanie gleichkäme und somit auch dieselben Folgen zeitige. Überdies nahmen die Mediziner an, daß schon ein einmaliger Vollzug des homosexuellen Verkehrs den Körper und Geist nachhaltig schädige; überdies mache Homosexualität impotent.

Unübersehbar bei Ludwig Mendes Beschreibung des »geschändeten« Knaben ist, daß das »Opfer« tierhafte Züge aufweist: Die Zähne werden kaum noch von den Lippen bedeckt, der Körper ist vornübergebeugt. Der Homosexuelle erscheint, wie Jean-Paul Aron und Roger Kempf hervorheben, als Wesen, das den Weg der Evolution rückwärtsgeht:

»Mit der Päderastie vollendet sich die Rückentwicklung; die Verwandlung trägt unbekannte Aspekte. Der Päderast lebt nicht wie der Ehrenmann aufrecht, sondern gebeugt, umgeworfen, verkrümmt, zusammengekauert, auf Knien, auf allen vieren, in Stellung; ganz damit beschäftigt, es zu tun oder es getan zu bekommen; lutschend, gelutscht, leckend, geleckt, schnüffelnd, beschnüffelt, eindringend, eindringen lassen; er stiftet in der Natur und dem Jahrhundert Verwirrung, indem

Mund, Hand oder After die Scheide ersetzen, die Zunge als Penis dient oder dieser als Bohrer« (Aron / Kempf, 1982: 47).

Daß die bürgerliche Gesellschaft den Homosexuellen »animalisierte«, belegen besonders deutlich die *Anomalies sexuelles* (1889) von Dr. P. Garnier. Er schreibt:

»So wie Päderasten bei der Mundonanie das angesaugte Sperma hinunterschlucken und glauben, sie könnten so jenes ersetzen, das sie verloren haben (!!), gibt es auch Sodomiter, die das Lecken des Anus mit der Zunge spontan ejakulieren läßt ohne jede manuelle Tätigkeit... Der *Hundemensch* (Hervorh. v. H. B.) ist so verwirklicht« (Garnier, 1889: 520).

Homosexuellen wird unterstellt, auch mit Tieren sexuell zu verkehren (François Carlier, *Les Deux Prostitutions*, 1882); der »normale« Mensch ist von Homosexuellen »naturgemäß« wie von widerwärtigen Tieren abgestoßen:

»Ebenso wie unsere Sinne in Gegenwart mancher Tiere... eine spontane und undefinierbare Empfindung von Widerwillen und Ekel verspüren, ebenso zieht sich unsere Seele beim Kontakt mit gewissen Individuen, beim Gedanken an bestimmte Handlungen in sich selbst zurück, indem sie die Mißbilligung, die ihr diese Handlungen oder diese Individuen eingeben, mit Mühe verbirgt oder manchmal lautstark äußert« (Ganler, *Mémoires*, 1862).

An ein Tier fühlte sich auch der französische Arzt Ambroise Tardieu erinnert, als er die Glieder von Homosexuellen untersuchte: Die an der Unterseite verengte Eichel – diese Deformation führt Tardieu freilich auf den Analverkehr zurück – »streckt sich manchmal übermäßig aus, so daß sie an die Schnauze mancher Tiere erinnert«. Diese Feststellung trifft Tardieu in seinem 1857 erschienenen Werk *Etude médico-légale sur les attentats aux mœurs* (Gerichtsmedizinische Studie über die Sittlichkeitsvergehen), das großen Einfluß auf die Ärzte und Gerichtsmediziner ausübte und Tardieu 1861 den Lehrstuhl für Gerichtsmedizin in Paris eintrug. Tardieu geht es in seiner Studie darum, sich systematisch und eingehend mit dem Thema Homosexualität auseinanderzusetzen. Obwohl ihn diese »schmutzige« Materie anekelt, stellt er sich ihr kühn im Namen der Wissenschaft. Selbstbewußt schreibt er:

»Ich habe lange gezögert, die abstoßende Schilderung der Päderastie in diese Studie aufzunehmen; aber ich konnte nicht umhin, zu bedenken, daß sie eine unentbehrliche Ergänzung und zugleich den am wenigsten bekannten Teil bildet. Ich habe mich also entschlossen, dieses traurige Thema nicht nur nicht mit Stillschweigen zu übergehen, sondern ihm sogar Ausführungen zu widmen, die ihm bisher noch kein Autor, sei es in Frankreich oder im Ausland, hat zukommen lassen« (zit. n. Aron / Kempf, ebd.: 36 f.).

Eine der »Erkenntnisse«, zu denen Tardieu durch seine methodischen Untersuchungen gelangt, ist die Koinzidenz von künstlichem Verhalten und Schmutzigkeit. Ein gewisser J. B. erscheint Tardieu als ein »typischer« Schwuler:

»Besagter J. B., bei dem die heuchlerische Miene, das bartlose Gesicht, das frisierte Haar und die äußerste Schmutzigkeit etwas Charakteristisches haben, leugnete vor unserer Visite hartnäckig, daß er sich widernatürlichen Handlungen hingegeben habe. Er gab sogar vor, nicht zu begreifen, worin sie bestehen könnten… Die Öffnung des Anus ist sichtlich erweitert, und es genügt, die Hinterbacken auseinanderzuspreizen, um zu sehen, inwieweit der Schließmuskel gelockert ist… Nachdem unsere Untersuchung beendet war, gestand der Beschuldigte B., daß er die Annäherungen eines Mannes erduldet hatte« (zit. n. Aron / Kempf).

Wie Ludwig Mende vertritt Tardieu die Meinung, daß das Glied des penetrierenden Homosexuellen dünn ist. Zudem sei es am Ende geschweift. Selbst bei Männern, die besser »bestückt« sind, sei die Eichel letztlich spitz. Bei einem untersuchten Schuster konstatierte Tardieu an dem »sehr lange(n) und umfangreiche(n) Glied an seinem Ende eine Dehnung und eine sehr charakteristische Verschlankung…, die der Eichel die fast spitze Form eines Hundepenis (!!) geben« (zit. n. Aron / Kempf, ebd.: 49). Die bessere »Ausstattung« eines (vermeintlich) Homosexuellen konnte einen Mann also keineswegs von dem Vorwurf, schwule oder sonstige »unzüchtige« Handlungen zu begehen, bewahren. Tardieu war um Erklärungen keineswegs verlegen: Als er bei einem vierzehnjährigen Jungen außergewöhnlich stark entwickelte Geschlechtsorgane entdeckt, deutet für ihn eben gerade diese Ausprägung auf »frühzeitige Gewohnheiten der Ausschweifung« hin.

Mit der Verschlankung des Gliedes von penetrierenden Schwulen korrespondiert, der Auffassung Tardieus zufolge, eine Ausweitung und Erosion des Afters des »geschändeten« Mannes. Tardieu diagnostiziert bei letzterem – ebenso wie Mende – eine Lockerung des Schließmuskels; überdies sei der Mastdarm durch die Penetration trichterförmig. Betrachtet man die Ausdrücke genauer, die Tardieu und seine Schüler für die festgestellte Aftererweiterung verwenden, so hat man den Eindruck, daß sich Untiefen öffnen: So spricht Tardieu von einer »lange(n) und tiefe(n) Höhlung, auf deren Grund sich die Afteröffnung auftut und die eine Art weitgeöffnetes und wie kraterförmiges infundibulum bildet« (zit. n. Aron / Kempf, ebd.: 51).

Aron / Kempf liefern für diese übertriebene Wortwahl eine überzeugende Erklärung:

»Das Versinken des Zeugungsreichtums quält das bürgerliche Bewußtsein. Auf den Schmerz der Verschwendung und des Verfalls reagiert es mit der Halluzination von bodenlosen Tiefen, in denen sich der Handelnde und der Erleidende verlieren« (Aron / Kempf, ebd.: 51).

Tardieu, der Homosexualität als etwas Erworbenes und nicht Angeborenes betrachtete, glaubte, mit Hilfe von After- und Penisbefunden in den meisten Fällen das mannmännliche »Laster« beweisen und so als Arzt eine erfolgreiche Strafverfolgung von Schwulen unterstützen zu können – eine Ansicht, die jedoch nicht alle Gerichtsmediziner teilten. Der Berliner Gerichtsmediziner Johann Ludwig Casper (1796–1864) beispielsweise vertrat die Ansicht, daß Symptome am After nicht sehr häufig und außerdem schwer nachweisbar seien. Auch die Ersatztheorie, wie sie Ludwig Mende vertritt, lehnte Caspar ab. Denn seine Erfahrungen als Arzt zeigten ihm, daß nur ein geringer Teil der Schwulen dem Klischee vom verlebten Greis, der sich angewöhnt hatte, mit Knaben anstatt mit Frauen sexuell zu verkehren, entsprach. Mit seinen Kollegen ging Casper scharf ins Gericht, denn seiner Meinung nach stützten sie ihre Gutachten im wesentlichen auf angelesenes Wissen und nicht auf eigene Beobachtung.

Hatten sich bislang die Gerichtsmediziner mit Homosexuellen, wie sie *wirklich* empfanden und dachten, so gut wie gar nicht befaßt, so änderte sich das durch Caspers Engagement. Er setzte sich mit Tagebüchern von Schwulen auseinander, zu denen er als Gerichtsgutachter Zugang hatte.

Auf diese Wiese wurde wohl zum erstenmal in Deutschland schwules Liebesleben, wie es tatsächlich war, dokumentiert – und zwar in Caspers Lehrbuch der Gerichtsmedizin (1856/1863). Im Jahr 1864 veröffentlichte Casper in seinen *Klinischen Novellen* den Brief eines Homosexuellen; wiederum ein Beleg dafür, daß sich der Arzt für die Erlebniswirklichkeit von schwulen Männern interessierte und sie aus wissenschaftlichen Gründen für mitteilenswert erachtete. Casper überschrieb den Brief mit dem Titel *Selbstbekenntnisse eines Päderasten*, wobei er den Begriff »Päderastie« im Sinne von Homosexualität gebrauchte. Der Verfasser findet in seiner Jugend keinen Zugang zu jungen Frauen; er gesteht sich ein, daß ihn hübsche Männer erregen. Diese Erkenntnis stürzt ihn in Verzweiflung:

»Es war ein qualvoller Zustand. Ich war so unendlich unglücklich, weil ich mich für das einzige so seltsame Wesen hielt. Mehr wie einmal lag die Pistole vor mir – nur meine religiöse Erziehung rettete mich vor einem Verbrechen. Keine Beschreibung würde ausreichen, Ihnen dieses Unglück des Wahns, allein mit solcher Neigung zu sein, zu schildern. Und seltsam! Wenn unter meinen Bekannten über ›so gemeine Menschen‹ geschimpft und gerichtet wurde, schimpfte ich ahnungslos mit, denn ich dachte ja nicht, daß meine Gefühle solche seien, sondern hielt sie immer noch für Sehnsucht nach Freundschaft und dachte mir einen Genuß unmöglich, obschon mein Verlangen immer sinnlicher wurde« (zit. n. Campe, ebd.: 187).

Daß er nicht der einzige Mann ist, der Männer liebt, erfährt er, als er einen Herrn kennenlernt, der ihn küßt und sexuell befriedigt. Hinterher jedoch schämt er sich und ist verzweifelt, was den Herrn in große Verwunderung versetzt: »Was gebärden Sie sich so? Das tun ja Hunderte!« Damit ist der »Päderast« von seinem Wahn, der einzige Schwule zu sein, endgültig geheilt. Fortan genießt er Beziehungen mit Männern und stellt höchst selbstbewußt fest:

»es handelt sich hier darum, daß die Wissenschaft suche und vielleicht neben dem Wunderbaren in der Natur auch dies anerkenne; ja, alle Verehrungen und Huldigungen, die je eine schöne Frau empfangen, sind auch mir geworden. Zu meinen Füßen schmachteten Prinzen und Männer von Geist, auf die Europa stolz ist, ich habe Hunderte von Männern, weit über meinen Stand, beglückt, habe die wundersamsten Liebesabenteuer erlebt!« (ebd.: 188).

In den *Selbstbekenntnissen eines Päderasten* behauptet der Verfasser, daß sich Homosexuelle sofort »finden«; sie besäßen einen Instinkt, der sie »gleich einer Brüderschaft« vereine. Auf diese Äußerung bezieht sich François Carlier (*Les Deux Prostitutions*, 1882), der sie als Beweis für seine These heranzieht, Homosexuelle bildeten auf internationaler Ebene eine Art Sekte:

»Der Mann, der sich dieser unglücklichen Leidenschaft überläßt, betritt eine völlig andere Welt, die man am besten mit einer Art Freimaurertum des Lasters vergleichen könnte, die überall Mitglieder hat, die sich untereinander erkennen, ohne sich jemals gesehen zu haben, die sich verstehen, ohne die gleiche Sprache zu sprechen, und die sich insbesondere darum kümmern, wenn einer von ihnen in einem Land eintrifft, wo er niemanden kennt, ihn ihren Mitbrüdern vorzustellen, die ihn mit offenen Armen in ihre Gesellschaft aufnehmen oder ihm, durch Bezahlung seiner Gunst, die Möglichkeit zu leben verschaffen, wenn er mittellos ist; das ist die ihnen eigene Weise, sich gegenseitig zu helfen« (Carlier, ebd.: 283).

Bedauerlicherweise überschätzt hier der Verfasser die Solidarität unter Schwulen ein wenig. Mit seinen Überlegungen knüpft Carlier an einen Mythos über Homosexuelle an, der eine lange Tradition hat: Der Schwule als Sektenmitglied – das kennt man schon vom Mittelalter, wo es sich freilich um eine »Ketzer«-Sekte handelte. Und auch im 20. Jahrhundert ist dieser Mythos noch lebendig, etwa in der Zeit des Nationalsozialismus: Es gab Befürchtungen, einflußreiche Homosexuelle könnten »Gleichartige« zu hohen Positionen verhelfen und so das »Tausendjährige Reich« gefährden.

Doch zurück zum medizinischen Diskurs über Homosexualität. Wie im Kapitel über das 18. Jahrhundert bereits erörtert, fand schon in dieser Zeit eine verstärkte Pathologisierung von Schwulen statt. Der französische Arzt Philippe Pinel (1745–1826) vertrat mit seiner Theorie vom »moralischen Wahnsinn« die sonderbare Meinung, daß die eigentlichen Ursachen für den Wahnsinn in moralischen Verirrungen des Betroffenen zu suchen seien. Bleibtreu-Ehrenberg betont, daß für die Entstehung dieser Ansicht die Entwicklung der Hirnanatomie von Bedeutung gewesen ist:

»Die ältere ärztliche Ansicht hatte nämlich, nach Überwindung der numinosen Scheu vor dem Wahnsinnigen sowohl in der Antike wie während des gesamten Mittelalters, angefangen, nach organischen Leiden zu forschen und sie erst einmal vor allem im Gehirn gesucht. Nun fand man aber bei zahlreichen Sektionen von verstorbenen Geisteskranken Hirne, die sich anscheinend von denen Gesunder nicht unterschieden, und zog daraus die Folgerung, daß auch die Seele erkranken könne, deren Heilmittel dann rein moralische seien« (ebd.: 332).

Dieser Theorie hing in Deutschland mit besonderer Vehemenz Johann Christian Heinroth an, der in seinem 1825 erschienenen *System der psychisch-gerichtlichen Medizin* annahm, daß eine moralische Lebensweise Irrsinn verunmögliche, da sich körperliche Sünden psychisch auswirken würden. Einer der Gegner Heinroths war Jean Baptist Friedreich, der die Möglichkeit, bei vollkommener körperlicher Gesundheit psychisch krank zu sein, in Zweifel zog. Trotz der Kritik, die der Theorie vom »moralischen Wahnsinn« entgegengebracht wurde, hielt sie sich bis etwa in die Mitte des 19. Jahrhunderts. Daß Homosexualität eine Art Geistesstörung sei, vermutete auch Johann Ludwig Casper – er glaubte jedoch nicht, daß die Ursachen dafür in moralischen Verfehlungen zu suchen seien, sondern betrachtete den von ihm so genannten »Geschlechtswahnsinn« als angeborene Krankheit, die den Schwulen ein Leben lang begleite. Casper richtete – wie bereits ausgeführt – sein Augenmerk auf die Empfindungswelt der Homosexuellen, was auch folgendes Zitat belegt:

»Gewiss ist es, und für die ärztliche Exploration bemerkenswerth, dass nicht wenige der eigentlichen Päderasten, die auf jene mechanische, *beischlafsähnliche* (Hervorh. v. H. B.) Weise sich befriedigen, zugleich heute activ agiren und morgen sich passiv hingeben, heute sich als Mann, morgen als Weib fühlen« (zit. n. Hutter, ebd.: 54).

Das Kriterium der »Beischlafsähnlichkeit« – darauf wird noch zurückzukommen sein – spielte im weiteren Verlauf der strafrechtlichen Behandlung Homosexueller eine zentrale Rolle.

Während die Ärzte und auch die Juristen vor Caspers bahnbrechenden Forschungsergebnissen ausschließlich die äußerliche Analogie homosexueller Sexualakte mit denen des »normalen« Geschlechtsverkehrs im Auge hatten, verlagerte sich nun das Interesse auf die Empfindungswelt Homosexueller. Ab 1870 setzten die Psychiater neue Impulse in der Erforschung der Homosexualität, wie im nächsten Kapitel zu zeigen sein wird.

Wie sich die Gutachtertätigkeit von Gerichtsmedizinern für Homosexuelle juristisch auswirkte, darüber liegen keine umfassenden Forschungsergebnisse vor. Hutter schreibt:

»Ob Strafkammern Männer nach diesen Indizienbefunden tatsächlich verurteilten, bleibt... unklar. Einzelne Schilderungen zumindest geben hiervon Kenntnis. Vereinzelt beklagen Autoren, daß die zweifelhaften Afterbefunde der Gerichtsmediziner immer häufiger zu Verurteilungen führten, obwohl Casper vergeblich vor dem Trügerischen solcher Symptomatologie gewarnt habe« (ebd.: 74).

Hutter nimmt jedoch an, daß sich das Ansteigen von medizinischen Publikationen zum Thema Homosexualität auf die Rechtsprechung indirekt ausgewirkt habe: Er stellt die These auf, daß diese vermehrten Veröffentlichungen zu einer stärkeren strafrechtlichen Verfolgung sogenannter Sittlichkeitsdelikte geführt haben (ebd.: 74 f.). Kriminalstatistisch gesehen, wirkte sich das vermehrte Interesse der Mediziner für schwules Verhalten nachweisbar aus: In der ersten Hälfte des 19. Jahrhunderts wurden homosexuelle »Vergehen« kaum registriert: Von der Norm abweichendes Sexualverhalten sollte vor der Öffentlichkeit geheimgehalten werden. Doch die zunehmende Zahl der Publikationen zu diesem Thema führte zu einer Aufgabe der kriminalpolitischen Strategie des Verschweigens: Nunmehr

»konnte auch eine Verurteiltenstatistik zu den ›Verbrechen gegen die Sittlichkeit‹ keinen ›Schaden‹ nach sich ziehen. Im Archiv für Strafrecht faßten die Behörden seit 1858 wohl aufgrund ähnlicher kriminalpolitischer Überlegungen alle Sittlichkeitsdelikte unter dem genannten Oberbegriff zusammen« (ebd.: 75).

Caspers Theorie vom »Geschlechtswahnsinn«, welche von den progressiven Ärzten positiv aufgenommen wurde, schien sich für Homosexuelle in strafrechtlicher Hinsicht günstig auszuwirken. Als 1869 in Berlin über die Verfassung und das Gesetzbuch des Norddeutschen Bundes diskutiert wurde, forderte man ein medizinisches Gutachten an, das die Entscheidung, inwieweit homosexuelle Akte zu bestrafen seien, erleichtern sollte. Das Gutachten, das u. a. von den berühmten Ärzten Rudolf Virchow (1821–1902) und Bernhard von Langenbeck (1810–1887) erstellt wurde, sprach sich für eine Nichtbestrafung »gewöhnlicher« homosexueller Handlungen aus. Das Gutachten betont, daß Jugendliche unter 14 Jahren zu schützen seien und vertritt die Ansicht, Beeinträchtigungen der Gesundheit beim schwulen Analverkehr träten, genauso wie beim heterosexuellen Geschlechtsakt, lediglich durch exzessives Praktizieren auf. Der geplante § 175 wäre beinahe nicht in das Strafgesetzbuch aufgenommen worden, hätte sich nicht der preußische Kultusminister von Mühler zu Wort gemeldet. Mühler

»wies nicht nur auf Religion und Bibel hin, sondern gebrauchte auch ein demokratisch gefärbtes Argument: man dürfe, was immer die Wissenschaft sage, das ›Rechtsbewußtsein des Volkes‹ nicht außer acht lassen« (Campe, ebd.: 186).

Mühler veröffentlichte zu der Frage der Homosexualität eine Denkschrift und forderte Fachleute dazu auf, sich zu dem Thema zu äußern. Einer der wenigen, die öffentlich Stellung bezogen, war der homosexuelle Jurist und Privatgelehrte Karl Heinrich Ulrichs.

»Der Name von Karl Heinrich Ulrichs wird unvergessen dastehen als einer der ersten und edelsten, die in diesem Felde der Wahrheit und Nächstenliebe zu ihrem Recht verhelfen, mit Mut und Kraft bemüht gewesen sind.«

So äußerte sich der Berliner Arzt Magnus Hirschfeld im Jahr 1898 über Ulrichs, der aller Wahrscheinlichkeit nach der erste politisch engagierte Schwule war, der offen gegen die Unterdrückung von Homosexuellen und für ihre Gleichberechtigung kämpfte. Ulrichs forderte die Abschaffung der strafrechtlichen Verfolgung schwuler »Delikte«; er gab 1870 das erste Schwulen-Magazin der Welt heraus (»Uranus« – das Projekt scheiterte nach dem Erscheinen der ersten Nummer) und erarbeitete als erster eine Satzung für eine Homosexuellen-Organisation. Nicht zuletzt entwickelte er eine Theorie der Homosexualität, die diese sexuelle Orientierung nicht pathologisch motiviert, sondern aufgrund physiologischer Aspekte begründet. Sein Eintreten für Homosexuelle kam Ulrichs teuer zu stehen: Mehr als zehn Jahre wurde er von der Justiz des Königreichs Hannover schikaniert.

Geboren wurde Karl Heinrich Ulrichs am 28. August 1825 bei Aurich im Königreich Hannover als Sohn eines königlichen Hannoverschen Landbaumeisters. Nach dem Jurastudium in Göttingen und Berlin und der Absolvierung des Amtsassessorexamens arbeitete er in der Hannoverschen Verwaltung; als »Hülfsrichter« vereidigt, war er später als Gerichtsassessor beim Obergericht Hildesheim tätig. Die dortige Staatsanwaltschaft begann gegen Ulrichs im November 1854 zu ermitteln. Der Grund: »Einem Gerücht zufolge (betreibe) der Gerichtsassessor Ulrichs mit anderen Männern widernatürliche Wollust« (*Schreiben der Staatsanwaltschaft vom 1.12.1854*). Außerdem wurde gegen Ulrichs vorgebracht, daß man ihn des öfteren mit »Personen niederen Standes« gesehen habe, und zwar unter Umständen, »die auf näheren Umgang schließen ließen«. Ulrichs reagierte auf diese Anschuldigungen prompt: Er quittierte seinen Dienst. Sechs Jahre lang war er im öffentlichen Dienst angestellt gewesen – nun war seine Karriere beendet. Ausschlaggebend dafür war

»der § 276 des Criminalgesetzes des Königreichs Hannover, der zwar die Homosexualität selbst straflos ließ, aber ein mit ihr verbundenes öffentliches Ärgernis bestrafte« (Hoffschildt, 1992: 18).

Nach seiner Dienstentlassung unternahm Ulrichs zahlreiche Reisen und kehrte erst 1857 in das Königreich Hannover zurück, wo er sich in Burgdorf niederließ. Dort arbeitete er als juristischer Ratgeber – jedoch nicht lange, da das Justizministerium gegen seine Tätigkeit einschritt: Es eröffnete ein Verfahren gegen ihn aufgrund nichtberechtigter Ausübung der Advokatur. Ulrichs wurde zwar freigesprochen, aber im Revisionsverfahren verurteilte man ihn zu einer Geldstrafe. Daß er seinen Beruf nicht mehr ausführen durfte, damit gab sich das Justizministerium keineswegs zufrieden: Als Ulrichs im März 1865 ein Dienstzeugnis anforderte – er benötigte es, um sich für ein Bürgermeisteramt zu bewerben –, machte ihm die Behörde wiederum einen Strich durch die Rechnung. Sie hob hervor, »daß wir in einem Dienstzeugnis diejenigen Vorgänge, welche bei Gelegenheit Ihrer Entlassung wider Sie zur Sprache gekommen sind, nicht werden übergehen können.«

Dieser Hinweis auf Ulrichs' Schwulsein nahm ihm jede Aussicht auf das Bürgermeisteramt. Im Jahr 1866 holte das Justizministerium erneut zu einem Schlag gegen Ulrichs aus. Es aberkannte ihm seinen bisherigen Titel, was seine gesellschaftliche Stellung verschlechterte. Kurz darauf trat ein politisches Ereignis ein, das für Ulrichs nicht folgenlos blieb: Das Königreich Hannover – mit Preußen im Krieg liegend – kapitulierte vor dem Feind. Aufgrund seiner antipreußischen Haltung (die Ursache dafür war wohl der Umstand, daß Homosexualität in Preußen unter Strafe stand), wurde Ulrichs' Wohnung durchsucht. Man fand Schriften über Homosexualität; er wurde verhaftet. Nach seiner Entlassung emigrierte er nach Bayern, wo es in dieser Zeit – wie schon erwähnt – keinen Anti-Schwulen-Paragraphen gab; später ließ er sich in Italien nieder. Dort starb er am 14. Juli 1895 in L'Aquila.

Ulrichs' Argumentationsweise gegen die strafrechtliche Verfolgung Homosexueller ist in seiner Theorie über die Liebe zwischen Männern begründet, weshalb ein näherer Blick auf sie notwendig ist. Überdies stellt sie einen ersten Meilenstein in der modernen Sexualwissenschaft dar. Die endgültige Fassung seiner Theorie legte Ulrichs in seiner Schrift *Memnon* (1868) dar; auf sie wird im folgenden Bezug genommen. Ulrichs geht davon aus, daß ausnahmslos jeder Mensch

»während der ersten 3–4 Monate seines Daseins im Mutterleibe weder Knabe noch Mädchen (ist), sondern ein zwitterhaftes Mittelgeschöpf mit halb-männlichen, halb-weiblichen Geschlechtstheilen. Er ist embryonischer Urzwitter« (Ulrichs, 1994, Bd. VI–VII: 3).

Die Natur tritt nun als umformende Kraft auf, welche aus dem Ur-zwitter entweder einen Knaben oder ein Mädchen bildet. Das ist der Fall, wenn sich die Natur »regelrecht« verhält, was jedoch nicht immer zutrifft. Im »regelrechten Verfahren« bieten sich der Natur also zwei Möglichkeiten: Wenn sie einen Knaben schafft, unterdrückt sie die »von Grund aus weiblichen Bestandteile« (Höhlenbildung mit der Ge-bärmutter, der Uterus, der Säugungsapparat, die Milchdrüsen und Brustwarzen), entwickelt die männlichen Bestandteile (den Penis) und formt die »von Grund aus geschlechtslosen Bestandtheile« (worunter Ulrichs die »Urtestikel« des Urzwitters versteht) zu männlichen Ho-den. Des weiteren gibt die Natur dem unkörperlichen »Keime des Liebestriebes«, den sich Ulrichs als von Grund aus geschlechtslos vor-stellt, die Richtung auf das weibliche Geschlecht, also »die Anlage, später gerade in dieser Richtung zu erwachen«. Bei der Formung des Urzwitters zum Mädchen verfährt die Natur umgekehrt, wobei sie insbesondere die geschlechtslosen Urtestikel zu Eierstöcken ent-wickelt. Wendet die Natur nun das »außerordentliche Verfahren« an, so schafft sie entweder einen Jungen, der alle männlichen Körper-merkmale aufweist, dessen »Liebestrieb« jedoch »weibliche« Richtung nimmt, also auf das eigene Geschlecht gerichtet ist, bzw. ein körperlich normal entwickeltes Mädchen, dessen »männlicher Liebestrieb« sich auf Frauen konzentriert. Im ersten Fall formt die Natur aus dem Ur-zwitter einen männlichen, im zweiten Fall einen weiblichen Homo-sexuellen. Den Begriff »homosexuell«, der zum erstenmal von dem ungarischen Arzt Karl Maria Benkert (Pseudonym für Kertbény, 1824–1882) im Jahr 1869 verwendet wurde, übernahm Ulrichs in sei-nen Publikationen übrigens nicht: Er bezeichnet einen Schwulen als »Urning«, eine Lesbe als »Urningin« (diese für uns merkwürdig klin-genden Begriffe sind hergeleitet von »Urania«, der mutterlosen Lie-besgöttin, auf die Ulrichs die Liebe zwischen Männern zurückführte).

Für Ulrichs existieren zwei Grundtypen des Urnings: Der »Mann-ling« und der »Weibling«. Das Verhalten sowie die Gemütsart des ersteren betrachtet er als durchaus männlich, weiblich hingegen sei ausschließlich die Richtung der Liebessehnsucht auf das männliche Geschlecht. Im Gegensatz dazu fühlt und verhält sich der »Weibling« frauenhaft; er liebt den »festen« Kerl, den man sich als bärtig, in jeder Beziehung männlich sehr ausgeprägt vorzustellen hat, wohingegen der »Mannling« »nur zarte, sanfte Männergestalten, nur bartlose und glatte, zum Theil geradezu *mädchenhafte* Erscheinungen« (Ulrichs, ebd.: 12) begehrt.

»Mannling« und »Weibling« sind für Ulrichs einander gegenüberstehende Endpunkte einer Kette von sexuellen »Mittelgliedern«; er postuliert die Existenz sogenannter Zwischenurninge, die wie der »Mannling« junge Männer bevorzugen, jedoch nicht mehr ganz so junge. Objekt ihrer Begierde ist der »Bursch«, den Ulrichs folgendermaßen beschreibt:

»Er ist 18–20 Jahre alt, zugleich von kräftigem und blühendem Wuchs und zugleich von Antlitz, Wangen, Lippen und Augen schön« (ebd.: 15).

Darüber hinaus findet es der »Zwischenurning« besonders attraktiv, wenn der »Bursch« ein »Bärtchen« hat, wobei es ihm egal ist, ob es blond oder schwarz ist – Hauptsache: »ein jungaufsprießendes Bärtchen«.

Für Ulrichs steht also fest, daß Homosexualität etwas Natürliches ist; eine strafrechtliche oder sonstige Verfolgung schwuler Männer ist ein Vergehen wider die Natur:

»Weil nun aber die Natur verfährt, wie sie verfährt, d. i. weil sie nicht den Mann aus einem männlichen Embryo, aus einem weiblichen das Weib bildet, sondern alle Menschen aus ein und demselben Zwitterembryo: so tragen all die... Varietäten und Mischnaturen, mit all ihren angeborenen Trieben und all ihrer Sehnsucht, auf ihrer Stirn den Stempel eines Rechts von Gottes Gnaden oder, gleichbedeutend, eines *angeborenen Menschenrechts*; so weit sie nämlich ihre angeborene Natur rein bewahrt haben: und darum ist, sie zu verfolgen, ein Frevel an den Werken der Natur. Nichts, gar nichts an ihnen ist in sich selbst sündhaft oder auch nur verächtlich« (ebd.: 27f.).

Entschieden bestreitet Ulrichs die Auffassung, die Natur habe den Mann ausschließlich für die Frau und umgekehrt geschaffen, indem er der »besondren geschlechtlichen Naturbestimmung des Menschen«, die eine solche Bestimmung tatsächlich festschreibe, die »allgemeine geschlechtliche Naturbestimmung« entgegensetzt. Letztere besage, daß die Natur

»die einzelnen Menschen… *so für einander geschaffen hat, wie sie, der eine auf den andren, naturgemäß geschlechtliche Anziehung* ausüben« (ebd.: 34 f.).

Wenn sich ein junger Mann einem Urning hingibt, handelt er somit keineswegs gegen die Mannes- bzw. Menschenwürde, da er ebendieser allgemeinen Naturbestimmung folgt. Dem »Argument«, Schwule handelten naturwidrig, weil sie Teile ihres Körpers zweckentfremdten, hält Ulrichs entgegen, daß die Natur selbst im Bedürfnisfall einzelne Körperteile zur Aushilfe fehlender anderer benutzt. Als Beispiel dafür führt er den Pinguin an:

»ist's dem Vogel *Pinguin* ein Verbrechen, daß er sich seiner wenig ausgebildeten, aber befiederten Flügel ebenfalls zu einem gar fremden Zwecke bedient: nicht, wie andere Vögel, zum Fliegen, sondern, wie seiner Flossen der Fisch, zum Rudern beim Schwimmen? Ist das vielleicht gegen die Pinguins-Würde?« (ebd.: 36).

Aus dieser Theorie Ulrichs', die man als »Theorie der durch die Natur legitimierten ›Zweckentfremdung‹ von Körperteilen« bezeichnen könnte, ergibt sich, daß auch der Analverkehr nichts Perverses darstellt. Zwar erregt diese Art des schwulen Verkehrs bei Ulrichs »Mißfallen«, doch betrachtet er sie, wenn die Natur ihrer bedarf, als gerechtfertigt. »Naturwidrig« ist für ihn vielmehr die Unterdrückung des sexuellen Triebs, da er einen »nothwendigen Bestandtheil jeder geschlechtlichen Liebe« bildet.

Aus der Natürlichkeit der Homosexualität leitet Ulrichs auch seine Argumente gegen den Vorwurf ab, Homosexualität diene nicht der Fortpflanzung und sei daher abzulehnen: Zum einen sei der Urning für sein sexuelles Empfinden nicht verantwortlich, da es naturgegeben sei, zum andern sei Liebe »auch Selbstzweck, auch selbsteigner Naturzweck«. Zusammenfassend sei festgehalten, daß Ulrichs' Theorie der Homosexualität – wenngleich veraltet – in sexualwissenschaftlicher Hinsicht von großer Bedeutung war, begründete sie doch die »Zwischenstufentheorie« eines Magnus Hirschfeld, die besagt, daß Schwule ein »Drittes Geschlecht« zwischen Männern und Frauen bilden. Ulrichs Grundsatz zu dieser Theorie lautet: Im männlichen Körper ist eine weibliche Seele eingeschlossen.

Aus seinen sexualtheoretischen Überlegungen zog Ulrichs politische Konsequenzen: Er lehnte die von staatlicher und kirchlicher Seite erzwungene Fixierung des Geschlechtslebens auf die Ehe generell ab. Hans-Georg Stümke schreibt über die politische Dimension von Ulrichs' Denken:

»die politische Stoßrichtung *seiner* Naturwissenschaft (zielte)... bereits auf die Lösung des permanenten Konflikts Staat – Individuum in der sexuellen Frage ab. So fragte er ›Was ist *naturgemäß* und was *naturwidrig?*‹ und folgerte, daß ›für kein Individuum eine ihm fremde Natur maßgebend ist‹, sondern daß für jeden Menschen seine ›eigene‹ Natur bestimmend sei. Für ihn existierten daher so viele Naturen, wie es Menschen gab. Jeder Mensch bildete in seinen Überlegungen einen eigenen Kosmos mit seiner eigenen Natur, die selbstverständlich auch in der Sexualität ihre Eigenart, ihre individuelle Ausprägung erfuhr. Diese eigene Natur gegen eine fremde, von Staat und Gesellschaft erzwungene Natur zu setzen, bedeutete für Ulrichs, das Recht auf sich selbst, das Recht auf die eigene Sexualität zu erkämpfen« (Stümke, 1989: 18).

Im Jahr 1864 forderte Ulrichs in seiner Schrift *Vindex. Social-juristische Studien über die Homosexualität* die Abschaffung staatlicher und sozialer Diskriminierung und Verfolgung der mannmännlichen Liebe; zugleich ermunterte er die Schwulen, sich zu organisieren und für ihre Emanzipation zu kämpfen. Ein Jahr später arbeitete er die »Satzungen für den Urningsbund« aus. Der § 2 gibt Auskunft über die Ziele dieser Vereinigung:

»a. die Urninge aus ihrer bisherigen Vereinzelung zu reißen und sie einer solidarisch verbundenen compacten Masse zu vereinigen.
 b. gegenüber der öffentlichen Meinung und den Organen des Staates die angebornen Menschenrechte der Urninge zu verfechten, ihnen namentlich Gleichstellung mit den Dioningen (den heterosexuellen Männern, H. B.) vor dem Gesetz und in der menschlichen Gesellschaft überhaupt zu vindicieren (zurückzufordern; H. B.),
 c. eine urnische Literatur zu gründen,
 d. geeignete urnische Schriften auf Bundeskosten zum Druck zu befördern.

e. für die Zwecke der Urninge in der Tagespresse zu wirken,
f. den einzelnen Urningen, welche ihres Uranismus wegen zu dulden
   haben, in jeder Noth und Gefahr beizustehn, ihnen, wenn thun-
   lich, auch zu angemessener Lebensstellung zu helfen« (zit.
   n. Hoffschildt, ebd.: 20 f.).

Ulrichs' Versuch, Homosexuelle zu organisieren, scheiterte. Die meisten Schwulen getrauten sich nicht, ihre Form der Sexualität einzuge-
stehen, was freilich nicht erstaunt: Der staatliche und soziale Unter-
drückungsapparat sorgte dafür, daß ein Mann, dem sein Schwulsein
klar war, annehmen mußte, es gäbe in Deutschland außer ihm nur eine
winzige Anzahl Homosexueller. Erst drei Jahrzehnte nach Ulrichs'
Versuch, eine Schwulen-Organisation ins Leben zu rufen, gründete
Magnus Hirschfeld das »Wissenschaftlich-humanitäre Komitee«
(1897), das sich für die Rechte Schwuler einsetzte.

Drei Jahre nach seiner *Vindex*-Schrift unternahm Ulrichs auf dem
Deutschen Juristentag in München den Versuch, einen Antrag bezüglich des Sexualstrafrechts, der sich mit Homosexualität befaßte,
argumentativ zu begründen. Nachdem Ulrichs von einer »Menschen-
classe« gesprochen hatte, die juristisch verfolgt werde, weil ihre »Ge-
schlechtsnatur« der üblichen widerspreche, brach ein Tumult los.
Ulrichs Antrag wurde unterdrückt, was der Vorsitzende der Antrags-
Deputation auch unumwunden zugab:

»Der Antrag ist, wenn man will, unterdrückt, ja! Wir haben ihn zu beseitigen zu sollen geglaubt: einmal, weil er mit den bestehenden Gesetzen in Widerspruch steht. Und dann, weil er die Schamhaftigkeit
verletzt. Er würde, wenn nur verlesen, die Indignation der Versammlung erregt haben! Die Schamröte würde uns ins Gesicht gestiegen
sein!« (zit. n. Stümke, ebd.: 19).

Doch Karl Heinrich Ulrichs' unermüdlicher Einsatz für die Emanzipation Homosexueller war nicht vergeblich, sein Schüler Magnus
Hirschfeld, Sexualwissenschaftler, sozialdemokratischer Reformpolitiker und führender Kopf der ersten deutschen Schwulenbewegung,
setzte sein Werk fort.

7. Magnus Hirschfeld und der Kampf gegen den § 175
Wilhelminisches Zeitalter und Weimarer Republik

»Die widernatürliche Unzucht, welche zwischen Personen männlichen Geschlechts oder von Menschen mit Tieren begangen wird, ist mit Gefängnis zu bestrafen; auch kann auf Verlust der bürgerlichen Ehrenrechte erkannt werden.«

Dies ist der Wortlaut des § 175 des Reichsstrafgesetzbuches von 1871. Nicht nur Ärzte wie Rudolf Virchow lehnten die Einführung dieses Paragraphen ab; auch von juristischer Seite meldete sich Protest, und zwar aus dem in puncto Homosexualität relativ liberalen Bayern. So vertrat der königlich-bayerische Appellationsgerichtsrat von Stenglein die Ansicht, daß »widernatürliche Unzucht« kein strafbares Verbrechen sei: »Sie bedroht weder die Rechtsordnung des Staates, noch dessen sittliche Wohlfahrt.« Lediglich bei sexuellen Handlungen, welche die Rechte anderer verletzten oder die Grundlage des Staates, die Familie, bedrohten, habe der Staat einzugreifen.

Aus Bayern waren aber auch ganz entgegengesetzte Töne zu hören: Dem Bayerischen Kassationshof war der § 175 zu milde; es genügte ihm nicht, daß ausschließlich schwuler Anal- und Oralverkehr bestraft werden sollte. Die Richter des Kassationshofes – ebenso wie diejenigen des Sächsischen Oberappellationsgerichtes – forderte die Ahndung *jeder* »unzüchtigen Handlung« zwischen Männern. Das Preußische Obertribunal lenkte schließlich in seiner Anordnung vom 15. März 1876 partiell ein. Nunmehr waren »beischlafähnliche Handlungen... an dem Körper anderer Personen männlichen Geschlechts« strafrechtlich verfolgbar. Jörg Hutter schreibt dazu:

»Indem die Richter somit Handlungen *am* Körper dem Tatbestand zurechneten, wichen sie von dem Grundsatz ab, nur die körperliche Vereinigung begründe die Strafwürdigkeit. Zwar sollten nicht gleich nach bayerischer oder sächsischer Rechtsauslegung jede unzüchtige, immerhin aber schon jede beischlafähnliche Handlung am Körper geahndet werden« (Hutter, 1992: 42).

Die Rechtsprechungsorgane in den verschiedenen Ländern – und damit auch diejenigen des Preußischen Obertribunals – wurden 1879 von dem neu gegründeten Reichsgericht abgelöst, das anfangs die Definition des Preußischen Obertribunals von »widernatürlicher Unzucht« vom März 1876 übernahm. Als »beischlafähnliche Handlung« wurde bereits die Erregung des Penis *am* Körper eines Mannes betrachtet; eine Form der Penetration war für die Erfüllung des Straftatbestandes nicht notwendig. In den folgenden Jahren fand eine Erweiterung des Tatbestandes statt: So legte das Reichsgericht bereits Stoßbewegungen des entblößten Gliedes eines Mannes gegen den *bekleideten* Unterkörper des Partners als beischlafähnliche Handlung aus (1898). Daß mehr und mehr sexuelle Verhaltensweisen als beischlafähnlich interpretiert wurden, erklärt sich Jörg Hutter so:

»Ein eher medizinisch geprägtes Sexualverständnis… förderte diese Entwicklung. Nach einem solchen Verständnis ließ sich… nicht mehr sinnvoll zwischen Samenergießung in den Körper und derjenigen am Körper eines anderen Mannes unterscheiden. Denn beide Akte stellen physiologisch Orgasmen dar. Wenn das Kriterium der *sexuellen Befriedigung* so zum entscheidenden Merkmal der Strafwürdigkeit gleichgeschlechtlicher Sexualakte aufrückte, so zeigt sich daran, daß die Strafjustiz nunmehr ihr Augenmerk mehr auf das *Empfinden* (und nicht mehr nur auf die bildliche Ähnlichkeit von homo- mit heterosexuellen Akten; H. B.) richtete, was solche Verhaltensweisen begleitete« (ebd.: 46).

Als entscheidend für diese Veränderung der juristischen Sichtweise dürfen die ab etwa 1870 auftretenden neuen Interpretationsmuster zur Homosexualität, die von der Sexualpsychiatrie entwickelt wurden, angesehen werden. Diese Disziplin legte den Schwerpunkt ihres Interesses vehement auf die Empfindungs- und Erlebenswelt Schwuler. Beschäftigten sich die Gerichtsmediziner – wie im letzten Kapitel aufgezeigt – im wesentlichen mit Afterbefunden (Johann Ludwig Casper bildet hier eine Ausnahme), so forschten die Psychiater ab diesem Zeitpunkt

»nach physiologischen und psychologischen Merkmalen. Danach ließ sich nicht mehr sinnvoll zwischen einer Ejakulation in den Anus, Mund oder am Körper eines anderen Mannes unterscheiden« (ebd.: 55).

Von besonderer Bedeutung für die neuen Deutungsmuster zur Homosexualität waren die Forschungsergebnisse von Carl Friedrich Otto Westphal (1833–1890), der sich in seinem Artikel *Die conträre Sexualempfindung* (1869) kaum noch für die äußerlichen Merkmale schwulen Verkehrs interessierte. Für ihn stellt die »conträre Sexualempfindung«, also die Homosexualität, eine Krankheit dar. Homoerotisches Empfinden sei ein angeborenes Symptom eines neuropathischen Zustands; entsprechende Erscheinungen seien im Nervensystem nachweisbar. Westphals Theorie löste bei den Psychiatern eine verstärkte Homosexualitäts-Forschung aus, deren Ergebnisse der Psychiater Richard von Krafft-Ebing (1840–1902) in dem medizinischen Bestseller *Psychopathia sexualis* (1886) – das Buch wurde bis 1920 neunzehnmal aufgelegt! – zusammenfaßte.

Dem Wiener Wissenschaftler zufolge ist sexuelle Anziehung ausschließlich zwischen den einander gegenüberstehenden Polen »männlich« und »weiblich« normal; homoerotische Empfindungen hingegen seien pervers, da sie nicht wie gewöhnlich mit Unlust, sondern mit Lust verbunden seien. Krafft-Ebing differenziert zwischen angeborener und erworbener Homosexualität und stellt für beide Formen der konträren Sexualempfindung ein Schema auf, das der Erfassung unterschiedlicher Grade der »perversen« Sexualität dienen soll: Dieses Schema reicht von relativ schwacher Entartung bis hin zu starker pathologischer Störung in Form von paranoider Geschlechtsumwandlung. Hutter faßt Krafft-Ebings Theorie der konträren Sexualität zusammen:

»Bei überwiegender sexueller Neigung zum eigenen Geschlecht fänden sich noch Spuren heterosexualer Empfindung, so daß Krafft-Ebing hier von psychosexueller Hermaphrodisie sprach. Bei ausschließlicher Neigung zum eigenen Geschlecht auf der zweiten Stufe liege Homosexualität vor, auf der dritten Stufe verkehre sich auch die gesamte Persönlichkeit. Hier handele es sich um Effemination bei Männern und um Viraginität bei Frauen. Nähere sich auf der vierten Stufe auch noch die Körperform der abnormen Geschlechtsempfindung, sei Androgynie bei Männern und Gynandrie bei Frauen vorhanden« (ebd.: 91).

Es ist nicht zu übersehen, daß Krafft-Ebings Theorie von Karl Heinrich Ulrichs beeinflußt ist. Die Ursache für homoerotische Empfindungen liegt für Ulrichs in einem »körperlich geistigen Hermaphroditismus«, den er mit der Formulierung »weibliche Seele im männlichen Körper eingeschlossen« umschrieb. Im Gegensatz zu Krafft-Ebing ist dieser »Hermaphroditismus« jedoch keineswegs pathologisch, sondern, wie im letzten Kapitel ausgeführt, durchaus natürlich. Dagegen nimmt Krafft-Ebing an, daß homoerotische Neigungen einem »Defekt« im Zentralnervensystem entspringen. Homosexualität ist für den Psychiater eine zerebral bedingte Neurose, ebenso wie ein zu schwacher oder zu starker Sexualtrieb.

In den *Neuen Studien auf dem Gebiete der Homosexualität* von 1901 rückte Krafft-Ebing von dieser durch die Entartungstheorie geprägten Auffassung ab. Er gesteht ein, daß es falsch gewesen sei, die konträre Sexualempfindung als pathologisches Phänomen betrachtet zu haben, denn die Tatsache, daß Homosexualität eine angeborene Abweichung sei, sei mit dem Begriff der Krankheit nicht vereinbar.

Krafft-Ebings früherer Auffassung von Homosexualität als Krankheit schlossen sich zwei bedeutende Wissenschaftler beinahe gänzlich an: Albert Moll (1862–1930) und Albert Eulenburg (1840–1917):

»Moll unterteilte in erworbene und angeborene Formen der psychosexuellen Hermaphrodisie (Zwittertum) und stützte somit die These des Angeborenseins der konträren Sexualempfindung... Auch Eulenburg sah die Ursachen der ›verkehrten‹ Sexualempfindung in den Funktionanomalien des Zentralnervensystems, die meist vererbt würden. Die verschiedenen Grade der Inversion bewegten sich zwischen der psychosexuellen Hermaphrodisie und dem Wahn der Geschlechtsumwandlung...« (ebd.: 92).

Freilich blieb die Theorie vom Angeborensein der Homosexualität nicht unwidersprochen – zu ihren namhaftesten Gegnern gehörten die Psychiater Gustav Aschaffenburg (1866–1944), August Cramer (1860–1912), Alfred Hoche (1865–1943) und Albert von Schrenck-Notzing (1862–1929). Letzterer bezweifelte die Richtigkeit der Vererbungstheorie und betrachtete die Erziehung als entscheidenden Faktor für die Entstehung homosexueller Neigungen. Schrenck-Notzing ging davon aus, daß die Abweichung vom »normalen« Trieb durch Willensstärke korrigiert werden könne, und entwickelte zu diesem Zweck seine »Suggestionstherapie« (*Die Suggestions-Therapie bei krankhaften Erscheinungen des Geschlechtssinnes mit besonderer Berücksichtigung der conträren Sexualempfindung*, 1892).

Schrenck-Notzings Kollege Alfred Hoche ging vier Jahre später noch einen Schritt weiter oder, wissenschaftshistorisch betrachtet, genauer gesagt: zurück. Denn er läßt zwei alte, hinlänglich bekannte Erklärungsmodelle aufleben, denen zufolge Homosexualität das Ergebnis negativer Erfahrungen mit Frauen sei und durch sexuelle Übersättigung entstehe; eine psychische Disposition zur konträren Sexualempfindung bezweifelte Hoche. Der These von der psychosexuellen Hermaphrodisie widersprach auch August Cramer, indem er bestritt

»daß der Mann mit normalem Geschlechtsapparat ein Gehirn für eine weibliche Anlage ausbilden könne. Dieser These widerspreche seiner Meinung nach dem pathologisch-anatomischen Gesetz des wechselseitigen Verhältnisses von Organ und Gehirn. Wenn das Gehirn erkranke, müßten folglich auch pathologische Störungen der Sexualorgane vorliegen, was bei den meisten Konträrsexuellen jedoch nicht der Fall sei. Die Zuneigung zum eigenen Geschlecht müsse statt dessen als ein Produkt der Vorstellungstätigkeit betrachtet werden« (Hutter, ebd.: 93).

Daß Homosexualität erworben werde und nicht angeboren sei, glaubte auch Gustav Aschaffenburg. Wäre sie angeboren, so argumentiert er, so wäre sie nicht heilbar, wie es der Fall sei. Für die Erwerbtheorie spreche die Tatsache, daß Gleichgeschlechtlichkeit in Einrichtungen wie etwa Internaten »gezüchtet« werde (*Die strafrechtliche Behandlung der Homosexualität*, 1907).

Der Psychiater Iwan Bloch (1872–1922) vertrat zunächst ebenfalls die Erwerbtheorie: Gewohnheit und der Trieb zur Nachahmung seien die Ursachen für Homosexualität. Wie bei Hoche findet sich auch bei Bloch ein durch die damalige lustfeindliche Moral geprägter Blick auf das Phänomen der Gleichgeschlechtlichkeit. Spricht Hoche von sexuellen Exzessen, die zur Übersättigung und letztlich zur Konträrsexualität führen, so ist es bei Bloch ein »lasterhaftes Geschlechtsleben«, aus dem dieses Phänomen resultiere.

Im Jahr 1907 hat Bloch allerdings seine Auffassung geändert: Jetzt unterschied er eine echte, angeborene Homosexualität, der keineswegs etwas Krankes anhafte, von einer erworbenen Inversion. Was Bloch Kopfzerbrechen bereitete, waren die durchaus »männlich« wirkenden Schwulen sowie Lesben, deren Verhalten »weiblich« war. Bloch sah darin einen Widerspruch zu der Ansicht, bei Homosexuellen finde sich, mit Ulrichs gesprochen, eine weibliche Seele im männlichen Körper bzw. umgekehrt. Eine wirkliche Lösung dieses Widerspruchs fand Iwan Bloch nicht – wohl aber glaubte Magnus Hirschfeld, das Problem mit seiner »Zwischenstufentheorie« gemeistert zu haben. Den Terminus »Zwischenstufen«, den bereits Karl Heinrich Ulrichs verwendet hatte, gebraucht Hirschfeld in einem abgewandelten Sinn:

»Für Ulrichs bezeichnet das Wort ›Zwischenstufen‹ eine ›Stufenleiter von Übergangsindividuen‹ zwischen den Extremen ›Urning, dessen seelische und körperliche Natur weiblich angehaucht ist‹ und ›echter, weibliebend geborener Mann‹… Im Unterschied zu Ulrichs sind für Hirschfeld ›Zwischenstufen‹ Männer und Frauen mit seelischen oder körperlichen Eigenschaften des jeweils anderen Geschlechts« (Herzer, 1992: 59 f.).

Hirschfeld betrachtete jeden Menschen als eine Verbindung von männlichen und weiblichen Eigenschaften, da beide »Pole« als Samenzelle und Ei zu seiner Genese vereinigt würden und das Embryo zunächst von nicht festgelegtem Geschlecht sei. Zwischen dem tatsächlich nicht vorkommenden »totalen« Mann, der keinerlei weibliche Attribute aufweist, und der »totalen« Frau, die nichts Männliches an sich hat, existieren nach Hirschfeld unzählige individuelle Mischungen, wobei jeder Mensch charakterisiert ist

»durch eine einzigartige mannweibliche Mischung von Eigenschaften… als sexuelle Zwischenstufe zwischen den Extremen ›Vollmann‹ und ›Vollweib‹« (Herzer, ebd.: 60).

In einem seiner Hauptwerke, *Die Homosexualität des Mannes und des Weibes* (1914), betont Hirschfeld, daß es sich bei seiner »Zwischenstufentheorie« in erster Linie um ein Einteilungsprinzip handelt; »sexuelle Zwischenstufen« seien »Männer mit weiblichen und Frauen mit männlichen Einschlägen«. Hirschfeld präzisiert seine Zwischenstufen-Theorie wie folgt:

»*Das biologische Gesetz, daß in jedem Menschen auch das gegenteilige Geschlecht ruht, bildet die Grundlage für die Entstehung und das Verständnis der sexuellen Zwischenstufen*; ich habe es in dem Leitartikel der Jahrbücher für sexuelle Zwischenstufen *kurz* etwa dahin präzisiert: ›alles, was das Weib besitzt, hat wenn auch in noch so kleinen Resten, der Mann, und ebenso sind bei jedem Weibe zum mindesten Spuren aller männlichen Eigentümlichkeit vorhanden‹ und in dem Buch ›Geschlechtsübergänge‹: ›*In jedem Lebewesen, das aus der Vereinigung zweier Geschlechter hervorgegangen ist, finden sich neben den Zeichen des einen Geschlechts die des andern, oft weit über das Rudimentärstadium hinaus, in sehr verschiedenen Gradstufen vor*‹« (Hirschfeld, 1914: 363).

Hirschfeld entwickelte ein Schema, das die als weiblich oder männlich begriffenen Attribute in ein System von vier Skalen einordnete. Manfred Herzer charakterisiert diese Skalen so:

»– Die grundlegende von Hirschfelds vier Skalen betrifft die Bildung der Geschlechtsorgane, die niemals ›rein‹ männlich oder weiblich sind, weil normalerweise rudimentäre Organe des entgegengesetzten Geschlechts bei allen Menschen vorhanden sind. So denkt sich Hirschfeld die weibliche Klitoris als männliches Element im Geschlechtsorgan der Frauen und den Uterus masculinus als weibliches Element in den Organen der Männer.

– Abgesehen von den Geschlechtsorganen sind auch alle anderen Körperbildungen in das Schema weiblich / männlich einzuordnen und auf einer zweiten Skala darzustellen. Der Haarwuchs, Form und Größe der Brustwarzen, der Muskulatur, des Skeletts usw. sind demnach Merkmale, die das Individuum einer bestimmten sexuellen Zwischenstufe zuordnen.

– Eine weitere Skala betrifft das Geschlecht des begehrten Sexualobjekts, wobei wiederum zwischen den Extremen ›Vollmann‹ und ›Vollweib‹ alle Übergänge und Zwischenstufen vorkommen.

– Für die psychischen Eigenschaften, Habitus, Charakter, auch die Handschrift – Hirschfeld glaubte an graphologische Lehren – gibt es schließlich eine vierte Skala« (ebd.: 60 f.).

Diesen vier Skalen entsprechen vier Gruppen von Zwischenstufen: Die erste Gruppe wird von »Zwitterbildungen im engeren Sinne« sowie »Scheinzwittern« gebildet, worunter Hirschfeld »Männer, die durch weibliche Spaltbildungen an den Genitalien, Frauen, die durch ein gesteigertes Wachstum dieser Organe schon oft genug bei der Geburt zu Irrtümern in der Geschlechtsbestimmung Anlaß gaben« (Hirschfeld, 1914: 358) versteht.

Zu der zweiten Gruppe von Zwischenstufen zählt Hirschfeld »männliche Durchschnittsformen« bei Frauen (z. B. Bartwuchs) und »weibliche Durchschnittsformen« bei Männern (z. B. Männer mit weiblicher Stimmbildung). Der dritten Stufe gehören Männer an, die »aggressive Weiber sowie masochistische Betätigungsformen lieben«, und Frauen, die zu aggressivem, sadistischem Sexualverhalten neigen. Schwule und Lesben werden von Hirschfeld ebenfalls zu dieser Kategorie gerechnet. Über die vierte Gruppe von Zwischenstufen schreibt Hirschfeld:

»*In Gruppe IV, unter welche wir die nicht unmittelbar mit dem Liebesleben zusammenhängenden seelischen Eigenschaften begreifen*, sind den sexuellen Zwischenstufen beizuzählen Männer von femininer Geistes- und Sinnesart, wie sie sich in ihrer Lebensweise, ihrer Sensitivität widerspiegelt, auch Männer, die sich mehr oder weniger wie Frauen kleiden oder ganz als solche leben (Transvestiten), andererseits Frauen von männlichem Charakter...« (Hirschfeld, ebd.: 360).

Manfred Herzer hebt zu Recht hervor, daß Hirschfelds Theorie von »unhistorischer Naivität« geprägt ist, da sie die tradierten Vorstellungen von »weiblich« und »männlich« der Biologie zurechnet (Herzer, 1992: 61). Weil Hirschfeld aber »den Mann« und »die Frau« als ein für allemal fixierte Idealtypen denkt, ergibt sich ein Umkippen des konservativen Gedankenmodells in ein revolutionäres:

»Die starre Zuordnung aller menschlichen Eigenschaften zu einer naturalistisch vorgestellten ewig gleichen Männlichkeit und Weiblichkeit ermöglicht… überraschenderweise eine höchst umstürzlerische Konsequenz, nämlich die Auflösung der überkommenen Einordnung in das binäre Muster Mann / Frau. Die menschlichen Eigenschaften sind für Hirschfeld stets eindeutig weiblich oder männlich; die realen Personen sind immer nur mehr oder weniger ›intersexuelle Varianten‹. Die Homosexuellen, Androgynen und Transvestiten sind es mehr, die anderen, obwohl im Vollgefühl ihrer geschlechtlichen Normalität, sind es ebenfalls, die Unterschiede sind quantitativ« (ebd.: 61).

Genaugenommen vertrat Hirschfeld also ebenso wie Krafft-Ebing die Ansicht, Homosexualität beruhe auf Hermaphrodisie; eine These, die Hirschfeld durch die für ihn feststehende Tatsache der Bisexualität des Embryos bestätigt sah. Diese Bisexualität ermögliche es, daß sich Frauen mit männlichen und Männer mit weiblichen Eigenschaften entwickeln könnten. Die sexuellen Zwischenstufen seien zum einen beschränkt auf den Bereich der Geschlechtsorgane, der physischen Eigenschaften, des Geschlechtstriebs oder der psychischen Phänomene; zum anderen träten die Zwischenformen als Mischungen zwischen diesen Bereichen auf. Daher stellten sehr männlich erscheinende Schwule und weiblich wirkende Lesben für Hirschfeld – im Gegensatz zu Bloch – kein wissenschaftliches Problem dar: Bei beiden Gruppen läge, meint Hirschfeld, ausschließlich im Bereich des Sexualtriebs eine Zwischenstufe vor.

Hirschfeld, auf dessen Leben und Werk im Verlauf dieses Kapitels näher eingegangen wird, leitete seelische Eigenschaften von physischen Dispositionen ab. So nahm er zunächst an, der Sexualtrieb ließe sich im Kleinhirn lokalisieren; später vermutete er seinen Sitz in den Pubertätsdrüsen. Diese Denkweise führte Hirschfeld schließlich dazu, Schwule, die heterosexuell werden wollten, an einen Wiener Professor namens Steinach zu vermitteln, der behauptete, Homosexuelle mittels Implantation des Hodens eines Heterosexuellen »heilen« zu können – obgleich Hirschfeld früher erklärt hatte, eine derartige »Umwandlung« sei weder notwendig noch ausführbar. Über Steinachs chirurgische Eingriffe und die Homosexuellen, die sich mit diesen Operationen einverstanden erklärten, schreibt Manfred Herzer:

»Abgesehen davon, daß diese Operationen sich schon bald als völlig wirkungslos herausstellten… ist die Kooperation Hirschfelds mit Steinach ebenso wie die freiwillige Bereitschaft schwuler Männer zur Normalisierung mittels chirurgischer Körperverletzung aus heutiger Sicht kaum zu verstehen. Wie verzweifelt muß ein schwuler Mann sein und wieviel Angst und Schrecken muß er ausgestanden haben, bis er sich freiwillig an Chirurgen ausliefert, die versprechen, ihn operativ in einen Heterosexuellen zu verwandeln! Nicht wenige Homosexuelle mögen damals spontan mit Verzweiflung, Panik, Selbsthaß und Selbstmordwünschen auf ihren Trieb reagiert haben, der so völlig gegen die herrschenden Anschauungen von Moral und Ehrbarkeit verstieß« (Herzer, 1992: 79).

Tatsächlich gab es in dieser Zeit zahlreiche Schwule, die bis hin zum Selbstmord autoaggressiv reagierten – dessen war sich Hirschfeld, der sich auch praktisch mit den Problemen Schwuler auseinandersetzte (wie noch näher gezeigt werden wird), durchaus bewußt.

Die Pathologisierung Homosexueller durch die Psychiatrie blieb in juristischer Hinsicht keineswegs folgenlos: Konnten die Ärzte nachweisen, daß der Grund für das Schwulsein eines Mannes in einer Geisteskrankheit zu sehen sei, kam diese als Schuldausschlußgrund in Betracht. In einem solchen Fall konnten sich die Juristen auf den § 51 des Strafgesetzbuchs für das Deutsche Reich von 1871 beziehen, der die Zurechnungsfähigkeit – allerdings nur – bei totaler Willensunfreiheit ausschloß, insbesondere dann, wenn sich der Homosexuelle zur Tatzeit »in einem Zustande der Bewußtlosigkeit befand« (§51 RSTGB).

Hatten es die Psychiater zunächst abgelehnt, Schwule als schuldunfähig zu betrachten – Carl Westphal etwa weigerte sich im Jahr 1870 entschieden, dies zu tun –, so änderte sich das, als die Psychiatrie zwischen angeborener und erworbener Homosexualität unterschied:

»Der Psychiatrie ermöglichte erst die Aufteilung in erworbene widernatürliche Geschlechtspraktiken einerseits und angeborene pathologische Verhaltensdispositionen andererseits eindeutigere Aussagen (ob Schwule krank seien oder nicht; H. B.): die angeborene konträre Sexualempfindung sei der wahren Geisteskrankheit gleichzusetzen und schließe die Annahme von Schuld aus… Bei der erworbenen konträren Sexualempfindung dagegen handele es sich um bloße sittliche

Verkommenheit, bei der es nicht einmal angebracht sei, mildernde Umstände walten zu lassen…« (Hutter, ebd.: 97).

Den meisten Psychiatern genügte der Nachweis einer angeborenen schwulen Neigung für eine Schuldbefreiung allein jedoch nicht; sie verlangten Beweise dafür, daß es sich bei der »unzüchtigen« Tat um eine Zwangshandlung gehandelt habe, der sich der »Täter« nicht habe entziehen können. Darüber hinaus forderten viele Irrenärzte den Nachweis zusätzlicher pathologischer konstitutioneller Eigenschaften, um eine Schuldbefreiung im Einzelfall nach § 51 RStGB zu befürworten.

Nach der Jahrhundertwende sorgten die Psychiater für eine Verschlechterung der juristischen Situation Homosexueller: Immer weniger Ärzte gingen davon aus, daß Homosexualität grundsätzlich als Geisteskrankheit zu bewerten sei; zwar galt Schwulsein nach wie vor als pathologisch, aber man glaubte nicht mehr, daß Homosexuelle aufgrund ihres Triebes ihre Willensfreiheit verlieren könnten.

Inwieweit übte nun die Sexualpsychiatrie einen Einfluß auf die Rechtswissenschaft im Konkreten aus? Laut Hutter begegneten die Juristen

»dem sexualpsychiatrischen Deutungsmuster zur gleichgeschlechtlichen Sexualität mit großer Distanz. Der Rezensent (Jurist) der ›Psychopathia sexualis‹ von Krafft-Ebing teilte 1887 seiner juristischen Leserschaft… die neuesten Forschungsergebnisse der Sexualpsychiatrie mit. Der Auffassung, es handele sich bei konträrer Sexualempfindung um eine körperliche Anlage oder um eine durch geschlechtliche Ausschweifungen bedingte Krankheit, widersprach der Rezensent entschieden. Dem Juristen falle es nicht schwer, aus den Umständen des Einzelfalles den verbrecherischen Willen und die diesen Willen ausschließende Geistesstörung festzustellen…« (ebd.: 104).

Erst nach etwa 1900 setzten sich die Interpretationsmuster der Psychiater zur Homosexualität bei den Juristen durch; jetzt ging man nicht mehr fraglos von der Schuldfähigkeit und dem »Verbrechertum« Homosexueller aus. In juristischer Hinsicht vertraten insbesondere Friedrich Wachenfeld (1865–1928) und Eugen Wilhelm eine liberale Linie. So plädierte Wachenfeld bei angeborener Homosexualität grundsätzlich für Schuldausschluß, da eine Geistesstörung im Sinne des 51 RStGB vorliege, und Wilhelm war der Überzeugung, daß bei Akten, die auf sexuellem »Willen« beruhten, von einer Zurechnungsfähigkeit des Täters keine Rede sein könne.

Wie Hutter nachgewiesen hat, gerieten die liberalen Juristen ins Kreuzfeuer der Kritik, aber keineswegs in das ihrer Kollegen, sondern in das der Psychiater, die nun – wie schon betont – einen härteren Kurs Homosexuellen gegenüber einschlugen. Der Psychiater Paul Näcke beispielsweise

»widersprach dem Richter Wilhelm: Die Annahme einer krankhaften Störung der Geistestätigkeit erfordere den Nachweis eines Wechselzusammenhanges zwischen Geschlechtsakt und Störung... Gleich mehrere Psychiater meinten, daß diejenigen Juristen, die wie Wachenfeld den Konträrsexuellen generell Schuldunfähigkeit attestierten, den § 51 RStGB zu weitherzig auslegten« (ebd.: 106).

Dieser Widerstand, den die Psychiater den im Grunde genommen sehr wenigen Juristen, die bei angeborener Homosexualität für Schuldausschluß plädierten, entgegenbrachten, führte schließlich dazu, daß letztere ihre Meinung änderten:

»Von 1910 an geben die Strafrechtler ihre These, daß Konträrsexuelle für ihr Tun nicht zur Verantwortung gezogen werden können, gänzlich auf. Denn selbst dann, wenn sexuelle Betätigung auf einer krankhaften Störung beruhe, könne Leidenschaft bezähmt werden...« (ebd.: 108).

Soweit zum Einfluß der Sexualpsychiatrie auf die Rechts*wissenschaft* – aber wie wirkte sie sich bezüglich ihrer Gutachtertätigkeit auf die Rechts*praxis* aus? Die Psychiater sahen sich als *die* kompetenten Fachmänner, die bei dem als sehr diffizil empfundenen Phänomen der Homosexualität zwischen »Wahrheit und Dichtung«, wie es Krafft-Ebing formulierte, trennen und so die Richter vor Irrtümern bewahren konnten. Bei Schwulen, deren »krankhafte« Veranlagung derart ausgeprägt war, daß den Psychiatern weder ein moralisches noch ein juristisches »Kraut« dagegen gewachsen zu sein schien, empfahlen sie eine Therapie. Wie eine solche Therapie auszusehen habe, darüber machte sich wiederum Krafft-Ebing seine Gedanken: Er vertraute auf die »heilende« Wirkung insbesondere dreier Maßnahmen: der Kampf gegen die Onanie und gegen Neurosen sowie die Durchführung einer Psychotherapie, die heterosexuelle Empfindungen fördern und homosexuelle Impulse zurückdrängen sollte. Andere Wissenschaftler rieten

»zur Heirat, zur ›Ehetherapie‹, zu kalten Bädern und harter Arbeit, zu potenzsteigernden oder auch abschwächenden Mitteln und natürlich immer wieder zur Enthaltsamkeit und Selbstdisziplin – ehe als Ultima ratio eine Einweisung in eine Irrenanstalt erfolgte«, Stümke, (ebd.: 14).

Um eine »effektive« Behandlung »massiv kranker« Schwuler innerhalb einer psychiatrischen Anstalt zu gewährleisten, wurde der Tag der Entlassung nicht fixiert. Strafmaßnahmen, die gegen Schwule auf der Basis psychiatrischer Gutachten verhängt wurden, reichten von verschieden langen Haftstrafen bis zu Zwangseinweisungen in Heilanstalten. In der Forschung zur Homosexualität im 19. und 20. Jahrhundert dominiert die Vorstellung, die medizinische Entwicklung habe zu einem menschlicheren, liberaleren Umgang mit Schwulen geführt. Jörg Hutter vertritt dagegen in seiner Studie eine dem widersprechende Ansicht: Er behauptet, daß die

»Instanzen sozialer Kontrolle… mit Hilfe sexualwissenschaftlicher Forschungsresultate die Sanktionierung homosexueller Verhaltensweisen (perfektionierten)« (ebd.: 5).

Und er untermauert seine These durch den Verweis auf die Tatsache, daß die meisten der uns bekannten psychiatrischen Gutachten die Schuldfähigkeit Schwuler *bejahten* und eine Aburteilung nach § 175 RStGB als legitim erscheinen ließen.

In erster Linie ging es den Psychiatern darum, die Gesellschaft vor Homosexuellen zu schützen, indem man sie entweder in Gefängnissen oder »Heilanstalten« internierte. Hutter resümiert:

»Erst eine zeitlich unbegrenzte Behandlung sollte nach Meinung der Psychiater die Gesellschaft wirkungsvoll und nachhaltig vor dem als sozialschädlich beurteilten homosexuellen Verhalten schützen. Vermehrt erkannten die Strafgerichte daher neben oder anstatt einer Bestrafung nach § 175 RStGB auf eine Maßregel der Sicherung, nämlich die Unterbringung in einer geschlossenen Irrenanstalt. Die Anordnung dieser Maßregel setzte die Beurteilung eines Homosexuellen als sozialschädlichen Täter voraus. Durch die Zunahme der Gutachtertätigkeit und ihrer Diskussion in der Fachöffentlichkeit rückten die Betroffenen und damit ja auch die Homosexuellen ganz allgemein unter diesem negativen Aspekt verstärkt ins Bewußtsein der Juristen. Das somit erzeugte ›soziale Problem der Homosexualität‹ legitimierte eine perfektere und umfassendere soziale Kontrolle, mit der auf die gesamte Persönlichkeit eingewirkt und selbst das zukünftige sexuelle Verhalten festgelegt werden sollte« (ebd.: 113).

Homosexuelle in Irrenhäuser einsperren zu »müssen«, mag – wie das Beispiel eines Arztes namens Burghauser zeigt – manch Mediziner bedauert haben; man rückte wohl aber rasch etwaigen Schuldgefühlen mit Rationalisierungen zu Leibe, so jedenfalls Burghauser. In seinem Buch *Liebe in Natur und Unnatur* (1909) heißt es:

»Es mag ja traurig erscheinen, sonst ganz normale und gesunde Menschen gewissermaßen in eine Geschlechts-Irrenanstalt zu sperren, aber eines mag und muß in dem Gedanken versöhnen, daß sich die ›unter sich‹ Internierten glücklich fühlen werden« (zit. n. Stümke, ebd.: 14).

Oder sollte Burghauser ein ausgemachter Zyniker gewesen sein?
    Suchten Psychiater und Sexualwissenschaftler in körperlichen Gegebenheiten die Ursache für die Entstehung von Homosexualität, so legte die Psychoanalyse ein anderes, psychologisches Erklärungskonzept vor. Für Sigmund Freud stellte die Bisexualität ein psychologisches und keineswegs organisches Phänomen dar; er begriff sie als die anfangs vorhandene Möglichkeit des Kindes, seine Libido entweder an das männliche oder das weibliche Geschlecht zu binden. In den *Drei Abhandlungen zur Sexualtheorie* (1904–1905) schreibt Freud:

»Der Psychoanalyse erscheint... die Unabhängigkeit der Objektwahl (der Wahl des begehrten Sexualobjekts; H. B.) vom Geschlecht des Objektes, die gleich freie Verfügung über männliche und weibliche Objekte, wie sie im Kindesalter, in primitiven Zuständen und frühhistorischen Zeiten zu beobachten ist, als das Ursprüngliche, aus dem sich durch Einschränkung nach der einen oder der anderen Seite der normale wie der Inversionstypus (d. h. der Typus des Homosexuellen; H. B.) entwickeln« (Freud, 1976: 22; Anm. d. Verf.).

Die invertierte Wahl des Sexualobjektes grenzte Freud vom psychischen und anatomischen Hermaphroditismus ab, mit dem insbesondere Magnus Hirschfeld sie verband, indem er bezweifelte, daß die anatomisch belegte Bisexualität des Menschen auf das Seelenleben des Menschen übertragbar sei; die Theorie, das Männliche in der Frau und das Weibliche im Mann sei Grund für die Homosexualität, erschien Freud zu einfach. Er glaubte, daß sich der Sexualtrieb erst im Verlauf der *psychosexuellen Entwicklung* des Kindes auf ein entweder männliches oder weibliches Sexualobjekt richte.

Träten in dieser Entwicklung nun gewisse Komplikationen auf, so entstünde daraus die Inversion, die Homosexualität. Bei der Inversion handele es sich um eine Perversion, eine der »Abweichungen in bezug auf das Sexualobjekt«. Welche Arten von Störungen in der psychosexuellen Entwicklung Freud für die Genese der Inversion verantwortlich macht, darüber geben ebenfalls die *Drei Abhandlungen zur Sexualtheorie* Auskunft. Bescheiden, doch aber selbstbewußt heißt es darin:

»Die Psychoanalyse hat bisher zwar keine volle Aufklärung über die Herkunft der Inversion gebracht, aber doch den psychischen Mechanismus ihrer Entstehung aufgedeckt und die in Betracht kommenden Fragestellungen wesentlich bereichert. Wir haben bei allen untersuchten Fällen festgestellt, daß die später Invertierten in den ersten Jahren ihrer Kindheit bereits eine Phase von sehr intensiver, aber kurzlebiger Fixierung an das Weib (meist an die Mutter) durchmachen, nach deren Überwindung sie sich mit dem Weib identifizieren und sich selbst zum Sexualobjekt nehmen, das heißt vom Narzißmus ausgehend jugendliche und der eigenen Person ähnliche Männer aufsuchen, die sie so lieben wollen, wie die Mutter sie geliebt hat« (ebd.: 21 f.: Anm. d. Verf.).

Darüber hinaus glaubte Freud festgestellt zu haben, daß Schwule keineswegs gegen weibliche Reize unempfindlich seien, derartige Impulse jedoch auf Männer übertrügen, wodurch sie ständig den Mechanismus fortsetzten, durch den ihre Inversion entstanden sei. »Ihr zwanghaftes Streben nach dem Manne«, meint Freud, »erwies sich als bedingt durch ihre ruhelose Flucht vor dem Weibe« (ebd.: 22; Anm. d. Verf.).

Fünf Jahre später wandte Freud seine Theorie der Entstehung der Homosexualität bei einem konkreten Fall an: Er untersuchte *Eine Kindheitserinnerung des Leonardo da Vinci* (1910).

In diesem Aufsatz geht Freud der Frage nach, wie die tiefe Mutterbindung des unehelichen Kindes Leonardo mit seinem Schwulsein zusammenhängt. Freud sieht seine Ansicht bestätigt, daß Inversion entsteht, wenn der Junge die libidinöse Bindung an die Mutter verdrängt, indem er sich mit ihr identifiziert und so sich selbst zum Vorbild für das Sexualobjekt macht. Der Junge ist im Grunde genommen

»in den Autoerotismus zurückgeglitten, da die Knaben, die der Heranwachsende jetzt liebt, doch nur Ersatzpersonen und Erneuerungen seiner eigenen kindlichen Person sind, die er so liebt, wie die Mutter ihn als Kind geliebt hat. Wir sagen, er findet seine Liebesobjekte auf dem Wege des Narzißmus« (Freud, ebd.: 125).

Gewiß liegt der Einwand nahe, daß im Falle der Richtigkeit dieser Theorie schwule Männer ausschließlich Jungen als Sexualobjekt begehren könnten, was freilich nicht der Fall ist. Freud hat allerdings niemals behauptet, das Phänomen Homosexualität erschöpfend erklären zu können.

Für die Entstehung der Inversion erachtet Freud auch den Vater für bedeutend. In den *Drei Abhandlungen zur Sexualtheorie* nimmt er an, daß der »Wegfall eines starken Vaters in der Kindheit nicht selten die Inversion« begünstige (ebd.: 23; Anm. d. Verf.), während er zu Beginn der 20er Jahre davon ausgeht, daß gerade die *Anwesenheit* des Vaters (neben Mutterbindung und Narzißmus) dazu beitragen kann. Indem der Knabe auf ein weibliches Liebesobjekt verzichte, weiche er der Konkurrenz mit dem Vater (oder sonstigen Männern, die für die Person des Vaters stehen) aus – entweder aus Rücksicht auf den Vater oder aus Angst vor ihm. Auch die Existenz eines Bruders kann für Freud zur Inversion eines Jungen führen. Dazu Ulfried Geuter:

»Als einen weiteren möglichen Entstehungsmechanismus führte er
(Freud; H. B.) die Umwandlung einer Eifersucht gegen den Bruder ein,
bei der sich die Homosexualität als Reaktionsbildung gegen verdrängte
Aggressionsimpulse entwickeln würde: Zu diesen psychischen Faktoren gesellten sich dann der Einfluß der Verführung, die eine frühzeitige Fixierung der Libido bewirke, und ein organischer Faktor, der die
passive Rolle im Liebesleben begünstige« (Geuter, 1994: 241)

Bei einer genaueren Betrachtung der Freudschen Überlegungen zur
Homosexualität lassen sich Widersprüche nicht übersehen: In den
Drei Abhandlungen behauptet er, daß bei Invertierten

»durchwegs das Vorherrschen archaischer Konstitutionen und primitiver psychischer Mechanismen zu bestätigen (ist). Die Geltung der *narzißtischen Objektwahl* und *die Festhaltung* der erotischen Bedeutung
der Analzone erscheinen als deren wesentlichste Charaktere« (ebd.:
23; Anm. d. Verf.).

Wie läßt sich aber ein *primitiver psychischer Mechanismus* mit Freuds
Ansicht vereinbaren, daß sich bei Invertierten durchaus Menschen mit
»besonders hohe(r) intellektuelle(r) Entwicklung und ethische(r) Kultur« finden und daß – wie er den Theoretikern des »Uranismus« zu-
gesteht – »einige der hervorragendsten Männer, von denen wir überhaupt Kunde haben, Invertierte, vielleicht sogar absolut Invertierte
waren« (ebd.: 16)?

Was die These von der erotischen Fixierung Homosexueller auf den
Analbereich betrifft, nimmt es schon wunder, daß im Sexualverhalten
Schwuler – wie Freud annimmt – gerade dieser Bereich eher ausge-
klammert wird: Freud schreibt:

»Die sexuelle Rolle der Afterschleimhaut ist keineswegs auf den Verkehr zwischen Männern beschränkt, ihre Bevorzugung hat nichts für
das invertierte Fühlen Charakteristisches. Es scheint im Gegenteil, daß
die Pädikatio des Mannes ihre Rolle der Analogie mit dem Akt des
Weibes verdankt, *während gegenseitige Masturbation das Sexualziel
ist, welches sich beim Verkehr Invertierter am ehesten ergibt* (Hervorh.: H. B.)« (ebd.: 29).

Der große Psychoanalytiker, der sich übrigens entschieden gegen die Meinung wandte, Homosexualität hänge mit staatlichen Verfallserscheinungen zusammen, beanspruchte für sich niemals (wie schon erwähnt), das »Problem« Homosexualität erschöpfend gelöst zu haben. Er blieb aber nicht nur theoretisch aufgeschlossen; auch seine persönliche Einstellung dazu war liberal, wie deutlich aus einem Brief Freuds an die Mutter eines Schwulen (1935) hervorgeht:

»Die Homosexualität ist sicher kein Vorteil, aber sie ist nicht etwas, dessen man sich schämen muß, kein Laster, keine Entartung... wir sehen sie als eine Abwandlung der Sexualfunktion, die durch einen bestimmten Stillstand der Sexualentwicklung zustande kommt... Wenn Sie mich fragen, ob ich Ihnen helfen kann, meinen Sie wahrscheinlich, ob ich Homosexualität auflösen und normale Heterosexualität an ihre Stelle setzen kann. Die Antwort ist, daß wir grundsätzlich nicht versprechen können, das zu erreichen... Was die Analyse für Ihren Sohn tun kann, ist etwas Anderes. Wenn er unglücklich, neurotisch, von Konflikten zerrissen, in seinem sozialen Leben gehemmt ist, dann kann die Analyse ihm Harmonie, seelischen Frieden, volle Leistungsfähigkeit bringen, ob er nun ein Homosexueller bleibt oder sich ändert« (zit. n. Geuter, ebd.: 241 f.).

Nicht nur das Phänomen der offen zu Tage liegenden Inversion beschäftigte die Psychoanalyse – man befaßte sich auch mit der latenten Homosexualität jedes Menschen. Sigmund Freud vertrat um die Jahrhundertwende die Auffassung, daß perverse Neigungen (worunter er auch die Homosexualität subsumierte) für die Entstehung von Neurosen verantwortlich seien. Er nahm an, Heterosexualität resultiere aus einem erfolgreichen Verdrängen des auf das gleiche Geschlecht gerichteten Triebanteils; eine Annahme, die das Fundament der Homosexualitäts-Theorie von Wilhelm Stekel bildete. Stekel ging von einer ursprünglichen Bisexualität sowohl Hetero- wie auch Homosexueller aus; wie der Heterosexuelle später sein Schwulsein verdränge, so tue dies der Homosexuelle mit den auf das andere Geschlecht gerichteten Triebanteilen. In beiden Fällen – vorausgesetzt, die Verdrängung läuft reibungslos ab – entstehen gesunde Formen von Sexualität. Stekel betrachtet Monosexualität nicht als »normal«, »natürlich«: »Die Natur hat uns bisexuell gemacht und verlangt auch die bisexuelle Betätigung«, heißt es in Stekels 1917 erschienenem Buch *Onanie und Homosexualität* (1921, 2. Aufl.: 154). Das Forschungsinteresse Stekels in puncto Homosexualität gilt daher den Einflüssen, die zu einer Verdrängung der heterosexuellen Impulse geführt haben – in einem kindlichen, nicht bewältigten Haß auf die Mutter glaubt Stekel schließlich einen der entscheidenden Faktoren für *diese* Art der Verdrängung gefunden zu haben.

Daß Homosexualität eine durchaus gesunde sexuelle Erscheinungsform sein kann, das nahm auch der Psychoanalytiker Sándor Ferenczi an. Er meinte, daß die Homosexualität

»sowohl eine Erscheinungsform einer psychischen Krankheit wie auch eine Äußerung des normalen Seelenlebens sein (könne). Er wollte daher die beiden Typen des ›passiven‹ und des ›aktiven‹ Homosexuellen grundsätzlich voneinander unterscheiden. Nur der passive Homosexuelle sei ein Invertierter, weil sich nur bei ihm eine Umkehrung des normalen psychischen Charakters finde und er sich als Frau fühle. Ferenczi sprach in diesem Fall von Subjekt-Homoerotik. Der aktive Homosexuelle hingegen fühle sich als Mann, nur das Objekt seiner Neigung sei vertauscht. Daher bezeichnete Ferenczi ihn als Objekt-Homoerotiker…« (Geuter, ebd.: 243).

Den Subjekt-Homoerotiker betrachtete Ferenczi – die Hirschfeldsche Terminologie verwendend – als »sexuelle Zwischenstufe«, als Abweichung von der »normalen« Entwicklung, während Objekt-Homoerotiker für ihn Neurotiker, genauer: Zwangsneurotiker, waren. Wie muß nun die psychosexuelle Entwicklung des Kindes verlaufen, damit es später ein Zwangsneurotiker wird? Geuter faßt Ferenczis Überlegungen wie folgt zusammen:

»Seine psychologische Genese besteht oft darin, daß er als Kind von einem Elternteil wegen heteroerotischen Vorgehens hart bestraft wurde, dieses Verbot wörtlich nahm und vom weiblichen zum eigenen Geschlecht flüchtete. Im homosexuellen Akt befriedige er zugleich seine sadistischen und analerotischen Triebe, womit er im Dienste der Ödipusphantasie den Vater verletze und beschmutze. Diese Form der Homosexualität lasse sich durch Psychoanalyse heilen« (ebd.: 244).

Doch Ferenczi machte nicht nur einen derartigen psychologischen Prozeß für das Phänomen der Objekt-Homoerotik verantwortlich; er war überdies der Überzeugung, daß es sich bei diesem Phänomen auch um eine »soziale Erscheinung« handelte: Seiner Meinung nach nahm die Objekt-Homoerotik ständig zu, was er sich durch ein zu massives Verdrängen homoerotischer Impulse durch die »Kulturmenschheit« erklärte.

Homosexuelle wurden also von Psychoanalytikern zu Neurotikern abgestempelt, was für Schwule auch berufliche Konsequenzen haben konnte. Wollten sie nämlich eine psychoanalytische Ausbildung absolvieren, wurde ihnen diesbezügliche Unfähigkeit attestiert. So schrieben die Berliner Analytiker Max Eitington, Hanns Sachs und Karl Abraham im Jahr 1922, daß sie meist die Erfahrung gemacht hätten,

»daß Homosexuelle mit unverdrängter Inversion nur ein gewisses Stück weit mit uns gehen können. Sie scheitern an der Frage der Homosexualität, und da diese in vielerlei Formen in jeder Neurose auftritt, so sind sie außer Stande, eine Neurose wirklich zu analysieren« (zit. n. Geuter, ebd.: 117).

Bedauerlicherweise hat sich an dieser Einschätzung bis heute bei den meisten Psychoanalytikern nichts geändert. Geuter stellt zu Recht fest:

»Das bis heute ungeklärte Verhältnis der Psychoanalyse zur Homosexualität zeigt sich darin, daß viele psychoanalytische Ausbildungsinstitute keine homosexuellen Kandidaten zulassen« (ebd.: 308).

Es scheint, die Psychoanalyse leide hier selbst an einer Neurose, der man den Namen »Homophobie« geben könnte. Auch in theoretischer Hinsicht hat die Psychoanalyse, die Theoriebildungen zur Homosexualität betreffend, keine wesentlichen Fortschritte gemacht. »Die psychodynamischen Erklärungen der zeitgenössischen Psychoanalyse beließen letztlich alle Formen der Homosexualität im Bereich des Neurotischen«, schreibt Geuter (ebd.: 307). Selbst »liberale« Psychoanalytiker wie der Freudianer Fritz Morgenthaler und der Jungianer Peter Schellenbaum halten Schwule noch für Neurotiker, wenngleich es für sie auch »unneurotische« und »gesunde« Schwule gibt. Die nicht gesunde Form der Homosexualität nennt Schellenbaum in seinem Buch *Homosexualität im Mann* (1991) »fixierte« Homosexualität; sie charakterisiere sich durch die Merkmale »Flucht vor der Frau« und »beziehungslose Sucht nach dem Mann«. Das ist nicht mehr als der Schnee von vorgestern: Schon Freud beschrieb, wie oben angeführt, Schwule als Männer, die zwanghaft, also getrieben wie Süchtige, dem eigenen Geschlecht hinterher sind und sich auf der »ruhelosen Flucht vor dem Weibe« befinden.

Der Schwule, der fortwährend vor den Frauen Reißaus nimmt: Diese der Komik nicht entbehrende Vorstellung fand sich zu Beginn unseres Jahrhunderts keineswegs nur bei Sigmund Freud.

Sein Schüler Alfred Adler konstatierte die Flucht vor Frauen als typisches Merkmal Homosexueller. Er stellte die bizarre Theorie auf, der Schwule wolle mit Hilfe weiblicher Tricks Übermächtigkeit erreichen. Originalton Adler:

»Aus einem der Kindheit entstammenden Gefühl der Minderwertigkeit biegt er von der Linie der männlichen Aggression ab. Aus seiner Furcht vor der Frau macht er im Gefühl seiner Herrschsucht eine Revolte. Um im Leben siegreich zu sein, wird er Despot oder Homosexueller« (zit. n. Geuter, ebd.: 247).

Wie man sieht, ging es Adler nicht um sachliches Erforschen der Ursachen der Homosexualität. Er nahm vielmehr einen »moralischen« Standpunkt ein, indem er Schwulen die negative Eigenschaft der Herrschsüchtigkeit unterstellte. Doch mit dieser Abwertung des Homosexuellen gab sich Adler durchaus nicht zufrieden: Schwule seien überdies unfähig für ein »mitmenschliches Verhältnis zum andersgeschlechtlichen Partner«; man könne sie kaum erfolgreich therapieren, weil sie »erwachsene Feiglinge« seien, die sich sehr schwer in couragierte Menschen umwandeln ließen. Darüber hinaus wirft Adler den Homosexuellen vor, sich vor der »Verantwortung« mittels eines »Selbstbetrugs« zu drücken, sich durch einen »Trick« vor den Problemen des normalen Liebeslebens davonzustehlen. Und schließlich unterstellt Adler ihnen (ebenso wie den Onanisten), daß sie – fälschlicherweise – Sexualität als Privatsache betrachteten – eine Ansicht übrigens, die auch von den Nazis gegenüber Schwulen vertreten wurde.

Daß Schwule den Frauen ausweichen, behauptete auch Harald Schultz-Hencke. In seiner *Einführung in die Psychoanalyse* (1927) reduzierte er

»die bis dahin gelaufene Theoriediskussion der Homosexualität – vor allem indem er die Narzißmus-Thematik außer acht ließ – auf die unbewußte Furcht des Homosexuellen vor dem Körper, dem Sadismus und den Ansprüchen der Frau. Der Homosexuelle vermeide eine Entwicklung und identifiziere sich in der Ödipussituation mit dem andersgeschlechtlichen Elternteil« (Geuter, ebd.: 246).

Fünf Jahre später postulierte Schultz-Hencke zwei seelische Hauptfaktoren für die Genese der offenkundigen Homosexualität: Das Abgedrängtwerden von der Frau und dem Bereich der »kämpfenden Männer«. Der Schwule

»greife dann auf prägenitale Muster des Oralen (Habenwollen), des Analen (Behaltenwollen) und des Sadistischen (Geltenwollen) zurück. Schultz-Hencke (1932) sprach daher vom ›prägenital gehemmten Menschen‹« (ebd.: 246).

Wilhelm Reich – wie Adler ein Schüler von Freud – unterschied zwei Typen von Homosexuellen: Während die Inversion bei dem einen Typus körperlich bedingt sei, lägen die Ursachen dafür bei dem anderen Typus im sozialen Bereich – und dieser Typus sei der vorherrschende. Reich glaubte, daß frühzeitiger Sexualverkehr bei Jugendlichen eine wirksame Präventivmaßnahme gegen die Entstehung homoerotischer Neigungen sei; in den meisten Fällen läge der Grund für die Homosexualität in frustrierenden Erlebnissen, die der/die Jugendliche mit dem anderen Geschlecht gemacht habe. In *Der sexuelle Kampf der Jugend* (1932) schreibt Reich:

»Die Homosexualität ist… ausgenommen der Fälle, die körperlich begründet sind, eine rein soziale Erscheinung, eine Frage der sexuellen Erziehung und Entwicklung. Das beste Vorbeugungsmittel ist gemeinschaftliche Erziehung der Geschlechter und rechtzeitiger Beginn des Geschlechtsverkehrs« (Reich, 1932: 76).

Eine körperliche Disposition kann also – wenngleich nach Reich nur relativ selten – Homosexualität hervorrufen. Es läßt sich bei der Theorie von Reich somit von einem binären Erklärungsmuster (körperliche vs. soziale Ursachen) sprechen, von einer »Zweigleisigkeit« des Interpretationsmodells, die sich auch bei der oben dargestellten Theorie Sándor Ferenczis findet: Er differenzierte zwischen einer heilbaren neurotischen Entwicklung und einer unheilbaren Entwicklungsanomalie als Wurzeln der Genese der Inversion. Diese Entwicklungsanomalie betrachtete Ferenczi als »sexuelle Zwischenstufe« im Sinne Magnus Hirschfelds.

Es existieren also durchaus Berührungspunkte zwischen der Psychoanalyse einerseits und der biologistischen Sexualtheorie Hirschfelds andererseits. Eine solche Gemeinsamkeit beider Wissenschaften findet sich auch bei Sigmund Freud, wenn er als Ursachen für Abweichungen vom »normalen« Sexualverhalten auch von einem »Entgegenkommen der Konstitution« spricht.

Freilich: Letztlich waren die Auffassungen der psychoanalytischen Bewegung mit denjenigen der (sexualwissenschaftlichen) Homosexuellen-Bewegung nicht vereinbar,

»denn für die Homosexuellen – auch wo sie in Opposition zu Hirschfeld standen – gehörte es zu den elementarsten Doktrinen, an denen nicht zu rütteln war, daß die Natur selbst, was immer das heißt, die gleichgeschlechtliche Liebe hervorbringt, daß sie angeboren ist und daß Einflüsse in Jugend und Kindheit gar nichts daran ändern können. Homosexualität sei nicht nur unverschuldet, worin man sich mit den Psychoanalytikern einig war, sie sei vielmehr auch von Anfang an als angeborene Eigenschaft vorhanden« (Herzer, 1992: 94f.).

Einer derjenigen, die den Erklärungsanspruch der Psychoanalyse als auch den der Sexualwissenschaft Hirschfeldscher Prägung relativierte, war der Autor und Gelegenheits-Psychoanalytiker Hans Blüher, der mit seinen Männerbund-Theorien vor allem bei der »Wandervogel«-Bewegung (einer 1901 gegründeten Jugendbewegung, die sich gegen die Leistungs- und Nützlichkeitsideologie des Bürgertums wandte und den Sinn des Lebens in gemeinsamer Naturerfahrung suchte) für heftige Aufregung sorgte. Blüher nahm an, daß die Psychoanalyse und die Zwischenstufentheorie Hirschfelds jeweils nur einen bestimmten

Homosexuellen-Typus erklären könne: die Psychoanalyse den latenten Homosexuellen, dessen (ihm unbewußtes) Schwulsein durch eine Entwicklungsstörung entstanden sei, und die Zwischenstufentheorien den, wie Blüher schreibt, »effeminierten Weibling«, dessen Gefühlsleben in großem Ausmaß weiblich geprägt sei.

Blüher ist der Auffassung, man habe bislang eine »Grundform« des Homosexuellen übersehen: Er nennt ihn den »Männerhelden«, der vollständig gesund sei und dessen sexuelle Entwicklung ganz ähnlich wie die beim Heterosexuellen verlaufe – allerdings ziele sein Trieb auf ein anderes Liebesobjekt ab. Wenn der »Männerheld« Schwierigkeiten mit seiner Homosexualität habe, so bloß deshalb, weil diese von der Umwelt verursacht würden. Bevor Blühers Überlegungen zur Homosexualität näher dargestellt werden sollen, zunächst ein Blick auf seine Biographie: Geboren wurde der Apothekerssohn im Jahr 1888 im schlesischen Freiburg. Nach dem Umzug der Familie nach Berlin besuchte er das Steglitzer Gymnasium, an dem Studenten und Primaner den »Wandervogel« gründeten, dessen Ideal männlicher Kameradschaft Blüher stark beeindruckte. Blüher, der sich außer mit der Psychoanalyse auch mit Griechisch und Philosophie befaßte, war sich seiner schwulen Empfindungen bewußt, aber er faßte den Entschluß, sie nicht auszuleben. In einem Brief an seine Eltern vom 21. April 1912 schreibt er:

»Ich habe … die wohlbegründete Überzeugung, daß das (gemeint ist die Entscheidung für die sexuelle Richtung; H. B.) nur eine Macht- und Zufallsfrage war, die das Zünglein nach dieser Seite ausschlagen ließ; ich hatte damals jahrelang Pech in der invertierten Richtung, darauf aber umso mehr Glück in der normalen, und da diese den ganzen Mann erfordert, bleibt für die andere nichts mehr übrig, die eher noch mehr fordert, und so ist sie denn eingeschlafen; das Experiment wäre mir zu kostspielig, das mich darüber belehren könnte, ob sie wieder erwachen kann« (zit. n. Geuter, ebd.: 76).

Blüher führte eine unglückliche Ehe, was vermutlich nicht zuletzt auch mit seiner extremen Frauenfeindlichkeit – die sich auch in seinen Theorien niederschlug – zusammenhängen dürfte. Offensichtlich ließ ihn das Thema Homosexualität bis zu seinem Tod nicht los: Kurz bevor er, fast vergessen, in Berlin starb (1955), verfaßte er ein Fragment mit dem Titel *Über die gleichgeschlechtliche Liebe*.

Im Jahr 1912 legte Blüher ein Buch vor mit dem Titel *Die deutsche Wandervogelbewegung als erotisches Phänomen. Ein Beitrag zur Erkenntnis der sexuellen Inversion.* Die Grundthese dieses Werkes lautete: Die homoerotische Attraktion bildet die triebpsychologische Basis der Jugendbewegung. Blüher meint,

»daß die Centren und Wirbelpunkte der Bewegung vielfach von jungen Männern belegt waren, deren Liebesleben sich ganz oder fast ganz zum eignen Geschlecht richtete« (Blüher, 1912: 30).

Diese jungen Männer, die Blüher als »Männerhelden« bzw. »Voll-Invertierte« bezeichnet, unterscheiden sich von Heterosexuellen nur dadurch, daß ihr Liebesobjekt gleichgeschlechtlich ist; das Liebesverhalten hingegen differiere zu demjenigen der gegengeschlechtlich Orientierten nicht. Die Tatsache, daß die »Männerhelden« bei den Jungen der Wandervogelbewegung derart beliebt waren, erklärt Blüher so: Bei den Jungen lagen ebenfalls homoerotische Empfindungen vor, jedoch nicht so starke wie bei den »Voll-Invertierten«. Der Wandervogel konstituiere sich als »erotisches Phänomen« durch die Zusammenkunft von Jungen, deren sexuelle Reifung verzögert sei, mit (mehr oder weniger) ausschließlich homoerotisch ausgerichteten »Männerhelden«. Blüher geht von einem psychodynamischen Grundmechanismus aus, der beim Wandervogel rekurrent auftritt:

»Ich finde überall stets denselben Vorgang sich wiederholend: während der starken Interessenahme am eignen Geschlecht in den Jahren bis zu zwanzig und etwas darüber... heftige Betätigung im Wandervogel... dann setzt die weibliche Inanspruchnahme allmählig ein, das Interesse flaut ab und schwindet schließlich ganz. Tritt dieses Umschwenken ins weibliche Lager nicht ein, so resultiert der Typ des ›Männerhelden‹, der dann sein Leben lang bei der männlichen Jugend bleibt« (Blüher, ebd.: 67).

Der Wandervogel existiere aus der gemeinsamen Betätigung von Knaben, Jünglingen und Männern, bei denen das erotische Hingezogensein zur Frau mehr oder weniger abgedämpft und durch eine entsprechend stärkere Neigung zum männlichen Geschlecht kompensiert sei. Blüher differenziert innerhalb der Wandervogeljugend zwischen zwei

Gruppen und gelangt dadurch zu der von ihm so genannten »sexuellen Formel« für die Wandervogelbewegung:

»Der labile, fortwährend zu- und abfließende Teil der Wandervogeljugend… unterscheidet sich von der sonstigen dadurch, daß die Fortdrängung der homosexuellen Triebrichtung durch die heterosexuelle, die dort kurz nach der Pubertät eintritt, sich um einige Jahre *verzögert*. Die ›Männerhelden‹ aber, die den Wechsel dieser Jugend überleben, reifen innerhalb der homosexuellen Richtung aus und kommen zu einer selbständigen, am Weibe nicht zu messenden Lebenshöhe (!!!), (wenn sie nicht neurotisch erkranken). Das wäre die *sexuelle Formel* für die Wandervogelbewegung« (Blüher, ebd.: 70f.).

Nicht nur die »Männerhelden« sind, laut Blüher, für das Leben in der Jugendbewegung bestimmend, sondern auch die »Erastennaturen«. Darunter versteht er Männer, deren Gemeinschaftssinn sich auf Jungen und Männer richtet, wohingegen die sexuelle Begierde auf die Frau zielt. Salopp gesagt handelt es sich also um Männer, welche die Frau fürs Bett und den Mann für Seelisch-Geistiges wollen. Im Hintergrund dieser Differenzierung steht eine Theorie von Albert Moll, der zwei Ausprägungen des Sexualtriebs unterschied: den Trieb zur Gesellung (die Contrectation) und den zur Befriedigung des sexuellen Bedürfnisses (die Detumescenz). Blüher glaubt nun, daß bei der schwulen Liebe der Gesellungstrieb nicht nur als eine Art Präludium zu verstehen sei, sondern sich zu einem eigenständigen emotionalen Bereich ausgeprägt habe. Geuter schreibt dazu:

»Diese Vorstellung ermöglichte Blüher die These, daß sich das Liebesleben im Wandervogel ›wesentlich im selbständig gewordenen Contrectationstrieb‹ abgespielt habe… In der zweiten Auflage seines Buches korrigierte er diese These dahin, daß er mittlerweile glaube, eine verselbständigte Contrectation werde durch den psychischen Mechanismus der Verdrängung erzeugt: ›Die invertierte Sexualkomponente in uns allen hat ursprünglich die Neigung, bis zum letzten, zur Detumescenz zu gehen, wird aber meist schon frühzeitig vor der Pubertät durch die Verdrängung niedergehalten…‹« (ebd.: 84f.).

Geeignet für die Erziehung der männlichen Jugend hält Blüher ausschließlich den »Männerhelden« und auch die »Erastennatur«; der Heterosexuelle dagegen, dessen Geselligkeits- und Sex-Trieb sich ganz auf die Frau konzentriere, sei aufgrund mangelnder »Gemütsqualitäten« dazu unfähig. Mit der Idealisierung der mannmännlichen Liebe ist bei Blüher die Verachtung der Frau verknüpft, die in seinem zweibändigen Werk *Die Rolle der Erotik in der männlichen Gesellschaft* (1917 und 1919) wahrhaft monströse Dimensionen annimmt: So ist etwa die Rede von der

»wuchtige(n) Majorität des gewöhnlichen dummen Weibes, das geistig und sittlich ganz erheblich unter dem Niveau des Durchschnittsmannes steht« (Blüher, 1912: 112 f.).

So wie Otto Weininger (1880–1903) in seinem Buch *Geschlecht und Charakter* (1903) geht auch Blüher von einem durch niedere Instinkte geprägten Wesen der Frau aus; er übernahm von Weininger zudem die Auffassung, die Frau kenne ausschließlich die zwischenmenschliche Relation der Hörigkeit.

Blüher lebte übrigens seinen krankhaften Frauenhaß auch in seinen gelegentlichen Ausflügen ins Metier des Psychoanalytikers aus. Seine »Therapie«-Methoden lassen sich nicht anders als grotesk-pervers bezeichnen, wenn sich folgende Begebenheit tatsächlich ereignet hat: In ihren Lebenserinnerungen gibt Margarete Buber-Neumann eine Geschichte wieder, die ihr erzählt worden ist:

»Er (Blüher; H. B.) führte so etwas wie eine psychoanalytische Sprechstunde durch... Einmal kam ein Mädchen zu ihm, um sich ihr Herz zu erleichtern. Er hörte sie an, verließ dann das Zimmer, um kurz danach, in einen purpurroten Mantel gehüllt, wieder im Beratungszimmer zu erscheinen. Er trat vor das verblüffte Mädchen, öffnete den Mantel, unter dem er nackt war, und sagte mit Pathos: ›Das fehlt dir! Und nichts anderes...‹« (zit. n. Geuter, ebd.: 77 f.).

In Zusammenhang mit Blühers Frauenverachtung dürfte seine ablehnende Haltung gegenüber dem Homosexuellen-Typus des »effiminierten Weiblings« stehen, den er durch Hirschfelds Zwischenstufentheorie erklärt sah. Diese Theorie wurde von einer schwulen Emanzipationsbewegung, der »Gemeinschaft der Eigenen«, scharf attackiert: An Hirschfeld wurde kritisiert, daß er Schwulsein zu medizinisch interpretiere; sie wollten von Hirschfelds Theorie, Homosexuelle bildeten ein »drittes Geschlecht«, nichts wissen. Der Ideologie der »Gemeinschaft der Eigenen« stand Blüher sehr nahe:

»Ihr Rückbezug auf ein hellenisches Männerideal äußerte sich praktisch darin, daß die Mitglieder versuchten, zu heiraten und gleichzeitig die Gefolgschaft eines Knaben zu finden… Dieses Lebensideal entsprach dem, was Blüher in seiner Theorie als Erastennatur bezeichnete. Daß Blüher bei den ›meisten ausgeprägten Erastennaturen… einen stark betonten germanischen Rassetyp‹ vertreten sah (1912, 115), kam dem Schönheitsideal der ›Gemeinschaft der Eigenen‹ entgegen, die in ihrer Zeitschrift kräftige nordische Jünglinge in anmutigen Landschaften abdruckte« (Geuter, ebd.: 85).

Daß zu Blühers Verherrlichung des »Männerhelden« ein kräftiger Jüngling sehr viel besser paßte als ein »verweiblichter«, versteht sich von selbst.

Verbunden mit Blühers Frauenhaß ist auch sein Eintreten für eine Beendigung der Verfolgung schwuler Aktivitäten: Man dürfe dem Ausleben homosexueller Neigungen schon allein deshalb nichts in den Weg legen, damit Invertierte nicht zum Sex mit Frauen »gezwungen« würden und so neurotisch erkrankten.

Inwieweit in der Wandervogel-Bewegung homosexuelle Handlungen eine Rolle spielten, interessierte Blüher in seinem Wandervogel-Buch von 1912 nicht; später allerdings

»äußerte er zweimal, daß solche Sexualität vorkam, benutzte dabei aber jeweils das Adjektiv ›grob‹, so als wäre für ihn die homoerotische Sehnsucht nach dem Manne die feinste Form der Sexualität, während das ›Detumescenz‹-Bedürfnis anerkanntermaßen durchaus zur Frau gehen sollte. In dieser Konzeption schwingt ein patriarchalisch-aristokratisches Ideal, in der feine, erotisch geprägte Bünde von Männern, die sich im Grunde verachtete Frauen halten, die Elite der Gesellschaft bilden« (Geuter, ebd.: 87).

Ein solches Ideal entwarf Blüher dann schließlich in seinem Buch *Die Rolle der Erotik in der männlichen Gesellschaft.*

Bedachte Blüher das Ausleben von Homosexualität mit dem Adjektiv »grob«, so galt ihm die Sublimierung schwuler Neigungen als wünschenswert. Der Wandervogel, so meinte er, sei ein »erotisches Freundschaftsgefüge, wie man sie im Altertum kannte«; »Lasterhaftigkeit« fände sich hier nicht, denn die sexuelle Energie habe sich »schöpferisch umgesetzt«, was freilich keineswegs hieße, daß manifeste Homosexualität nicht hier und da auftreten könne.

Mit Blühers Grundthese, die Homoerotik sei der »Motor« der Wandervogel-Bewegung, vertrug sich folgende Tatsache sehr schlecht: Innerhalb des Wandervogels gab es viele Männer, die sich vehement gegen die Behauptung wandten, im Wandervogel gehe es schwul zu – mit Homosexualität wollten diese Herren nichts zu tun haben. Bei der Lösung dieses Problems kam Blüher nun der psychoanalytische Begriff der Verdrängung zu Hilfe. Blüher behauptete, die »Verfolger« – so nannte er die Gegner der »Männerhelden« – seien ebenso invertiert wie diejenigen, die sie bekämpften, hätten aber ihre homoerotischen Neigungen auf neurotische Weise verdrängt. Die Folge dieser Verdrängung bestand laut Blüher darin, daß die »Verfolger« ihren ungelösten inneren Konflikt nach außen trügen und ihre eigenen homoerotischen Empfindungen in der Gestalt des »Männerhelden« angriffen. Blüher beschreibt den Typus des »Verfolgers« in krassen Farben: Sein Gesichtsausdruck ist »unsicher«, »verschlagen«, »unruhig«, die Augen sind »irr«; weil er mit seiner Inversion nicht zurechtkommt, findet er weder zum Mann noch zur Frau: Er ist eine »sexuelle Ruine, sich selbst und anderen zur Last« (zit. n. Geuter, ebd.: 92). Dieser Inversions-Typ erscheint bei Blüher also auch physiognomisch als völliger Gegensatz zum »Männerhelden«, dem er eine vielfach »erstaunliche Männerschönheit« zuschreibt.

Obwohl sich Blüher in seinem Wandervogel-Buch von 1912 über schwule Handlungen im Wandervogel nicht äußert, schlug sein Werk in der Jugendbewegung »wie eine Bombe« ein, wozu bereits seine Grundthese von der Homoerotik als innerstem Wesen der Bewegung genügte. Geuter schreibt dazu:

»Lehrer empörten sich, Führer der Wandervogelgruppen fürchteten um den Ruf der Bewegung. In den Gruppen selbst kam es zu Auseinandersetzungen, bei denen man sich in Blüher-Freunde und Blüher-Gegner teilte... Kein anderer Autor polarisierte die Jugendbewegung so sehr wie er. Auch auf einer psychologischen, mehr persönlichen Ebene hatte das Buch seine Wirkungen: Viele Jungen begannen sich zu fragen, was ihre leidenschaftlichen Seelenregungen anderen Jungen gegenüber bedeuteten und ob die von Blüher behaupteten Triebregungen vielleicht der Grund für die damals von vielen erlebte Ferne zu den Mädchen wären« (ebd.: 14 f.).

Es stellt sich die Frage, weshalb in der Jugendbewegung homoerotisch geprägte Jungenfreundschaften zunahmen, aus welchen Gründen das Thema Homosexualität im Wandervogel – aber nicht nur hier – so kontrovers diskutiert wurde. Die Antwort darauf, so hat Geuter aufgezeigt, liegt in den bedeutenden gesellschaftlichen Veränderungen, die um die Jahrhundertwende stattgefunden haben. Zum einen läßt sich feststellen, daß die herkömmliche Geschlechtercharakterisierung in dieser Zeit ins Wanken geriet: Die Frauen begannen sich zu emanzipieren, sie beanspruchten ihren Platz im Universitäts- und Berufsleben, was viele Männer als Bedrohung empfanden – wohl mit ein Grund, daß sich Männer verstärkt dem eigenen Geschlecht zuwandten. Zum anderen vollzogen sich, parallel zur Frauenemanzipationsbewegung, tiefgreifende Veränderungen in der Familienstruktur: »Die mit der Industrialisierung einhergehende Ausweitung der Trennung von Berufs- und Familienleben unterhöhlte die Autorität des Vaters«, hebt Geuter hervor (ebd.: 292), was zu einer Rebellion der Söhne gegen die Väter führte. Daraus wiederum resultierte nach Geuter eine verstärkte emotionale Hinwendung zu Gleichaltrigen. Nahm die gefühlsmäßige Bindung des Sohnes an den Vater ab, so intensivierte sich diejenige des Jungen zur Mutter, was zu einer Erschwerung der Ausbildung einer heterosexuellen Identität geführt habe (ebd.: 293).

Um deutlich zu machen, wie stark Blühers Thesen die Gemüter der Wandervogel-Jungen erregt hatten, seien einige Äußerungen Jugendlicher angeführt. Die Zuschriften, die Blüher erhielt, dokumentiert er in der zweiten Auflage seines Buches (1914). Sie beweisen, in welch hohem Ausmaß sein Buch die jungen Männer zum Nachdenken über ihre (sexuellen) Gefühle anregte. So schreibt ein Wandervogelführer:

»Wie Schuppen fällt es uns jetzt von den Augen. Ich habe gestern mit einem lieben langjährigen Freunde darüber gesprochen, dem es mit Deinem Buch genau so ergangen war, wie mir! Blitzartig erhellte sich uns unsere Vergangenheit… Du sprachst es aus. Nun wir den Schlüssel hatten, taten sich für uns Kammer für Kammer auf« (Blüher, 1914: 181).

In einer anderen Zuschrift heißt es:

»oft ertappte ich mich bei dem für unmoralisch gehaltenen Gedanken, einen mir lieben kleinen Kerl zu küssen. Nach dem Lesen Ihres Buches habe ich selbstverständlich meine Ansicht geändert, da es mir jetzt dokumentiert war, daß dieser Trieb nichts Unsittliches, sondern nur Natürliches an sich hat« (Blüher, ebd.: 50 f.).

Doch Blüher bewirkte nicht nur eine offenere Beschäftigung Jugendlicher mit ihrer (Homo-)Sexualität, er sorgte auch für Verstörung: Die ständige Auseinandersetzung mit seinem Buch habe, so ein anderer Leser, dazu geführt, »manchen die Köpfe« zu verdrehen (Blüher, ebd.: 104). Daß Blüher mit seinen Ansichten junge Männer verwirren könnte, davor hatten auch zahlreiche Pädagogen Angst:

»Die Furcht der Pädagogen war offensichtlich, daß die Jungen nun ihre körperlichen Gefühlsbezeugungen anders deuten könnten, nämlich als Ausdruck einer noch nicht bewußten Homosexualität« (Geuter, ebd.: 105).

So warnte zum Beispiel William Stern, Professor an der Breslauer Universität, davor, Jugendliche mit der Psychoanalyse zu konfrontieren; eine solche Beschäftigung rufe sexuelle Reizungen hervor, aus denen eine »Entharmlosung« resultiere:

»Ein Wandervogel, der das Buch kennt, kann ja jetzt kaum mehr mit einem lieben Kameraden Arm in Arm dahin wandern, ohne sich gleich darauf ängstlich zu fragen: Für welche erotische Verdrängung ist das wohl das psychoanalytische Symptom?« (zit. n. Geuter, ebd.: 105).

Gerade diese durch Blühers Buch bewirkte Sensibilisierung im Umgang mit sexuellen Fragen wurde von Wissenschaftlern aber auch positiv bewertet: Der Sexualreformer Max Hodann etwa betrachtete sie als ein Verdienst Blühers.

Der Beginn des Ersten Weltkriegs beendete die Diskussionen zum Thema Homosexualität in der Jugendbewegung. Aber kurze Zeit nach Kriegsende flammten diese Diskussionen erneut auf, wozu Blühers Buch *Die Rolle der Erotik in der männlichen Gesellschaft* wesentlich beitrug. War Blüher noch in seinem 1915 erschienenen Manifest *Was ist Antifeminismus* davon ausgegangen, daß das Wesen der Frau der Eros sei, wohingegen das Wesen des Mannes im Geist, im Logos, läge, so vertrat er in seinem neuen Buch die These, der Mann könne durch eine »Verschwisterung« des Geistes mit dem Eros wahrhaft *schöpferische* Geistigkeit erreichen – diese »Verschwisterung« sei jedoch ausschließlich dem Mann vorbehalten, weil die Frau nicht wie er auf das Wesen des anderen Geschlechts Zugriff habe. Insofern das weibliche Wesen in liebevoller Aufopferung für Mann und Kinder bestehe, könne die Frau

»allein die Gesellungsform der Familie schaffen. Der Mann hingegen kenne neben der Familie auch die Gesellungsform der männlichen Gesellschaft und finde in ihr das Beziehungsverhältnis der Gefolgschaft zum überlegenen Manne. Über solche ›Männerbünde‹ könne sich der Geist verbreiten. Den ›Willen zur Reinheit‹ der ›Männerbünde‹ bezeichnete Blüher als ›Antifeminismus‹…« (Geuter, ebd.: 167).

Blüher befürchtete also offenbar, Frauen könnten in »Männerbünde« eindringen und diese aufgrund ihrer »Ungeistigkeit« sozusagen verunreinigen – eine Befürchtung, die wohl nichts anderes widerspiegelt als die Angst vor der sich allmählich emanzipierenden Frau. Radikal möchte er das Wirkungsfeld der Frau auf die Familie beschränkt wissen, könne sie doch »weder den Geist noch den Staat im Grunde ihres Wesens ernst nehmen« (Blüher: *Der bürgerliche und der geistige Antifeminismus*, 1916: 8). Es ist also mehr als deutlich, daß sich Blüher für die tradierte Geschlechterrollenzuweisung einsetzte. Aber das Privileg, das diese Zuweisung dem Mann garantierte, nämlich die gesellschaftliche Vorherrschaft, schien ihm für den Mann noch lange nicht ausreichend zu sein. Er sollte auch noch in den Genuß der homosexuellen Liebe kommen und überdies, wie Blüher es in der *Rolle der Erotik* vorsieht, Mehrehen eingehen können, damit er die von Blüher postulierten Frauentypen »Gattin« und »Hetäre« gleichermaßen beanspruchen konnte.

Wie sich Blüher Homoerotik in den »Männerbünden« (die Homosexuellen auch als Rettung vor Vereinsamung dienen sollten) vorstellte, darüber äußert sich Geuter wie folgt:

»Blüher drang in seinem Widerspruch gegen die heterosexuelle Normierung nicht zu einer grundlegenden Konzeption der Befreiung der Sexualität vor. Weil die Liebe der Männer an ein Modell der Männerherrschaft gebunden wurde, stand am Ende seiner Theorie nicht der lustvolle Mann, sondern das Mitglied eines wohlgeordneten Männerbundes, das, wie in der ritterlichen Ordnung, in einem Treueverhältnis zu einer Führungsperson stand. Vielleicht ist das der Grund dafür, daß Blüher in seinem Werk auch nicht für das sexuelle Ausleben der Homosexualität eintrat, sondern die Staat- und Bund-bildende Macht der homosexuellen Gefühle in den Vordergrund stellte. In *Die Rolle der Erotik in der männlichen Gesellschaft* entwirft Blüher ein elitäres Modell einer aristokratischen Androkratie, in der die Männer mit der größten erotischen Ausstrahlung – auf Männer – den Staat leiten« (ebd.: 169).

Als einen Männerbund im Sinne Blühers, in dem strenge Regeln und nicht zuletzt das Treueverhältnis zu einem Führer von größter Bedeutung waren, läßt sich der »George-Kreis« um den Dichter Stefan George bezeichnen. Der homosexuelle Lyriker wurde 1868 in Rüdesheim bei Bingen als Sohn einer Weingutbesitzers- und Gastwirtsfamilie geboren. Nachdem er das Abitur absolviert hatte, bereiste er England, die Schweiz, Italien und Spanien, um seine Sprachkenntnisse zu verbessern. Für sein Werk bestimmend war die Begegnung mit den Dichtern Stéphane Mallarmé und Paul Verlaine, die er in Paris kennenlernte.

Im Jahr 1892 bildete sich der »George-Kreis«, der anfangs ein loses Bündnis junger Schriftsteller war, die George als ihre geistige Autorität anerkannten. Stefan George lebte ab 1893 hauptsächlich in München, wo er Kontakte zu den Kulturkritikern Ludwig Klages und Alfred Schuler knüpfte, die eine Wandlung und Wiedergeburt der europäischen Kulturen anstrebten. Wie diese Erneuerung aussehen sollte, darüber waren Klages und Schuler allerdings verschiedener Meinung: Während Klages das Heil in der Rückbesinnung auf die »Germanen« sah, lag es für Schuler in der Wiederbelebung der altrömischen Kultur. Damit verbunden war für ihn die Forderung, die wilhelminische Gesellschaft solle, wie das alte Rom und Griechenland, die Knabenliebe praktizieren. Fremd waren Stefan George derartige Gedanken nicht, wie das 1901 entstandene Gedicht »Porta Nigra« zeigt – übrigens das einzige Gedicht des Lyrikers, in dem schwule Sexualität offen thematisiert wird:

»Ich ging gesalbt//Mit Perserdüften um dies nächtige Tor//Und gab mich preis den Söldnern der Cäsaren!« (zit. n. Campe, 1988: 212).

Allmählich entwickelte sich der »George-Kreis« zu einem homoerotischen Männerbund, der nicht von den Normen der Gesellschaft bestimmt wurde, sondern von den Anordnungen des »Meisters« George, von dem eine außerordentliche Faszination ausgegangen sein muß, wie die folgenden Zeilen seines Schülers Edgar Salin belegen. Salin beschreibt eine Begegnung mit George im Frühling 1913:

»federnden Ganges, leichten Schrittes kam ein Einzelner des Wegs, – alle wichen zur Seite, auf daß nichts seinen Gang hemme, und wie schwebend, wie beflügelt bog er um die Ecke… Der Betrachter stand erstarrt, auf den Fleck gebannt. Ein Hauch einer höheren Welt hatte ihn gestreift. Er wußte nicht mehr, was geschehen war, kaum wo er sich befand. War es ein Mensch gewesen, der durch die Menge schritt? Aber er unterschied sich von allen, die er durchwanderte, durch eine ungewußte Hoheit und durch eine spielende Kraft, so daß neben ihm alle Gänger wie blasse Larven, wie seelenlose Schemen wirkten. War es ein Gott, der das Gewühl zerteilt hatte und leichtfüßig zu anderen Gestaden enteilt war? …Und nun stieg das Wissen auf: war es ein Mensch, dann – Stefan George« (zit. n. Schonauer, 1992: 96).

Stefan George: eine Kult-Figur also, die sich von jungen Männern verehren, fast anbeten ließ. Georges Männerbund läßt sich charakterisieren als

»eine als Jünglingsstaat konstituierte Elite, in die George nur diejenigen beruft, die seinem Bilde junger männlicher Schönheit und Geistigkeit entsprechen. Der nunmehr manifeste pädagogisch-erotische Bezug wird zum platonischen Kultus stilisiert; und die Berufung in den Kreis ist Initiation, Einweihung« (Schonauer, ebd.: 92).

Als um junge Männer Werbender und ihnen gleichzeitig Entsagender (George ging es ausschließlich um »übergeschlechtliche« Liebe) war der Dichter geistiges und emotionales Zentrum des Männerbundes, dessen Ziel nicht gerade bescheiden war: die Erneuerung der deutschen Kultur. George lehrte seine Jünger – wie einer von ihnen, Percy Gotheim, meinte –, daß das Jünglingsalter einen eigenen Wert habe, keineswegs nur Unreife bedeute, sondern eine Lebensphase sei, in der jeder »schön und edel« sein könne. Wer dieses Bewußtsein einmal entwickelt hat – so dachte der »George-Kreis« –, der ist als Mann in der Lage, die »starke Tat« zu vollbringen. Und diese höchste Tat war für George eine soziale: Er betrachtete den edelsten Mann als einen, der sich für die Gemeinschaft opfert.

Georges in gefährlicher Nähe zum Nationalismus stehende Gedanken wollte einer seiner Schüler in die »starke Tat« umsetzen, die dem Wohl der Deutschen dienen sollte. Die Rede ist von Graf Stauffenberg, Offizier und Widerstandskämpfer, der nach einem mißglückten Attentat auf Hitler am 20. Juli 1944 von den Nazis hingerichtet wurde. Sicherlich war Stauffenberg der berühmteste George-Schüler; aber welche jungen Männer fühlten sich noch zu dem Lyriker hingezogen, und wie gestaltete sich ihr Verhältnis zu dem »Meister«?

Eine besonders intensive Beziehung zu George unterhielt der spätere Literaturwissenschaftler Friedrich Gundolf, den George im Jahr 1899 kennenlernte. Schonauer beschreibt das Verhältnis der beiden so:

»Das Jünger-Meister-Verhältnis zwischen Gundolf und George ist durch eine sehr enge menschliche Beziehung gekennzeichnet. George macht Gundolf zu seinem Vertrauten, der ihn auf Reisen begleitet, bedient, einen Teil der Korrespondenz erledigt und gelegentlich auch andere, wichtige Missionen des Dichters übernehmen darf. Was zur Folge hat, daß er sehr bald innerhalb des Kreises eine Vorzugsstellung einnimmt« (ebd.: 92).

Die Rollen waren klar verteilt: George spielte den Herrscher, der selbstlose Unterwerfung verlangte, Gundolf den devoten Diener, der seinen »Pflichten« gegenüber dem »Meister« in fast masochistischer Weise nachkam: So äußerte Gundolf einmal, daß er doch nur dazu tauge, dem Meister die Schnürsenkel aufzumachen. Ein Dienst übrigens, den George durchaus von seinen Schülern erwartete.

Schonauer weist mit Recht darauf hin, daß Georges Männerbund totalitäre Züge aufweist:

»Der nach ›Herrschaft und Dienst‹ funktionierende Bund kennt für seine Angehörigen – mit Ausnahme des Meisters – keine individuellen Rechte und Besonderungen, je stärker ihre Bindung an den Kreis und seinen Führer, um so mehr erfüllt sich ihr Leben und erhält seinen Sinn…« (ebd.: 94).

Wer sich nicht so widerspruchslos wie Gundolf dem Herrrschaftsanspruch Georges unterwarf, war Max Kronberger, den George im Jahr 1902 kennenlernte und in seine Welt und deren Gesetze einweihte. Als der Vierzehnjährige eine Verabredung mit dem Dichter absagen mußte, reagierte dieser übertrieben heftig, was wohl auf seine Verliebtheit in den Jungen zurückzuführen war. Kronberger ließ sich diese Behandlung jedoch keineswegs gefallen; in seinem Tagebuch notierte er: »Ich brauche mich doch nicht von ihm zusammenschimpfen lassen wie ein Schuljunge.« Schließlich kam es zur Aussöhnung: Kronberger nahm, als Florentiner Edelknabe gekleidet, an einem als »Dichterzug« bezeichneten Faschingsfest teil, in dem George als Dante kostümiert erschien.

Zwei Jahre nach Georges erster Begegnung mit Kronberger starb der Junge an den Folgen einer Genickstarre. George beging ein Jahr der Trauer, wobei er einen extremen Kult mit dem Toten trieb. So bezeichnete er »Maximin«, wie er Kronberger nannte, als einen in Menschengestalt erschienen Gott, und im Vorwort zu seinem Gedenkbuch *Maximin* (1906) schrieb George:

»So steht er vor uns wie wir zuletzt ihn sahen: nicht in der eisigen unerbittlichen hoheit des todes sondern in der siegprangenden glorie des festes geschmückt und mit dem blumenkranz im haar kein abbild einsiedlerischen duldenden verzichtes sondern der lächelnden und blühenden schönheit. Wir können nun gierig nach leidenschaftlichen verehrungen in unsren weiheräumen seine säule aufstellen uns vor ihm niederwerfen und ihm huldigen woran die menschliche scheu uns gehindert hatte als er noch unter uns war« (zit. n. Schonauer, ebd.: 118).

Nicht nur den Tod seines Freundes Max Kronberger mußte Stefan George miterleben: Auch sein Schüler Gundolf überlebte den Dichter nicht. Er starb 1931, zwei Jahre vor Georges Tod.

Der »George-Kreis« und der »Wandervogel« stellen zwei Organisationen dar, in denen Homoerotik auf mehr oder minder stark sublimierte Weise ausgelebt wurde.

Nun soll der Frage nachgegangen werden, inwieweit schwules Leben außerhalb solcher elitären Gruppierungen in Deutschland um die Jahrhundertwende stattgefunden hat.

Vor allem in Berlin gab es in der Kaiserzeit und der Weimarer Republik rege Aktivitäten von Schwulen und Lesben. Ein anschauliches Bild dieser homosexuellen Subkultur zeichnete Magnus Hirschfeld in seinem Buch *Berlins Drittes Geschlecht*, das er im Jahr 1904 vorlegte, um die Öffentlichkeit über das Leben Homosexueller aufzuklären. Zu dieser Zeit gebrauchte Hirschfeld den Ausdruck »drittes Geschlecht« häufig, da er sowohl homosexuelle Frauen *und* Männer bezeichnete und verhältnismäßig populär war, ohne in irgendeiner Weise Schwule und Lesben zu diskriminieren. In seinem Nachwort zu der 1991 erschienenen Ausgabe von *Berlins Drittes Geschlecht* teilt Manfred Herzer zur Herkunft dieses Begriffs mit:

»das Wort findet sich schon, wenn auch nur mit entfernt verwandter Bedeutung, in Platos *Gastmahl*. Dort heißt es in der Rede des Aristophanes: ›Im Anfang gab es unter den Menschen drei Geschlechter, nicht wie jetzt nur zwei, das männliche und das weibliche, sondern noch ein drittes Geschlecht dazu, welches das gemeinschaftliche war von diesen beiden: Das androgyne, nämlich dessen Gestalt und Name sich aus jenen beiden zusammensetzt, dem männlichen und dem weiblichen; jetzt aber ist dieser Name nur noch als Beschimpfung vorhanden.‹ Und in dem etwa 2600 Jahre alten indischen Text Kamasutra ist ebenfalls von *trtiya prakrtit*, wörtlich dem dritten Geschlecht, die Rede, von Menschen, die Sex mit ihresgleichen machen« (Hirschfeld, 1991: 154).

Das »dritte Geschlecht« konnte sich in der Zeit vor dem Ersten Weltkrieg in Berlin in etwa vierzig »einschlägigen« Lokalen amüsieren, wobei für alle sozialen Schichten gesorgt war: Die Palette reichte von kleinbürgerlichen Kneipen bis hin zu noblen Lokalen, wobei alle Wirtschaften gut frequentiert waren. Wie es in einem »schwulen« Restaurant zuging, wurde in einem Feuilletonartikel, den Hirschfeld in seinem Buch zitiert, sehr detailliert geschildert. Der Autor Rudolf Presber schreibt:

»Die letzte Station dieser interessanten Nachtfahrt machten wir in einem feineren Restaurant. Hier führen keine ausgetretenen klitschigen Stufen hinunter, sondern sauber gescheuerte Treppen hinauf. Bessere Gegend und ein besseres Haus. Die Ausstattung der Räume behaglich, nicht ohne Wärme. Bilder an den Wänden in goldenen Rahmen. Statt des gräßlichen Orchestrions, das kaum in einer der früher gesehenen Kneipen fehlte, neben riesigem Notenpack ein anständiges Klavier. Und davor ein ganz erträglicher Spieler und daneben ein hagerer Jüngling mit sprossendem Bart, mit weiblichen Bewegungen und einem gequält süßen Lächeln, einen breitrandigen Frauenhut mit wehendem Schleier auf dem pomadisierten Kopf. Der Jüngling singt – Sopran... Die beiden Stuben gut mit Gästen gefüllt. Kein schlechtes Publikum, so scheint's. Keiner spuckt auf die Dielen, keiner hat einen Zahnstocher zwischen den Zähnen, keiner säubert sich die Ohren oder kratzt sich die Beine, wie wir's den ganzen Abend über schaudernd genossen. Ein paar würdige alte Herren, ein paar ausrasierte Sportstypen, ein paar Künstler mit gebrannten und gelegten Locken. Dem Harmlosen mag hier zunächst wenig auffallen... Vielleicht erstaunt er, daß in keiner der gutgefüllten Stuben ein weibliches Wesen zu sehen ist... Man trinkt mäßig an sauber gedeckten Tischen. Kein unanständiges Wort wird gesprochen, und die Lieder, die gesungen werden, haben keine zotigen Pointen. Eher scheint das Sentimentale dieser andächtig lauschenden Versammlung zuzusagen. Und als einer der Sopransänger... ein gar schmelzendes Liedchen beendigt, wendet sich ein an unserem Tisch sitzender, vornehm aussehender Greis an einen von uns, tippt ihn mit ganz leichter Vertraulichkeit auf den Arm und fragt bescheiden: ›Gefällt's Ihnen bei uns?‹« (Hirschfeld, ebd.: 75 ff.)

Verhältnismäßig gut scheint es auch dem Medizinalrat Paul Näcke in Berlins »schwulen« Kneipen gefallen zu haben – jedenfalls äußerte er keinerlei Ekel vor der homosexuellen Subkultur. Näcke, der Homosexualität weder als pathologisches Phänomen noch als erworbenes

Laster betrachtete, sondern sie als eine möglicherweise »normale Art der Libido« ansah (*Diagnose der Homosexualität*, 1908: 346), unternahm auf seine Bitte hin zusammen mit Hirschfeld einen Streifzug durch die Schwulenszene. Nachdem die beiden einen musisch orientierten Privatzirkel mit ausschließlich homosexuellen Gästen besucht hatten (es wurde Chopin gespielt, der Gastgeber sang Kunstlieder), wandten sie sich einem »Lokal niedersten Ranges«, wie sich Näcke ausdrückt, zu. Paul Näcke berichtet:

»›Zur Katzenmutter‹ hieß das niedrige, aus zwei kleinen Räumen bestehende Parterrelokal... Beide Zimmer waren übervoll, und fast die Hälfte der Besucher waren Soldaten verschiedener Gattung, aber jede für sich und unter Zivilisten sitzend. Die Wirtin brachte Bier. Hier ist ein Hauptort, wo man Soldaten ›haben‹ kann, von denen die meisten allerdings heterosexuell sind, gern aber einen Nebenverdienst mitnehmen. Hier sucht man sich zu engagieren, und nach abgeschlossenem Handel entfernt sich das Paar in die Privatwohnung des Zivilisten. Ein solches Paar sah ich eben abgehen. Unanständiges habe ich aber in dem Lokal weder gesehen, noch gehört. Vor dem Lokale wartete, wie man mir sagte, ein Soldat auf jemanden, der ihn mitnehmen würde. Hier war also einer der ›Striche‹. Nicht weit davon ward mir ein Bürschchen von ca. 16–17 Jahren gezeigt, das auch als mignon einen Liebhaber erwartete« (Hirschfeld, ebd.: 170).

Daß ein Soldat mit einem Schwulen ein Verhältnis einging, war im damaligen Berlin keine Seltenheit. Sie besuchten sogenannte Soldatenkneipen, die meist in der Nähe von Kasernen lagen, um sich einen Homosexuellen zu suchen, der sie freihielt. Diese besondere Art von Schwulenkneipen wurde allerdings recht häufig durch Regimentsbefehl verboten – meist deshalb, weil der Wirt »verpfiffen« worden war. Die Besitzer der »Soldatenkneipen« ließen sich dadurch jedoch nicht besonders beeindrucken. Es dauerte in der Regel nicht lange, bis ein oder sogar mehrere derartiger Lokale in derselben Gegend neu eröffneten (Hirschfeld, ebd.: 90).

Wie die Beziehung zwischen einem Soldaten und einem Schwulen, die oftmals über die gesamte Dienstzeit und auch darüber hinaus andauerte, aussah, berichtet Hirschfeld in sehr launiger Manier:

»Gewöhnlich kommt der Soldat, wenn der Dienst zu Ende, in die Wohnung seines Freundes, der ihm bereits sein Lieblingsessen eigenhändig gekocht hat, dessen gewaltige Mengen hastig verschlungen werden. Dann nimmt der junge Krieger in gesundheitsstrotzender Breite auf dem Sofa Platz, während der Urning, bescheiden auf einem Stuhle sitzend, ihm die mitgebrachte zerrissene Wäsche flickt oder die Weihnachtspantoffeln stickt, mit denen jener eigentlich überrascht werden sollte, die aber zu verheimlichen, die Beherrschungskraft des glücklichen Liebhabers um ein Beträchtliches übersteigt« (Hirschfeld, ebd.: 92 f.)

Noch einmal zurück zu Paul Näckes und Hirschfelds Kneipentour: Nach dem Besuch der »Katzenmutter« suchten sie noch drei andere »harmloser(e) und höherstehend(e)« Lokale auf. In einem davon konnte Näcke ein bärtiges Liebespaar beobachten, das sich, zu Näckes Erstaunen

»unbekümmert um die anderen, heiß und minutenlang abküßte – diese langen Liebesküsse nennt der Berliner treffend: Fünfminutenbrauer! –, sich umhalste, abtätschelte, kurz sich wie ein richtiges Liebespaar, nur womöglich noch feuriger, gebärdete (sic!); für mich ein ganz ungewohnter Anblick!« (Hirschfeld, ebd.: 172).

Nicht nur »einschlägige« Lokale waren beliebte Treffpunkte Homosexueller; wohlhabende Schwule trafen sich auch auf den Homosexuellen-Bällen, die wöchentlich ein- bis zweimal im November veranstaltet wurden. Diese Bälle, bei denen luxuriöse Garderobe gefragt war und zu denen Heterosexuelle kaum Zutritt erhielten, waren in ganz Europa berühmt und wurden von vielen ausländischen Gästen besucht. Wer nur über einen kleineren Geldbeutel verfügte, konnte sich einen Partner in bestimmten Badeanstalten oder auch über Inserat suchen. Solche Annoncen fanden sich in der Berliner Tagespresse nicht selten. Zwei Beispiele seien angeführt:

»Aelterer Herr, kein Damenfreund, sucht Bekanntschaft mit Gleichgesinnten.« –
»Herr, 23, sucht Freund. Zuschriften unter ›Sokrates‹ an Hauptexpedition Kochstraße erbeten« (zit. n. Hirschfeld, ebd.: 115).

Freilich gab es auch noch eine andere, wenngleich nicht ungefährliche Möglichkeit, schwule Bekanntschaften zu machen: den Strich. Im Berliner Tiergarten gedieh das horizontale Gewerbe besonders. Hirschfeld beschreibt den in der Abenddämmerung liegenden Tiergarten poetisch bemüht:

»Wenn es aber Abend wird und sich anderen Welten die Sonne neigt, mischt sich ein Hauch der Dämmerung, ein Hauch, der suchend und sehnend aufsteigt aus Millionen irdischer Wesen, ein Teil des Weltgeistes, den manche den Geist der Unzucht nennen, und der doch in Wahrheit nur ein Bruchstück der großen gewaltigen Triebkraft ist, die, so hoch wie Nichts und so niedrig wie Nichts, unablässig gestaltet, waltet, bildet und formt« (ebd.: 117 f.).

Im Tiergarten herrschte eine strikte Trennung der verschiedenen Strichs. Auf einem Weg boten sich weibliche Prostituierte an, auf zwei anderen männliche: ein Strich, auf dem meist Kavalleristen ihre Dienste anboten, und einer, der »von den verwegenen Burschen eingenommen wird, die sich im Volkston mit Vorliebe selbst ›keß und jemeene‹ nennen« (ebd.: 118).

Die meisten Strichjungen waren nach Hirschfeld auch Kriminelle; Diebstähle und Einbrüche, Erpressungen und Nötigungen, Fälschungen und Unterschlagungen seien bei der Mehrzahl der Stricher an der Tagesordnung (ebd.: 123). Und die Schwulen, die aus Angst vor Bekanntwerden und Bestrafung ihrer Neigungen selten zur Polizei gingen, waren ihnen hilflos ausgeliefert. Hans-Georg Stümke hebt hervor,

»daß nur ein verschwindend geringer Teil der tatsächlich vorkommenden Fälle von Homosexualität polizei- und gerichtskundig wurde. Ein weit größerer Teil der Homosexuellen dagegen fiel den Folgen der gesellschaftlichen Diskriminierung zum Opfer. Auf zehn, die dem Strafgesetz verfallen, so berechnete Hirschfeld, käme die hundertfache Zahl, über die ein Erpresser zu Gericht säße. Häufig genügte bloß die Kenntnis von der Homosexualität, um aus dem wertvollen Geheimnis Kapital zu schlagen. Obwohl die Gefahr, erpreßt zu werden, bei wohlhabenden ›Urningen‹ natürlich am größten war, blieben prinzipiell auch Arbeiter, Handwerker, Tagelöhner und selbst Schüler nicht von

den ›Chanteuren‹ – so der zeitgenössische Ausdruck – verschont«
(Stümke, ebd.: 25).

Daß Schwulsein als pathologisches Phänomen galt, nützten die Chanteure aus: Sie fühlten sich von ihrem Freier »infiziert«. Zu der Zeit, als nur der Analverkehr als »beischlafähnlich« juristisch verfolgt wurde, fühlten sich die Chanteure natürlich an ihrem Hinterteil krank; später, als auch Oralverkehr zum Delikt wurde, nahmen die »Krankheiten« am Mund zu, und Chanteure, die ein wenig auf der Höhe der wissenschaftlichen Beschäftigung mit Homosexualität waren, wurden auf einmal von psychischen Problemen gequält. Die Summen, die die Erpresser von ihren Opfern forderten, waren zum Teil immens:

»Karl Heinrich Ulrichs berichtete, daß bei einem wohlhabenden Homosexuellen nicht mehr und nicht weniger als 24 ›Rupfer‹ in mehreren Jahren die Summe von 242 000 Mark erpreßten. Ein Münchner Anwalt zahlte um die Jahrhundertwende 545 000 Mark, und zuweilen wurde selbst über den Tod des Opfers hinaus erpreßt. So erwähnt Hirschfeld einen Fall, in dem 35 Jahre nach der Tat und nachdem *beide* Männer, der Erpresser und sein Opfer, längst gestorben waren, von der Familie des Homosexuellen immer noch Geld an die ›Erben‹ des Erpressers gezahlt wurde« (Stümke, ebd.: 27).

Jedoch nicht nur Schwule waren von Erpressungsversuchen durch Chanteure bedroht; zwar hatten letztere eine feine Nase dafür, ob ein Mann schwul war oder nicht, doch kam es vor, daß sie einen Heterosexuellen »rupfen«, »abkochen«, »brennen« oder »hochnehmen« – wie die damaligen Ausdrücke für Erpressen lauteten – wollten. Hirschfeld berichtet von einem ihm mitgeteilten Fall, bei dem ein heterosexueller Mann in die Fänge eines Chanteurs geriet – ein Fall, der dokumentiert, wie dreist ein Chanteur vorgehen konnte:

»Den milden freundlichen Abend wollte ich zu einem Spaziergange benutzen. Beim Verlassen der Passage sah ich eine Anzahl junger Burschen zusammenstehen, von denen der eine, etwa 20 Jahre alt, ein Schnupftuch laut wimmernd an die Backe preßte. Unwillkürlich faßte ich ihn deshalb schärfer ins Auge, als man es sonst tut, drehte mich auch noch einmal in meinem Mitleid nach ihm um… Nach kurzer Zeit sah ich denselben jungen Mann, nunmehr allein, das Tuch noch immer an die Backe gepreßt, mir vorausgehen und dann an einer Litfaßsäule... stehen bleiben. Ich dachte mir nichts besonderes dabei und ging weiter. Da trat er an mich heran und bat um ein Almosen, indem er mir mit verschleierter, winselnder Stimme... einen langen Roman vortrug; er sei aus dem Osten... habe keine Arbeit gefunden, sei jetzt ganz mittellos und habe seine Effekten für 16 Mark versetzt... Wir waren inzwischen an die Bedürfnisanstalt... gekommen; ich gab ihm 50 Pfennige mit dem Bemerken, er solle sich durch Arbeit so viel verdienen, um seine Effekten auslösen zu können... jetzt solle er seiner Wege gehen. Ich trat dann in die Anstalt ein und hörte wohl, daß hinter mir noch jemand eintrat, achtete aber nicht weiter darauf. Als ich mich nun auf der anderen Seite entfernen wollte... sah ich meinen Burschen grinsend und ohne Tuch mir den Weg verlegen mit den Worten: ›Wenn Sie mir jetzt nicht 16 Mark geben, zeige ich Sie an, dann kommen Sie ins Loch.‹ Zugleich sagte er zu meinem namenlosen Erstaunen: ›Ich zeige Ihnen an, Sie Hallunke, wat Sie in Ihrer Wollüstigkeit mit mir gemacht haben. Zahlen Sie 16 Mark, oder ich schrei, det janz Berlin zusammenläuft«‹ (Hirschfeld, ebd.: 126 ff.).

Der Berichterstatter ergriff die Flucht und winkte eine Droschke heran; dabei wurde er laut schimpfend von dem jungen Mann verfolgt, so daß schon Passanten stehenblieben. Daraufhin warf er dem Chanteur ein Zehnmarkstück hin und sprang in die Droschke – er war einigermaßen glimpflich davongekommen.

Glimpflich davon kamen in den meisten Fällen die Chanteure; es geschah selten, daß sie vor Gericht erscheinen mußten. Schuld daran waren für den preußischen Innenminister Freiherr von Hammerstein die Homosexuellen selbst, da ihr Schamgefühl sie daran hinderte, Erpressungsversuche anzuzeigen. Was hinter diesem »ungewöhnlichen Schamgefühl«, wie es von Hammerstein nennt, steckte, wollte er gewiß nicht so genau wissen, denn

»die Furcht des Erpreßten, daß bei einer Anzeige der öffentliche Skandal nur noch schneller erfolgen und damit die Existenzvernichtung noch rascher eintreten konnte. Die Hoffnung, auf irgendeine Weise den Erpresser abschütteln zu können, blieb meistens stärker als das Vertrauen in eine Justiz, die Homosexualität als Offizialdelikt verfolgte. Zahlreich belegt sind die Fälle, in denen gerade Beamte sogleich entlassen wurden, wenn eine Bestrafung wegen Homosexualität erfolgt war. Einmal als ›Warmer‹ abgestempelt, war es dem Vorbestraften praktisch unmöglich, wieder eine andere Arbeitsstelle zu finden« (Stümke, ebd.: 28).

Schwule, die erpreßt wurden, sahen häufig keinen anderen Ausweg mehr, als sich das Leben zu nehmen. Die Suizidrate bei Homosexuellen war ausgesprochen hoch: Eine Studie vor dem Ersten Weltkrieg gelangte zu dem Resultat, daß etwa ein Viertel von 10 000 untersuchten Homosexuellen Selbstmordversuche begangen hatten:

»Bei 3 Prozent gelang der Selbstmord, wobei das Gros, nämlich 51 Prozent, wegen eines eingeleiteten oder drohenden Strafverfahrens aus dem Leben schied, 14 Prozent wegen Erpressung, 8 Prozent wegen Konflikten mit der Familie, 2 Prozent wegen ›Impotenz dem Weibe gegenüber‹. Fast jeder fünfte Suizid war ein Doppelselbstmord, das heißt in 18 Prozent der Fälle schieden zwei Freunde bzw. zwei Freundinnen gemeinsam aus dem Leben, weil sie sich dem gesellschaftlichen Druck nicht gewachsen fühlten« (Stümke, ebd.: 28).

Insbesondere junge Homosexuelle im Alter zwischen 18 und 25 Jahren waren selbstmordgefährdet. In »Berlins Drittes Geschlecht« berichtet Magnus Hirschfeld von einem jungen Studenten, der am Weihnachtsabend versucht hatte, sich umzubringen. Hirschfeld wurde zu dem Mann, der in der Nacht einen Tobsuchtsanfall gehabt hatte, gerufen:

»Als ich zu ihm kam, bot sich mir ein furchtbarer Anblick; das ganze Zimmer war erfüllt von Scherben und Möbelstücken, zerrissenen Tüchern, Büchern und Papieren, alles mit Blut, Tinte und Petroleum vermischt. Vor dem Bette befand sich eine große Blutlache, und auf der Bettstatt lag ein junger Mann mit wachsbleichem Gesicht, aus dem seltsam tiefe, flammende Augen hervorleuchteten... Um Stirn und Arme waren blutdurchtränkte Lappen geschlungen. Er hatte sich wegen seines Uranismus mit seinem strengen Vater, einem angesehenen Bürger Berlins, überworfen, keiner gewann es über sich, dem andern gute Worte zu geben, und nun war er am Heiligabend, dem ersten, den er fern von der Familie verlebte, herumgeirrt durch die menschenlee-

ren Straßen der Millionenstadt... er (war) in die nächste Budike gegangen, hatte... ein Schnapsglas nach dem anderen geleert... Nachdem er dann in der kalten Winternacht heimgekehrt und die vier Treppen im Hofe heraufgewankt war, hatte sich seiner ein ungeheurer
Erregungszustand bemächtigt. Er hatte alles zertrümmert und die
brennende Lampe zerschlagen in der Erwartung, daß er sich aus geöff-
neten Pulsadern verbluten würde« (Hirschfeld, ebd.: 61 f.).

Das Leid vieler Schwuler, das Hirschfeld in seiner ärztlichen Praxis
kennenlernte (einer seiner homosexuellen Patienten beging Selbstmord), bewog den am 14. Mai 1868 in der pommerschen Stadt Kolberg
geborenen Arztsohn dazu, sich wissenschaftlich mit der Homosexualität und politisch mit der Emanzipation gleichgeschlechtlich Orien-
tierter zu beschäftigen. Wie Hirschfeld selbst häufig betonte, gab ihm
vor allem der Prozeß gegen einen berühmten homosexuellen Schriftsteller den Anstoß für sein Engagement. Die Rede ist von dem Verfahren gegen Oscar Wilde. Bevor Hirschfelds Aktivitäten im Kampf für
die Gleichberechtigung Homosexueller näher beleuchtet werden sollen, einige Einzelheiten zu dem Prozeß gegen Wilde, der international
viel Staub aufwirbelte.

Nachdem Wildes Homosexualität bekannt geworden war, kam es im
Jahr 1895 zum Prozeß gegen ihn. Zwar hätte er die Gelegenheit gehabt, rechtzeitig zu fliehen – sein Geliebter Lord Alfred Bruce Douglas
tat dies –, aber er beschloß, zu bleiben. In einem Brief an Douglas begründet dies Oscar Wilde folgendermaßen:

»Ich entschied, daß es edler und schöner sei zu bleiben... Wir hätten
nicht zusammensein können. Ich wollte nicht Feigling oder Deserteur
genannt werden. Ein falscher Name, eine Verkleidung, ein gejagtes
Leben, all' dies ist nichts für mich« (zit. n. Funke, 1969: 146).

Nach zwei Strafprozessen wurde Wilde wegen seiner Homosexualität
zu zwei Jahren Freiheitsentzug mit Zwangsarbeit verurteilt. Das auch
für die damalige Zeit extrem harte Urteil begründete der Richter so:

»Oscar Wilde... das Vergehen, dessen Sie für schuldig befunden wurden, ist so schlimm, daß man sich selbst stark beherrschen muß, um
nicht – in Worten, die ich lieber nicht verwenden möchte – die Gefühle

auszudrücken, die in der Brust eines jeden ehrlichen Mannes aufkommen müssen, der die Einzelheiten gehört hat… Menschen, die solche Dinge tun können, in denen muß alles Schamgefühl tot sein… Es ist der schlimmste Prozeß, den ich je geführt habe« (ebd.: 140).

Die Haftbedingungen, mit denen Wilde konfrontiert war, waren fürchterlich; beabsichtigt wurde offenbar, die Häftlinge physisch und psychisch zu ruinieren, wozu man sich folgender Mittel bediente: Isolationshaft, verbunden mit vollkommen sinnlosen und monotonen Arbeiten, und schließlich einer Ernährung, die krank machte. Die meisten der Gefangenen litten an chronischem Durchfall; Wilde berichtete, daß die Luft nach einer Nacht so schlecht war,

»daß die Wärter, wenn sie morgens aus der frischen Luft kommen, um jede Zelle aufzuschließen und zu inspizieren, sich meist heftig übergeben müssen« (ebd.: 144).

Am 19. Mai 1897 wurde Oscar Wilde entlassen. Obwohl sich seine Frau nicht hatte scheiden lassen, sah er weder sie noch seine beiden Kinder wieder. Er suchte Lord Douglas auf, aber zu einer Erneuerung ihrer Beziehung kam es nicht mehr.

Oscar Wilde starb am 30. November 1900 im »Hotel d'Alsace« in Paris; er wurde auf dem Friedhof Père-Lachaise beerdigt. Das Grab wird von einer Skulptur geschmückt, die folgende Inschrift trägt (die Worte stammen aus Wildes »Ballade vom Zuchthaus zu Reading«):

»Und fremde Tränen werden für ihn / Des Mitleids lang zerbrochene Vase füllen / Und seine Totenkläger werden Ausgestoßene sein / Und Ausgestoßene klagen immer.« (ebd.: 159)

Ungefähr ein Jahr nach der Verurteilung Wildes zog Hirschfeld von Magdeburg, wo er als Arzt für Naturheilverfahren praktiziert hatte, nach Charlottenburg bei Berlin. Dort verfaßte er seinen ersten Text zum Thema Homosexualität mit dem Titel *Sappho und Sokrates oder Wie erklärt sich die Liebe der Männer und Frauen zu Personen des eigenen Geschlechts?* (1896). In dieser Schrift behauptete Hirschfeld, daß es sich bei der Liebe zwischen Männern um eine rein »geistige Neigung« handle, die »ebenso rein wie vollkommen« sei. Manfred

Herzer interpretiert diesen Versuch, Homosexualität zu idealisieren, als

»eine der seltsamen Schutzbehauptungen, die damals üblich war und zumindest anfangs auch von Hirschfeld verwendet wurden. Die sexuellen Handlungen, die doch das eigentlich Anstößige und der Anlaß für Ächtung und Diskriminierung waren, leugnete man, was um so paradoxer erscheint, als ja das Strafrecht, gegen das man sich in England wie in Deutschland wendete, nicht die ›reine‹ Liebe zwischen Männern verfolgt, sondern gerade den körperlichen Vollzug« (Herzer, 1992: 54).

In seiner *Sappho und Sokrates*-Abhandlung behauptete Hirschfeld (auf Krafft-Ebing Bezug nehmend) allen Ernstes, daß schwule Sexualakte – er spricht von »besonders häßliche(r) Liebesbethätigung« und »widerwärtige(n) Akte(n)« – nur sehr selten vorkämen, und zwar ausschließlich bei »tiefstehender Moralität oder bei temporär oder dauernd krankhaft gesteigertem sexuellem Drang« (Hirschfeld, 1896: 33). Wie Herzer betont, verbirgt sich hinter solchen Äußerungen eine bestimmte Strategie:

»Die Inkonsequenz, daß man bestimmte Formen der Sexualität verteidigte und zugleich bestritt, daß es sie überhaupt gebe, scheint damals niemand als störend empfunden zu haben. Behauptet man aber, daß ›derlei widerwärtige Akte‹ so gut wie gar nicht vorkommen, dann kann man auch das gängige Werturteil ins Gegenteil verkehren und mit Oscar Wilde die Homosexualität als die ›edelste Form der Zuneigung‹ preisen« (Herzer, ebd.: 54).

In späteren Werken Hirschfelds ist von einer derartigen Idealisierung der Homosexualität nicht mehr die Rede; er betrachtete die Liebe zwischen Personen gleichen Geschlechts als gleichwertig mit der heterosexuellen Liebe, wodurch er in Opposition zur »Gemeinschaft der Eigenen« geriet, die nach wie vor von einer größeren Schönheit schwuler Empfindungen ausging.

Auf die im Titel der *Sappho und Sokrates*-Schrift formulierte Frage gab Hirschfeld folgende Antwort: Eine nicht näher bekannte Schaffenskraft bewirke, daß aus dem zunächst bisexuellen Embryo weibliche und männliche Individuen entstünden, deren »Triebcentrum« sich nach der Pubertät auf Frauen, Männer oder auf beide Geschlechter ausrichte. Wie Karl Heinrich Ulrichs sieht Hirschfeld also schon in dieser frühen Abhandlung Homosexualität als etwas Natürliches und nicht Pathologisches an,

»aber die Vergleiche, die Hirschfeld hier einfallen, dürften sich kaum dazu geeignet haben, Gleichberechtigung oder gar Gleichwertigkeit von Homo- und Heterosexualität zu begründen: ›Somit haben wir es bei den Abweichungen vom normalen Trieb nicht mit einer Krankheit im gewöhnlichen Sinn zu thun, sondern mit einer angeborenen Mißbildung, welche anderen Hemmungen der Evolution, der Hasenscharte, dem Wolfsrachen, der Epispadie, der geteilten Gebärmutter, dem Nabelbruch etc. gleichartig an die Seite zu setzen ist‹« (Herzer, ebd.: 55).

Wissenschaftshistorisch betrachtet ist dieses Traktat von Hirschfeld keineswegs innovativ (ähnliche Ansichten über die Genese der Homosexualität legten bereits fortschrittliche Psychiater vor); es kommt ihm jedoch auf einer anderen Ebene Bedeutung zu: Es wurde nämlich zu einer Art Gründungsmanifest der Homosexuellen-Bewegung. Zwischen Hirschfeld, seinem Verleger Max Spohr und einem Eisenbahnbeamten namens Eduard Oberg kam es zu einem regen geistigen Austausch, bei dem es um die Frage der Verbesserung der Situation Homosexueller ging.

Im Februar 1897 reiste Hirschfeld nach Leipzig, um mit Max Spohr über seine Idee einer Petition gegen den § 175 zu sprechen, in der für die Abschaffung des Paragraphen mit dem Argument plädiert wurde, daß diese Strafbestimmung mit den neuen wissenschaftlichen Erkenntnissen nicht zu vereinbaren sei. Homosexuelle Handlungen seien juristisch genauso wie heterosexuelle zu behandeln und nur in folgenden Fällen strafrechtlich zu verfolgen: bei Anwendung von Gewalt, Erregung öffentlichen Ärgernisses oder bei Unterschreitung der Altersgrenze von sechzehn Jahren. Max Spohr war von Hirschfelds Petition begeistert, sorgte für die nötigen Mittel, um sie zu verbreiten, und trat an Persönlichkeiten heran, von denen er sich eine Unterstützung der Eingabe erwartete. Spohr war tatsächlich erfolgreich: Zu den Personen, welche die Petition unterstützten, gehörten namhafte Männer wie Krafft-Ebing, der Rechtsprofessor Franz von Liszt und sogar der ausgesprochen reaktionäre Schriftsteller Ernst von Wildenbruch. Im Mai desselben Jahres kam es zur Gründung des »Wissenschaftlich-humanitären Komitees« (im folgenden »WhK« genannt), die Hirschfeld folgendermaßen beschreibt:

»Um unseren Anschriften mehr Nachdruck zu geben, die Grundlagen unseres Vorgehens zu kennzeichnen, Interessenten, vor allem die Homosexuellen selbst, zur ideellen und materiellen Unterstützung wach zu rufen, beschlossen wir, uns als Wissenschaftlich-humanitäres Komitee zu konstituieren... Zur Bestreitung der ersten Unkosten legte von Bülow (Franz Josef von Bülow, Schriftsteller, war zu Hirschfeld, Spohr und Oberg hinzugestoßen; H. B.) 200, jeder von uns anderen je 100 Mark auf den Tisch, natürlich in soliden Goldstücken« (zit. n. Herzer, ebd.: 57).

Bis zum Ende des Jahres 1897 konnte das WhK etwa 200 Unterschriften für die Petition sammeln, die dem Reichstag und dem Bundesrat vorgelegt wurde.

Unterstützt wurde die Eingabe des WhK auch von August Bebel, dem Mitbegründer und Vorsitzenden der SPD. Bebel erschien der Gegenstand der Petition, wie Hirschfeld mitteilt, sehr wichtig; er berichtet über Bebels Interesse an der Homosexuellen-Frage:

»Da er nicht Medizin studiert hatte, sich demnach nicht von vornherein als Sachverständiger für alles ansah, was Leib und Seele des Menschen betrifft, stützte er seine Kenntnisse nicht auf Homosexuelle, die zufälligerweise zu ihm kamen, sondern suchte sie wie ein echter Forscher an ihren Sammelpunkten auf, hörte unvoreingenommen an, wie sie ihr Tun und Lassen erklärten, was sie zu ihrer Rechtfertigung vorbrachten und vertiefte sich dann in die einschlägige Literatur« (zit. n. Stümke, ebd.: 38).

Am 13. Januar 1898 begründete Bebel die Petition vor dem Reichstag, wobei er hervorhob, daß im Fall des § 175 ein extremes Auseinanderklaffen zwischen Rechtsanspruch und juristischer Wirklichkeit vorliege. Wenn die Polizei pflichtgemäß vorginge, so argumentierte er, wäre der preußische Staat gezwungen, allein wegen in Berlin vorgefallener Vergehen nach § 175 zwei neue Gefängnisse zu bauen. Attackiert wurde August Bebel ein paar Tage später von kirchlicher Seite: Ein gewisser Pastor Schaller, Abgeordneter der Zentrumspartei, führte gegen Schwule den Apostel Paulus und die Verfallstheorie ins Feld – eine Auseinandersetzung mit wissenschaftlichen Theorien schien diesem Herrn offenbar gänzlich überflüssig. Bei der Homosexualität handle es sich, so Schaller,

»um ein Verbrechen, welches bereits der Apostel Paulus als eine der schlimmsten Versündigungen und Laster des alten Heidentums im Brief an die Römer im ersten Kapitel hingestellt hat, dessentwegen das alte Heidentum dem verdienten Untergang verfallen sei« (zit. n. Stümke, ebd.: 39).

Wegen der Schwere homosexueller »Verbrechen« war Schaller und seine Partei dazu bereit, alles zu tun,

»um auf dem Wege des Gesetzes diesen unnatürlichen Lastern, Vergehen und Verbrechen entgegenzutreten durch solche Strafen, welche der Natur dieser Verbrechen nach christlich-sittlichen Grundsätzen entsprechen und zugleich ihre volle, rücksichtslose Durchführung in der Praxis der Polizei und der Rechtspflege ermöglichen und garantieren« (ebd.: 40).

Es ist leicht vorstellbar, daß Schaller mit dem rücksichtslosen Vorgehen der Nazis gegen Schwule einverstanden gewesen wäre, wenn er es nicht doch aus kirchlichem Traditionsbewußtsein heraus vorgezogen hätte, sich erneut der Scheiterhaufen zu bedienen.

Nach Schallers Rede gelangte die Petition zur nichtöffentlichen Beratung in einen Reichstagsausschuß. Was dort genau vorgefallen war, erfuhr Hirschfeld niemals; ihm wurde nur »ein negatives Resultat« der Beratung mitgeteilt. Als noch im gleichen Jahr ein neuer Reichstag gewählt wurde, stellt das WhK ihm wiederum die Petition zu, die jetzt von beinahe tausend Personen unterschrieben war. Über den Erfolg – oder besser die Erfolglosigkeit – dieser und weiterer Petitionen zur Abschaffung des § 175 teilt Herzer mit:

»Dieser zweite Versuch, mit einer Petition den § 175 zu beseitigen, blieb ebenso erfolglos wie alle, die noch folgen sollten. Im Jahre 1904 gab der Reichstag einen gedruckten Bericht der ›Kommission für die Petitionen‹ heraus, der neben einer ausführlichen Begründung für das Festhalten am § 175 die einzige vollständige Liste der Namen aller 2020 Männer enthält, die bis dahin die Petition unterstützt hatten... Bei den anderen Petitionen, die das WhK in den Jahren 1907, 1922 und 1926 an den Reichstag richtete, sind nur die Namen von besonders prominenten Unterzeichnern und Unterzeichnerinnen veröffentlicht worden. Wieviele es insgesamt waren, ist heute nicht mehr feststellbar« (Herzer, ebd.: 58).

Hirschfeld mußte also im Kampf gegen den § 175 Niederlagen verbuchen; sein sonstiges Engagement für die Emanzipierung Homosexueller war jedoch von 1897 bis 1907 relativ erfolgreich. Mit dem Verleger Max Spohr hatte er einen ausgesprochenen Glücksgriff getan: Er veröffentlichte alle Manuskripte zur Schwulengleichberechtigung, die ihm Hirschfeld vorlegte. Nachdem Hirschfelds überarbeitete Fassung des gesamten Werks Karl Heinrich Ulrichs' erschienen war, legte der Verlag im Jahr 1899 den ersten Band seines *Jahrbuchs für sexuelle Zwischenstufen unter besonderer Berücksichtigung der Homosexualität* vor. Dieses Jahrbuch publizierte vom 1. bis zum 23. Band Hirschfelds eigene Forschungsresultate, aber auch die anderer Autoren; insbesondere jedoch diente es der Erforschung der »sexuellen Zwischenstufen«.

Eines von Hirschfelds wichtigsten Forschungsmitteln war ein 1899 konzipierter Fragebogen, der 85 Fragen zur körperlichen und seelischen Befindlichkeit, der Biographie und des Sexuallebens des Befragten enthielt. Mit seinem Fragebogen, den Hirschfeld ab 1915 »Psychobiologischer Fragebogen« nannte, leistete er »sexologische Pionierarbeit, denn die Erhebung von Daten über sexuelle Gewohnheiten und Eigenschaften mittels Fragebogen war damals völlig neu« (Herzer, ebd.: 62).

Seinen Fragebogen verwendete Hirschfeld in den Jahren 1903/1904 dazu, zu ermitteln, wie hoch der Prozentsatz Schwuler an der männlichen Bevölkerung war. 1903 versandte das WhK an 3000 Studenten der Technischen Hochschule in Charlottenburg eine Karte, auf der die Befragten angeben sollten, ob sie schwul, hetero- oder bisexuell seien;

im folgenden Jahr wurden 5721 Berliner Metallarbeiter auf gleiche Weise befragt. Die Umfragen ergaben, daß

»gemessen an den damals herrschenden Vorstellungen über die Häufigkeit der Homosexualität, ein überraschend hoher Anteil an Männerliebhabern (existierte): 6,0 % der Studenten und 4,3 % der Metallarbeiter gaben an, daß ihr Trieb wenigstens zum Teil auf männliche Personen gerichtet sei; 1,5 % der Studenten und 1,1 % der Metallarbeiter brachten zum Ausdruck, daß sie ausschließlich schwul seien…« (Herzer, ebd.: 63).

Erneut war es ein Pastor (Wilhelm Philipps aus Plötzensee), der sich gegen Hirschfelds Aktivitäten stellte – eine Tatsache, die nicht verwundert, wandte sich doch sowohl die evangelische als auch die katholische Kirche von Beginn an am vehementesten gegen die Schwulenemanzipation. Philipps betrachtete die Befragung der Charlottenburger Studenten als »Attentat auf die studentische Ehre«, organisierte eine Protestveranstaltung gegen Hirschfeld und erreichte, daß fünf Studenten Hirschfeld wegen »Beleidigung durch Verbreitung unzüchtiger Schriften« anzeigten. Unter Ausschluß der Öffentlichkeit wurde Hirschfeld vom Königlichen Landgericht in Berlin zu 200 Mark Geldstrafe verurteilt. Im Revisionsverfahren wurde das Urteil bestätigt. Dennoch stellten die Befragungsaktion und der Prozeß für Hirschfeld einen Erfolg dar, weil sich das Gros der Tages- und Fachpresse hinter ihn stellte und in seiner Verurteilung eine Gefährdung der Freiheit der Wissenschaft sah; überdies war die Mehrzahl der Journalisten davon überzeugt, daß Hirschfelds Umfrage berechtigt gewesen sei.

Hirschfeld begann nun, mit Regierungsmitgliedern Kontakt aufzunehmen, um sie in persönlichen Gesprächen für seine Sache zu gewinnen. Im Jahr 1898 sprach er mit dem Chef des Reichsjustizamtes, Staatssekretär Nieberding, der ihn zu einer großangelegten Aufklärungsaktion der Bevölkerung ermunterte. In *Die Homosexualität des Mannes und des Weibes* zitiert Hirschfeld den Staatssekretär:

»Bevor das Volk nicht weiß, daß es sich hier um ethische Forderungen handelt, nicht um eine sexuelle oder wissenschaftliche Marotte, kann die Regierung nichts in dieser Sache tun. Klären Sie die öffentliche

Meinung auf, damit man weiß, worum es sich handelt, wenn die Regierung auf diesen Paragraphen verzichtet« (Hirschfeld, 1914: 974).

Dies unternahm das WhK in großem Stil: Zehntausende von allgemeinverständlichen Broschüren zum Thema Homosexualität wurden verteilt; etwa 100 000 Aufklärungsschriften wurden an die Presse, sämtliche Justizministerien, Richter, Anwälte, Staatsanwälte, Ärzte, Geistliche, Lehrer und auch an Verwandte schwuler Männer verschickt. Zwanzig Pfennige kostete Hirschfelds 1901 erschienene Aufklärungsschrift *Was soll das Volk vom Dritten Geschlecht wissen?* Diese Broschüre, die flächendeckend verteilt wurde, war – neben *Berlins Drittes Geschlecht* – der wohl erfolgreichste Aufklärungstext Hirschfelds.

Wie die Zahl der Petitionsunterschriften anstieg, so wuchs auch die Mitgliederzahl des WhK im Zeitraum von 1897 bis 1907. Genaugenommen läßt sich von »Mitgliedern« nicht sprechen, da das WhK erst nach dem Ersten Weltkrieg als »eingetragener Verein« geführt wurde; die Personen, die der Schwulenorganisation angehörten, zahlten regelmäßig Beiträge in den »Fonds zur Befreiung der Homosexuellen«, welcher der Finanzierung der Aufklärungsarbeit diente. Im Jahr 1907 erreichte die Zahl der Fondszeichner ihren Höhepunkt: Ungefähr 500 Beitragszahler wurden registriert. Danach nahm die Zahl der Fondszeichner wegen der Eulenberg-Affäre, auf die noch näher eingegangen werden wird, rapide ab. Über den Zustand, in dem sich die Homosexuellenbewegung im Wilhelminischen Zeitalter befand, schreibt Herzer zusammenfassend, daß sie sich

»auf einem quantitativ sehr niedrigen Niveau (befand); maximal 500 Schwule waren in Hirschfelds Komitee organisiert; die Mitgliederzahlen in den beiden anderen Gruppen, im *Bund für männliche Kultur* und in der *Gemeinschaft der Eigenen* sind überhaupt nicht bekannt, dürften aber nur einen geringen Bruchteil der Komitee-Mitgliedszahlen ausmachen, so daß die Zahl der organisierten Schwulen selbst in den besten Zeiten weit unter Tausend lag« (ebd.: 67).

So erstaunt es nicht, daß sich die Aktivisten immer wieder über fehlende Unterstützung durch die Menschen beklagten, für deren Rechte sie kämpften. Schon verwunderlicher ist es hingegen, daß ausgerechnet die Berliner Polizei dem Befreiungskampf der Schwulen positiv gegenüberstand – vermutlich deshalb, weil sie um die teilweise schrecklichen Folgen für die Betroffenen wußte. Fast mitleidig meinte der Chef der Berliner Polizei, Dr. Knopp, daß es »keinen Emanzipationskampf (gäbe), der solche Schwierigkeiten hat, wie der Emanzipationskampf der Homosexuellen« (zit. n. Stümke, ebd.: 46). Magnus Hirschfeld wußte die liberale Einstellung der hohen Polizeibeamten, die für die Abschaffung des § 175 plädierten, zu würdigen:

»Sollte es einmal zu einer Beseitigung des § 175 kommen, so würde dies der verdienstvollen praktischen Tätigkeit der Trias hervorragender Berliner Kriminalisten auf diesem Gebiete, von Meerscheidt-Hüllessem, v. Tresckow und Dr. Knopp nicht minder zu danken sein, wie denjenigen Männern, die durch wissenschaftliche Arbeit und Aufklärung dieses Ziel zu erreichen bestrebt waren« (zit. n. Stümke, ebd.: 47).

Ließ die Einsatzbereitschaft der Schwulen für ihre Rechte zu wünschen übrig, so war auch das Engagement der führenden Köpfe der Emanzipationsbewegung durchaus nicht rückhaltlos. Eine Ausnahme bildete der im WhK tätige Österreicher Hermann von Teschenberg, der sich offen zu seiner Homosexualität bekannte. Hirschfeld bewunderte die Selbstlosigkeit Teschenbergs, der aus seiner Heimat geflohen war, weil man ihn dort wegen seines Schwulseins strafrechtlich verfolgt hatte. Hirschfeld schreibt:

»Eine Tat selbstloser Aufopferung war es, daß er sein Bild in Frauenkleidern zur Veröffentlichung in den Jahrbüchern für sexuelle Zwischenstufen zur Verfügung stellte, eine Tat, als er gelegentlich eines von mir in einer großen Volksversammlung gehaltenen Vortrages nach einem heftigen Angriffe auf meine Ausführungen auf die Tribüne trat, um in tiefster Erregung, dabei aber doch mit größter Schlichtheit und Sachlichkeit seine eigene Lebensgeschichte vorzutragen. Durch das selbstlose Einsetzen seiner Person für eine gerechte Sache, das er in diesen und in vielen anderen Fällen bewies, machte er stets einen tiefen Eindruck und überzeugte viele« (zit. n. Herzer, ebd.: 68).

Sich für die »gerechte Sache« als schwul zu »outen«, unternahmen weder Hirschfeld noch andere WhK-Mitglieder. Die Aktivisten des WhK hoben stets hervor, daß sie sich aus moralischen und wissenschaftlichen Gründen für die Homosexuellen einsetzten, jedoch selbst mit Schwulsein nichts zu schaffen hätten. Natürlich steckte hinter dieser Täuschung der Öffentlichkeit auch eine Taktik: Man ging davon aus, als »Heterosexueller« für glaubwürdiger und moralisch »besser« zu gelten. Sicherlich kann man aber auch davon ausgehen, daß hinter der Selbstverleugnung fast aller WhK-Mitglieder tiefverwurzelte Ängste steckten, Ängste, die allerdings in juristischer Hinsicht gegenstandslos waren: Es galt ja nicht an sich als Verbrechen, schwul zu sein und dies auch in aller Öffentlichkeit zu sagen. Irgendwelche Erfolge, die diese Strategie des Verschweigens hätten legitimieren können, zeigten sich nicht: Die Petitionsschriften und die sonstigen Aktivitäten des WhK beeinflußten die Strafrechtsreform nicht und hatten letztlich auch in der Öffentlichkeit nicht die gewünschten Wirkungen. Dem WhK war die Problematik ihrer Strategie allerdings bewußt; es wurden wiederholt Anträge eingebracht, die eine »Massen-Selbstdenunziation« durchsetzen sollten:

»Ziel solcher Aktionen, bei denen sich 1000 Homosexuelle bei der Staatsanwaltschaft wegen Verstoßes gegen den Paragraphen 175 selbst denunzieren, aber gleichzeitig nähere Angaben über Partner, Zeit und Ort verschweigen sollten, war es, die Absurdität des Paragraphen bloßzustellen. Die Idee fand Hirschfeld zwar richtig, doch zweifelte er stets daran, daß viel mehr als eine Handvoll Homosexueller bereit wäre, ›ein solches Bekenntnisopfer‹ zu bringen. Der Grund für seine Ablehnung: ›Der Vorschlag übersieht eins: die Urningpsyche; durch sie wird der Gedanke utopisch und illusorisch. Denn die äußeren und inneren Hemmungen sind viel zu stark, als daß eine nennenswerte Anzahl im sozialen Leben (sic!) stehender Urninge es über sich gewinnen könnte, sich frei und offen als homosexuell zu bekennen.‹ Tatsächlich setzte... erst die Aktion der bundesdeutschen Illustrierten ›Stern‹ diesen Vorschlag 1978 in die Tat um« (Stümke, ebd.: 47).

Gewiß würde man es sich zu leicht machen, das Nichtzustandekommen von »Selbstdenunziationen« der »Feigheit« schwuler Männer zuzuschreiben: Ein Sich-»Outen« wäre in zahlreichen bürgerlichen

Berufen unter Umständen existenzvernichtend gewesen – leider hat sich bis heute nicht allzuviel daran geändert. Und für Hirschfeld – hätte er sein Schwulsein »eingestanden« – wäre dies aller Wahrscheinlichkeit nach das Ende seiner Arzt-Tätigkeit gewesen: Der Berufsverband der Ärzte hätte ihm Berufsverbot erteilt.

»Outeten« sich Schwule so gut wie überhaupt nicht, so wurden sie – zum Teil auch von Homosexuellen – »geoutet«. Ein Schlagzeilen machender Fall von Homosexualität war der Fall Krupp. *Vorwärts*, das Zentralorgan der SPD, veröffentlichte unter dem Titel »Krupp auf Capri« einen Artikel, der die Diskussion um den § 175 klassenkämpferisch auszuschlachten suchte. In dem Artikel vom 15. November 1902 heißt es:

»Der Geheime Kommerzienrat Krupp, Mitglied des preußischen Herrenhauses, der reichste Mann Deutschlands, dessen jährliches Einkommen seit dem Flottenvertrag auf 25 und mehr Millionen gestiegen ist, der über 50 000 Arbeiter und Angestellte in seinen Betrieben unterhält, in denen das Zentrum der völkermordenden Kriegstechnik liegt, – Herr Krupp, den die fremden Fürsten und Staatsmänner zu besuchen pflegen, wenn sie Deutschland durchreisen, gehört zu jenen Naturen, für die der § 175 eine stete Qual und Bedrohung bedeuten würde, wenn nicht auf diesem Gebiete die Gerechtigkeit in Anerkennung der Bedenklichkeit der gesetzlichen Bestimmung die Binde nur selten von den Augen nimmt. Unter dem Einfluß der kapitalistischen Macht kann eine unglückliche Veranlagung, die den Besitzlosen niederdrückt oder gar zerschmettert, zu einem furchtbaren Quell der Korruption werden, die dann aus einem persönlichen Schicksal eine öffentliche Angelegenheit gestaltet. Es ist bekannt, daß Herr Krupp seit einiger Zeit auf Capri… eine Villa besaß… In seiner verschwenderisch ausgestatteten Villa… huldigte er mit den jungen Männern der Insel dem homosexuellen Verkehr…« (zit. n. Herzer, ebd.: 38).

Wäre in diesem Artikel nicht die Rede von Homosexualität als »unglücklicher Veranlagung«, wäre er nicht implizit gegen den § 175 gerichtet, so könnte man glauben, der Verfasser verabscheue Schwule ebensosehr wie Kapitalisten. Mit dem »Outen« von Friedrich Krupp, einem Freund Kaiser Wilhelms und dem Chef des größten deutschen Rüstungsunternehmens, beschritt die SPD eine Strategie, die der

Sexologe Albert Moll mit der Formulierung »Weg über Leichen« umschrieb. Es handelte sich um eine auch von schwulen Aktivisten verfolgte Strategie, deren Ziel es war, durch Publikmachung der Homosexualität bekannter Persönlichkeiten die Unhaltbarkeit des § 175 deutlich zu machen – den Preis dafür hatten die geouteten Männer zu zahlen. Das WhK und Hirschfeld lehnten ein solches Vorgehen ab; sie wollten zu Recht nicht einsehen, daß eine solche Strategie positive juristische Konsequenzen für Homosexuelle haben sollte.

Der *Vorwärts*-Artikel war weder für Schwule noch für Sozialisten hilfreich, denn

»der § 175 konnte so nicht im geringsten in Frage gestellt werden, und die Begeisterung für den Sozialismus wurde ebenfalls kaum gefördert, als die Arbeiter erfuhren, daß es auch unter den Kapitalisten Homosexuelle gibt. ›Wir wollten an dem Falle eines besonders bekannten Namens die Notwendigkeit der Aufhebung jenes § 175 erweisen‹, schrieb der *Vorwärts* ein wenig heuchlerisch nach Krupps Beerdigung (Krupp nahm sich nach dem Skandal höchstwahrscheinlich das Leben; H. B.)« (Herzer, ebd.: 39).

Interessanterweise erzeugte der Krupp-Skandal – ganz im Gegenteil zur Eulenberg-Affäre – keine antischwule Atmosphäre in der Gesellschaft, wohl aber eine antisozialistische. Der Tod Friedrich Krupps wurde den »perfiden roten Verleumdern« angelastet; der Kaiser, der am offenen Grab des Verstorbenen eine Rede hielt, machte Männer aus der Arbeiterbevölkerung dafür verantwortlich.

Für verantwortungslos hielt Albert Moll das »Outen« als einen »Weg über Leichen«. Moll, der zunächst mit Hirschfeld zusammenarbeitete, ab etwa 1902 jedoch einer seiner schärfsten Gegner wurde, weil er annahm, Homosexualität resultiere oftmals aus Verführung und der Agitation der Schwulenbewegung, weshalb das WhK als Gefährdung der »normalen« Sexualität des deutschen Volkes bekämpft werden müsse, äußerte sich über das politisch motivierte »Outen« folgendermaßen:

»Den Homosexuellen wird manchmal, auch von Wohlmeinenden, der Vorwurf gemacht, sie agitirten zu viel. Was aber sollten sie thun? Wenn sie nicht agitiren, erreichen sie ihr Ziel niemals. Sie hätten dann höchstens noch einen anderen Weg: Sie müßten suchen, nach Art eines rücksichtslosen Feldherrn oder Politikers über einen Berg von Leichen ans Ziel zu kommen. Sie brauchtes nur die Namen von Männern öffentlich zu nennen, deren Homosexualität notorisch und jeden Augenblick zu beweisen ist. Sicher würde da Mancher, der die Homosexualität aus tiefster Seele verabscheut, der aber Homosexuellen, ohne deren geschlechtliche Neigung zu kennen, nah steht, über die Enthüllungen erstaunt sein. Mancher hoher Beamte… würde sich schließlich verwundert sagen: ›Ich glaubte stets, die Homosexuellen seien das elendste Pack der Welt, nun höre ich aber, daß mein Neffe, mein Sohn, mein Freund gleichgeschlechtlich verkehren. Und er ist doch ein so braver, ausgezeichneter Mensch. Wenn er auch so ist, dann muß man doch anders über die Sache denken.‹ Dieser Standpunkt wäre rücksichtslos und zahllose Existenzen würden dabei sozial vernichtet werden. Einflußreiche Personen aber würden dadurch unmittelbar für die Sache interessirt und ein schneller Erfolg wäre mehr als wahrscheinlich. Trotzdem wäre ein solches Vorgehen entschieden zu tadeln« (zit. n. Herzer, ebd.: 71).

Molls und Hirschfelds strikte Ablehnung des »Wegs über Leichen« verhinderte freilich nicht, daß es weiterhin Männer gab, die sich für einen solchen Spaziergang begeistern konnten – ob aus schwulenfreundlichen oder ganz anderen Motiven heraus.

Einer dieser Männer war der Journalist Maximilian Harden, der in der sozialistischen Wochenzeitschrift *Die Zukunft* im November 1906 zwei Artikel publizierte, in denen er mit Wilhelm II. sehr vertraute Politiker und Adlige – die Grafen Philip zu Eulenburg, Kuno von Moltke und Wilhelm Hohenau – des Schwulseins bezichtigte. Der Frankreich gegenüber feindlich eingestellte Harden ging davon aus, daß am kaiserlichen Hof ein einflußreicher homosexueller Bund bestünde, deren Führer Graf Eulenburg sei. Diese Clique, so meinte der Journalist, manipuliere den Kaiser und verrate deutsche Interessen an Frankreich – einen eindeutigen Beweis für seine Verrats-Theorie sah Harden darin, daß Eulenburg mit dem ebenfalls als homosexuell verdächtigten Sekretär der französischen Botschaft, Raymond Lecomte, befreundet war.

Hinter Harden stand noch ein anderer Mann, der Interesse an der Entmachtung des Grafen Eulenburg hatte: Graf Friedrich von Holstein, der von seinem Posten als Chef der politischen Abteilung des Auswärtigen Amtes im Jahr 1906 entlassen wurde und diesen Hinauswurf Eulenburg zuschrieb. Holstein war es gewesen, der Harden Material zugespielt hatte, das für Eulenburg belastend werden konnte. Ob Eulenburg, Moltke und Hohenau tatsächlich schwul waren oder nicht, war im Grund genommen weder für Holstein noch für Harden von Interesse: Beiden ging es darum, ihre Anti-Frankreich-Politik und Bismarck-Treue mit allen Mitteln durchzusetzen. Wilhelm II. reagierte auf die Anschuldigungen Hardens prompt: Er verlangte von Eulenburg und Hohenau, ihr Ehrenwort gegen die Anschuldigungen des Journalisten einzulegen, was diese aber nicht taten:

»Hohenau bat um Abschied, Eulenburg stellte Strafantrag gegen sich selbst und erreichte so zunächst, daß Harden wegen Verleumdung zu vier Monaten Gefängnis verurteilt wurde. Als jedoch zwei Jahre später Eulenburg durch Zeugen überführt wurde, letztlich durch einen Fischer vom Starnberger See, der ›bei Gott dem Allmächtigen‹ beschwor: ›Durchlaucht, wir können's net leugnen, daß wir zwoa dös g'macht haben‹ …und zwar gegen 1500 Mark…, wurde er selbst wegen Meineid und Vergehen gegen den § 175 angeklagt. Das Verfahren wurde aber wegen seines ›schlechten Gesundheitszustandes‹ vertagt und nie wieder aufgenommen« (Geuter, ebd.: 44 f.).

Von 1906 bis 1908 war der Eulenburg-Skandal Tagesgespräch in Deutschland, denn die Öffentlichkeit war empört darüber, in welchem Grade Homosexualität in den höchsten Kreisen verbreitet war. Nicht nur Eulenburg, Hohenau und Moltke waren in die Affäre verwickelt, sondern auch Graf Edgard Wedel, Kammerherr des Kaisers, und Bodo von dem Knesebeck, Vizeoberzeremonienmeister, Einführer des diplomatischen Corps und Kabinettssekretär der Kaiserin. All diese Männer

»gehörten zu einem intimen Berater- und Freundeskreis des Kaisers, der sogenannten ›Liebenberger Tafelrunde‹, zu der man sich auf dem Landsitz des Fürsten Eulenburg in Liebenberg traf und bei der Graf Hülsen-Haeseler, der Chef des Militärkabinetts, gelegentlich als Primaballerina im Tütü, einem Ballettröckchen aus Tüll auftrat…« (ebd.: 45).

Auch im Offizierskorps, vor allem in den Garderegimentern, gab es Schwule, wie der bereits erwähnte Berliner Kriminalkommissar Hans von Tresckow mitteilte; nach seinen Angaben betätigten sich darüber hinaus Prinz Friedrich Heinrich von Preußen sowie verschiedene adlige Offiziere homosexuell. Ein in diese Szene Eingeweihter – er veröffentlichte unter dem Namen Karl Franz von Leexow ein Buch mit dem Titel *Armee und Homosexualität* (1908) – stellte in diesem Werk sogar die These auf, Erotik zwischen Männern sei die Kraft, die das Soldatenwesen im Innersten zusammenhalte – eine These, die stark an die spätere Wandervogel-Theorie von Blüher erinnert.

Im Zusammenhang mit der Eulenburg-Affäre meldete sich auch der Schriftsteller und führende Kopf der »Gemeinschaft der Eigenen«, Adolf Brand, zu Wort: Er warf im Jahr 1907 dem Oberhaupt der Regierung, Reichskanzler Fürst Bernhard von Bülow, Homosexualität und Verstoß gegen den § 175 vor, womit er annahm, der Schwulenbewegung einen Dienst zu erweisen: Er glaubte daran, der § 175 könnte fallen, wenn hochrangige Persönlichkeiten als schwul »geoutet« würden. Tatsächlich fügte Brand der Emanzipationsbewegung und auch sich selbst nur Schaden zu:

»Wie Harden wurde auch Brand wegen Beleidigung angeklagt; da aber seine Behauptungen über den Reichskanzler offensichtlich frei erfunden, jedenfalls nicht zu beweisen waren, verurteilte das Gericht Brand am 6. November 1907 zu einer achtzehnmonatigen Gefängnisstrafe. Brands Flugschrift und der Prozeß gegen ihn waren die entscheidenden auslösenden Ereignisse für eine Welle aggressiven Homosexuellenhasses in der Öffentlichkeit von bis dahin unbekannter Heftigkeit und Intensität, der zu… (einer) Krise der Schwulenbewegung führte« (Herzer, ebd.: 73).

Adolf Brand scheute auch nicht davor zurück, Magnus Hirschfeld in den Skandal hineinzuziehen, indem er die frei erfundene Behauptung aufstellte, Hirschfeld habe ihm alle Mitteilungen über das Schwulsein Bülows geliefert und ihn als eine Art Werkzeug gebraucht. Die Folgen, die sich aus dieser Lüge und überhaupt aus dem ganzen Skandal ergaben, waren für die schwule Bewegung äußerst negativ: So vertrat jetzt die Presse die Auffassung, die »Homosexuellen um Dr. Hirschfeld« wollten deutsche Männer in hohen Positionen der Homosexualität bezichtigen, wodurch die Perversität der Schwulen klar zutage träte. Als die damalige schwulenfeindliche Stimmung charakterisierend, zitiert Herzer aus einem Kommentar zum Bülow-Brand-Prozeß, der in verschiedenen Tageszeitungen erschien:

»Welche Beweggründe aber auch den Dr. Hirschfeld bei seinem Vorgehen leiten mögen, sein Vorgehen muß einfach als gemeingefährlich bezeichnet werden. Nach dem System des Dr. Hirschfeld kann schließlich jeder für abnorm erklärt werden, während in Wirklichkeit nur das System des Herrn Hirschfeld oder gar er selbst (!) abnorm sind. Das Verhalten des Dr. Hirschfeld ist eine ständige Quelle allgemeinster Beunruhigung. Es ist nicht erwiesen worden, wie weit die Geschichten über den Grafen Kuno Moltke auf Herrn Hirschfeld zurückzuführen sind. In dem heutigen Prozesse erscheint die Rolle des Zeugen Dr. Hirschfeld denn doch sehr bedenklich. Ist Herr Dr. Hirschfeld als Leiter des ›humanitär-wissenschaftlichen Komitees‹ wirklich ein Quell all der schmutzigen Verleumdungen der letzten Monate gewesen, so muß ihm das Handwerk gelegt werden, und zwar gründlich. Wir können uns nicht wegen des Systems eines Dr. Hirschfeld vor dem Auslande blamieren lassen und die Unbilden dieser Skandalprozesse über das Ansehen des deutschen Volkes ergehen lassen« (ebd.: 73 f.).

Auch hinsichtlich der Petition des WhK erwies sich der Bülow-Brand-Prozeß als für die Sache der Schwulen eminent schädlich: Zur Zeit des Höhepunkts der antischwulen Stimmung leitete der Reichstag nicht, wie sonst üblich, die Petition als Material für die Überarbeitung des Strafgesetzbuches an die Regierung weiter – statt dessen wurde die Forderung nach einer Verschärfung des Homosexuellenstrafrechts verlangt, indem die »Ausnutzung von Abhängigkeitsverhältnissen« als neuer und erschwerender Straftatbestand den § 175 ergänzen sollte.

Die Eulenburg-Affäre und der Bülow-Brand-Prozeß führten zu einer Schwächung der Schwulen-Organisationen, was allein schon die Mitgliederzahlen belegen: Mehr als die Hälfte der im WhK organisierten Homosexuellen verabschiedeten sich. Für die »Gemeinschaft der Eigenen« erwiesen sich die Vorgänge als noch katastrophaler: Die Verhaftung Adolf Brands bedeutete ihr Ende. Und mit dem »Bund für männliche Kultur«, der dritten damaligen Schwulenvereinigung, war es in diesen Jahren auch vorbei: Nach dem Suizid seines Gründers Benedikt Friedländer existierte er nur noch bis etwa 1909.

Über die Eulenburg-Affäre und die Bewertung homosexuellen Verhaltens der an der Spitze der Staatshierarchie stehenden Männer schreibt Ulfried Geuter zusammenfassend:

»Auch die Harden-Moltke-Eulenburg-Affäre brachte eine ganz eigenartige Mischung von homosexueller Männerbündelei und Abwehr der Homosexualität in Deutschland zum Vorschein. Der Verbreitung der Homosexualität in den höchsten Kreisen widersprach es nicht, daß sie von allen sexuellen Verhaltensweisen am meisten geächtet war. Denn während, wie George Mosse (1987) in seiner hervorragenden Untersuchung über *Nationalismus und Sexualität* schreibt, unter der Oberfläche des Nationalismus immer die Homoerotik schlummerte, die im Kult der Männerfreundschaft mitschwang, durfte es doch offiziell nicht sein, daß diese Schwelle zur Homosexualität überschritten wurde. Nur dann konnte die bürgerliche Norm der sexuellen Reinheit gewahrt werden, der gegenüber die Homosexualität ein Abgleiten in die niedere Triebwelt bedeutete. Die Männerfreundschaft durfte nicht sinnlich werden, sondern sollte der Nation gehören« (ebd.: 49).

Neuen Auftrieb erhielten die im schwulen Emanzipationskampf engagierten Männer durch das Ende der Kaiserzeit und die damit einhergehenden politischen Veränderungen. So schrieb das WhK zum Jahreswechsel 1918/1919 an seine Mitglieder:

»Die großen Umwälzungen der letzten Wochen können wir von unserem Standpunkt aus nur freudig begrüßen. Denn die neue Zeit bringt uns Freiheit in Wort und Schrift und, mit der Befreiung aller bisher Unterdrückten, wie wir mit Sicherheit annehmen dürfen, auch eine gerechte Beurteilung derjenigen, denen unsere langjährige Arbeit gilt« (zit. n. Stümke, ebd.: 53).

Diese an die »neue Zeit« gestellten Erwartungen waren leider überzogen, aber immerhin kamen Schwule nun in den Genuß grundlegender demokratischer Rechte, denn die erste deutsche Demokratie sprach jedem Staatsbürger Meinungs- und Pressefreiheit sowie Koalitions- und Versammlungsfreiheit zu. Die Homosexuellen machten von ihren neuen Rechten sogleich Gebrauch: Bereits 1919 wurden in mehreren Großstädten »Freundschaftskreise« gegründet, in denen sich Schwule assoziierten, um ihre Situation zu verbessern. Nachdem sich 1921 in Kassel acht dieser Vereine zusammengeschlossen hatten, bildeten sich aus diesem Verband im darauf folgenden Jahr der »Bund für Menschenrechte« (BfM), der den bislang größten Zusammenschluß Homosexueller in Deutschland darstellte. Erster Vorsitzender des BfM war der Verleger Friedrich Radszuweit (1876–1932), der sowohl ein cleverer Geschäftsmann als auch ein engagierter Kämpfer der Homosexuellenbewegung war:

»Sein Verlag gab Zeitungen und Zeitschriften für homosexuelle Männer und Frauen in breiter Vielfalt heraus. Einzelne dieser Presseprodukte erreichten zuweilen eine Auflage von über 100 000 Exemplaren monatlich. Allein seine Zeitschrift ›Die Insel‹ verzeichnete im Jahre 1930 eine monatliche Rekordauflage von 150 000 Exemplaren« (Stümke, ebd.: 53 f.).

Der BfM, dessen Verbandsorgan »Blätter für Menschenrecht« über Politik, Wissenschaft und Literatur informierte, stellte auch politische Forderungen, wobei er sich insbesondere für die Abschaffung des § 175 einsetzte und der Diskriminierung und Erpressung Homosexueller den Kampf ansagte. Darüber hinaus bot er auch kostenlos juristische Hilfe an. Mit der Umsetzung der politischen Ziele des BfM hatte die Organisation allerdings größte Schwierigkeiten – nur ein Bruchteil der Mitglieder war tatsächlich aktiv. Die meisten zogen es vor, den BfM, der zeitweise 48 000 Mitglieder besaß und diverse Zweigstellen eingerichtet hatte, als Veranstalter unterhaltsamer Treffs zu betrachten und benützen. In den häufigsten Fällen wiesen die Niederlassungen des BfM

»lediglich Club-Charakter auf, dienten der Unterhaltung und – nach den täglich erlebten Anstrengungen der selbstverleugnenden Anpassung an die heterosexuelle Umwelt – dem Rückzug in eine sozial entspannte Atmosphäre. Auf diesem Boden entwickelte sich eine breite, bunte Kultur, deren Aktivitäten sich vor allem in einer intensiven Nutzung der Freizeit niederschlugen. Die ständig expandierenden Blätter der Szene beförderten alle diesbezüglichen Neuigkeiten rasch bis in die letzten Winkel der Reichsprovinz« (ebd.: 54).

Die Zeitungen der Schwulenszene versorgten ihre Leser jedoch nicht nur mit Veranstaltungstips, sondern publizierten auch homosexuelle Literatur, mit der sie sich identifizieren konnten. Kurzgeschichten, die in den Zeitungen abgedruckt wurden, erfreuten sich großer Beliebtheit, doch auch »gehobene« lesbische und schwule Literatur gewann immer größere Leserkreise, etwa der Roman *Die bronzene Tür* (1919) der Exil-Russin Jelena Nagrodskaya, in dem sich die Autorin für die Emanzipation Homosexueller stark machte, und *Alf*, ein politischer Roman des WhK-Mitglieds und Pazifisten Bruno Vogel, der Schule, Kirche und kleinbürgerliche Erziehung für die Unterdrückung Homosexueller verantwortlich machte. Auf einen Schriftsteller dieser Zeit, in dessen Werk das Thema Homosexualität eine zentrale Rolle spielt, soll näher eingegangen werden: Die Rede ist von Klaus Mann. Er hat sein Schwulsein keineswegs verschwiegen; wie Jugendfreunde berichten, muß er es im Gegenteil als etwas Besonderes, Auszeichnendes betrachtet haben. Sein 1925 erschienener Roman *Der fromme Tanz* ist einer der ersten Schwulen-Romane der deutschen Literatur; in diesem Werk bekannte sich der Autor zu seiner Homosexualität. Der fromme Tanz erzählt die Geschichte des jungen Andreas, der die »trunkene Zärtlichkeit« gegenüber einem anderen Jungen namens Niels erlebt. Daß Andreas das eigene Geschlecht liebt, bereitet ihm keine Schwierigkeiten:

»Andreas gab sich dieser Liebe ganz hin, die er nicht als Verirrung empfand. Ihm kam es nicht in den Sinn, sie vor sich zu leugnen, sie zu bekämpfen als ›Entartung‹ oder als ›Krankheit‹. Diese Worte berührten die Wahrheit so wenig, sie kamen aus anderer Welt. Gut hieß er diese Liebe vielmehr ganz und gar, er lobte sie, wie alles, was Gott gab und verhängte...« (Mann, 1993: 152).

Im selben Jahr wie Klaus Manns *Frommer Tanz* erschien auch ein Essay seines Vaters Thomas mit dem Titel *Über die Ehe*. Thomas Mann greift in dieser Schrift die homoerotische Liebe scharf an; er bezeichnet sie sogar als eine Art Fluch:

»Sie ist ›freie‹ Liebe im Sinne der Unfruchtbarkeit, Aussichtslosigkeit, Konsequenz- und Verantwortungslosigkeit. Es entsteht nichts aus ihr, sie legt den Grund zu nichts...« (zit. n. Naumann, 1991: 33).

Bereits in einem Brief aus dem Jahr 1920 hatte Thomas Mann die Liebe zwischen Männern für problematisch erachtet, da schwule Beziehungen lediglich illusorische Glücksmomente bieten könnten – denn ein Verhältnis zwischen einem Intellektuellen und einem von ihm begehrten heterosexuellen, im praktischen Leben stehenden Mann könne auf die Dauer nicht gutgehen. Offenbar konnte sich Thomas Mann – jedenfalls diesem Brief zufolge – unter einer homosexuellen Beziehung nichts anderes vorstellen als ein Verhältnis zwischen einem gebildeten Schwulen und einem eher »einfachen« Heterosexuellen. In *Über die Ehe* schlägt Thomas Mann bedeutend aggressivere Töne gegen Homosexualität an, wie ja schon aus oben zitierter Stelle hervorgeht. Mann betonte in diesem Essay, daß einzig und allein die Ehe zwischen Mann und Frau die Basis für die Zivilisation darstelle, und grenzte dadurch Schwule auf radikale Weise aus der Gesellschaft aus.

Was sich hinter diesen Attacken verbirgt, ist rasch auf den Punkt gebracht: Thomas Manns eigene homoerotischen Neigungen, die in seinen postum publizierten Tagebüchern eindeutig belegt sind. So macht etwa eine Eintragung deutlich, daß er sich im Jahr 1920 zu seinem pubertierenden Sohn Klaus erotisch hingezogen fühlte. Zwei Jahre nach dem Erscheinen von *Über die Ehe* machte Thomas Mann die Bekanntschaft mit dem siebzehnjährigen Klaus Heuser, dem Sohn eines Düsseldorfer Kunstprofessors, in den er sich verliebte – und diese Liebe wurde vermutlich erwidert.

Insgesamt läßt sich jedoch sagen, daß Thomas Mann sein Schwulsein weitgehend verdrängte. Seine Beziehung mit Klaus Heuser dürfte jedoch mit dazu beigetragen haben, daß er seine Anschauungen über Homosexualität revidierte: 1930 verfaßte er einen Protest gegen den § 175, der freilich so formuliert ist, als hätte der Autor mit der Thematik persönlich nicht das Geringste zu tun. Lebte Thomas Mann seine homoerotischen Wünsche und Sehnsüchte kaum aus, so fanden sie Eingang in sein Werk – verwiesen sei hier nur auf seine Novelle *Der Tod in Venedig* (1913), in der homosexuelle Liebe bereits – wie später in dem Brief von 1920 – als Ding der Unmöglichkeit dargestellt wird: Der Dichter Gustav von Aschenbach (Vorbild für diese Figur war unübersehbar August von Platen) verliebt sich in einen polnischen Jungen namens Tadzio. Als Tadzio ihn anlächelt, flieht Aschenbach tief erschüttert in das Dunkel eines Parks:

»Er warf sich auf eine Bank… Und zurückgelehnt, mit hängenden Armen, überwältigt und mehrfach von Schauern überlaufen, flüsterte er die stehende Formel der Sehnsucht, – *unmöglich hier, absurd, verworfen, lächerlich* (Hervorh.; H. B.) und heilig doch, ehrwürdig auch hier noch: ›Ich liebe dich!‹« (zit. n. Härle, 1992: 43).

Im Gegensatz zu seinem Vater bekannte sich Klaus Mann sowohl in seinem Schreiben als auch in seiner Lebensführung zur Homosexualität. Wenngleich Klaus Mann auch – wie schon erwähnt – sein Schwulsein als eine Art Auszeichnung empfunden haben mag (oder eine solche Haltung vielleicht als Selbstschutz nach außen hin vertreten hat), so betrachtete er es doch als eine zwangsläufig mit Unglück verbundene Form der Sexualität:

»ich kannte sie… war nur zu bewandert in den Inspirationen und Erniedrigungen, den langen Qualen und flüchtig kurzen Seligkeiten, welche dieser Eros mit sich bringt. Man huldigt nicht diesem Eros, ohne zum Fremden zu werden in unserer Gesellschaft, wie sie nun einmal ist; man verschreibt sich nicht dieser Liebe, ohne eine tödliche Wunde davonzutragen« (Mann, 1981: 282 f.).

Klaus Mann gelang es nicht, aus den »flüchtig kurzen Seligkeiten« eine dauerhafte Partnerschaft aufzubauen; auf seine Liebesenttäuschungen reagierte er, indem er sich in fanatisches Schreiben und Drogen flüchtete. 1948 beging er in Kalifornien einen Selbstmordversuch, der aber mißglückte; er begründete diesen Versuch mit der Angst vor einem neuen Krieg, Schreibproblemen und einer tiefen Müdigkeit. Aus einem von Klaus Manns Briefen wird jedoch auch ersichtlich, daß eine erneute Liebesenttäuschung auslösendes Motiv für den Suizidversuch war. In einem Hotelzimmer in Cannes nahm er sich im Mai des nächsten Jahres das Leben: Er starb am 21. Mai, nachdem er sich am Vorabend mit Schlaftabletten vergiftet hatte.

Doch zurück zur Aufbruchstimmung innerhalb der Schwulenbewegung nach dem Ende der Kaiserzeit. Als ein entscheidendes Datum in der Geschichte der Sexualwissenschaft läßt sich der 6. Juli 1919 bezeichnen: Magnus Hirschfeld begründete in einer Villa im Berliner Tiergarten das »Institut für Sexualwissenschaft«, in dem das WhK untergebracht wurde. Hans-Georg Stümke schreibt dazu:

»Mit der Gründung wollte Hirschfeld nicht nur den Befreiungskampf der Homosexuellen in ein umfassendes wissenschaftliches Konzept einbeziehen, sondern auch die allgemeine sexuelle Frage in einen praktischen gesellschaftspolitisch-reformerischen Zusammenhang stellen. Öffentliche ›Frageabende‹ und aufklärende Vorträge im Institut über ›Bau und Hygiene des menschlichen Körpers‹, ›Körperliche und seelische Sexualleiden‹, Probleme des Ehelebens, der Empfängnisverhütung, des ›Geschlechts- und Liebeslebens‹, Fragen über Geschlechtskrankheiten, Sexualstrafrecht, Homosexualität und Abtreibung bildeten denn auch die praktische, populäre Entsprechung zu dem Bemühen des ›Wissenschaftlich-humanitären Komitees‹, die Ergebnisse der Sexualforschung zu einem wissenschaftspolitischen Reformprogramm zu vereinigen« (Stümke, ebd.: 61 f.).

Die Anzahl der im Institut durchgeführten Beratungen war beträchtlich: Im Jahr 1920 wurden mehr als 18 000 Beratungen durchgeführt, pro Tag also zwischen 50 und 60. Wie aus Berichten früherer Patienten Hirschfelds bekannt ist, leistete er Männern, die mit ihrer Homosexualität Probleme hatten, im Institut auch mittels der von ihm so genannten »Adaptionsbehandlung« Hilfestellung. Hirschfelds Psychotherapie für Homosexuelle – die er im 23. Kapitel seines Werkes *Die Homosexualität des Mannes und des Weibes* darstellt – gilt als eine der bedeutendsten Leistungen des Berliner Arztes. Ausgangspunkt seiner Therapie ist die Auffassung, daß Homosexuelle, die an sich ja nicht krank sind, durch die negative Bewertung ihrer Sexualität durch die Umwelt – die sie zum Teil auch verinnerlichen – psychisch krank werden. Weil sie sich nicht selbst akzeptieren und sich an die Umgebung anzupassen suchen, erleiden sie seelische Schäden; die Adaptionstherapie, eine Art Gesprächstherapie, wandte Hirschfeld als Heilmittel dagegen an. Wie man sich diese Therapiemethode vorstellen muß, beschreibt Manfred Herzer:

»Inhalt der Behandlung ist zunächst die Lebensgeschichte des Patienten, die dieser dem Arzt erzählt. Insbesondere wird der Patient ermutigt, über seine Schwierigkeiten zu sprechen, die mit seinem Geschlechtsleben in Zusammenhang stehen. Vom Arzt erhält der Patient im Gegenzug Aufklärung über die richtige Beurteilung dieses Geschlechtslebens, über die Möglichkeiten und Risiken der körperlichen

Sexualbetätigung und des Umgangs mit der eigenen Homosexualität im Verkehr mit den heterosexuellen Mitmenschen… Indem der Arzt einfühlsam und zustimmend das Geschlechtsleben des homosexuellen Patienten im Gespräch erforscht, entsteht ein Vertrauensverhältnis, das eine neue bejahende Einstellung der eigenen Sexualität und zu den Problemen, die der ›Krankheit des Gemüts‹ Nahrung geben, ermöglicht…« (Herzer, 1992: 76).

Dieses Therapiekonzept baute Hirschfeld gegen Ende der 20er Jahre aus; er erweiterte die zunächst für Homosexuelle gedachte Adaptionsbehandlung zur »Psychischen Milieutherapie«, die auch die Behandlung heterosexueller Patienten einschloß. 1927 hielt er auf dem »Zweiten allgemeinen ärztlichen Kongreß für Psychotherapie« in Bad Nauheim einen Vortrag über seine Therapiemethode, aus dem deutlich wird, daß politisch bewußte schwule Selbsthilfegruppen in Hirschfelds Heilungskonzept als wichtige Komponente integriert waren. Hirschfeld referierte:

»Bei einem Leidenden kommt… zunächst ein verständnisvoller Arzt in Betracht, der zwischen sich und dem Hilfsbedürftigen ein Vertrauensfluidum herzustellen weiß. Aber dieser Einfluß kann naturgemäß nur ein vorübergehender sein; deshalb muß eine Ablösung stattfinden durch Personen, bei denen der Leidende ein ähnliches Vertrauen und Verständnis findet wie bei seinem Arzt. Besonders gut eignen sich hierzu Leidensgefährten, die ihrem Schicksal gegenüber bereits eine höhere, freiere Stellung errungen haben… Sehr verstärkt wird dieser harmonisierende Milieueinfluß, wenn sich in dem genannten Kreise auch ein Mensch befindet, auf den der Leidende psychoerotisch ›überträgt‹. So sehr die äußere Bindung an eine erotische inadäquate Person, vor allem innerhalb der Ehe, schwere Formen der Neurose und Hysterie hervorbringen kann… so sehr ist die bloße Anwesenheit einer erotisch anziehenden Person mit ihrer magnetischen Ausstrahlung geeignet, hochgradig neurotische und hysterische Zustände zum Abklingen zu bringen« (zit. n. Herzer, ebd.: 77).

Diese »Leidensgefährten«, die bereits einen gewissen Grad an Emanzipation erreicht hatten, konnten Schwule nun im »Institut für Sexualwissenschaft« finden.

Die Aktivitäten von Hirschfelds Institut regten sehr bald internationale Bemühungen im Kampf für die Gleichberechtigung Homosexueller an: Im Jahr 1921 wurde in Berlin die erste »Internationale Tagung für Sexualreform auf wissenschaftlicher Grundlage« abgehalten, die unübersehbar vom Glauben Hirschfelds geprägt war, daß Aufklärung durch die Wissenschaft zu einem liberalen Sexualstrafrecht führen würde. Diese Wissenschaftsgläubigkeit war, wie Stümke mit Recht hervorhebt,

»sicherlich der seelische Motor seiner unerschöpflichen Tätigkeit und seines Gerechtigkeitsempfindens... Sie blieb jedoch weitgehend und vor allem tragisch in dem Politikverständnis der Aufklärungsphilosophie verhaftet. Der deutsche Bürger Hirschfeld, der als Jude und Homosexueller gleich zwei diskriminierende und von den staatlichen Erben der bürgerlichen Aufklärung weitgehend übergangene Minderheiten in seiner Person zu harmonisieren hatte, glaubte unerschütterlich an die Machbarkeit und politische Fortschreibung von Aufklärung« (Stümke, ebd.: 62).

Um sich mit den neuen Erkenntnissen der Sexualforschung vertraut zu machen, wurde Hirschfelds Institut von zahlreichen Repräsentanten ausländischer Regierungen besucht; aus diesen Besuchen resultierten manchmal sogar sexualstrafrechtliche Reformen in den jeweiligen Ländern. So etwa in der Sowjetunion, wo die Forschungen Hirschfelds kurze Zeit nach der Revolution dazu führten, daß der Schwulen-Paragraph des Zaren »entschärft« wurde, und auch in Norwegen und der Tschechoslowakei fanden entsprechende strafrechtliche Reformen statt.

Wie groß der Einfluß der Hirschfeldschen sexualwissenschaftlichen Untersuchungen war, zeigt sich ebenfalls darin, daß Ende der 20er und zu Beginn der 30er Jahre auch im Ausland sexualwissenschaftliche Kongresse stattfanden, an denen zahlreiche Wissenschaftler und Ärzte teilnahmen. Koordiniert wurden die sexualreformerischen Bestrebungen von der 1928 geschaffenen »Weltliga für Sexualreform«, der als Präsidenten neben Hirschfeld die Sexualwissenschaftler August Forel und Havelock Ellis vorsaßen. Der »Weltliga« ging es einerseits darum, die sexualwissenschaftlichen Erkenntnisse möglichst effektiv zu verbreiten, zum anderen zielten ihre Bestrebungen darauf ab, daß aus diesen Erkenntnissen auch praktische Konsequenzen für eine neue Bewertung und Gestaltung des Geschlechts- und Liebeslebens gezogen würden, wobei sich die Liga insbesondere für die Legalisierung der Abtreibung, die Einführung von Mutterschutzgesetzen, eine Liberalisierung des Eherechts sowie die Abschaffung des Homosexuellen-Paragraphen einsetzte. Bedauerlicherweise konnte die »Weltliga«, deren Zentralverwaltung sich in Hirschfelds Institut befand, ihre Aktivitäten nicht lange entfalten: Die Vernichtung des Instituts durch die Nazis bedeutete auch die Zerstörung des Koordinationszentrums der Liga.

Im Jahr 1929 erlitt die Schwulenbewegung einen Rückschlag, der ähnliche Ausmaße annahm wie der durch die Eulenburg-Affäre verursachte. Seit über dreißig Jahren hatte sich Magnus Hirschfeld für die Gleichberechtigung Homosexueller engagiert; letzten Endes ohne nennenswerten Erfolg. Das relativ liberale soziale Klima der Weimarer Republik hatte zwar Verbesserungen für die Lebenssituation Homosexueller gebracht, aber keineswegs in der erwarteten Dimension – nicht zuletzt aufgrund der immer gefährlicher werdenden Bedrohung durch die rasch zunehmende Nazibewegung, die noch wesentlich homosexuellenfeindlicher war als das im Reichstag dominierende Lager der Nationalkonservativen und der Christen.

Am 16. und 17. Oktober 1929 befaßte sich der Strafrechtsausschuß des Reichstags erneut mit einer Reform des Schwulen-Paragraphen und fällte Entscheidungen, die man damals für gravierend hielt. Tatsächlich verhielt es sich so, daß wegen der anwachsenden Zerrüttung der parlamentarischen und wirtschaftlichen Verhältnisse der Reichstag überhaupt nicht mehr in der Lage war, die Beschlüsse des Strafrechtsausschusses juristische Wirklichkeit werden zu lassen. Über diese Beschlüsse schreibt Manfred Herzer, daß sie

»keineswegs dem (entsprachen), was Hirschfeld in seinen Petitionen gefordert hatte, vielmehr bedeuteten sie eine Mischung aus Verschärfung und Milderung des bisherigen Rechts. So sollte zwar der schwule Sex zwischen Männern, die älter als 21 Jahre alt waren, künftig straffrei sein, doch beschloß man einen § 297, der völlig neue Straftatbestände schuf und ›Gefängnis nicht unter 6 Monaten‹ für ›schwere Unzucht zwischen Männern‹ vorsah. Damit sollten künftig homosexuelle Prostitution, Sex mit einem ›männlichen Minderjährigen‹ und ›Mißbrauch‹ von Abhängigen im Dienst- und Arbeitsverhältnis als neue

Verbrechen definiert werden. Ferner war vorgesehen, nicht mehr nur ›beischlafähnliche Handlungen‹, sondern auch die von Gesetz und Rechtssprechung bisher ignorierte gegenseitige Onanie und sogar leidenschaftliche Küsse als ›schwere Unzucht‹ zu bestrafen, wenn einer der beteiligten Männer jünger als 21 Jahre alt war...« (Herzer, ebd.: 87 f.).

Strafrechtliche Realität wurden diese Beschlüsse erst durch die Nazis, die den § 297 als § 175 a in das Strafgesetzbuch aufnahmen, wobei sie allerdings die Höchststrafe verschärften und als weiteren Straftatbestand homosexuelle Vergewaltigung einführten.

Insbesondere zwei Argumentationsweisen waren es, die im Strafrechtsausschuß für eine weitere strafrechtliche Verfolgung Homosexueller zur Sprache kamen: die von dem Abgeordneten der DNVP (einer Partei, die nach der »Machtergreifung« mit der NSDAP koalierte), Strathman, vorgebrachte Ansicht, Sexualität sei keine Privatsache, da sie den Fortbestand der Gemeinschaft zu sichern habe, und das zweite Argument – ebenfalls von Strathman geäußert – gründete sich auf die Forschungen der damals »jungen« Wissenschaft Psychologie:

»Die ›mechanisch-materialistische Betrachtungsweise‹ Hirschfelds beruhte, so Strathman, ›auf einem völlig veralteten weltanschaulichen Standpunkt‹. Gerade der Standpunkt der ›modernen Psychologie‹ strebe an, die ›psycho-physischen Wechselbeziehungen‹, also die seelisch-körperlichen Wechselbeziehungen ›aufzuhellen‹, und ›die psychologischen und pädagogische Erfahrung beweise täglich die große Bedeutung des Erlebnisfaktors bei der Entwicklung der Jugendlichen‹« (Stümke, ebd.: 79 f.).

Auf welche Erlebnisse Strathman hier anspielt, ist klar: Er meint die »Verführung‹ Jugendlicher durch Schwule, die Homosexualität hervorrufe. Strathman stützte sich vor allem auf die Forschungen des Psychologen Siegfried Placzek (1866–193?), die dieser in seinem Buch *Das Geschlechtsleben der Menschen* (1926) darlegte. Placzek setzte sich für die Abschaffung des § 175 ein; gleichzeitig hielt er die Verführungsgefahr für beträchtlich. Indem sich Strathman auf Placzek bezog, beging er einen taktisch klugen Schachzug: Die Bezugnahme auf einen *Gegner* des Schwulen-Paragraphen zeigt ja, daß sich Strathman unvoreingenommen mit dem Thema beschäftigte. Placzek als ein Vertreter der Psychologie diente dem DNVP-Abgeordneten als wissenschaftlicher Argumente-Lieferant für die Beibehaltung des §175: Wenn Placzek postuliert, daß während der Zeit der Pubertät die Triebrichtung unklar ist und durch äußere Einflüsse eine Fixierung auf homoerotisches Empfinden stattfinden kann, dann hat das für die Rechtsprechung die Konsequenz, Jungen vor »Knabenverführern« zu schützen, indem sie letztere bestraft.

Gegen eine Verschärfung des Schwulen-Paragraphen und für seine Abschaffung bzw. strafmildernde Reformierung plädierten Abgeordnete der DDP, SPD und KPD, wobei sich nur die KPD vollständig hinter die Forderungen des WhK stellte (Stümke, ebd.: 81).

Das WhK betrachtete die Entscheidungen des Strafrechtsausschusses als Angriff auf seine bisherigen Aktivitäten: Zwar stellte die Straffreiheit für Schwule über 21 Jahre eine Liberalisierung dar, doch wurde diese durch die genannten Verschärfungen weit überwogen. Von einer juristischen Gleichstellung Homosexueller mit Heterosexuellen konnte keine Rede sein. Die Verbitterung über das letztliche Scheitern des Kampfes für die Rechte der Homosexuellen, die sich im WhK breitmachte, richtete sich bald gegen Magnus Hirschfeld:

»Die Einsicht in ... die Vergeblichkeit der jahrzehntelangen Anstrengungen scheint im Komitee die Bereitschaft zur Rebellion gegen den, der als Mutter, Erfinder und Verantwortlicher des ganzen Projekts galt, gegen den Vorsitzenden Hirschfeld, so weit gesteigert zu haben, daß der offene Kampf ausbrach. Als Ergebnis dieses Kampfes ... trat Hirschfeld am 24. November 1929 vom Vorsitz zurück; das Komitee gab seine Büroräume im Institut für Sexualwissenschaft auf und vollzog so eine vollständige Trennung von Hirschfeld« (Herzer, ebd.: 88).

Obgleich Hirschfeld im Jahr 1930 wieder zum Obmann des WhK nominiert wurde, stellte sich der alte Zustand nicht mehr her, da Richard Linsert, einer der schärfsten Gegner Hirschfelds, im Komitee das Sagen hatte. Bis zu seinem Tod (1935) lebte Hirschfeld mit seinen Geliebten Karl Giese, dem ehemaligen Archivleiter von Hirschfelds Institut, und dem Medizinstudenten Tao Li in der Schweiz und Frankreich zusammen, ohne an der Homosexuellen-Bewegung weiterhin teilzuhaben.

Wenngleich Hirschfeld mit Recht als die treibende Kraft in der Homosexuellenbewegung des ersten Drittels unseres Jahrhunderts gilt, darf doch nicht übersehen werden, daß sich sein Engagement, wie Herzer hervorhebt, in Grenzen hielt:

»nur selten vergaß er, Homosexualität als einen Fluch der Natur zu bezeichnen, und den Wunsch vieler Homosexueller, heterosexuell zu empfinden, hielt er stets für ›gewiß berechtigt‹. Die Verwirklichung gleichen Rechts und gleicher Lebenschancen für alle Geschlechter und sexuelle Orientierungen stieß damit auch an eine subjektive Schranke und scheiterte nicht nur an den politischen Verhältnissen in Deutschland« (ebd.: 8).

Die Sexualwissenschaft Hirschfelds veraltete schnell, was im wesentlichen darauf zurückzuführen ist, daß sie beinahe zur Gänze von der Biologie und vom Darwinismus bestimmt wurde und so geschichtliche und soziologische Ansätze ignoriert wurden. Hirschfelds Homosexualitäts-Theorie war konventionell; neu hingegen war seine empirische Vorgehensweise, über die Kurt Hiller, einer seiner Mitarbeiter, im Jahr 1935 schrieb:

»Er war in Forschung und Denkung, was seine Generationsgenossen in Kunst und Dichtung nicht durchweg mehr waren: Realist, Tatsachenkopf, Mann der direkten Methode, Deskriptor, Empiriker. Seine Stärke lag nicht dort, wo etwas Sigmund Freuds Stärke liegt: In der Deutung von Tatsachen... Sie lag in der Aufzeichnung von Tatsachen. Man hat ihn zum Kompilator verkleinern wollen: unrichtig, er entdeckte sich alles selbst. Aber Tiefenforscher der Seele war er freilich nicht: Kein Seher – ein Aufklärer war er: ein Aufheller des Spiegels der Erscheinungen: ein unermüdlicher und erfolgreicher Sammler, Beschreiber und Ordner von Tatsachen, auf die bis dahin der Blick gemeinhin nicht fiel noch fallen mochte« (zit. n. Herzer, ebd.: 9 f.).

Hirschfelds Bedeutung ist in erster Linie darin zu sehen, daß er eine bis dahin alle Grenzen sprengende sexologische Empirie betrieb, deren Umfang und Präzision ihresgleichen suchten.

Wie wurde Hirschfelds Werk von späteren Generationen rezipiert? Laut Manfred Herzer erwähnte die deutsche Sexualwissenschaft

Hirschfeld so gut wie gar nicht, was er darauf zurückführt, daß die beiden berühmtesten Vertreter dieser Wissenschaft, die Psychiater Hans Bürger-Prinz und Hans Giese, ehemalige Nazis gewesen seien (ebd.: 11). Man knüpfte nicht an die Hirschfeldsche Forschungstradition an, so Herzer, sondern rekurrierte lieber auf die sexologische »Wissenschaft« der Nationalsozialisten. Diese Behauptungen Manfred Herzers bedürfen der Korrektur: Hans Giese setzte sich (z. B. in seinem Werk *Der homosexuelle Mann in der Welt*, 1964) durchaus mit den Ansichten Hirschfelds auseinander; er entwickelte aber eine andere Theorie der Homosexualität (siehe letztes Kapitel), die jedoch keineswegs auf nationalsozialistisches Gedankengut zurückgreift – im Gegenteil: Hans Giese vertrat eine relativ liberale Einstellung gegenüber Schwulen, was sich nicht zuletzt darin zeigte, daß er sich für die Abschaffung des § 175 einsetzte.

Etwa um 1970 meldete sich eine neue Generation von Sexualwissenschaftlern zu Wort, zu deren wichtigsten Vertretern Martin Dannecker und Volker Sigusch gehören. Herzer beschreibt das bei dieser Generation westdeutscher Sexologen vorherrschende Hirschfeld-Bild folgendermaßen:

»Demnach sei es Hirschfeld gewesen, der den Nazis die Begründung für Homosexuellenverfolgungen, Zwangskastration und vielleicht auch Massentötung von Geisteskranken vorformuliert habe, weil seine womöglich gut gemeinte These von der angeborenen Homosexualität dazu geeignet gewesen sei, ins böse Gegenteil umzuschlagen und den Nazis als Rechtfertigung habe dienen können, als sie darangingen, ›das Kranke, Abartige auszurotten‹. Es habe bei den Nazis eine ›eugenische Legitimation der Homosexuellenverfolgung‹ gegeben, und Hirschfelds Theorie ›nährte diesen Wahn‹ (Dannecker...); schließlich habe er vorweg, lange bevor die Nazis ihre Menschenvernichtung betrieben, diese ›wissenschaftlich und ethisch begründet‹ (Sigusch...)« (Herzer, ebd.: 12 f.).

Gegen diese Auffassung wendet Herzer zu Recht ein, daß Hirschfeld für eine Indienstnahme durch die Nazis nicht geeignet war: einerseits, weil er Jude war, andererseits, weil er jeglichen (staatlichen) Zwang bei operativen Eingriffen an Homosexuellen kategorisch ablehnte.

»Der vielleicht fatalste Effekt einer Zuordnung Hirschfelds zu den nazistischen Eugenikern und Rassenideologen besteht in einer Verharmlosung von Zwang und Gewalt, dieses wesentlichsten Elements nazistischer Bevölkerungs- und Sexualpolitik. Das Tabu über der nazistischen Vorgeschichte der westdeutschen Sexologie scheint in einer solchen Uminterpretation Hirschfeldscher Theorien zur pränazistischen Ideologie seine noch unrühmlichere Kehrseite zu besitzen« (ebd.: 13).

Zu Beginn des Jahres 1932 erschien in den »Mitteilungen« des WhK der Artikel eines schwulen Nazis, der deutlich macht, in welch unglaublichem Ausmaß manche Homosexuelle die unverhohlen zur Schau gestellte Schwulen-Feindlichkeit der Nationalsozialisten verdrängten. Dem Verfasser zufolge gab es keine Verfemung schwuler Männer innerhalb der NSDAP:

»Ich kenne eine ganze Menge Kameraden, von denen ›man es weiß‹. Hauptsache ist, sie tun ihre Pflicht. Was zwei im Heim oder auf dem Heuboden machen, geht uns einen Dreck an. Das ist nicht nur meine persönliche Ansicht, sondern die Meinung aller Parteiinstanzen bis hinauf zum Führer« (zit. n. Stümke, ebd.: 85).

Wie sehr sich dieser Mann geirrt hat, zeigen die folgenden geschichtlichen Ereignisse: Was sich auf Heuböden, in Heimen oder sonst irgendwo zwischen Männern abspielte, interessierte die Nazis sehr wohl.

8. Der Homosexuelle als »Volksschädling«
Verfolgung und Ermordung Schwuler in der NS-Zeit

»Wir... sind der Ansicht, daß diese Leute des § 175... mit aller Schärfe verfolgt werden müssen, weil solche Laster zum Untergang des deutschen Volkes führen müssen.« So der NSDAP-Abgeordnete und spätere Reichsinnenminister Frick in einer Reichstagsdebatte im Jahr 1927, in der es um die Reformierung des § 175 ging. Die NSDAP machte von Anfang an klar, daß sie mit aller Härte gegen Schwule vorgehen werde. Als 1928 eine Umfrage zur Reform des § 175 abgehalten wurde, äußerte sich die Hitler-Partei zur Frage der Homosexualität:

»Wer gar an Mann-männliche oder Weib-weibliche Liebe denkt, ist unser Feind. Alles, was unser Volk entmannt, zum Spielball seiner Feinde macht, lehnen wir ab, denn wir wissen, daß Leben Kampf ist und Wahnsinn zu denken, die Menschen lägen sich einst brüderlich in den Armen... Die Naturgeschichte lehrt uns anderes. Der Stärkere hat recht. Und der Stärkere wird sich immer gegen den Schwächeren durchsetzen. Heute sind wir die Schwächeren. Sehen wir zu, daß wir wieder die Stärkeren werden! Das können wir nur, wenn wir Zucht üben. Wir verwerfen darum jede Unzucht, vor allem die Mann-männliche Liebe, weil sie uns der letzten Möglichkeit beraubt, jemals unser Volk von den Sklavenketten zu befreien, unter denen es jetzt front« (*Das schwarze Korps* v. 14. 5. 1928)

Im Tonfall noch wesentlich aggressiver, heißt es, zwei Jahre später, im *Völkischen Beobachter* (dem offiziellen Organ der NSDAP), daß in der Homosexualität »alle boshaften Triebe der Judenseele« verschmolzen seien, so daß man Schwulsein kennzeichnen müsse »als ganz gemeine Abirrung von Syriern, als allerschwerste, mit Strang und Ausweisung zu ahndende Verbrechen« (zit. n. Grau, 1993: 31).

Wie ist es nun zu erklären, daß die Nazis einen solchen Haß gegen Homosexuelle hegten, daß sie die schrecklichste Schwulen-Verfolgung in der neueren Geschichte Deutschlands betrieben? Ein Erklärungsversuch der »Linken« findet sich in der Berliner Tageszeitung »taz« vom 24.11.1987: »Die blutige Episode... ist vielmehr ein typischer Fall von Homosexuellen-Verfolgung, zu der nur Homosexuelle imstande sind, die um ihre Respektibilität fürchten müssen.« Diese These beweist, daß die von der KPD und den UdSSR-orientierten kommunistischen Parteien nach der Ermordung des schwulen SA-Chefs Röhm durch die SS (1934) vertretene Ansicht, jeder Schwule sei ein potentieller Nazi, auch heute noch in manchen Köpfen herumspukt.

Zu dem »taz«-Artikel schreibt Hans-Georg Stümke:

»Theorien dieser Art verkennen nicht nur die historischen Ursachen der Homosexuellen-Verfolgung allgemein, sondern bleiben vor allem in einem sexualdenunziatorischen Interesse befangen. Es ist ebenso ein Irrtum anzunehmen, die Verfolgung der Homosexuellen im Dritten Reich sei der Homophobie (Angst vor Homosexualität) eines ›Männerstaates‹ entsprungen und somit als ›Angstabwehr‹ latent homosexueller Bedürfnisse der NS-Führungs-Eliten anzusehen. Tatsächlich ist die Verfolgung nicht nur älter als der Nationalsozialismus und *dessen* ›Männerbünde‹, sondern setzte sich auch nach 1945 ungebrochen fort. Die Strukturen und häufig auch die juristischen Begründungen für die Verfolgung blieben seit Gründung des Deutschen Reiches bis weit hinein in die Bundesrepublik Deutschland prinzipiell stets ähnlich« (Stümke, 1989: 101 f.).

Eine der wichtigsten Ursachen für den Schwulen-Haß der Nazis liegt in dem Konzept der »Rassenhygiene«, das die Faschisten entwarfen. NS-Ideologen betrachteten Schwule als direkte Bedrohung für das Volkswachstum; Homosexuellen warf man vor, an den geringen Geburtenraten mit schuld zu sein. Sie verschwendeten ihre Zeugungskraft, anstatt sie in den Dienst der Zucht von »gesunden Ariern« zu stellen. Diese Rassen-Theoretiker lieferten die Grundlagen für die Eliminierung des »Ungesunden«, für die Ausschaltung der Fortpflanzung von »erbbiologisch Minderwertigen«, die ihnen als notwendig erschien, um den »Erbstrom« zu »bereinigen«.

Erklärtes Ziel der Nazi-Diktatur war die »Ausmerzung« der Homosexualität, das durch Observierung, Registrierung, strafrechtliche Verfolgung und Absonderung erreicht werden sollte. Schwule sollten

»umerzogen« werden; gelang dies nicht, scheute man auch vor Kastration und Ermordung nicht zurück (Grau, ebd.: 32).

(Homo-)Sexualität war somit keine Privatangelegenheit mehr, was Heinrich Himmler – ein besonders fanatischer Feind der Homosexualität – deutlich in einer 1937 vor Leitern der Kriminalpolizei- und Staatspolizeistellen gehaltenen Rede zum Ausdruck brachte:

»Es gibt unter Homosexuellen Leute, die stehen auf dem Standpunkt: was ich mache, geht niemanden etwas an, das ist meine Privatangelegenheit. Alle Dinge, die sich auf dem geschlechtlichen Sektor bewegen, sind jedoch keine Privatangelegenheit eines einzelnen, sondern sie bedeuten das Leben und das Sterben eines Volkes, bedeuten die Weltmacht und die Verschweizerung. Das Volk, das sehr viele Kinder hat, hat die Anwartschaft auf die Weltmacht und die Weltbeherrschung« (zit. n. Stümke, ebd: 113 f.).

In einer Rede vor SS-Offizieren im Februar desselben Jahres führte Himmler in Bezugnahme auf den Geburtenrückgang aus:

»Wir haben in Deutschland nach den neuesten Volkszählungen wohl 67 bis 68 Millionen Menschen, das bedeutet an Männern... rund 34 Millionen. Dann sind an geschlechtsfähigen Männern... ungefähr 20 Millionen vorhanden... Wenn ich ein bis zwei Millionen Homosexuelle annehme, so ergibt das, daß ungefähr 7, 8, 10 % der Männer in Deutschland homosexuell sind. Das bedeutet, wenn das so bleibt, daß unser Volk an dieser Seuche kaputtgeht. Ein Volk wird es auf die Dauer nicht aushalten, daß sein Geschlechtshaushalt und Gleichgewicht derartig gestört ist« (ebd.: 113).

Am liebsten wäre Himmler gewesen, Homosexuelle nach »germanischem Brauch« zu behandeln – und das bedeutete Aussonderung und Tötung. »Das war nicht Strafe«, führte Himmler in seiner Rede vor SS-Offizieren aus, »sondern das war einfach Auslöschen dieses anomalen Lebens. Das mußte entfernt werden, wie wir Brennesseln ausziehen, auf einen Haufen werfen und verbrennen. Das war kein Gefühl der Rache, der Betreffende mußte einfach weg.«

Dennoch hat Himmler niemals geplant, Schwule so systematisch zu verfolgen wie Juden. Einen Grund dafür gab er in seiner Rede an: Die

Zahl der Homosexuellen in Deutschland sei ganz einfach zu groß. Und ein weiterer Grund wird in der Rede angedeutet: Selbst wenn alle Schwulen eliminiert würden, wäre damit die Liebe unter Männern nicht ausgelöscht, da sie kein Merkmal einer Rasse darstelle (Campe, 1988). Wäre Himmler an einer totalen Vernichtung der Homosexuellen interessiert gewesen, hätte er medizinische »Lösungsversuche« des »Problems« Homosexualität (wie etwa die »hormonelle Umpolung«, die aus Homosexuellen Heterosexuelle machen wollte) nicht großzügig unterstützt.

Die merkwürdigen Vorstellungen, welche die Nazis vom Charakter schwuler Männer hatten, kommen in Himmlers Rede vom Februar 1937 deutlich zum Ausdruck:

»der Homosexuelle ist ein durch und durch psychisch kranker Mensch. Er ist weich, er ist in jedem entscheidenden Fall ein Feigling. Ich glaube, daß er da und dort im Krieg tapfer sein kann, auf dem Gebiet der Zivilcourage sind es jedoch die feigsten Männer, die es gibt. Hiermit hängt zusammen, daß der Homosexuelle krankhaft lügt. Er lügt nicht etwa... wie ein Jesuit. Der Jesuit lügt zweckgebunden. Er erzählt mit strahlender Miene irgend etwas und weiß dabei, ich kohle dich an... Der Homosexuelle dagegen lügt und glaubt es selbst... Nach meinen Erfahrungen führt die Homosexualität zu einer absoluten, ich möchte fast sagen, geistigen Unzurechnungsfähigkeit und Verrücktheit. Der Homosexuelle ist natürlich das geeignetste Objekt für jede Erpressung, erstens weil er selbst straffällig ist, zweitens aber auch, weil er ein weicher Kerl ist und drittens, weil er willenlos und schlapp ist« (zit. n. Campe, 1988: 265 f.).

Also wieder einmal: Der Homosexuelle als »Kranker« und »Verbrecher«, ein Fall für Ärzte und Juristen.

Was die Medizinalisierung der Schwulenfrage betrifft, hatte sie (wie bereits dargestellt) schon vor der Machtübernahme durch die Nazis im wesentlichen zu Schwule abwertenden Klischeevorstellungen geführt. Günter Grau hebt vier Aspekte hervor, mit denen die behauptete Inferiorität und Gefährlichkeit Homosexueller untermauert werden sollte:

»1. Die Unfähigkeit (bzw. ihre Verweigerung) zur Zeugung von Nach-
kommen. Mit jedem Homosexuellen ginge dem Volk ein potentieller Erzeuger von Kindern verloren,

2. die Gefahr der ›Verführung‹ Jugendlicher und damit die Möglichkeit zur ›seuchenartigen‹ Ausbreitung,

3. die Neigung zur Cliquenbildung. In jedem Homosexuellen müsse
also ein ›potentieller Oppositioneller‹ vermutet und damit ein
Feind des bürgerlichen Gemeinwesens gesehen werden,

4. die Gefährdung der ›öffentlichen Sittlichkeit‹. Sexuelle Beziehun-
gen zwischen Menschen gleichen Geschlechts verletzten das
Schamgefühl, würden die Sittlichkeit untergraben und damit zum
›Verfall der sozialen Gemeinschaft‹ beitragen« (ebd.: 31 f.).

Einer der Wissenschaftler, die mit ihren Thesen über Homosexualität
die theoretische Grundlage für die Verfolgung schwuler Männer durch
das NS-Regime lieferten, war der Psychiater Emil Kraepelin, der schon
1918 in seinem Aufsatz *Geschlechtliche Verirrungen und Volksvermehrung* strenge Strafen für Homosexuelle forderte: »Gleichgeschlechtlicher Verkehr Volljähriger mit männlichen Personen unter
21 Jahren sollte streng bestraft werden. Die Strafandrohung sollte sich
nicht lediglich gegen ›beischlafähnliche‹, sondern gegen alle Handlungen richten, durch die geschlechtliche Befriedigung bezweckt wird«
(S. 120). Im Gegensatz zu den zahlreichen Ärzten, die Schwulsein als
Krankheit betrachteten und aus diesem Grund für Straffreiheit Homosexueller plädierten, war Homosexualität für Kraepelin ein durch Masturbation hervorgerufenes Laster: »Den Anstoß zur Entwicklung der
Homosexualität gibt einmal die Verschiebung des Geschlechtsziels auf
das eigene Geschlecht durch die Onanie bei geschlechtlicher Frühreife
mit späterer psychischer Impotenz, ferner die Anknüpfung frühzeitiger lebhafter geschlechtlicher Regungen an gleichgeschlechtliche Beziehungen, endlich die Verführung. Begünstigend wirkt der Einfluß
des Alkohols« (S. 120).

Der Rechtsanwalt Rudolf Klare trug mit seinem 1937 geschriebenen
Buch *Homosexualität und Strafrecht* zur Schaffung des ideologischen
Fundaments für die Verfolgung der Homosexuellen entscheidend bei.
Mit äußerster Pedanterie gab er als »Tatbestände gleichgeschlecht-
licher Liebe« an:

»1. Das bloße Anschauen des geliebten Objektes (ideeller Koitus),
2. das bloße Berühren (infolge hochgradiger Hyperästhesie (Überempfindlichkeit bei Berührungen; H.B.) verbindet sich u. U. schon damit Erektion, Ejakulation, Orgasmus),
3. das Streicheln, Umarmen, Küssen und dgl. (mit denselben Wirkungen),
4. das Anpressen des (entblößten) Gliedes an irgendeinen Körperteil (wie Schenkel, Arm…) des Partners,
5. das Aneinanderlegen der Körper mit und ohne Friktion,
6. die eigentliche Päderastie (immissio penis in anum)« (zit. n. Wilde, 1969: 18).

Es gab später gerichtliche Entscheidungen, die bereits einen erotischen Blick von einem Mann zum anderen als Straftatbestand werteten (Plant, 1991: 100). 1938 veröffentlichte Klare den Aufsatz *Die Homosexuellen als politisches Problem. 2. Teil*, worin er eine Liste der von Schwulen angeblich ausgehenden Gefahren aufstellt:

»Die politische Gefahr seitens der männlichen Homosexuellen besteht
1. in der Umkehrung der naturgegebenen Stellung des Mannes zur Frau und der totalen Zersetzung aller Charakterwerte;
2. in der Ausschaltung des Zusammenwirkens des männlichen und weiblichen Prinzips und der Erhebung des Dekadenten zum allein herrschenden Grundsatz;
3. in der durch sie drohenden Möglichkeit der sittlichen und haltungsmäßigen Zersetzung der völkischen Gemeinschaften und ihrer Zentralen;
4. in dem Bestreben, in ihren Tätigkeitsbereich Homosexuelle nachzuziehen und somit immer größere Teilgebiete des öffentlichen Lebens ihrem Charakter gemäß zu zerstören;
5. in einer Unterstützung der Gegner unserer Weltanschauung, die angesichts der Tatsache, daß es in Deutschland 1,5 bis 2 Millionen Homosexuelle gibt, nicht unterschätzt werden darf, da Homosexuellen der Verrat, der Meineid, der Wortbruch und dergleichen hemmungslos geläufig werden« (Klare, 1938: 17).

Aus Punkt 1 dieser Liste ergibt sich, daß Klare besonderen Wert auf die Aufrechterhaltung der tradierten Geschlechterrollenverteilung legte.

Dem NS-Regime ging es darum, die starre Abgrenzung zwischen männlicher und weiblicher Rolle zu bewahren, aber nicht deshalb, weil man das Konzept von Familie als Raum des Intimen bewahren wollte.

Vielmehr legten die Nazis wert auf den althergebrachten »Gegensatz« männlich–weiblich, weil dieses anthropologische Modell die Ausprägung männlich aggressiver »Tugenden« legitimierte. Die Faschisten legten allergrößten Wert auf »männliche Tugenden« wie Härte, Bereitschaft zur Gewalt und Leistungswillen. Und das nicht zuletzt aus ökonomischen und militärischen Gründen, ging es ihnen doch darum, die östlichen und westlichen »Erbfeinde« in die Knie zu zwingen. Joachim Campe hebt hervor, daß

»die Restauration der alten Moral- und Rechtsordnung... mit dem Hinweis auf staatliche Machtpolitik (begründet wurde; H. B.). Das bestimmte auch die Struktur der Argumente, mit denen die Juristen die Toleranz der Weimarer Republik gegenüber den Homosexuellen kritisierten – sie gehören allesamt in das Arsenal der politischen Soziologie. So schrieb einer der Autoren, die Homosexuellen gefährdeten durch ihr ›weibisches‹ Verhalten den Herrschaftsanspruch des Mannes über die Frau und damit die allein natürliche und allein leistungsfähige Ordnung. Und ein anderer Autor ergänzte: sogar aktiv hätten viele Homosexuelle in den 20er Jahren unter Führung des Dr. Hirschfeld gegen diese Ordnung gekämpft und eine neue sexuelle Kultur propagiert, in der es keine undurchlässigen Grenzen zwischen den Geschlechtern mehr gab« (Campe, 1988: 256).

»Der völkischen Weltanschauung muß es im völkischen Staat endlich gelingen«, schreibt Adolf Hitler in *Mein Kampf*, »jenes edle Zeitalter herbeizuführen, in dem die Menschen ihre Sorge nicht mehr in der Höherzüchtung von Hunden, Pferden und Katzen erblicken, sondern im Emporheben der Menschen selbst.« Weiter heißt es, daß es darum gehe, »die Rasse in den Mittelpunkt des allgemeinen Lebens zu setzen. Er (der ›völkische Staat‹; H. B.) hat für ihre Reinerhaltung zu sorgen. Er hat das Kind zum kostbarsten Gute des Volkes zu erklären. Er muß dafür Sorge tragen, daß nur, wer gesund ist, Kinder zeugt« (zit. n. Stümke, ebd.: 92).

Das Kind als »Volksgut«: Daraus folgerte Hitler, daß die Ehe kein »Selbstzweck« sein könne, sondern daß ihre Aufgabe ausschließlich darin bestünde, der Fortpflanzung und Ausbreitung der »arischen Rasse« zu dienen. Die Rolle, die der Frau dabei zukam, war die der Gebärmaschine. Betrachtete das NS-Regime homosexuelle Frauen, die diese Rolle aufgrund ihrer Sexualität nicht erfüllten, ebenso als »Staatsfeinde« wie schwule Männer? Der bereits erwähnte Jurist Klare trat grundsätzlich für eine Bestrafung lesbischer Frauen ein, da sie sich Heirat und Gebären, den beiden Eckpfeilern des »nordischen Rassenerbes«, widersetzten. Aus pragmatischen Gründen empfahl er aber dann doch, von einer strafrechtlichen Verfolgung von Lesben abzusehen:

»Die weibliche Homosexualität ist grundsätzlich als ein strafbares Verhalten anzusehen, da sie geeignet ist, blutsmäßige Werte zu zersetzen, die Frau ihrem völkischen Pflichtenkreis zu entziehen. Die besonderen gegenwärtige Verhältnisse, vor allem der große Verlust von Männern im Weltkrieg und die dadurch bedingten geringen Heiratsaussichten der Frau, lassen indessen eine strafrechtliche Verfolgung der lesbischen Liebe nicht für geeignet erscheinen« (Klare, 1938: 17).

In einem Schreiben des Reichsministers der Justiz (18.6.1942) wurde die juristische Verfolgung von Lesben mit folgender Begründung abgelehnt:

»Der wichtige Grund für die Strafbarkeit der Unzucht zwischen Männern, der in der Verfälschung des öffentlichen Lebens durch die Schaffung von persönlichen Abhängigkeitsverhältnissen liegt, trifft bei Frauen wegen ihrer weniger maßgebenden Stellung in staatlichen und öffentlichen Ämtern nicht zu. Endlich sind auch Frauen, die sich einem widernatürlichen Verkehr hingeben, nicht in dem Maße wie homosexuelle Männer für immer als Zeugungsfaktoren verloren, da sie sich erfahrungsgemäß oft später wieder einem normalen Verkehr zuwenden« (zit. n. Grau, ebd.: 114 f.).

Trotzdem gab es lesbische Frauen, die in die Mühlen der Gestapo gerieten.

Die Hetze gegen Schwule erreichte 1934 mit der Röhm-Affäre einen Höhepunkt. Der SA-Chef Ernst Röhm, bereits seit 1919 ein Freund und Unterstützer Hitlers, war mit dem »Führer« unzufrieden: »Er verrät uns alle. Er geht nur noch mit Reaktionären um.« Was Röhm wollte, war eine »Zweite Revolution«, die den Interessen ökonomisch benachteiligter Schichten dienen sollte. Hitler jedoch strebte Kompromisse mit den alten Machthabern an; um seine Ziele verwirklichen zu können, benötigte er vor allem die Hilfe der Reichswehr. Gerade aber mit der Armee stand Röhm auf Kriegsfuß. Sein Plan war, die SA in die Reichswehr zu integrieren und dann die Führung des neu organisierten Kriegsapparats zu übernehmen. Brauchitsch wie auch andere hohe Offiziere, die Röhm zunächst wegen dessen gelungener Militarisierung junger Männer respektierten, fürchteten naturgemäß um ihre Macht. Im Februar 1934 berief Hitler eine Versammlung ein, an der die Führung der Armee sowie die ranghöchsten Offiziere Röhms teilnahmen. Für Rohm endete die Sitzung in einer schweren Niederlage, da Hitler die Reichswehr zur alleinigen militärischen Kraft bestimmte. Röhm war empört: »Da holt er sich diese ostpreußischen Generäle heran. Das sind jetzt seine Vertrauten... er will die Armee erben... Wo da nachher revolutionärer Geist herkommen soll!« (zit. n. Fest, 1974: 622).

Hitler bemühte sich, Röhm zum Einlenken zu bewegen – aber ohne Erfolg. Röhm blieb dabei: »Die SA ist und bleibt das Schicksal Deutschlands« (zit. n. Plant, 1991: 54).

Heinrich Himmler – der Röhm aufgrund dessen offen zugegebener Homosexulität besonders haßte, Reinhard Heydrich (beide hatte Hitler zu den Chefs der Gestapo ernannt) und Hermann Göring sammelten auf Anordnung Hitlers »Beweise«, die angebliche (tatsächlich nie existent gewesene) Putschpläne Röhms belegen sollten. Am 24. Juni 1934 entschloß sich Hitler dazu, die SA-Führung zu vernichten. Vier Tage später ließ Hitler das Hauptquartier der SA stürmen. Röhm wurde zusammen mit fünf SA-Führern verhaftet, die am selben Tag erschossen wurden. Nachdem sich Röhm geweigert hatte, sich selbst zu erschießen, wurde er von der SS getötet. Was sich hinter dem sogenannten Röhm-Putsch tatsächlich verbarg, verschwiegen die von den Nazis total kontrollierten Medien; die Liquidierung der SA-Führung wurde als erfolgreiche Aktion gegen einen Putschversuch »krankhafter Individuen« ausgelegt. Dazu Adolf Hitler: »Seine (Röhms; H. B.) unglückliche Veranlagung führte allmählich zu… unerträglichen Belastungen«; ein »Einschreiten zur rücksichtslosen Aufräumung dieser Pestbeule« sei unumgänglich geworden. Goebbels hob in den Medien hervor, wie sehr »erschüttert« der »Führer« gewesen sei, als er kurz zuvor von Röhms Homosexualität unterrichtet worden sei. Tatsächlich war Hitler Röhms Schwulsein längst bekannt; es schien ihn auch nicht zu stören, hatte er doch anläßlich von Beschwerden über Röhms homosexuelle Aktivitäten erklärt:

»Den obersten und oberen SA-Führern wird zugemutet, über diese Dinge, die rein auf privatem Gebiet liegen, Entscheidungen zu treffen. Ich weise diese Zumutung in aller Schärfe zurück… Aufgabe der Prüfung kann hier nur sein, ob der SA-Führer oder -Mann in der SA seine Dienstpflicht erfüllt oder nicht. Das Privatleben kann nur dann Gegenstand der Betrachtung sein, wenn es wesentlichen Grundsätzen der nationalsozialistischen Anschauung zuwiderläuft« (zit. n. Bleuel, 1972: 119).

Die jetzige Strategie Hitlers war eine andere: Er benützte (tatsächliche und erfundene) schwule Handlungen in der SA dazu, sich als Hüter der Moral in der NSDAP und im gesamten Deutschland darzustellen. Daß »Säuberungsaktionen« gegen Schwule in der Partei bevorstünden, machte ein Befehl Hitlers an den neuen SA-Chef Lutze deutlich:

»Ich erwarte von allen SA-Führern, daß sie helfen, die SA als reinliche und saubere Institution zu erhalten und zu festigen. Ich möchte, daß jede Mutter ihren Sohn in SA, Partei und HJ gehen lassen kann, ohne die Furcht, er könne dort sittlich oder moralisch verdorben werden. Ich wünsche daher, daß alle SA-Führer peinlichst darüber wachen, daß Verfehlungen nach § 175 mit dem sofortigen Ausschluß der Schuldigen aus SA und Partei beantwortet werden. Ich will Männer als SA-Führer sehen und keine lächerlichen Affen« (zit. n. Bleuel, 1971: 253 f.).

Mit »üblen Erfahrungen der letzten Zeit« – eine offenkundige Anspielung auf den »Röhm-Putsch« – begründete der Gesetzgeber die ungewöhnlich rasche Novellierung der Nazi-Fassung des § 175. Der »Homo-Paragraph« wurde entscheidend verschärft, und zwar in zweierlei Hinsicht:

1. Der Terminus »widernatürliche Unzucht« hatte sich bisher ausschließlich bezogen auf beischlafähnliche Handlungen (Anal-, Oral- und Schenkelverkehr). Derartige Handlungen mußten, um Homosexuelle juristisch belangen zu können, nun nicht mehr vorliegen. Für eine Verurteilung genügte jetzt schon Onanie in Anwesenheit eines anderen Mannes; als »Unzucht« wurde bereits betrachtet, wenn das Glied eines Mannes den Körper eines anderen berührt hatte, und sogar ein Aneinanderschmiegen zweier nackter Männer wurde jetzt strafbar (Grau, ebd.: 93 f.).

2. Der § 175 wurde ergänzt um den § 175 a. Sein Wortlaut:

»Mit Zuchthaus bis zu zehn Jahren, bei mildernden Umständen mit Gefängnis nicht unter drei Monaten wird bestraft:

1. ein Mann, der einen anderen Mann mit Gewalt oder durch Drohung… nötigt, mit ihm Unzucht zu treiben oder sich von ihm zur Unzucht mißbrauchen zu lassen:

2. ein Mann, der einen anderen Mann unter Mißbrauch einer durch ein Dienst-, Arbeits- oder Unterordnungsverhältnis begründeten Abhängigkeit bestimmt, mit ihm Unzucht zu treiben oder sich von ihm zur Unzucht mißbrauchen zu lassen:

3. ein Mann über 21 Jahre, der eine männliche Person unter einundzwanzig Jahren verführt…

4. ein Mann, der gewerbsmäßig mit Männern Unzucht treibt oder von Männern sich zur Unzucht mißbrauchen läßt oder sich dazu anbietet.«

(Neue Fassung des § 175 gem. Gesetz zur Änderung des StGB vom 28. Juni 1935, Art. 6)

Mit der Neufassung des § 175 und der Einführung des § 175 a wurde am 28. Juni 1935 auch ein Paragraph in das StGB aufgenommen, der den bisher geltenden Grundsatz, daß ohne Gesetz keine Strafe erfolgen könne, außer Kraft setzte: der § 2. Sein Wortlaut: »Bestraft wird, wer eine Tat begeht, die das Gesetz für strafbar erklärt oder die nach dem Grundgedanken eines Strafgesetzes und nach dem gesunden Volksempfinden Bestrafung verdient. Findet auf die Tat kein bestimmtes Strafgesetz unmittelbar Anwendung, so wird die Tat nach dem Gesetz bestraft, dessen Grundgedanke auf sie am besten zutrifft.«

Die Nazis erreichten mit diesen Gesetzesänderungen bzw. -einführungen ihr Ziel: eine enorme Zunahme der Verurteilungen nach den §§ 175 und 175 a.

Die Verfolgung Homosexueller durch das NS-Regime hatte jedoch schon vor der Ausschaltung der SA-Führung (die für weite Kreise der Bevölkerung die moralische Integrität des »Führers« bewies) und der Verschärfung der Homosexuellen-Gesetzgebung begonnen. Bereits am 23. Februar 1933, also knapp ein Monat nach Hitlers Machtübernahme (30. Januar), erging ein Erlaß des Innenministers zur Überwachung und Schließung der Gaststätten, wo »Unzucht« zwischen Männern stattfand. In dem Erlaß heißt es: »Derartige Betriebe können nicht länger geduldet werden. Der Wiederaufstieg Deutschlands ist nicht zuletzt durch eine sittliche Erneuerung des deutschen Volkes bedingt. Die in dieser Hinsicht eingeleitete geistige Bewegung ist durch geeignete polizeiliche Maßnahmen... zu unterstützen.«

Einen Tag später, am 24. Februar, folgte ein weiterer ministerieller Erlaß zur Bekämpfung von Buchhandlungen, die erotische Druckerzeugnisse anboten (»Bekämpfung anstößiger Auslagen«). Dieser Erlaß führte dazu, daß Schriften, die sich mit Homosexualität befaßten, bald nicht mehr erhältlich waren.

Nur wenige Lokale, in denen sich Schwule trafen, schlossen die Nazis nicht – sie dienten ihnen dazu, die Schwulen-Szene im Auge zu behalten.

Magnus Hirschfeld war den Nazis schon immer ein Dorn im Auge gewesen. Er war Sozialist, ein Homosexueller und überdies noch Jude. So nimmt es nicht wunder, daß die Faschisten mit größter Brutalität gegen sein international renommiertes Institut für Sexualwissenschaft vorgingen. Am 6. Mai 1933 verwüsteten sie Hirschfelds Institut; vier Tage später verbrannten sie unter dem Jubel zusammengelaufener »Volksgenossen« u. a. seine und Sigmund Freuds Schriften.

Über die Zerstörung des Instituts für Sexualwissenschaft berichtet ein Augenzeuge:

»Am Morgen des 6. Mai 1933 brachte der ›Berliner Lokalanzeiger‹ die Nachricht, daß die Säuberungsaktion der Berliner Bibliotheken von Büchern undeutschen Geistes am Vormittag dieses Tages einsetzen würde und daß die Studenten der Hochschule für Leibesübungen diese Aktion im Institut für Sexualwissenschaft einleiten wollten… Die Studenten begehrten Einlaß in sämtliche Räume; soweit diese verschlossen waren… schlugen sie die Türen ein. Nachdem ihnen die unteren Räume nicht viel boten, begaben sie sich in das erste Stockwerk, wo sie… die Tintenfässer über Schriftstücke und Teppiche ausleerten und sich dann an Privatbücherschränke machten« (zit. n. Grau, ebd.: 60 f.).

Die Studenten nahmen mit, was ihnen obskur erschien; sie zerstörten an den Wänden hängende Fotografien und spielten mit ihnen Fußball. Nahm man zunächst an, sie würden nach diesem ersten Plünderungszug nicht mehr wiederkehren, so sah man sich bald getäuscht: Am Nachmittag erschienen SA-Trupps, die mit der Verwüstung des Instituts fortfuhren. Nachdem den SA-Männern versichert wurde, daß Hirschfeld wegen einer Erkrankung an Malaria im Ausland sei, entgegneten sie: »Na, dann krepiert er hoffentlich auch ohne uns; dann brauchen wir ihn ja nicht erst aufhängen oder totschlagen.«

Nicht nur das Institut für Sexualwissenschaft wurde von den Nazis zugrunde gerichtet, sondern auch der Adolf-Brand-Verlag, der neben Büchern, die sich mit Homosexualität befaßten, auch die wichtigen Schwulen-Magazine *Der Eigene* und *Eros* herausgab. Fünfmal erschien uniformierte Polizei in Brands Verlag und beschlagnahmte tausende Exemplare seiner Hefte. Voll Verbitterung schrieb Adolf Brand, daß er durch die Beschlagnahmungen nichts mehr zu verkaufen habe und daher ökonomisch vollständig ruiniert sei:

»Ich weiß auch nicht mehr, wovon ich mit meinen Angehörigen zusammen noch weiter leben soll. Denn meine ganze Lebensarbeit ist jetzt zugrunde gerichtet. Und die meisten meiner Anhänger haben nicht einmal den Mut, auch nur einen Brief an mich zu schreiben, und erst recht nicht, zur Unterstützung meiner Arbeit irgendeine Zahlung an mich zu leisten. Der Verlust, der durch die vielen Konfiskationen und Verbote für mich entstanden ist, beträgt rund 10 000 Mark. Aus dieser Lage ergibt sich die sehr einfache Tatsache, daß eine Fortsetzung meiner Arbeit und ein Weitererscheinen meiner Zeitschriften auf deutschem Boden nicht mehr möglich ist…« *(Aus einem Brief des Verlegers Adolf Brand v. 29. 11. 1933).*

Zwei Erlasse des Preußischen Ministers des Inneren (10. Februar 1934) führten zu einer drastischen Verschlimmerung der Situation homosexueller Männer in Deutschland: Es wurde angeordnet, daß auf freiem Fuß befindliche »Berufsverbrecher«, worunter auch Strichjungen und sogenannte Jugendverführer fallen konnten, planmäßig zu überwachen seien. Jetzt war es möglich, den Betroffenen das Verlassen des Wohnorts oder der Wohnung in der Nacht zu verbieten und ihnen das Betreten bestimmter Örtlichkeiten (Gaststätten, öffentliche Parks) zu untersagen. Bei Zuwiderhandlungen drohte Vorbeugehaft, und das hieß: Konzentrationslager. Vorbeugehaft drohte auch volljährigen Männern (Vollendung des 21. Lebensjahres), »welche Jugendliche bis zum vollendeten 16. Lebensjahr sittlich gefährden, wenn der Täter der Kriminalpolizei *nachweislich* als eine Person bekannt ist, die gewohnheitsmäßig Jugendliche aus sexuellen Beweggründen belästigt«. Voraussetzung für eine Verhängung der Vorbeugehaft war eine mindestens einmalige Bestrafung des Täters wegen eines »Sittlichkeitsdeliktes«.

Nachdem die Gestapo Listen von Männern anlegen ließ, die sich »irgendwie homosexuell« betätigt hatten, führte sie großangelegte Razzien in ganz Deutschland auf Schwule und der Homosexualität Verdächtige durch. Die Männer wurden aus »einschlägigen« Lokalen herausgeholt und in Lastwagen zur Gestapo transportiert, und auch in ihren Wohnungen und auf der Straße wurden sie festgenommen. In einem Hilfebrief an den Reichsbischof (12. Juni 1935) schildert ein Betroffener seine demütigenden Erlebnisse:

»Nachdem die Festgenommenen 12 und mehr Stunden auf den Gängen der Geheimen Staatspolizei *gestanden* hatten, ohne daß man ihnen Gelegenheit gab, irgend etwas zu essen oder zu trinken, wurden sie entweder entlassen oder in das sogenannte ›Kolumbia-Haus‹ (Tempelhof) gebracht. Das hört sich vielleicht nicht besonders schlimm an, aber in Wirklichkeit brachen die armen Festgenommenen auf den Gängen der Geheimen Staatspolizei vor Schwäche zusammen, bekamen Herzkrämpfe, wurden ohnmächtig usw. Mehrere Stunden mit dem Gesicht zur Wand stehen zu müssen, ist schon eine Tortur, dann aber nicht einmal seine Notdurft verrichten zu dürfen, ist furchtbar« (zit. n. Grau, ebd.: 83 f.).

Festgenommene Männer wurden im »Kolumbia-Haus« ganz besonders brutal behandelt. So berichtet der anonyme Verfasser des soeben zitierten Briefes, Häftlinge wären gezwungen worden, ihre Exkremente aufzuessen; tägliche Schläge seien an der Tagesordnung gewesen. »Ein sehr großer Teil der im Kolumbia-Haus Inhaftierten«, heißt es in dem Brief weiter, »wurde dann in das Konzentrationslager Lichtenburg gebracht. Was man dort mit den Homosexuellen oder als homosexuell Verdächtigen macht, das kann fast kein Mensch schildern. Man sagt dort nicht nur die gemeinsten Schimpfworte zu den Inhaftierten, sondern schindet sie in der brutalsten Weise... Schrecklich *für alle Insassen* des Konzentrationslagers sind aber die öffentlich stattfindenden Strafen durch Stockschläge. Die ganze Kompanie muß antreten, stillstehen und zusehen, wie so ein armes Geschöpf mit 50 bis 100 Schlägen bedacht wird. (Das Schreien, das Blut fließen sehen sind für die Zuschauer entsetzliche Erlebnisse!!)« (zit. n. Grau, ebd.: 84 f.).

Im Jahr 1936 organisierte Himmler die Kriminalpolizei neu. Das Reichskriminalpolizeiamt (RKPA), eine für das ganze Deutsche Reich zuständige Zentralbehörde, wurde eingerichtet. Gleichzeitig wurde die »Reichszentrale zur Bekämpfung der Homosexualität und der Abtreibung« geschaffen: eine geheim agierende Institution, die sämtliche Informationen über homosexuelle Aktivitäten speicherte. Schon der Name dieser Zentrale weist darauf hin, daß das NS-Regime einen Zusammenhang zwischen Homosexualität und Abtreibung sah, Hans-Georg Stümke schreibt dazu:

»Beides, Homosexualität wie auch Abtreibung, bedeutet eine Privatisierung von Sexualität bzw. ihrer Folgen. Die strafrechtliche Ahndung der Abtreibung verlief (nicht nur in der neueren) deutschen Geschichte stets parallel zur Kriminalisierung der Homosexualität. Wurden die Homosexuellen als ›bevölkerungspolitische Blindgänger‹ verfolgt, so gründete das Abtreibungsverbot ebenfalls in der staatlichen Forderung nach Menschenproduktion« (Stümke, ebd.: 111).

Wie schon erwähnt, hatte Hitler in »Mein Kampf« die Auffassung vertreten, daß der »völkische Staat« die Rasse in das Zentrum des allgemeinen Lebens zu setzen und für ihre Reinerhaltung zu sorgen habe; das Kind sei als das kostbarste Gut des Volkes zu betrachten.

Ganz im Sinn dieser »Weltanschauung« vertritt der Reichsführer-SS und Chef der Deutschen Polizei, Himmler, in seinem Geheimerlaß zur Bekämpfung der Homosexualität und Abtreibung (10. Oktober 1936) die Meinung, daß das Delikt Abtreibung ein Angriff auf das national-sozialistische Denken sei:

»Die erhebliche Gefährdung der Bevölkerungspolitik und Volksgesundheit durch die auch heute noch verhältnismäßig hohe Zahl von Abtreibungen, die einen schweren Verstoß gegen die weltanschaulichen Grundsätze des Nationalsozialismus darstellen, sowie die homosexuelle Betätigung einer nicht unerheblichen Schicht der Bevölkerung, in der eine der größten Gefahren für die Jugend liegt, erfordert mehr als bisher eine wirksame Bekämpfung dieser Volksseuchen« (zit. n.Grau, ebd.: 122).

Das 1934 gegründete »Sonderdezernat Homosexualität« wurde jetzt umgebildet zum »Sonderdezernat II S« der Gestapo, das mit der »Reichszentrale zur Bekämpfung der Homosexualität und der Abtreibung« zusammengeschlossen war. Beide Einrichtungen wurden gemeinsam tätig, wenn der (vermeintliche) Homosexuelle einer Nazi-Organisation (etwa der SS), der Partei bzw. Polizei oder Armee angehörte. Waren die Betroffenen Juden, Beamte oder Männer, die vor 1933 eine leitende Funktion ausübten, arbeiteten das Sonderdezernat und die Reichszentrale ebenfalls zusammen. Um ein reibungsloses Zusammenarbeiten sicherzustellen, unterstanden beide Einrichtungen *einem* Leiter. Und das war bis zum Jahr 1940 der für seinen Sadismus berüchtigte SS-Offizier Josef Meisinger, den man den »Schlächter von Warschau« nannte (er wurde am 3. März 1947 in Polen als Kriegsverbrecher hingerichtet).

Wie Himmler betrachtet auch Meisinger den schwulen Mann als Staatsfeind; in einem Referat, das Meisinger am 5./6. April 1937 vortrug, führte er aus:

»Will man die Gefahr, die die Homosexualität in sich birgt, richtig erkennen, so kann man sie heute nicht mehr allein unter dem engen kriminellen Gesichtswinkel betrachten, wie das früher geschehen ist. Infolge ihrer heutigen *ungeheuren Verbreitung* (Hervorh.: H. B.) hat sie sich vielmehr zu einer Erscheinung herausgebildet, die für den

Bestand von Volk und Staat von weittragendster Bedeutung ist. Damit hat aber die Homosexualität die Grenzen einer rein kriminalistischen Betrachtungsweise überschritten und ist zu einem Problem von politischer Bedeutung geworden. Unter diesen Umständen kann es nicht Aufgabe der Polizei sein, die Homosexualität wissenschaftlich zu untersuchen« (zit. n. Grau, ebd.: 152).

Fand, wie bereits erwähnt, die Eliminierung des »Unzucht« treibenden Röhm großen Anklang in der Bevölkerung, so nimmt es nicht wunder, daß sich das »gesund empfindende Volk« rege an der Denunziation (angeblicher) Homosexueller beteiligte. So konnte Meisinger in der oben zitierten Rede befriedigt feststellen, daß die erhebliche Zunahme der Anzeigen wegen Vergehens nach § 175 nicht zuletzt auf die »durch die nationalsozialistische Schulung hervorgerufene größere Anzeigefreudigkeit der Bevölkerung« zurückzuführen sei.

Von Anfang an benutzten die Nazis den § 175 dazu, politisch Unliebsame aus dem Weg zu räumen. Baldur von Schirach, der Hitler seit den 20er Jahren kannte, war ab 1931 Chef der Hitlerjugend. Sein Anliegen war, die Hitlerjugend zur alleinigen Jugendorganisation zu machen. Um andere Jugendverbände auszuschalten, wurden ihre Führer der »homosexuellen Verseuchung der Jugend« bezichtigt. In Anspielung auf Hans Blüher behauptet von Schirach, daß erwachsene Jugendverführer die Hauptursache seien für Homosexualdelikte Jugendlicher, die dann ihrerseits wieder zu Verführern anderer Jugendlicher würden, so daß durch die seuchenartige Ausweitung die meisten Homosexualkomplexe eine ungeheure Ausbreitung erfahren würden. In seinem Handbuch zum Verhalten der Jugend (*Kriminalität und Gefährdung der Jugend, o. J.*) hebt von Schirach hervor:

»Die Homosexualität wurde, nachdem sie sich aus der geistigen Entwicklung der (Männer-; H. B.)Bünde als logische Folgerung ergeben hatte, als notwendige Ergänzung des Gedankens angesehen, daß der Bund Schicksal sei und für den Bundesangehörigen alles bedeuten sollte, nunmehr auch auf sexuellem Gebiet. Man machte damit aus der Homosexualität eine programmatische Forderung und erhob sie ... zur weltanschaulichen These. Das Unnatürliche wurde damit zur Idee« (von Schirach o. J.: 110).

Von Schirach wollte sämtliche Ideologien, die von den »freien Jugend-verbänden« vertreten wurden, auslöschen. Um dies zu erreichen, drangen HJ-Trupps in die Räumlichkeiten verschiedener Jugendorganisationen ein und vertrieben deren Leitfiguren. Eine weitere Maßnahme, sein Ziel durchzusetzen, war der Ausschluß von früheren Führern der Jugendbewegung aus der HJ. Wenn kein rechtlich abgesicherter Grund dafür vorhanden war, empfahl von Schirach unumwunden die Sexual-denunziation: »Bei der Bekämpfung der Bündischen Jugend gelang mangels anderer gesetzlicher Grundlagen die Zerschlagung der Bünde fast immer auf dem Wege über ein Strafverfahren wegen Vergehens nach § 175 StGB.« Auch im Kampf der Nazis gegen die katholische Kirche spielte der § 175 eine bedeutende Rolle.

Heinrich Himmler attackierte die katholische Kirche in aller Deut-lichkeit: »Es kann keinen Frieden zwischen den Nationalsozialisten und der Kirche geben. Der Forderung der absoluten Macht für den katholischen Klerus steht die legitime Forderung der Macht durch unseren Staat entgegen« (Hockerts, 1971: 133).

Das im Juli 1933 vom Papst Pius XI. und der NS-Regierung unter-zeichnete Konkordat, das Geistlichen, Klöstern und katholischen Laien bestimmte Freiheiten zusicherte, wurde von den Nazis häufig verletzt. Pius XI. beklagte dies in einem päpstlichen Rundschreiben vom März 1937. Der Papst griff aber auch aus anderen Gründen die Faschi-sten an: Er kritisierte scharf nationalsozialistische Werte wie Staat, Volk und Rasse. Auf dieses Rundschreiben reagierten die Nazis prompt – bereits am Tag der Veröffentlichung wurde das Schreiben verboten. In den Kirchen saßen Gestapo-Männer, die auf den Inhalt der Predigten achteten, und schon allein die bloße Erwähnung des Rundschreibens galt als Hochverrat. 1935 hatten die Nazi-Attacken auf die katholische Kirche begonnen; ab 1936 war kein katholischer Jugendverband mehr handlungsfähig. Schließlich eskalierten die Angriffe auf den katholischen Klerus in den Jahren 1936 und 1937, in denen zahlreiche Prozesse gegen Geistliche geführt wurden.

In einer Rundfunkrede vom Mai 1937 bezeichnete Goebbels die Klö-ster als »Brutstätten der Homosexualität«, da »das unnatürliche Leben alleinstehender Männer im Kloster... die Verbreitung des Lasters« fördere. Die Kirche sei ein »Ort sittlicher Verderbnis« und »planmäßig-er sittlicher Vernichtung Tausender von Kindern und Kranken«. Es ist zweifellos eine Ironie der Geschichte, daß ausgerechnet die katholische Kirche, die seit Jahrhunderten Schwulsein als Todsünde ansah, dieser Ideologie zufolge das anfängliche Vorgehen der Nazis gegen Homosexuelle und deren Schriften befürwortete (»Die scharfen Maßregeln, die der preußische Innenminister Göring zur Bekämpfung von Schund und Schmutz in Wort und Bild erlassen hat…, haben in vatikanischen Kreisen starke Beachtung gefunden.« *Deutsche Allgemeine Zeitung* v. 6.4.33), jetzt selbst Opfer schwulenfeindlichen Denkens wurde. Insbesondere in den katholischen Teilen des Deutschen Reiches verbreiteten die Nazis Schriften, in denen »Sittlichkeitsverbrechen« von Geistlichen angeprangert wurden. Bis zum Jahr 1937 waren die Mönche von etwa 35 Klöstern vertrieben worden; vier Jahre später verbietet Goebbels sämtliche katholische Zeitungen. Zwischen 1937 und 1945 kamen in den KZs über 4000 Geistliche durch Folter, »medizinische« Versuche und Hunger um. Die Geistlichen, die man in den mittlerweile besetzten Gebieten verhaftet hatte, weil sie (angeblich oder tatsächlich) die antifaschistischen Kräfte unterstützten, wurden erschossen oder in das KZ Dachau deportiert (Plant, 1991: 121 f.).

In bezug auf das juristische Vorgehen gegen die katholische Kirche (die sog. »Klosterprozesse«) vermerkt das Amt der Geheimen Staatspolizei am 8.4.1937:

»Für die Propaganda müßten über jeden einzelnen Prozeß möglichst konkrete Angaben gemacht werden, weil diese auf das Volk den größten Eindruck machen. Dazwischen hinein müßten immer wieder propagandistisch aufgezogene und wissenschaftlich fundierte, zusammenfassende Artikel gebracht werden« (zit. n. Grau, ebd.: 177).

Obwohl die Nazis alle Hebel ihrer Propaganda-Maschinerie in Gang gesetzt hatten, scheiterten sie im Kampf gegen die katholische Kirche: Von 3000 angeklagten Laienbrüdern wurden lediglich 170 abgeurteilt, von 21 000 Pfarrern nur 57 inhaftiert, und lediglich sieben Männer von insgesamt 4000 Mitgliedern von Klostergemeinschaften wurden nach § 175 schuldig gesprochen (Lautmann, 1977: 321).

Auch das Ziel, die Bevölkerung gegen die katholische Kirche aufzuhetzen und so Massenaustritte herbeizuführen, wurde nicht erreicht: Zwischen 1933 und 1943 (für 1939 existiert keine Statistik) trat nicht einmal ein halbes Prozent der Mitglieder der katholischen Kirche aus ihr aus (Hockerts, 1971: 161 ff.).

Auch im Fall des Generaloberst Freiherr von Fritsch, einem der Oberbefehlshaber der Wehrmacht, wurde der § 175 als politische Waffe eingesetzt. Zunächst benötigte Hitler von Fritsch, da er für die Umsetzung der Aufrüstungspläne von Bedeutung war. Im November 1937 fiel von Fritsch beim »Führer« in Ungnade: Hitler hatte eine Sitzung einberufen lassen und erklärte dort den Generälen der Wehrmacht sein Konzept zur Eroberung Europas. Von Fritsch übte scharfe Kritik an den Plänen: Die Streitkräfte seien für derartige Vorhaben unzureichend ausgerüstet. Überdies legte sich von Fritsch bei der Konferenz mit Göring an, der darauf spekulierte, sein Nachfolger zu werden.

Hitler beschloß, von Fritsch auszuschalten, worauf Göring, Heydrich und Himmler Belastungsmaterial gegen den Generaloberst suchten, das man auch bald fand: Die Aussage eines jungen Erpressers und Diebes, der angeblich gesehen hatte, wie sich ein älterer Herr einem Strichjungen angenähert habe. Schmidt, so der Name des Erpressers, behauptete, daß die beiden homosexuelle Handlungen vollzogen hätten; der ältere Mann, den er zu erpressen versucht habe, sei von Fritsch gewesen. Tatsächlich handelte es sich um einen Rittmeister namens Achim von Frisch. Von Fritsch wurde aus der Armee entlassen, und Hitler ersetzte sämtliche Führungskräfte der Armee, die ihm militärisch zu »zurückhaltend« waren, durch Vertrauensmänner.

Obwohl der Prozeß, der im März 1938 gegen von Fritsch aufgenommen wurde, in einem Freispruch endete, hatte Hitler doch sein Ziel erlangt: die Ausschaltung der bisherigen Wehrmachts-Führer unter dem Vorwand moralischer Desintegrität.

Generell läßt sich ab dem Jahr 1936 eine Radikalisierung der Schwulen-Verfolgung durch die Nazis feststellen. Günter Grau schreibt:

»Gestützt auf die Neufassung der strafrechtlichen Bestimmungen, auf einen reichsweit straff organisierten Polizei- und Sicherheitsapparat und auf eine durch Propaganda und Demagogie manipulierte Öffentlichkeit nahm die Verfolgungsintensität nach 1936 erheblich zu. Wurden 1934 knapp tausend Personen verurteilt, so sind es 1936 bereits 5310. Zwei Jahre später weist die Statistik bereits 8562 rechtskräftig verurteilte Männer aus« (ebd.: 171).

22143 Männer wurden im Zeitraum 1936 bis 1938 wegen homosexueller Delikte verurteilt; nach W. Wuttke waren es im »Dritten Reich«

insgesamt etwa 50000 Männer, die aufgrund ihrer angeblichen oder tatsächlichen Homosexualität verurteilt wurden (ebd.: 171).

»Jugendverführer« und Strichjungen wurden mit besonderer Härte bestraft. Am 14. Dezember 1937 erging ein Erlaß zur vorbeugenden Verbrechensbekämpfung durch die Polizei: Jetzt konnten auch »Sittlichkeitsverbrecher« in Vorbeugehaft genommen werden, »deren Belassung auf freiem Fuß nicht zu verantworten« sei. Dauer der Haft: »So lange, wie ihr Zweck es erfordert.«

Die Kriterien, nach denen ein Homosexueller entweder als sog. Berufs- oder Gewohnheitsverbrecher eingestuft wurde, waren nicht festgelegt.

Nachdem ein Schwuler seine Strafe im Gefängnis oder Zuchthaus abgesessen hatte, mußte er mit einer »Umerziehung« im KZ rechnen. Wie wirkte sich die aggressivere Verfolgungspolitik der Nazis auf homosexuelle Männer aus? H., ein in der Nähe Hamburgs wohnender Schwuler, berichtet:

»Mit einem Schlag setzte eine Verhaftungswelle von Homosexuellen in unserem Ort ein. Als nächster wurde mein Freund verhaftet, mit dem ich seit meinem 23. Lebensjahr befreundet war. Eines Tages erschienen bei ihm Leute von der Gestapo und holten ihn ab. Sich zu erkundigen, wo er geblieben sein könnte, war zwecklos. Wenn das jemand getan hätte, dann hätte die Gefahr bestanden, daß man ihn gleich dabehält, weil er ein Bekannter war, der auch verdächtigt worden wäre. Nach seiner Verhaftung wurde seine Wohnung von Gestapo-Beamten durchsucht. Bücher wurden mitgenommen und besonders Notiz- und Adreßbücher beschlagnahmt, in der Nachbarschaft herumgefragt... Die Notiz- und Adreßbücher waren das Schlimmste. Alle, die darin vorkamen oder mit ihm zu tun hatten, wurden festgenommen und zur Gestapo zitiert. Ich auch. Ich bin ein ganzes Jahr lang mindestens alle 14 Tage bis drei Wochen auf die Gestapo gerufen und verhört worden... Mein Freund wurde nach vier Wochen Untersuchungshaft wieder entlassen. Auch ihm konnten die Faschisten nichts nachweisen. Doch die Wirkung der Haft war erschreckend. Haare abgeschnitten, völlig verstört, war er nicht mehr das, was er vorher gewesen war... Wir mußten mit allen Kontakten sehr vorsichtig sein... Wir haben gelebt wie die Tiere auf freier Wildbahn, den Jäger immer gewittert« (zit. n. Stümke, ebd.: 115 f.).

Homosexuelle Schauspieler und Künstler wurden aufgrund einer Anordnung Heinrich Himmlers (29. Oktober 1937) »sonderbehandelt«. Die Polizei wurde angewiesen, vor einer Verhaftung eines schwulen Künstlers die Genehmigung des Reichsführers-SS einzuholen. Wurde der Betroffene jedoch in flagranti ertappt, konnte er auch ohne diese Genehmigung inhaftiert werden. Aus welchem Grund dieser Erlaß ergangen war, darüber besteht in der Forschung Uneinigkeit: Günter Grau nimmt an, die Sonderregelung für schwule Künstler sei Ausdruck für ein »letztlich willkürliche(s) Vorgehen der Nationalsozialisten« gegen Homosexuelle (ebd.: 172), während Richard Plant die Ansicht vertritt, Himmlers Befehl sei »wohl als Konzession auf Görings Herrschaft über die Künste« zu verstehen (Plant, 1991: 102).

Mit Sicherheit läßt sich sagen, daß homosexuelle Künstler einen Sonderstatus genossen, da man auf ihre Leistungen – wollte man keinen Prestigeverlust hinnehmen – nicht verzichten konnte. Das war etwa bei den Karl-May-Festspielen in Rathen an der Elbe 1938 der Fall: Hier gab die Kriminalpolizei zu bedenken, daß eine Festnahme zweier homosexueller Schauspieler den Fortgang der Festspiele bedrohen würde. Insbesondere *ein* Schauspieler war für das künstlerische Renommee des NS-Regimes unentbehrlich: Gustav Gründgens. Seine Homosexualität war öffentlich ebenso bekannt wie diejenige Röhms. Dennoch bestimmte ihn Göring zum Generalintendanten, wozu möglicherweise auch die Verehrung, die Görings Frau dem Schauspieler entgegenbrachte, beitrug.

Daß Hitler 1936 eine Unterbrechung der Schwulen-Verfolgung während der Zeit der Olympischen Spiele anordnete, ist ebenfalls in diesem Kontext zu verstehen: Viele Ausländer besuchten wegen dieses Sportereignisses das »Dritte Reich«, dem es darum ging, einen günstigen Eindruck auf die ausländischen Gäste zu machen. Die Verhaftung eines Besuchers aufgrund § 175 hätte hier natürlich schlecht ins Bild gepaßt.

Bei der Verfolgung Homosexueller zeichneten sich Polizeibeamte in Frankfurt am Main durch besonderen Diensteifer aus: Sie agierten als Agents provocateurs. In einem Schreiben des Reichsministers des Inneren an den Reichsführer-SS wird von mehreren Fällen berichtet, in denen Polizisten ihren Körper einem schwulen Mann zur Verfügung stellten, um ihn der »Unzüchtigkeit« überführen zu können. Ein Beispiel:

»Der Angeklagte folgte ihm (dem Polizeibeamten; H. B.) und sah ihn in der Friedberger Anlage stehen. Da der Angeklagte durch dieses Verhalten des Mannes in die Annahme versetzt wurde, jener sei bereit, sich mit ihm geschlechtlich einzulassen, ging er zweimal an dem Manne vorüber, sah ihn auffallend an und bedeutete ihm, sich mit ihm auf eine auf der anderen Seite der Zeil stehende Bank zu setzen. Der Mann setzte sich auch nach einiger Zeit neben den Angeklagten, der ihn nach kurzer Zeit an das rechte Knie faßte. Als sich der Mann hiergegen nicht wehrte, faßte der Angeklagte nach dem Geschlechtsteil des Mannes, öffnete dessen Hose, nahm dessen Geschlechtsteil heraus und denselben in seinen Mund. In diesem Augenblick stand der Mann auf, gab sich als Kriminalbeamter zu erkennen und nahm den Angeklagten mit zur Polizeiwache, wo er festgenommen wurde« (zit. n. Grau, ebd.: 193).

Eine derartige Verfahrensweise war dem Reichsinnenminister doch zu extrem: »Wenn ich auch nicht verkenne, daß zur Erhaltung der deutschen Volkskraft eine rücksichtslose Bekämpfung der Homosexualität dringend geboten ist, so halte ich es doch im Interesse des Ansehens der Polizei nicht für tragbar, daß Polizeibeamte… ihren eigenen Körper preisgeben.«

Auch Heinrich Himmler akzeptierte ein solches Vorgehen der Polizei nicht; er untersagte den Beamten, derartige Methoden weiterhin anzuwenden.

Gegen Homosexuelle in NS-Organisationen (wie der SS und der HJ) und der Wehrmacht gingen die Nazis mit besonderer Härte vor. Am 18. Februar 1937 hielt Himmler eine Geheimrede vor SS-Gruppenführern, in der er die öffentliche Degradierung von schwulen SS-Männern forderte. Sie seien aus der SS auszustoßen und der Justiz zu übergeben. Himmler ordnete an, daß nach Verbüßung der Haftstrafe eine Einweisung in ein KZ zu erfolgen habe, wo der Betroffene »auf der Flucht erschossen werden« solle.

1941 nahm Hitler zur »Pest« der Homosexualität in Wehrmacht und Partei Stellung. Homosexualität sei tatsächlich mit dieser Seuche zu vergleichen, so der »Führer«, da der homosexuelle Mann meist eine Unzahl von Jungen verführte, so daß Homosexualität ansteckend und gefährlich wie die Pest sei. Ein Aktenvermerk vom 19. August 1941 gibt die Rede Hitlers wieder:

»Unsere Jugend dürfe uns… nicht verdorben werden; sie müsse im Gegenteil in der richtigen Weise erzogen werden; daher sei dort, wo sich innerhalb der Jugend Erscheinungen der Homosexualität zeigen, mit barbarischer Strenge zuzupacken… Insbesondere die Partei mit ihren Gliederungen und die Wehrmacht müssen gegen jeden Fall von Homosexualität, der sich in ihren Reihen zeigt, mit rücksichtsloser Strenge vorgehen; wenn dies geschieht, dann bleibt der Staatsapparat sauber… In *einer* Organisation aber muß jeder Fall von Homosexualität mit dem Tode bestraft werden; nämlich in der HJ, wenn sie einmal die Auslese der Nation darstellen soll…« (zit. n. Grau, ebd.: 213 f.).

Die Todesstrafe für schwule Männer in den Reihen der SS und der Polizei befahl Hitler im Dezember desselben Jahres; ausgenommen von dieser Strafbestimmung waren »minder schwere« Fälle, die mit Zuchthaus und Gefängnis nicht unter sechs Monaten geahndet wurden. Und eine weitere Ausnahmeregelung sah dieser »Führer«-Erlaß vor: »Bei einem Angehörigen der SS oder Polizei, der zur Zeit der Tat noch nicht einundzwanzig Jahre alt war und zu der Tat verführt worden ist, kann das Gericht in besonders leichten Fällen von Strafe absehen.«

Hermann Göring, Reichsmarschall und Oberbefehlshaber der Luftwaffe, unterschied bei Schwulen zwischen Männern, die aus Veranlagung oder einem »offenbar unverbesserlichen Triebe« »Unzucht« begingen, und solchen, die aufgrund von Verführung bzw. »geschlechtlicher Überreizung« homoerotische Aktivitäten entwickelten. Erstere seien nach Verbüßung ihrer Haftstrafe in ein KZ zu überstellen, wohingegen der zweiten »Kategorie« von homosexuell Handelnden (die an sich geschlechtlich »gesund« seien) die »Möglichkeit der Bewährung vor dem Feind gegeben werden« solle. Diese Unterscheidung war Grundlage der Rechtsprechung der Militärgerichte, die im Zeitraum 1940 bis 1943 etwa 5000 Soldaten wegen homosexueller Betätigung verurteilten (Seidler, 1977: 206). 1942 sah sich die Führung der Armee durch die Ablehnung eines Gnadengesuchs durch Hitler genötigt, die bisherige juristische Praxis ihrer Gerichte zu überdenken. Ein schwuler Offizier hatte darum gebeten, sich »vor dem Feind« bewähren zu dürfen, anstatt den Rest seiner Strafe abzusitzen. Hitler begründete die Ablehnung dieses Gnadengesuchs damit, daß sich die Veranlagung eines Menschen niemals ändern könne und es daher falsch sei, eine Bewährung vor dem Feind zu gewähren. Strafen müßten grundsätzlich vollständig verbüßt werden; anschließend sei der Betreffende aus der Wehrmacht zu entlassen.

Es stellte sich nun die Frage, ob zukünftig bei allen nach § 175 verurteilten Angehörigen der Wehrmacht so hart zu verfahren sei. Während das Reichsjustizministerium diese Frage bejahte, hielten die Gestapo und das Reichskriminalpolizeiamt »Besserung« und »Bewährung« für möglich, vorausgesetzt, daß es sich bei dem betreffenden Mann um einen einmalig »Entgleisten« bzw. »Verführten« handelte. Um zu einer Lösung der Streitfrage zu gelangen, wurde Ende 1942 ein Ausschuß gebildet, der klären sollte, was als »Hang zur Homosexualität« zu bewerten sei: »angeborene« Homosexualität oder eine durch »Verführung« entstandene schwule Neigung. Der Ausschuß gelangte jedoch zu keiner Einigung.

Etwa zur selben Zeit beauftragte die Führung der Armee den Psychologen Otto Wuth damit, die Juristen der Wehrmacht über das »Problem« Homosexualität zu informieren. Wuth, ein fanatischer Schwulenfeind, vertrat eine radikale Linie:

»Er bezeichnete jeden Mann, der sich irgendeiner Art gleichgeschlechtlicher Aktivität hingab, als ›zwanghaften Psychopathen‹ und versuchte zu beweisen, daß die meisten Homosexuellen auf die eine oder andere Weise vorbestraft seien. Sollten Männer, denen homosexuelle Unzucht nachgewiesen worden war, aus den Streitkräften entlassen werden? Wuth meinte nein. Er schlug statt dessen vor, sie in Strafbataillone an die Front zu schicken, weil er befürchtete, daß heterosexuelle Simulanten, wenn sie wüßten, daß echte Psychopathen entlassen wurden, vorgeben könnten, sie seien Triebtäter, um so aus dem Dienst freizukommen« (Plant, 1991: 129).

Wie es scheint, gelang es Wuth nicht, die Juristen der Militärgerichte für seine Vorschläge einzunehmen. Das Vorgehen der Wehrmacht gegenüber Schwulen blieb (bis 1943) relativ »gemäßigt«, was freilich keineswegs bedeutete, Schwulsein wäre von den Militärgerichten in irgendeiner Weise liberal behandelt worden. Daß die Wehrmacht schwule Handlungen streng ahndete, beweist ein Fall, in dem zwei Matrosen, die sich in betrunkenem Zustand geküßt hatten, zu sechs Monaten Haft verurteilt worden waren.

1943 beschloß die Wehrmacht, wesentlich härter gegen schwule Soldaten vorzugehen. Nun wurden drei Gruppen von Homosexuellen festgelegt:

1. Triebtäter, deren Verhalten nicht zu ändern ist,
2. Männer, die höchstens zweimal »unzüchtig« gehandelt haben und aller Wahrscheinlichkeit nach »verführt« worden sind,
3. Männer, deren sexuelle Präferenzen nicht eindeutig abzuklären sind.

Männer, die der ersten Gruppe zugeteilt wurden, sollten der Gestapo übergeben und unter Umständen auch zum Tod verurteilt werden. Die der zweiten Gruppe Zugeteilten sollten zwar auch drakonisch bestraft werden, eine Rehabilitierung war aber grundsätzlich möglich. Für die Männer der dritten Kategorie schließlich war die Zuteilung zu Strafbataillonen geplant; eine Rückführung in die ehemalige Einheit wurde im Fall der »Besserung« in Aussicht gestellt.

Wegen des immer deutlicher werdenden militärischen Desasters traten diese Bestimmungen jedoch nicht in Kraft: Die Wehrmacht benötigte jeden diensttauglichen Mann.

Der Begriff »Unzucht« wurde näher definiert: Todesstrafe konnte jetzt nicht nur bei beischlafähnlichen Handlungen erfolgen, es genügte, wenn das »Schamgefühl« verletzt wurde oder eine »wollüstige Absicht« vorlag. Dieser Befehl, der für die gesamte Waffen-SS galt, öffnete der Willkür Tor und Tür.

Daß bereits vor dem »Führer-Erlaß« die Todesstrafe bei Angehörigen der Polizei angewandt wurde, beweist eine Mitteilung des Hauptamtes SS-Gericht *(Mitteilungen über die SS- und Polizeigerichtsbarkeit,* H. 1. Juli 1940, S. 116):

»Der Zugwachtmeister E. hat in 16 Fällen Angehörige seines Polizei-Bataillons zur widernatürlichen Unzucht verführt bzw. zu verführen versucht. Er hat dabei seine Eigenschaft als Vorgesetzter gegenüber jugendlichen Rekruten schamlos ausgenutzt. In allen Fällen wußte er in raffinierter Weise zunächst durch Anspielungen auf den normalen Geschlechtsverkehr mit Mädchen die Geschlechtserregung seiner Opfer zu entfachen, um dann leichtes Spiel zu haben… E. wurde… da seine Handlungen die Manneszucht untergruben, zum Tode verurteilt. Wer sich als Führer homosexuell betätigt, kann auf Gnade nicht rechnen. Das Urteil wurde vollstreckt« (zit. n. Grau, ebd.: 248).

Auch im zivilen Bereich wurden Todesurteile gegen Homosexuelle ausgesprochen. So wurde etwa ein Mann namens Werner Selk im Februar 1945 von einem Sondergericht in Hannover als »gefährlicher Gewohnheits- und Sittlichkeitsverbrecher« nach § 1 des Reichsstrafgesetzbuches zum Tod verurteilt. Der Fall im einzelnen:

Selk war Invalide und arbeitete als Wächter auf einem unbenutzten Flußbagger. In der Nähe des Baggers befand sich ein Wassersportverein. Die Jugendlichen, die dort badeten, besuchten Selk, wobei es zu einvernehmlichen sexuellen Handlungen kam. Die Jungen im Alter zwischen 14 und 18 besuchten Selk häufig; irgendwelche Formen von Gewalt oder Zwang hatte Selk niemals angewandt.

In der Anklageschrift gegen den bereits zweimal wegen »Unzucht« verurteilten Selk heißt es:

»Die zur Anklage stehenden Taten ergeben..., daß der Angeschuldigte einen Hang zur gleichgeschlechtlichen Betätigung, insbesondere mit Jugendlichen hat, der nicht mehr ausrottbar ist. Bei den schwerwiegenden Folgen, die seine Taten auf die von ihm verführten Jugendlichen ausüben, und bei der außergewöhnlich hohen Zahl der Einzelfälle erfordert das Bedürfnis nach gerechter Sühne wie auch der Schutz der Volksgemeinschaft seine Ausmerzung... Seine beiden Bestrafungen haben es nicht verhindern können, daß er wieder rückfällig wurde und dann halt- und maßlos seinen Trieben nachgab... Er ist daher ein gefährlicher Gewohnheitsverbrecher...« (zit. n. Hoffschildt, 1992: 124).

In der an Menschenverachtung kaum zu übertreffenden Begründung des Todesurteils heißt es weiter, daß das einzige Mittel, sich vor seiner »Gefährlichkeit« zu schützen, die »Unschädlichmachung« sei. »Seine Ausmerzung«, so der Oberstaatsanwalt K., »kann aber auch allein die gerechte Sühne sein für das Maß an Schuld, das der Angeklagte durch seine hoffnungslose Verkommenheit auf sich geladen hat« (ebd.: 124). Hoffschildt nimmt an, daß Selk nur aufgrund der Befreiung durch die Alliierten vor dem Tod bewahrt wurde.

Die Verfolgung Selks durch die deutsche Justiz war damit aber keineswegs beendet: Nach einem Krankenhausaufenthalt wegen Entkräftung (Selk gab an, die Nazis hätten ihn verhungern lassen wollen) wurde er im Dezember 1945 aufgrund des damaligen Urteilsspruchs verhaftet. Obwohl Selk versicherte, er hätte damals unter dem Druck der Verhältnisse alles unterschrieben, um nicht weiter mißhandelt oder in ein KZ eingeliefert zu werden, verurteilte ihn das Landgericht Hannover im August 1946 zu neun Jahren Zuchthaus. Erst sieben (!) Jahre später wurde Werner Selk auf Bewährung entlassen.

Wie erging es den Homosexuellen in den von den Nationalsozialisten okkupierten Gebieten? Festzuhalten ist zunächst, daß die Verfolgungsstrukturen, denen »nicht-arische« Schwule unterworfen waren, anders funktionierten als die, mit denen »arische« Homosexuelle konfrontiert waren.

Wie Abtreibungs- und Homosexualitätsdelikte bei Polen zu beurteilen seien, darüber gibt ein Rundschreiben des Reichsjustizministers vom 22. Januar 1941 an die Generalstaatsanwälte Auskunft:

»Bei der Festsetzung von Strafen gegen Polen muß berücksichtigt werden, ob die angewandte deutsche Strafrechtsnorm in erster Linie dem Schutz des *deutschen* Volkes dient, die Tat sich aber nicht gegen das deutsche, sondern das polnische Volkstum richtet. Eine Gefährdung deutschen Volkstums liegt z. B. nicht vor, wenn eine Polin ihre Leibesfrucht abtreibt oder sich einer Kindestötung schuldig macht oder wenn Polen untereinander gleichgeschlechtliche Unzucht treiben« (zit. n. Grau, ebd.: 263).

Da die Nazis Homosexualität als Gefährdung eines Volkes betrachteten, homosexuell handelnde Polen durch ihre Aktivitäten also den Untergang des »minderwertigen« polnischen Volkes beschleunigen würden, hätte es im Sinn der Nazi-Ideologie eigentlich keinen Grund gegeben, schwule Polen zu verfolgen, im Gegenteil. Doch die Nazis befürchteten, daß die in der Nähe von Deutschen lebenden Polen erstere mit ihrer »Degeneriertheit« anstecken könnten, und diese Gefahr schien ihnen insbesondere von schwulen Polen auszugehen.

Drohten homosexuell Handelnden zunächst, sofern sie Polen waren, keine Strafen, so änderten die besagten Befürchtungen die Lage: Miteinander »Unzucht« treibende Polen mußten ab Herbst 1942 mit Verbannung rechnen, um der »arischen Rasse« nicht schaden zu können. Günter Grau weist darauf hin, daß unbekannt ist, in welchem Grad sich die Behörden tatsächlich an diese »volkstumspolitischen Erwägungen« gehalten haben. Er hebt hervor, »daß SS und Polizei mit der Verordnung über die ›Strafrechtspflege gegen Polen und Juden in den eingegliederten Ostgebieten‹ vom 4. Dezember 1941... generell zu einem willkürlichen Vorgehen (bis zur Verhängung der Todesstrafe) ermächtigt waren« (ebd.: 254).

Daß homosexuelle (oder als solche denunzierte) Polen unter die »Sonderbehandlung« der SS gefallen und in KZs deportiert worden sind, gilt als äußerst wahrscheinlich.

Wie mit schwulen Männern in den besetzten Gebieten verfahren wurde, hing zum einen davon ab, welche Bedeutungen dem jeweiligen Land im Rahmen des geplanten Hitler-Europas zukam. Zum anderen wurde die Situation Homosexueller davon bestimmt, wie sich das jeweilige Land vor der Okkupation Schwulen gegenüber verhalten hatte.

Das NS-Regime beabsichtigte, die Niederlande zu einem Teil des »Deutschen Reiches« zu machen. Da die Holländer als echte »Arier« betrachtet wurden, mußten sie der NS-Ideologie zufolge vor homosexueller »Verseuchung« bewahrt werden. Nach der Flucht der niederländischen Königsfamilie (Mai 1940) übernahm der nationalsozialistische Jurist Arthur Seyss-Inquart die Herrschaft und erließ bereits zwei Monate später ein Verbot homosexueller Handlungen zwischen Männern. Doch die Verfolgung Homosexueller lief nicht so »erfolgreich« ab, wie es sich Seyss-Inquart wünschte. Die holländischen Behörden, die sich seit 1911 um schwule Aktivitäten Volljähriger nicht mehr zu kümmern hatten, ließen nach Meinung der Nazis an Eifer in Sachen Schwulen-Verfolgung zu wünschen übrig. Die Antwort auf die Frage, wie dies zu erklären sei, war für die Nazis nicht gerade ermutigend: Ein hoher niederländischer Polizist meinte, seine Beamten verfügten über kein Gespür für Vergehen sexueller Art. Darüber hinaus mangelte es den Polizisten an Erfahrung sowie an Stolz auf ihren Beruf (zit. n. Plant, 1991: 108 f.). Sicherlich kam noch hinzu, daß der größte Teil der Niederländer die NS-Herrschaft entschieden ablehnte.

Über die Situation homosexueller Franzosen schreibt Günter Grau:

»Unbekannt ist die Zahl der verfolgten Franzosen im besetzten Teil Frankreichs. Hier hatte Marschall Pétain unter der Regierung Vichy am 6. August 1942 das Gesetz Nr. 744... unterzeichnet, das 150 Jahre nach Aufhebung der strafrechtlichen Diskriminierung der Homosexualität nunmehr erneut für homosexuelle Männer Gefängnisstrafen zwischen sechs Monaten und drei Jahren vorsah (es wurde von de

Gaulle auch nach 1945 beibehalten und erst 1982 unter Mitterrand abgeschafft)« (Grau, ebd.: 255).

Die Polizei des Vichy-Regimes ging gegen Schwule keineswegs konsequent vor: Befahl sie einerseits die Festnahme Homosexueller an der Côte d'Azur, so schonte sie andererseits bekannte schwule Künstler wie Jean Marais oder Jean Cocteau.

Homosexuelle aus Elsaß-Lothringen bekamen die Verfolgung durch die Nazis härter zu spüren als die übrigen Franzosen. Grund dafür war, daß Elsaß-Lothringen deutsche Provinz werden sollte, weshalb den Nazis eine »Säuberung« der dortigen Bevölkerung notwendig erschien. 1940 planten die Nazis eine Aktion gegen »Asoziale, Arbeitsscheue, Landstreicher, Bettler, Zuhälter und Zigeuner«. Im Zuge dieser Aktion wurden auch schwule Männer in das zwar nicht-okkupierte, doch aber von den Nazis kontrollierte Südfrankreich verschleppt.

»Im Zeitraum Juni 1940 bis April 1942 wurden 95 Homosexuelle (außerdem 19 Familenangehörige) aus dem Elsaß ausgewiesen, 9 vorübergehend im Sicherungslager Vorbruck interniert, gegen einen Mann Vorbeugungshaft (= KZ) verfügt« (Grau, ebd.: 255).

Obgleich über die Verfolgung schwuler Männer in den besetzten Staaten nur wenig Informationen vorliegen, läßt sich doch sagen, daß sie in ihrem Ausmaß keineswegs mit der Verfolgung der in diesen Ländern lebenden Juden vergleichbar ist.

Homosexuelle in Konzentrationslagern

Rüdiger Lautmann, der 1977 eine weitbeachtete Studie über die Situation Schwuler in KZs vorlegte (*Der rosa Winkel in den nationalsozialistischen Konzentrationslagern*), betonte, daß aufgrund der unordentlichen »Buchführung« der Nationalsozialisten eine erschöpfende Recherche nicht möglich sei. Es sei aber davon auszugehen, daß ab 1933 in den diversen Lagern stets mehrere hundert Schwule interniert gewesen seien. Die Anzahl der inhaftierten Homosexuellen stieg in späteren Jahren auf ungefähr tausend Männer. Nach Lautmann starben zwischen fünf- und fünfzehntausend Homosexuelle in den KZs (Lautmann, 1977: 33).

Das erste Konzentrationslager wurde auf Befehl Heinrich Himmlers bereits 1933 in Dachau errichtet, da die Gefängnisse durch die Verhaftungswelle nach dem Reichstagsbrand vollkommen überfüllt waren. Katholiken, Antifaschisten, Juden und Schwule gehörten zu den ersten KZ-Gefangenen.

Homosexuelle bildeten unter den KZ-Häftlingen eine kleine Minderheit; sie wurden vom Lagerpersonal ganz besonders brutal behandelt, da sie in der Hierarchie der Gefangenen auf unterster Stufe standen. Um die Situation schwuler Männer in den KZs zu begreifen, ist es notwendig, die in den Lagern herrschenden Organisationsstrukturen näher zu beleuchten.

Der mächtige Mann eines KZs war der Lagerkommandant; ihm zur Seite standen seine Adjutanten und Verwaltungsführer. Dem Lagerkommandanten untergeordnet waren die SS-Lagerführer, die ihre Macht uneingeschränkt im Häftlingsbereich ausüben konnten. Ihnen unterstellt waren die Rapportführer (sie sorgten für die Verwaltung der Häftlingsakten) und die SS-Blockführer, die über ihren jeweiligen Block mit größter Brutalität herrschten. Die SS-Bewacher zwängten den Häftlingen ein »Selbstverwaltungs«-System auf, das dazu diente, die Häftlinge gegeneinander auszuspielen. Sogenannte Kapos wurden von ihnen ernannt, die großen Einfluß auf das Schicksal ihrer Mitgefangenen hatten. So bestimmten sie, welcher Gefangene einem der gefürchteten Arbeitskommandos zugeteilt wurde. Über die Rolle, welche die »Kapos« spielten, schreibt Robert Plant: »diese Mittelsmänner der Macht (befanden) sich dauernd in einer vertrackten Situation. Einige der gewöhnlichen Gefangenen sahen in ihnen natürlich Werkzeuge des Feindes, während die Lagerverwaltung sie ihrerseits für alles verantwortlich machte, was in ihrem Kontrollbereich geschah« (Plant, 1991: 141).

Zwischen den politischen und kriminellen Häftlingen tobten ständig Kämpfe um Machtpositionen innerhalb der »Lagerselbstverwaltung«. Da die Homosexuellen eine kleine, keineswegs eine einheitliche Minderheit bildeten, konnten sie sich bei diesen Machtkämpfen nicht behaupten. »Anders als die Antifaschisten, Juden oder Ausländer, denen es manchmal gelang, aktive Häftlingsorganisationen zu bilden, setzten die Schwulen dem SS-Personal keinen noch so geringen Widerstand entgegen« (ebd.: 159).

In den Häftlingsbaracken der KZs hatten Kriminelle oder Antifaschisten das Sagen, und selbstverständlich begünstigten sie die eigene Gruppe, so daß Schwule selten bei der Essensverteilung, bei Abstellungen zu den Arbeitstruppen oder Überweisungen in das Krankenrevier bevorzugt behandelt wurden. Dazu kam, daß weder Antifaschisten noch Kriminelle an einer Zusammenarbeit mit Homosexuellen interessiert waren:

»ein grüner Kapo (die Farbe Grün stand für »kriminell«; H. B.) konnte einen attraktiven, jungen Schwulen zu seinem Favoriten machen, doch die Schwulen als Gruppe profitierten nicht von einem solchen Arrangement. Die Gefangenen selbst spiegelten nur die Ablehnung wieder (sic!), die den Homosexuellen in Deutschland schon lange, bevor Himmler und Eicke die Lager schufen, entgegengebracht worden war. Die SS-Aufseher waren ihrerseits darauf gedrillt, als einzige geeignete Methode zur Kontrollierung der Gefangenen rohe Gewalt einzusetzen. Die Homosexuellen waren in ihren Augen verachtenswerte Degenerierte – deshalb konnten sie sich bei ihnen verschiedenartigster Erniedrigungsrituale bedienen« (ebd.: 160).

Erschwerend zu ihrer Isolation im Bereich des Lagers kam hinzu, daß Schwule auch von der Außenwelt kaum auf Hilfe rechnen konnten. Einerseits deshalb, weil Angehörige oder Freunde sich schämten, mit einem Schwulen befreundet oder verwandt zu sein, andererseits, weil sie fürchteten, im Falle einer Kontaktaufnahme selbst als homosexuell betrachtet zu werden.

Ein erschütterndes Beispiel dafür, wie sehr sich Angehörige eines Homosexuellen von diesem distanzierten, gibt der Fall des Häftlings Karl Willy A., der viermal wegen »widernatürlicher Unzucht« bestraft und in das KZ Buchenwald gebracht wurde, wo er angeblich an einer eitrigen Rippenfellentzündung verstarb. In der Akte des Häftlings befindet sich ein an die Kommandantur des KZs gerichtetes Schreiben vom 26.11.1943, worin es heißt:

»Frau Martha A. in Holzhausen bei Leipzig… wurde durch die Gemeindepolizei vom Ableben ihres Mannes in mitfühlender Weise benachrichtigt und befehlsgemäß belehrt. Sie stellt keinen Antrag auf Überführung der Urne, bittet aber um Übersendung des Nachlasses zum Nutzen ihres Kindes« (zit. n. Grau, ebd.: 343).

Eugen Kogon, der als »Politischer« im KZ Buchenwald inhaftiert war, schreibt über das Schicksal der Männer mit dem »rosa Winkel« (dieser an der Häftlingskleidung angenähte Winkel kennzeichnete sie als Homosexuelle), daß man es »nur als entsetzlich bezeichnen« könne. »Sie sind fast alle zugrunde gegangen« (zit. n. Plant, ebd.: 148). Nur wenige Schwule, die das KZ überlebt haben, äußerten sich öffentlich über ihre schrecklichen Erfahrungen. Was nicht weiter zu verwundern ist, denn nach 1945 wurden sie immer noch unterdrückt (s. letztes Kapitel).

Einen ausführlichen Bericht über seine Erlebnisse diktierte ein Homosexueller dem Journalisten Heinz Heger. Der Mann (im folgenden als »X« bezeichnet) wurde 1917 in Wien geboren, wo er später studierte. Er unterhielt ein Verhältnis mit dem Sohn eines ranghohen Nazi-Funktionärs, was der Gestapo zu Ohren kam. Gewiß auf Betreiben dieses Funktionärs wurde das Verfahren gegen dessen Sohn eingestellt; X dagegen wurde nach § 175 verurteilt. Nach Abbüßung dieser Strafe brachte man X im Jahr 1940 in das KZ Sachsenhausen-Oranienburg. X beschreibt seine Ankunft in diesem Lager folgendermaßen:

»Als wir auf den großen und geräumigen Appellplatz ausgeladen waren, stürzten sofort einige SS-Scharführer herbei und schlugen mit Stöcken auf uns ein. Wir mußten uns in Fünferreihen aufstellen, und es dauerte eine ganze Weile, bis der verschreckte Haufen nach vielen Hieben und Beschimpfungen endlich soweit war. Nun wurden wir nach einer Liste einzeln aufgerufen, mußten vortreten, unseren Namen wiederholen und unser Strafdelikt angeben, um gleich den einzelnen SS-Blockführern unseres Wohnblocks zugeteilt zu werden. Bei meinem Namensaufruf trat ich vor, nannte meinen Namen und gab als Delikt den § 175 an. Mit den Worten: ›Du schwules Dreckschwein, schmeiß dich dorthin, du Arschficker!‹ bekam ich einige Tritte in Rücken und Hintern und wurde zu einem SS-Oberscharführer gestoßen, der meinen Wohnblock unter sich hatte. Als erstes erhielt ich von ihm zwei Ohrfeigen, die mich zu Boden warfen. Ich rappelte mich hoch und mußte mich in Achtungsstellung vor ihm hinstellen, worauf er mir sein Knie mit voller Wucht in die Hoden stieß, so daß ich mich vor Schmerzen auf dem Erdboden krümmte« (Heger, 1993: 33 f.).

Die brutale Behandlung von X ist alles andere als ein Sonderfall; politische Häftlinge berichteten immer wieder von derartigen schockierenden Vorfällen. So der Pater S. Hess, als er im KZ Dachau ankam:

»Einer kam wegen § 175. Er wurde nach allen Regeln geohrfeigt, mußte laut vor allen sein Delikt erzählen, genau beschreiben, was er gemacht hatte und wie, dann fielen sie von neuem über ihn her und gaben ihm Ohrfeigen und Fußtritte. Man konnte ihnen Wollust und Sadismus vom Gesicht lesen« (zit. n. Stümke, ebd.: 129).

Es gab auch Fälle, wo Homosexuelle an Ort und Stelle zu Tode geprügelt wurden. Im Sachsenhausen-Prozeß (1964) sagte ein Zeuge aus, daß ein SS-Mann aus Bergisch-Gladbach so lange einen kalten Wasserstrahl auf die Herzgegend eines Homosexuellen gerichtet habe, bis dieser Mann tot zusammenbrach (Stümke, ebd.: 129).

Wie aus den Äußerungen des Paters Hess hervorgeht, empfanden die SS-Sadisten sexuelle Lust bei den erzwungenen Schilderungen schwuler Sexualpraktiken. Robert Plant weist darauf hin, »daß die homosexuelle Praxis in den Lagern sehr verbreitet war; die Häftlinge taten aber nur jene in Acht und Bann, die von der SS mit dem rosa Winkel markiert waren« (Plant, 1991: 148). Daß Homosexuelle häufig in eigenen Blocks isoliert waren, erleichterte ihre Mißhandlung und Vergewaltigung.

Andererseits konnte das Begehrtwerden von einem Kapo oder SS-Wächter einem Homosexuellen die Chance geben, seine Situation ein wenig erträglicher zu machen. So geschah es auch X nach dessen Überstellung zum KZ Flossenbürg. Nachdem verschiedene Kapos darüber diskutiert hatten, wer den damals 23jährigen »bekommen« sollte, erschienen der SS-Blockführer und der »Blockälteste« (der Häftling, der für die Aufrechterhaltung der Ordnung im Block verantwortlich war):

»der Blockälteste... musterte uns Neue recht eingehend.

Seinen Blicken zufolge aus dem gleichen Grund, aus dem seine Kapos uns zuvor betrachtet hatten. Seine Augen blieben lange auf mich gerichtet, wobei er wohlgefällig lächelte. Als der SS-Blockführer sich wieder zurückzog..., kam er sofort auf mich zu und sagte: ›He, Kleiner, willst du mit mir...‹ ›Ja, gerne‹, sagte ich ihn unterbrechend, wohl wissend, was er meinte« (Heger, ebd.: 57).

Die Nazis unternahmen in den Konzentrationslagern diverse »Experimente«, Homosexuelle von ihrer »Krankheit« zu heilen. So versuchte der hohe NS-Offizier Rudolf Höß, der als Kommandant die Vergasungen in Auschwitz-Buchenau organisierte, Schwule »umzuerziehen«, indem er sie bis zur völligen Erschöpfung arbeiten ließ und sie nötigte, mit Prostituierten den »normalen« Geschlechtsverkehr auszuüben. Als Kommandant in Auschwitz befahl er auch, Homosexuelle gesondert unterzubringen, um sie besser im Auge behalten zu können. »Arbeit macht frei«: Unter diesem zynischen Motto versuchte Höß, Schwule von ihrem »Laster« zu »heilen«. Wenn sie, so hoffte Höß, bis zum Umfallen arbeiten müßten, würde ein »Läuterungsprozeß« einsetzen. Zwar gestand Höß in seinem Buch *Kommandant in Auschwitz* (1959/1963), daß diese Methode nicht immer funktionierte, doch hielt ihn dies keineswegs davon ab, Homosexuelle zu Zementierarbeiten abzustellen, die selten jemand überlebte.

Nicht nur in Auschwitz wurden Homosexuelle isoliert; X schreibt über seine Haft im KZ Flossenbürg:

»Unser Block war nur mit Homosexuellen belegt, und jeder Flügel bzw. Stube hatte ca. 250 Mann. Schlafen durften wir nur im Nachthemd und mit den Händen außerhalb der Decke, denn: ›Ihr schwulen Arschlöcher sollt euch nicht selbst begeilen können.‹ Dabei waren die Fenster zentimeterdick mit Eis bedeckt. Wer mit der Unterhose im Bett angetroffen wurde oder die Hände unter der Decke hatte – es fanden fast jede Nacht Kontrollen statt – wurde zur Strafe im Freien mit einigen Kübeln Wasser übergossen und eine gute Stunde stehen gelassen. Diese Prozedur überstanden die wenigsten, das mindeste war eine Lungenentzündung, und wer als Schwuler in das Krankenrevier eingeliefert wurde, verließ es fast nie mehr lebend. Denn wir mit dem rosa Winkel waren im Krankenrevier bevorzugt für medizinische Experimente vorgesehen und es wurden an uns Versuche angestellt, die meist mit dem Tode endeten« (Heger, ebd.: 36).

Über »medizinische Experimente« im KZ Buchenwald ist »mittlerweile bekannt, daß sie (homosexuelle Männer, H. B.) für die fürchterlichen Fleckfieberversuche herhalten mußten. Da die Versuche nur sehr lückenhaft dokumentiert sind, lassen sich endgültige Aussagen zum Ausmaß nicht treffen« (Grau, ebd.: 329).

Das KZ Buchenwald war es auch, in dem der dänische Arzt Carl Peter Jensen alias Carl Vaernet seine Versuche zur »hormonellen Umpolung« Schwuler durchführte. Heinrich Himmler, der sich für medizinische Forschungsprojekte einsetzte, um das Ausmaß der Homosexualität zu reduzieren, unterstützte den Dänen.

Vaernet wurde ausgesprochen gut bezahlt, man erleichterte ihm seine Arbeit in einem Pharma-Betrieb der SS in Prag so weit als möglich, und schließlich sicherte man ihm zu, schwule KZ-Häftlinge für seine Versuche bereitzustellen. Falls aus seiner Arbeit »produktionsreife Produkte« hervorgehen sollten, sagte er der SS »die alleinige wirtschaftliche Nutzung im In- und Ausland« zu (zit. n. Stümke, ebd.: 124).

Vaernet ging von der Annahme aus, daß bei Homosexuellen zu wenig männliche Sexualhormone produziert würden, weshalb sie sich schüchtern gegenüber Frauen und zu wenig »männlich« verhielten. Es liegt auf der Hand, wie sehr diese Theorie bestimmt wurde von Vorurteilen der Gesellschaft Schwulen gegenüber. Vaernet war, was wenig verwundert, nicht in der Lage, die Richtigkeit seiner Theorie zu beweisen.

Vaernets »Therapie«, die aus Homosexuellen »vollwertige Mitglieder der Allgemeinheit« machen sollte, funktionierte folgendermaßen: Er nahm einen Schnitt in der Nähe der Leistengegend des KZ-Häftlings vor und führte dann eine Kapsel in die Wunde ein, die zwei Öffnungen aufwies, durch die das männliche Hormon Testosteron ständig und in festgelegter Menge in den Körper des Homosexuellen gelangte. Nach dem Eingriff wurden die Häftlinge in ein Krankenlager zur Beobachtung gebracht.

Vaernet, der im Jahr 1944 zehn homosexuelle Häftlinge operierte, begründete seine Operationen politisch auch damit, daß durch sie bei breiterer Anwendung ein Anstieg der Geburtenzahlen zu erwarten sei. Akribisch notierte er sexuelle Äußerungen der Behandelten, um den Erfolg seine Methode zu beweisen. So schreibt er über einen von ihm operierten Theologen: »seine erotische Gedankenwelt hat sich ganz verändert – früher waren alle seine erotischen Gedanken und Träume auf junge Männer gerichtet, aber jetzt nur auf Frauen. Meint, daß das Lagerleben ungünstig ist – hat an die Frauen im Bordell gedacht, aber wegen ›religiösen‹ Gründen kann er nicht hingehen« (zit. n. Grau, ebd.: 354).

Freilich teilte Vaernet der SS nicht mit, daß sich die operierten Männer ganz in seinem Sinne äußerten, um als »geheilt« aus dem KZ entlassen zu werden. Die SS ihrerseits gab sich mit den bloßen Versicherungen der Homosexuellen, jetzt sexuell »normal« zu empfinden, natürlich nicht zufrieden. Selbst ein »erfolgreicher« Besuch im KZ-eigenen Bordell reichte der SS nicht aus. 1944 ordnete Himmler sogenannte Abkehrprüfungen an:

»Dazu verfrachtete man die Homosexuellen in das Frauen-KZ Ravensbrück, um sie bei der Arbeit unauffällig mit Prostituierten zusammenzubringen. Diese hatten den Auftrag, sich den Männern dezent zu nähern und sie geschlechtlich zu reizen. Kam es zu einer sexuellen Verbindung, wurde dies als Indiz für die ›Heilung‹ angesehen« (Stümke, ebd.: 126).

Vaernets pseudowissenschaftliche Experimente führten bei seinen Opfern zu Krankheiten; mindestens zwei von ihnen starben. Die Versuche wurden auch keineswegs professionell durchgeführt: Vaernets Mitarbeiter wußten häufig nicht, wie sie genau vorgehen sollten. Dazu kam, daß Akten, die oft nicht vollständig waren, verschlampt wurden und die Reinheit von Medikamenten nicht überprüft wurde.

Jede Erektion seiner »Patienten« wurde von Vaernet verzeichnet, er operierte auch kastrierte Männer, um festzustellen, ob sich auch bei ihnen wieder eine Erektion einstellte.

Die Kastration war eines der unmenschlichsten Mittel, das von den Nazis zur »Behandlung« bzw. »Ausmerzung« der Homosexualität angewandt wurde. Bereits 1933 wurde die Justiz ermächtigt, außer Freiheitsentzug auch in bestimmten Fällen die Kastration als Zwangsmaßnahme zu verhängen. Homosexuelle Männer fielen unter diese Regelung, sofern sie Verkehr mit Jungen unter 14 Jahren gehabt bzw. sich als schwule Exhibitionisten betätigt hatten.

Zwei Jahre später wurde juristisch die Möglichkeit einer »freiwilligen Unterwerfung« zur Kastration geschaffen, wobei die Einwilligung des Betreffenden erforderlich war. Ein Runderlaß vom 23. Januar 1936 ordnete an, daß die Einwilligung zur Kastration durch keinerlei Zwang herbeigeführt werden dürfe.

»Drei Jahre später setzte der Reichsführer-SS Himmler... diese Festlegung außer Kraft. Die erforderliche Freiwilligkeit sei nicht in Frage gestellt, wenn der in Vorbeugehaft Befindliche darüber belehrt werde, daß nach erfolgter Kastration eine Entlassung möglich sei« (Grau, ebd.: 306).

Schwule, die mehr als einen männlichen Sexualpartner hatten, wurden nach einer Verfügung des Reichssicherheitshauptamts vom 12. Juli 1940 in KZs gebracht. Gemäß einem im selben Jahr ergangenen Erlaß des Reichskriminalpolizeiamtes konnte von einer solchen Einweisung abgesehen werden, wenn sich der Betreffende kastrieren ließ (ebd.: 306).

Schließlich wurden – zwei Jahre nach diesem Erlaß – die Lagerkommandanten ermächtigt, die Zwangskastration in gewissen, juristisch nicht geregelten Fällen anzuordnen.

In der Praxis allerdings wurden homosexuelle KZ-Häftlinge schon Jahre vorher zur Kastration gezwungen.

Wie viele Schwule von den Nazis im Zeitraum von 1935 bis 1945 kastriert wurden, ist nicht bekannt. Es ist aber davon auszugehen, daß es nicht wenige waren, die »freiwillig« diesem Eingriff zustimmten, um der Hölle der Konzentrationslager zu entgehen.

Wer die unerträglichen Arbeitsstrapazen, die totale Willkürherrschaft der KZ-Wächter, den Hunger und die medizinischen »Behandlungen« überstand, war für sein Leben gezeichnet. X, der das Konzentrationslager überlebte, berichtet:

»In der ersten Zeit meiner Heimkehr tuschelte und raunte zwar die Nachbarschaft über mich ›warmen‹ KZler, aber da ich sehr zurückgezogen lebte und nie in eine homosexuelle Affäre verwickelt war, ließ man mich in Ruhe meiner Arbeit nachgehen, kam mir aber auch menschlich nie näher« (Heger, ebd.: 169).

X versuchte zunächst, sein Studium wiederaufzunehmen, aber er konnte sich nicht darauf konzentrieren:

»Ich konnte die Grauenhaftigkeit der KZ-Folterungen, die fürchterlichen und bestialischen Brutalitäten der SS-Schergen nicht mehr aus meinem Gehirn verbannen und vergessen… Auch in stillen Stunden stiegen die KZ-Bilder grauenvoll in Gedanken vor mir auf, das wird wohl nie mehr vergehen. So spricht zwar heute die Nachwelt schon längst nicht mehr von den damaligen Peinigungen und Ermordungen in den Nazi-Konzentrationslagern, die heutige Bevölkerung will gar nicht mehr daran erinnert werden, aber wir, die ehemaligen KZ-Häftlinge, können nie mehr vergessen, was man uns angetan hat« (ebd.: 168).

9. Demokratie – auch für Schwule?

Von der Adenauer-Ära bis ins wiedervereinigte Deutschland

Nach der Befreiung Deutschlands vom NS-Regime herrschte Unklarheit darüber, wie mit schwulen Männern juristisch zu verfahren sei. Zwar hatte die Militärregierung unmittelbar nach der Befreiung den Richtern untersagt, von den Nazis verschärfte Rechtsvorschriften anzuwenden; von dieser Verordnung klammerte sie jedoch mit Gesetz vom 30. Januar 1946 die Fassung des § 175 von 1935 aus. Unentschieden blieb zunächst, ob man den Paragraphen als nationalsozialistisches Unrecht oder als »gewöhnliches« Gesetz zu interpretieren habe.

Es stellte sich also die Frage, ob die Juristen Homosexuelle als Opfer der NS-Herrschaft mit Recht auf Wiedergutmachung und Rehabilitierung betrachten sollten oder als Verbrecher, die ihre gerechte Strafe erhalten hatten. Mario Kramp und Martin Sölle weisen darauf hin, daß einige Schwule

»Straftilgung als Opfer des Nationalsozialismus beim Justizministerium des neuen Landes Nordrhein-Westfalen (beantragten). In einem Fall wurde 1948 die Strafe nachträglich erlassen, weil, so die Entscheidung, eine ›bloße Berührung des Geschlechtsteiles eines anderen Mannes über der Hose‹, weswegen der Antragsteller in der NS-Zeit verurteilt worden war, zu einer Verurteilung nach § 175 nicht ausreiche. Im gleichen Jahr führte ein ähnlicher Revisionsantrag nur zu einer nachträglichen Reduzierung des Strafmaßes. Sollte dies bedeuten, daß man am Verbot homosexueller Handlungen und somit grundsätzlich am § 175 festhielt, aber die ältere, weniger strenge Fassung des Paragraphen zugrundelegte und den § 175 von 1935 für nationalsozialistisches Unrecht hielt?« (in: Balser / Kramp / Müller / Gotzmann, 1994: 125 f.).

Es hat den Anschein, daß man den deutschen Gerichten die Entscheidung über diese Frage überlassen wollte. So ist denn auch eine klare

Stellungnahme der westalliierten Behörden bislang nicht bekannt. Insgesamt gesehen kann man jedoch davon ausgehen, daß in der Zone der Sowjetunion die Ansicht vorherrschte, die Nazi-Fassung des § 175 sei Unrecht, während die Meinungen darüber in den Westzonen erheblich divergierten:

»Die Oberlandesgerichte Oldenburg, Braunschweig und Kiel entschieden 1946 und 1947, der § 175 von 1935 sei NS-Unrecht; die Oberlandesgerichte Hamburg, Celle, Hamm und Düsseldorf waren hingegen der Auffassung, die Homosexuellen seien im Dritten Reich zu Recht verurteilt worden. Diese harte Linie sollte sich mit der Gründung der Bundesrepublik Deutschland 1949 bundesweit durchsetzen und der Rechtsunsicherheit der Nachkriegszeit ein Ende setzen. Der § 175 von 1935 schütze – so begründete das Düsseldorfer Gericht sein Urteil – *›nicht die geschlechtliche Unversehrtheit der Einzelperson, sondern… die Gesundheit und Reinheit des Volkslebens vor der Gefährdung der Unzucht zwischen Männern‹*« (ebd.: 126).

Besonders schwulenfeindlich verhielt sich der Bundesgerichtshof, indem er sogar die späte Nazi-Rechtsprechung zum § 175 übernahm, derzufolge bereits das »Betrachten in wollüstiger Absicht« eine Erfüllung des Straftatbestandes darstellte. Der Bundesgerichtshof räumte im Jahr 1951 zwar ein,

»daß die Gestaltung der Verhältnisse unter der nationalsozialistischen Herrschaft mit ihren Männerverbänden (sic!) der Anlaß gewesen sei, den früheren Tatbestand zu erweitern, und daß andererseits die damaligen Machthaber die neue Fassung des Paragraphen 175 StGB auch als Vorwand benutzten, gegen mißliebige Organisationen oder Einzelpersonen vorzugehen« (zit. n. Stümke, 1989: 133).

Doch diese »Erwägungen« ließen nicht die Folgerung zu, daß der NS-§ 175 eine Realisierung nazistischer Bestrebungen und Ideen darstelle. Mit Recht hebt Hans-Georg Stümke hervor, daß sich an keiner Stelle

»in den Begründungen der höchsten bundesdeutschen Gerichte zur Weitergeltung auch nur ein einziger Hinweis auf die rassenhygienischen und bevölkerungspolitischen Absichten (findet), mit denen die

Nazis seinerzeit die Verschärfung begründeten; nirgendwo ein Hinweis darauf, daß in der NS-Zeit die traditionelle juristische Funktion des Paragraphen 175 StGB, das Prinzip der Prävention im Interesse einer Ausrottung der Homosexuellen und der Homosexualität, aufgegeben wurde« (ebd.: 133).

Um die extrem homosexuellenfeindliche Atmosphäre in der Restaurationszeit (1949–1962) zu begreifen, erscheint die Auseinandersetzung mit den familienideologischen Vorstellungen sowie den Überlegungen zum Jugendschutz der damaligen Zeit notwendig. Inmitten des Chaos nach dem Krieg wurde die idealisierte Institution »Kleinfamilie« als einer der wenigen Garanten von Ordnung betrachtet, als eine Art »heile Welt«, die Männern, Frauen und Kindern ihre festen Rollen zuschrieb. Schwule wurden als Gefahr für Ehe und Familie angesehen; überdies stimmte ihre Form der Sexualität mit einem der wichtigsten Ziele der CDU-Familienpolitik nicht überein: der Steigerung der Geburtenzahlen, die nicht zuletzt deshalb angestrebt wurde, um die im Zweiten Weltkrieg gefallenen Männer zu ersetzen und die Wirtschaft mit neuen Arbeitskräften zu »versorgen«.

In seiner Regierungserklärung vom 20. Oktober 1952 machte Konrad Adenauer deutlich, welche große Bedeutung er dem Aspekt der Familienpolitik beimaß: Er verlangte eine »konstante Zunahme der Geburten« und eine »Stärkung der Familie und dadurch Stärkung des Willens zum Kind«. Bei der Durchsetzung seiner Familienpolitik stand dem Bundeskanzler ein strenger Katholik zur Seite: Franz-Josef Wuermeling, von 1953 bis 1962 Familienminister. Wuermeling trat vehement für die Familie als »Kraftquelle des Staates«, »Urzelle des menschlichen Lebens« sowie für »Selbstzucht und Verzicht« ein, und 1953 erklärte er die Familie zu einer Instanz, die vor dem kommunistischen Ausland schütze:

»Millionen innerlich gesunder Familien mit rechtschaffen erzogenen Kindern sind als Sicherung gegen die kinderreichen Völker des Ostens mindestens so wichtig wie alle militärischen Sicherungen« (zit. n. Balser u. a., ebd.: 127).

Wurden Schwule im »Dritten Reich« im Zeichen des Hakenkreuzes als »bevölkerungspolitische Blindgänger« abgewertet, so widerfuhr ihnen dies nun erneut: jetzt von seiten konservativ-katholischer Politiker. Die Ziele der CDU-Familienpolitik suchte man mit verschiedenen Mitteln durchzusetzen: Die Abtreibung wurde verboten (§ 218), der Verkauf von Verhütungsmitteln erschwert, die Geburtenkontrolle behindert, strenge Scheidungsgesetze erlassen, aufklärende und relativ freizügige Schriften und Kunstwerke zensiert (»Schmutz- und Schundgesetz«), einschneidende Jugendschutzvorschriften beschlossen. Von dem Gedanken, die Jugend »schützen« zu müssen, waren die Mächtigen der Adenauer-Ära geradezu besessen. Welche grauenerregenden Einflüsse aber waren es, die das seelische und körperliche Wohlbefinden deutscher Mädchen und Jungen so sehr gefährdeten?

»Geschützt werden sollte die heranwachsende Nachkriegsgeneration (gemeint waren junge Männer und Frauen im Alter von etwa 15 bis 25 Jahren) vor allen Einflüssen, die als schädlich betrachtet wurden: vor Materialismus und Kommunismus ebenso wie vor Rock 'n' Roll und Nietenhosen, vor allem aber vor beinahe jeder Form der Sexualität, die nicht der Reproduktion des gewünschten Kleinfamilienideals diente, und hier erst recht vor Homosexualität – und mithin vor ›den‹ Homosexuellen« (ebd.: 127 f.).

Über das Bild, das man sich in den 50er und den frühen 60er Jahren vom »Homosexuellen« machte, gibt Mario Kramp Auskunft, der den Umgang Kölner Behörden mit Schwulen untersucht hat (»*Homosexuelle machen sich in Köln breit*«, in: Balser u. a., ebd.: 184–218). Kramp schreibt:

»Neben den Charakterisierungen der Homosexuellen als exotische Wesen vom Rande der Gesellschaft drängte sich in den Akten der Kölner Behörden mehr und mehr ein anderes Stereotyp in den Vordergrund: das Bild vom bösen Onkel. Dieser wurde beschrieben als äußerlich gutbürgerlicher älterer Herr, der Kinder und Jugendliche anlockt, um sie sexuell zu mißbrauchen« (ebd.: 192).

1951 wurde das »Gesetz zum Schutz der Jugend in der Öffentlichkeit« erlassen, das die Kontrolle von Jugendlichen sowie ein ordnungspolitisches Eingreifen an Orten, die angeblich jugendgefährdend waren, ermöglichte – vorgegangen wurde insbesondere gegen Schwulentreffpunkte, weil von der (falschen) Ansicht ausgegangen wurde, erwachsene homosexuelle »Verführer« würden heterosexuelle Jungen dauerhaft in Schwule verwandeln können. Daß diese Form des Glaubens an Magie auch heute noch virulent ist, belegt ein Artikel der Münchner *Abendzeitung* vom 6. 7. 1995.

Wer im Jahr 1995 noch an die wundersame sexuelle »Umpolung« durch Schwule glaubt, ist das Bayerische Landesjugendamt, das gegen den Schwulencomic-Zeichner Ralf König zu Felde zog: Es beantragte die Indizierung seiner Publikation *Dicke Dödel I*, da der Comic Jugendliche desorientieren könne und darüber hinaus Heterosexuelle diskriminiere (!). Die Behörde monierte, daß König in seinem Comic versuche, »Homosexualität von Minderjährigen (es handelt sich um 17jährige; H. B.) als selbstverständlich zu qualifizieren«; ihr Eingreifen begründete sie mit der Befürchtung einer »massive(n) Desorientierung von Kindern und Jugendlichen« – das Jugendamt hat also Angst vor einem »Schwulmachen« mittels eines Comics. Ralf König, der seine Anwälte einschaltete, war mit Recht erbost über die absurde Behauptung, seine Publikation diskriminiere Heterosexuelle; eine Behauptung, die angesichts der jahrhundertelangen Homosexuellendiskriminierung und -verfolgung geradezu zynisch wirkt.

Recht gelassen reagierte der schwule Bundestagsabgeordnete der GRÜNEN, Volker Beck:

»Wieder einmal versuchen bayerische Behörden, sich als die Super-Saubermänner der Republik zu profilieren. Jetzt kann die Öffentlichkeit nicht nur über Ralf Königs Comic lachen, sondern auch über die Ergüsse des Bayerischen Landesjugendamtes« (*Abendzeitung* v. 6. 7. 1995).

Am 6. 7. 1995 lehnte die Bundesprüfstelle für jugendgefährdende Schriften in Bonn den Antrag des Landesjugendamtes ab; bei Königs Comic handle es sich nicht um Pornographie, so die Begründung, da eine Ausklammerung sonstiger menschlicher Bezüge (darin wird eine Voraussetzung für Pornographie gesehen) in der Publikation nicht stattfinde.

Doch zurück zur »Jugendschutz«-Politik der Adenauer-Zeit. Eine Institution, die den Kampf gegen schwule »Verführer« besonders rigoros führte, war der 1898 in Köln gegründete katholische Volkswartbund, der sich von Anfang an gegen »öffentliche Unsittlichkeit« wandte. Bereits vor dem Zweiten Weltkrieg setzte er sich für die Bekämpfung der Homosexualität und die Beibehaltung des § 175 ein. Der Volkswartbund arbeitete eng mit der Staatsanwaltschaft, der Polizei und den Landesjugendämtern zusammen, um sein erklärtes Ziel durchzusetzen, Köln von Schwulen zu »befreien«, ihnen die Lebensgrundlage und jegliche Entfaltungsmöglichkeit zu entziehen. Einer der aggressivsten Vertreter des Volkswartbundes war der Amtsgerichtsrat Richard Gatzweiler. Er verfaßte 1951 die Broschüre *Das dritte Geschlecht*, die erste Publikation des Volkswartbundes zum Thema Homosexualität in der Bundesrepublik. *Das dritte Geschlecht* ist eine gegen Schwule gerichtete Hetzschrift, die kaum ein homophobes Vorurteil ausläßt; bereits die einzelnen Überschriften machen die demagogischen Absichten Gatzweilers deutlich: *Die Beurteilung der Homosexualität im Laufe der Geschichte; Sodom und Gomorrha; Christus verurteilt die Homosexualität; Tod durch das Schwert in Rom; Germanen versenken die Homosexuellen in den Sumpf usw.*

Die Einführung der Todesstrafe für Homosexuelle durch Kaiser Justinian findet Gatzweiler

»erforderlich, weil sich die Homosexualität weiter ausbreitete, insbesondere in den sonst sehr sittenlosen Kreisen um den Kaiserhof. Diese Sittenlosigkeit ist sicherlich ein Anzeichen für den Verfall der römischen Kultur, wie denn die Weltgeschichte lehrt, daß ein in seinen Sitten krankes Volk auch seine Kraft verliert und dem Untergang zugeht« (Gatzweiler, 1951: 5).

Neben der Verfallstheorie umfaßt Gatzweilers Schrift auch die Behauptung, die »Seuche« Homosexualität verbreite sich durch Verführung junger Männer. Neben diesen »klassischen« Begründungen dafür, weshalb Homosexuelle zu verfolgen seien, greift Gatzweiler auch ein damals modernes »Argument« auf: Schwule seien eine politische Gefahr, da sie potentielle Moskau-Agenten seien:

»Die Partei der Invertierten: Moskaus neue Garde? …Bedenkt man, daß z. B. die Ostzone die Homosexualität praktisch weiterhin duldet, so erkennt man die Größe der Gefahr, wenn sich die Bolschewisten die Invertierten in der Bundesrepublik gefügig machen« (ebd.: 29).

Da es sich bei schwulen Männern um sittlich haltlose Menschen handle, weil ihr Schamgefühl abgestorben sei, seien sie auch für andere Verbrechen als Staatsverrat zugänglich, so Gatzweiler.

Auf Grund all der Gefahren, die von Homosexuellen für den Autor ausgehen, fordert er Repressionsmaßnahmen, die sich auch gegen Lesben richten:

»Von den Gerichten muß eine der Gefährlichkeit der Seuche angepaßte Strafe erwartet werden. Alle Homosexuellen-Klubs, -Veranstaltungen und -Zeitschriften sind sofort zu verbieten. Jegliche Propaganda der Aufhebung der gesetzlichen Bestimmungen ist zu untersagen, wenn es sich nicht um wissenschaftliche Auseinandersetzungen handelt. ...Auch die lesbische Liebe ist strafwürdig; deren Straflosigkeit ist inkonsequent« (ebd.: 31 f.).

Hält man sich die ungeheure Aggressivität von Gatzweilers Homosexuellenfeindlichkeit vor Augen, die derjenigen der Nazis in nichts nachsteht, so überraschen die Reaktionen auf *Das dritte Geschlecht* nicht im geringsten. Die Schwulen-Zeitschrift *Die Freunde* veröffentlichte einen gegen Gatzweiler gerichteten Artikel mit der Überschrift *Zum Fest der Liebe... Massenmord*:

»Es ist grauenerregend – aber es ist wahr: Zum Fest der Liebe im Jahre des Heils 1951 fordert ein katholischer Amtsgerichtsrat aus Bonn die Welt zum Massenmorde an allen Homosexuellen auf... Wir dürfen es nicht hinnehmen, daß unter Berufung auf das Wohl und Wehe unseres Volkes Millionen von Männern und Frauen eben dieses Volkes als Verbrecher bezeichnet und mit Mördern und anderen asozialen Elementen auf eine Stufe gestellt werden! ...Wir dürfen es nicht hinnehmen, daß die Stimme der Vernunft, die sich seit dem Niederbruch des Dritten Reiches zu Worte meldet, im Rasen des Mobs und im Gebrüll der Fanatiker erstickt wird« (*Die Freunde*, 8/51: 4 f.).

Der Herausgeber des *Freond*, einer anderen Homosexuellen-Zeitschrift, erstattete noch im Dezember 1951 eine Strafanzeige gegen Gatzweiler wegen Aufforderung zum Mord, Verleumdung, übler Nachrede und Beleidigung – leider blieb die Anzeige erfolglos. Und dies war kein Einzelfall – im Gegenteil:

»Als Homosexueller vor bundesdeutschen Gerichten Recht zu bekommen, war Anfang der 50er Jahre kaum möglich, da die Kontinuitäten aus der NS-Zeit in dieser Frage offenbar schwerer wogen als die Ansprüche an eine neue demokratische Justiz« (Balser/Kramp/Müller/Gotzmann, ebd: 129).

An Kontinuitäten aus der Nazi-Zeit mangelt es in den 50er und zu Beginn der 60er Jahre durchaus nicht: Am 17. Dezember 1953 stellte das Bundesverfassungsgericht fest, daß die NS-Fassung des § 175 »ordnungsgemäß erlassen und von den Mitgliedern der Rechtsgemeinschaft hingenommen und seither jahrelang unangefochten bestanden hätte«. Auch die Argumentation eines Klägers, der Paragraph verstoße gegen die im Grundgesetz verankerte Gleichberechtigung von Mann und Frau, brachte die Verfassungsrichter vom Festhalten am NS-§ 175 nicht ab. Die Richter begründeten die Abweisung der Klage auf biologistisch-sexistische Weise, die sehr gut in das Frauen- und Männerbild der Nazis paßt: Der Grundsatz der Gleichberechtigung, so die Entscheidung des Gerichts vom 10. Mai 1957, sei für die juristische Behandlung der männlichen und weiblichen Homosexualität nicht relevant, denn

»auch für das Gebiet der Homosexualität rechtfertigen biologische Verschiedenheiten eine unterschiedliche Behandlung der Geschlechter... Schon die körperliche Bildung der Geschlechtsorgane weist für den Mann auf eine mehr drängende und fordernde, für die Frau auf eine mehr hinnehmende und zur Hingabe bereite Funktion hin... bei der Frau (ist) die körperliche Begierde (Sexualtrieb) und zärtliche Empfindungsfähigkeit (Erotik) fast immer miteinander verschmolzen..., während beim Mann, und zwar gerade beim Homosexuellen, beide Komponenten vielfach getrennt bleiben« (zit. n. Stümke, 1989: 134).

Auch wenn das Bundesverfassungsgericht auf den NS-§ 175 nicht verzichten wollte, fanden es die Herren Richter doch angesagt, den im Zusammenhang mit Homosexualität im »Dritten Reich« geläufigen Sprachgebrauch ein wenig zu »entnazifizieren«. Stümke schreibt dazu:

»Verzichtet wurde vor allem auf die belasteten Begriffe von ›Volksgemeinschaft‹ und ›gesundem Volksempfinden‹. Hatte es im NS-Kommentar zum Unzuchtsbegriff 1935 noch geheißen, daß ›nicht das Gefühl des einzelnen oder einzelner Volkskreise (maßgebend ist), sondern die gesunde Volksanschauung, d. h. die Ansicht des sittlich empfindenden deutschen Menschen‹, so wurde ›die gesunde Volksanschauung‹ nun durch ein ›Sittengesetz‹ bestimmt« (ebd.: 134).

Wie dieses ominöse Sittengesetz nun genau lautete, darüber hüllten sich die Richter in Schweigen.

Homosexuelle Handlungen seien jedenfalls ein Verstoß gegen dieses Gesetz, darüber war man sich einig. Und nach einigem Zögern wußte man auch, wer für die Auslegung des »Sittengesetzes« zuständig war. Zunächst räumte das Gericht ein, daß

»Schwierigkeiten (bestünden), die Geltung eines Sittengesetzes festzustellen. Das persönliche sittliche Gefühl des Richters kann hierfür nicht maßgebend sein; ebensowenig kann die Auffassung einzelner Volksteile ausreichen. Von größerem Gewicht ist, daß die öffentlichen Religionsgemeinschaften, insbesondere die beiden großen christlichen Konfessionen, aus deren Lehren große Teile des Volkes die Maßstäbe für ihr sittliches Verhalten entnehmen, die gleichgeschlechtliche Unzucht als unsittlich beurteilen« (zit. n. Stümke, ebd.: 135).

Die Kirchen wurden also mit der Aufgabe betraut, über die »gesunde und natürliche Lebensordnung im Volke«, wie man jetzt anstelle von »gesunder Volksanschauung« sagte, zu wachen und damit, ebenso wie die Institution »Kleinfamilie«, für Stabilität, dem Ideal der Adenauer-Ära, zu sorgen. In den Dienst dieses Ideals stellte auch einer der prominentesten Soziologen der damaligen Zeit seine Theorie: Helmut Schelsky. Schelsky, auf den sich Repräsentanten der Öffentlichkeit gern bezogen, publizierte 1955 eine *Soziologie der Sexualität*, die wesentlich von der Anthropologie Arnold Gehlens geprägt ist. Gehlen war der Auffassung, daß der Mensch aufgrund seiner Triebhaftigkeit ein stark gefährdetes Wesen sei und deshalb rigider sozialer Institutionen und Normen bedürfe, damit er und seine Gattung überleben könnten. Um an der Gemeinschaft produktiv zu partizipieren, sei es notwendig, daß der einzelne für die Stabilisierung der institutionellen

Gewalt einträte. Helmut Schelsky teilt diese Auffassung: Er glaubt, daß nur ein Mensch, der die »Entfremdung seiner Antriebe ins Institutionelle« akzeptiert, »sich der Subjektivität seiner Triebe und seiner Konstitution entzieht« (Schelsky, 1955: 62), ein Recht darauf hat, voll in die Gesellschaft integriert zu werden. Institutionen stellen für Schelsky einen Wert an sich dar.

Der Soziologe und Sexualwissenschaftler Martin Dannecker schreibt zu dieser Auffassung:

»Die durch Tradition überlieferten Institutionen und Normen werden nicht bloß als historisch notwendige Einrichtungen, sondern als grundsätzlich richtige und vernünftige Einrichtungen angesehen; sie beanspruchen überhistorische Gültigkeit. Asozial und im Sinne einer höheren Vernunft gefährlich ist dann auch jener, dessen sexuelle Antriebe nicht domestiziert wurden« (Dannecker, 1978: 57).

Letzteres ist nach Schelsky bei sexuell »Abnormen« der Fall, was zur Folge hat, daß diese Menschen an »höheren Seinsformen« nicht teilhaben können:

»Das ›normgerechte‹ Verhalten, die Moral, hätte in sich keinen Wert, wenn sie nicht eben diese höheren Seinsformen des Menschen sowohl als Person wie als Gesellschaft erst ermöglichte... Die Abnormen sind also nicht durch eine gleichsam willkürliche Normsetzung der Gesellschaft nur in der öffentlichen Meinung und im Sozialbewußtsein zu einer Außenseiterrolle verdammt worden, sondern das Normverdikt ist die Feststellung einer Kultur, daß diese Gruppen die in der jeweiligen Kultur angelegten höheren Seinsformen der Person oder der Gesellschaft zu erreichen nicht fähig sind« (Schelsky, ebd.: 62).

Für Schelsky wurzelt die Homosexualität in einer »primären geschlechtlichen ›Unsozialität‹« (ebd.: 71). Da der Homosexuelle keine heterosexuelle Partnerbeziehung aufbauen könne, bleibe er

»in seiner leiblichen Bezogenheit mehr oder weniger autistisch oder narzißtisch, so daß sein seelischer und sozialer Normalzustand vom Vitalen her bereits die *Einsamkeit* ist. Das Verharren beim eigenen Leibe, dieser Solipsismus tiefer Lebensschichten, verschließt solchen

Menschen von vornherein den ursprünglichen Zugang zur Soziabilität; sie erreichen auf einem lebenswichtigen Gebiet überhaupt nicht die Verhaltensebene, auf der sich sexualmoralische Normen, die ja immer soziale Bezüge regeln, produktiv entfalten können« (ebd.: 71).

Homosexuelles Verhalten ist in Schelskys Augen ein sozial sinnloses, da es zum einen biologisch zwecklos und zum anderen unergiebig für die »höheren Beiträge des Triebes zur Ordnung und Stabilisierung der Gesellschaft« (ebd.: 73) sei. Die »normgerecht vergesellschaftete Sexualität« hingegen erfüllt laut Schelsky neben der Funktion der Artfortpflanzung folgende Aufgaben:

1. Fundamentierung der Grundgebilde sozialer Sicherung (Ehe, Familie, Verwandtschaft),
2. Stabilisierung des sozialen und persönlichen Selbstbewußtseins des Individuums (da sie soziale Achtung, Anerkennung, Zufriedenheit, einordnendes und verläßliches Verhalten erzeugt),
3. Entlastung des Triebes und damit Freimachen des Individuums für eine Versachlichung seines Verhaltens zu kulturellen Zwecken,
4. Ermöglichung der »*Steigerung der Persönlichkeit in höhere Seinsformen* der Liebe, Hingabe, Gläubigkeit usw.« (ebd.: 73).

Lediglich eine Funktion existiert für Schelsky, die sowohl die »normale« als auch die »abnorme« Sexualität erfüllt: die Befriedigung der Lustbedürfnisse. Das alte Vorurteil vom Schwulen, der nichts anderes als Sex im Kopf hat, meldet sich wieder zu Wort – diesmal in ein soziologisches Mäntelchen gehüllt: Da das Sexualverhalten des Homosexuellen gesellschaftlich nicht geachtet werde, sich somit sozial und kulturell nicht entwickeln könne, bleibe der »Anormale« triebhafter als der »Normale«: der »Zwangs- und Suchtcharakter der Perversionen stammt also mit aus dem Mangel ihrer sozialen und normativen Verarbeitung« (ebd.: 74).

Zusammenfassend sei festgehalten, daß Schelsky homosexuelle Menschen für asozial, sozial-moralisch ich-bezogen, unfähig für »höhere Seinsformen« wie Liebe, Hingabe, Gläubigkeit etc. hält; überdies seien ihre kulturellen Leistungen im Vergleich zu denjenigen der Heterosexuellen minderwertig, da es sich bei ihnen lediglich um Verbrämungen handle. Die Schwachsinnigkeit dieser letzten Behauptung liegt besonders klar zu Tage, es sei denn, man würde die Werke eines

Michelangelo, da Vinci, Tschaikowsky, Benjamin Britten, Oscar Wilde oder Jean Genet als Ausschußware deklarieren.

Zu der radikalen gesellschaftlichen Ausgrenzung, die Helmut Schelsky mit Homosexuellen und anderen »Perversen« betreibt, stellt Dannecker zutreffend fest, daß

»die Ächtung der Perversionen einen wahrhaft totalitären Charakter angenommen (hat). Die niederen Seinsformen, auf denen die Perversionen gleich welcher Art angesiedelt werden, sind aber nicht gleichbedeutend mit dem einfachen Nichterreichen höherer kultureller Stufen, mit einem gleichsam individuellen Hinterherhinken, sondern in der perversen Seinsform selbst soll eine permanente Rebellion gegen grundsätzlich vernünftige kulturelle Einrichtungen liegen. Die behauptete soziale Sinnlosigkeit der Perversion liegt nicht mehr wie ehedem in ihrer ›biologischen Zwecklosigkeit‹ begründet, ihr Kern wird als destruktives, antisoziales Element beschrieben. Laschheit, Nachgiebigkeit oder gar ein Gutheißen sexueller Perversionen berge die Gefahr eines Rückfalls in die Barbarei in sich« (Dannecker, 1978: 58).

Angesichts der krassen Homosexuellenfeindlichkeit, die hinter Schelskys Ausgrenzung der Schwulen aus der Gesellschaft steht, ist es völlig unverständlich, wie Joachim Campe zu der Feststellung gelangt, bei Schelsky brächen niemals Ressentiments gegen Homosexuelle durch (Campe, 1988: 274). Auch Campes Behauptung, daß Schelsky sein Plädoyer gegen die Homosexualität »freilich ohne alle Schärfe« formuliert habe (ebd.: 274), trifft keineswegs zu: So mangelt es doch wohl kaum an Aggresivität, wenn Schelsky Homosexuelle in Zusammenhang mit »betont gesellschaftsfeindlichen« Personengruppen bringt:

»wir (finden) etwa unter den betont gesellschaftsfeindlichen, avantgardistischen Protestgruppen jugendlicher Intellektueller, besonders wenn dann noch literarische Suggestionen dazukommen, eine überdurchschnittliche Verbreitung homosexueller Beziehungen« (Schelsky, ebd.: 81 f.).

Irgendeinen Beweis für diese antiintellektuelle, künstlerfeindliche These erbringt Schelsky nicht – was freilich nicht erstaunt, ist sie doch vollkommen aus der Luft gegriffen. Aus Schelskys Ablehnung homosexuellen Verhaltens resultiert logischerweise seine negative Einstellung gegenüber Bemühungen, die Diskriminierung Schwuler zu beenden und ihnen gesellschaftliche Anerkennung zu gewähren. Es frage sich dabei,

»ob sich solche Versuche einer gesellschaftlichen Normierung der Homosexualität bewußt sind, daß damit die sozialen, kulturellen und geistigen Grundordnungen unserer geschichtlichen Tradition in noch viel stärkerem Maße erschüttert würden, als es bereits durch die Wandlungen im Verhältnis der beiden Geschlechter zueinander geschehen ist« (ebd.: 86).

Eine »Norm-Anerkennung des Abwegigen« kommt für ihn also nicht in Frage, doch Toleranz gegenüber Schwulen, sofern sie ihre sexuellen Aktivitäten auf den »normfreien, der privaten Intimität anheimgestellten Raum des Sexualverhaltens« beschränken, erscheint ihm akzeptabel. Und unter der Voraussetzung, daß Schwule ihre Sexualität im stillen Kämmerlein ausleben, kann sich Schelsky sogar eine Überprüfung des § 175 vorstellen (ebd.: 87).

Für die damaligen Politiker jedoch stand eine Liberalisierung des § 175 keineswegs zur Debatte, was für schwule Männer grausame Folgen hatte. Dazu Kramp und Sölle:

»Von 1953 bis einschließlich 1965 hatte man bundesweit fast 100 000 ›Täter‹ registriert. Nicht alle ›ermittelten Täter‹ wurden verurteilt (etwa ein Viertel war noch nicht volljährig), ein Teil wurde freigesprochen, manche Verfahren wurden eingestellt. Im Zeitraum von 1950 bis 1965 wurden jährlich durchschnittlich etwa 3 300 Männer rechtskräftig abgeurteilt, von denen etwa 84 % rechtskräftig verurteilt worden sind. (Der Begriff ›Aburteilung‹ umfaßt: Verurteilung, Freisprüche und Verfahrenseinstellungen). Die meisten wurden mit Gefängnis bestraft. Diese Zahlen sind in der Höhe weder mit denen der Kaiserzeit noch mit denen der Weimarer Republik, sondern allenfalls mit denen der nationalsozialistischen Herrschaft vergleichbar « (Balser/Kamp/Müller/Gotzmann, ebd.: 138).

1959 erreichte die juristische Verfolgung Homosexueller in der BRD ihren Höhepunkt: 3530 Männer wurden verurteilt. In den nächsten

Jahren nahm die Zahl der Verurteilungen langsam ab, aber noch im Jahr 1965 registrierte man 2538 Verurteilte – etwas mehr als 1935. Nach 1965 vollzog sich die Strafverfolgung zunehmend zurückhaltender.

Die meisten der verurteilten schwulen Männer mußten Gefängnisstrafen absitzen – nur vereinzelt wurde die bis Ende der 60er Jahre existierende Zuchthausstrafe, die für die Häftlinge verschärfte Haftbedingungen vorsah, verhängt. Neben Gefängnis- und Zuchthausstrafen sah der Gesetzgeber auch andere Strafformen vor, nicht zuletzt für die noch nicht volljährigen Verurteilten: Einweisung in eine Heil- und Pflegeanstalt, Überweisung an den Vormundschaftsrichter, Verlust der bürgerlichen Ehrenrechte, Polizeiaufsicht sowie Entzug der Fahrerlaubnis. Die zuletzt genannte Strafmaßnahme erscheint einigermaßen grotesk; begründet wurde sie von den Behörden damit, daß Personen, die wegen »Sittlichkeitsdelikte« vorbestraft seien, leichter rückfällig würden, wenn sie über ein Kraftfahrzeug verfügen könnten.

Die von den genannten Strafbestimmungen Betroffenen tauchen zahlenmäßig in den Statistiken der Justiz auf – im Gegensatz zu den Homosexuellen, deren Leben durch Erpressungen, Gewalttaten, Berufsverbote, Mietkündigungen, Entlassungen und Denunziationen in Gefahr geraten bzw. zugrunde gerichtet worden war. Stellvertretend sei ein Beispiel für die Vernichtung der bürgerlichen Existenz eines Mannes angeführt, der sich für die Emanzipierung Schwuler eingesetzt hatte. Die Rede ist von dem Richter Botho Laserstein, der sich gegen den § 175 wandte. Während der Nazi-Zeit lebte der jüdische Richter im französischen Exil; nach dem Zweiten Weltkrieg trat er konsequent gegen die Wiederbewaffnung und die Wiedereinführung der Todesstrafe ein. Das Engagement des Pazifisten Laserstein in diesen Punkten war jedoch nicht ausschlaggebend dafür, daß er strafversetzt, vom Verfassungsschutz observiert und schließlich entlassen wurde. Vielmehr trieb man ihn in die Enge, weil er für die Sache der Homosexuellen eintrat. Er veröffentlichte juristische Artikel in linksliberalen Zeitschriften, die sich für die Streichung des § 175 einsetzten; darüber hinaus verfaßte er einen »kriminalistischen Tatsachenbericht« (*Strichjunge Karl*, 1953), mit dem er das Tabu männlicher Prostitution brach. Diese Publikationen ließen Laserstein in den Augen des damaligen Justizministers Nordrhein-Westfalens, Amelunxen, als nicht mehr tragbar erscheinen:

»Mögen ihm diese unsachlichen Äußerungen (gemeint ist Lasersteins Eintreten gegen die Wiederbewaffung und die Todesstrafe; H. B.) im Hinblick auf sein schweres Lebensschicksal auch verziehen werden, so verläßt er mit seinen Schriften, die sich der Diskussion des homoerotischen Problems widmen, entschieden den Boden des Tragbaren und für einen Beamten und Richter Vertretbaren« (zit. n. Balser u. a., ebd.: 136 f.).

Zum Bedauern der Behörden konnten sie Laserstein kein homosexuelles Verhalten nachweisen, was sie aber nicht an seiner Entlassung hinderte. Botho Laserstein sah für sein Leben keine Perspektive mehr und beging Suizid.

In Anbetracht der rigorosen Schwulenfeindlichkeit der Adenauer-Ära überrascht es nicht, daß homosexuelle KZ-Opfer keine Wiedergutmachung erhielten. Hans-Georg Stümke stellt dazu fest:

»Abgesehen davon, daß es auch angesichts der fortbestehenden scharfen Verfolgung kaum einer der überlebenden ›rosa Winkel‹-Träger gewagt hätte, auf sein Überleben und seine Existenz aufmerksam zu machen, sah das im Oktober 1957 ergangene ›Bundesentschädigungsgesetz‹ (BEG) auch keinerlei Ansprüche Homosexueller (und verschiedener anderer Personengruppen) vor. Nach Paragraph 1 des Gesetzes wurden als Opfer nationalsozialistischer Verfolgung nur Personen angesehen, die aus Gründen politischer Gegnerschaft gegen den Nationalsozialismus oder aus Gründen der Rasse, des Glaubens oder der Weltanschauung durch NS-Gewaltmaßnahmen verfolgt wurden. Alle Personengruppen, die als Folge der rassenhygienisch motivierten NS-Bevölkerungspolitik Schaden erlitten hatten, fielen durch dieses Netz« (ebd.: 147 f.).

Schwule Opfer des NS-Regimes wurden nicht nur bei der Wiedergutmachung übergangen – auch bei offiziellen Gedenkveranstaltungen verhielt man sich so, als ob es sie niemals gegeben hätte. Lediglich Richard von Weizsäcker erinnerte in seiner Rede zum 40. Jahrestag der Befreiung an die Männer mit dem rosa Winkel. Der jetzige Bundespräsident Roman Herzog hingegen fand es im Rahmen der Feierlichkeiten zum 50. Jahrestag der Befreiung offenbar nicht für notwendig, die Verfolgung und Ermordung Homosexueller durch die Nazis zu thematisieren. Auch in den offiziellen Gedenkstätten wird an die schwulen KZ-Opfer kaum erinnert. Um so mehr Aufmerksamkeit erregte im Mai 1985 eine Veranstaltung im ehemaligen KZ-Neuengamme, wo Hamburger Homosexuellen-Verbände in Anwesenheit offizieller Vertreter der SPD, der FDP und der GRÜNEN einen Gedenkstein setzten (Stümke, ebd.: 152).

Einen letzten Höhepunkt erreichte die Schwulenfeindlichkeit der Adenauer-Zeit im Jahr 1962, in dem die Bundesregierung einen »amtlichen Regierungsentwurf« (E 62) vorlegte, in dem die alten §§ 175 und 175 a durch einen neuen Paragraphen ersetzt werden sollten. Anstatt Reformvorschläge zu akzeptieren, setzte sich die damalige CDU / CSU-FDP-Bundesregierung über fast alle Liberalisierungsbestrebungen hinweg. Schwule Aktivitäten auch unter Erwachsenen wollte man weiterhin mit Gefängnis bestrafen; man war lediglich dazu bereit, anstelle von jeglicher homosexueller »Unzucht« ausschließlich »beischlafähnliche Handlungen« juristisch zu verfolgen. Kramp / Sölle weisen darauf hin, daß es bei der Diskussion um diesen Regierungsentwurf

»im Grundsatz um die Frage (ging), ob in einer Demokratie Staat und Justiz überhaupt ein Recht haben, in moralischen Fragen einzuschreiten. Soll und darf der Staat mit Gefängnis bestrafen, wenn ›Handlungen …zwischen erwachsenen Männern ohne Gefährdung oder Belästigung der Allgemeinheit und in einem auf freier Entschließung beruhenden Einverständnis begangen‹ werden? Die Gegner des § 175 vertraten die Ansicht, dies sei nicht gerechtfertigt. Wie man auch immer Homosexualität bewerte – das gehe niemanden etwas an und dürfe nicht bestraft werden, solange niemand dabei eingeschränkt oder in seinen Rechten verletzt werde (›Rechtsgüterschutz‹). Die Bundesregierung dagegen vertrat den Standpunkt der Sittenrichter. Staat und Justiz hätten die Pflicht, mit dem Strafrecht gegen bestimmte Fälle ›ethisch besonders verwerflichen und nach der allgemeinen Überzeugung schändlichen Verhaltens‹ vorzugehen, auch wenn kein bestimmtes Rechtsgut verletzt werde« (Balser u. a., ebd.: 138).

Im E 62 finden sich zahlreiche Schuldzuweisungen, welche die Nazis an homosexuelle Männer adressiert hatten; überdies ist der Entwurf in einer Art und Weise formuliert, an der ein Heinrich Himmler wohl kaum etwas zu tadeln gehabt hätte. Wie die Nationalsozialisten betrachteten auch die Verfasser des E 62 Schwule als Gefahr, da sie zur »Cliquenbildung« tendierten – der Homosexuelle wurde als Staatsfeind betrachtet. Besonders in den Großstädten sei die »Gefahr der Bildung homosexueller Gruppen« zu befürchten, so die Autoren des E 62; die Schwulen würden sich »dem gleichgeschlechtlichen Verkehr ergeben«, »sich zusammenschließen« und »durch eigene Zeitschriften und gesellige Veranstaltungen eine rege Propaganda entfalten«.

Neben der »Cliquenbildungs«-Theorie vertritt der E 62 auch die (Nazi-)Auffassung, Schwule würden den Verfall der Kultur herbeirufen, weshalb sie unbedingt zu bestrafen seien. Der faschistische Original-Ton des E 62:

»Wo die gleichgeschlechtliche Unzucht um sich gegriffen und großen Umfang angenommen hat, war die Entartung des Volkes und der Verfall seiner sittlichen Kräfte die Folge« (zit. n. Balser u. a., ebd.: 139).

Zwei weitere Übereinstimmungen zwischen den nazistischen »Argumenten« gegen Homosexualität und denjenigen der Verfasser des E 62 hat Martin Dannecker in seinem Buch *Der Homosexuelle und die Homosexualität* (1978) hervorgehoben. Dannecker, der den Text des E 62 mit der Nazi-Hetzschrift gegen Schwule *Homosexualität und Strafrecht* (1937) von Rudolf Klare verglichen hat, weist folgende Übereinstimmungen nach:

1. Das deutsche »Volk« bzw. die deutsche Bevölkerung lehnten Homosexuelle ab, was die Pönalisierung Schwuler legitimiere,
2. für Klare wie für den E 62 bedrohen Schwule »die Reinheit und Gesundheit des Geschlechtslebens« (E 62, zit. n. Dannecker, 1978: 19).

Mit folgender abschließender Bemerkung verteidigt der E 62 das juristische Vorgehen gegen homosexuelle Männer:

»Ausgeprägter als in anderen Bereichen hat die Rechtsordnung gegenüber der männlichen Homosexualität die Aufgabe, durch die sittenbildende Kraft des Strafgesetzes einen Damm gegen die Ausbreitung eines lasterhaften Treibens zu errichten, das, wenn es um sich griffe, eine schwere Gefahr für eine gesunde und natürliche Lebensordnung im Volke bedeuten würde.« (zit. n. Stümke, ebd.: 138 f.).

Zur Zeit des E 62 besaß die CDU / CSU die Mehrheit im Bundestag; bis in die Mitte der 60er Jahre hinein war die Einstellung der beiden C-Parteien zu politischen Fragen – und nicht zuletzt zu Fragen des Sexualstrafrechts – von großer Bedeutung, weshalb die parteiinterne Diskussion um den § 175 näher beleuchtet werden soll. Kramp und Sölle haben diese Diskussion rekonstruieren können, da sie Zugang erhielten zu bisher unveröffentlichten Dokumenten aus dem Parteiarchiv der CDU.

Im September 1962 wurde die »Eichholzer Tagung« des Arbeitskreises für Rechtsfragen der CDU / CSU-Fraktion des Deutschen Bundestages abgehalten; man wollte einen Konsens in »neuralgischen Punkten« erreichen, worunter man die §§ 218 und 175 zählte. Einigkeit herrschte darüber, daß es sich bei jeglicher homosexueller Betätigung um einen moralisch abzulehnenden, weil »sündhaften« Akt handelte.

Zur Diskussion standen drei Varianten der Reform des § 175: Man debattierte darüber, ob die NS-Fassung des Paragraphen weiterhin Bestand haben sollte, lediglich »beischlafähnliche Handlungen« zu bestrafen seien oder einvernehmliche Homosexualität unter Erwachsenen von jeder juristischen Verfolgung auszuklammern sei, wofür sich die Große Strafrechtskommission des Bundestages mit knapper Mehrheit ausgesprochen hatte. Kramp und Sölle betonen, daß die zweite Möglichkeit, also die Position, die der E 62 vertrat, offenbar

»bereits ein nur sehr schwer zu tragender Kompromiß (war), weil die Strafverfolgung Homosexueller vielen Abgeordneten nicht weit genug ging. Einige erklärten offen ihren Unmut über diesen Entwurf. Manche der Anwesenden waren sogar der Ansicht, die weitgehende Bestrafung aller homosexueller Handlungen (›Unzucht‹) sei angemessener als nur die Bestrafung ›beischlafähnlicher Handlungen‹. Moralisch sei schließlich beides abzulehnen und juristisch bringe diese Unterscheidung einige Beweisnöte. Viel zuviele Homosexuelle würden, von ihren Anwälten beraten, nur ganz bestimmte ›Handlungen‹ zugeben, von denen sie wüßten, daß sie nicht strafbar seien, um nicht ins Gefängnis zu müssen. Manche Anwesende – auch der Vorsitzende Güde selbst – bedauerten daher, daß der § 175 in der NS-Fassung nicht beizubehalten sei, obwohl dies sachlich gerechtfertigt wäre« (Balser u. a., ebd.: 140).

Es wird deutlich, daß die C-Parteien höchstens aus taktischen Überlegungen heraus dazu bereit waren, einem Kompromiß in Sachen § 175 zuzustimmen – *eigentlich* lehnten sie einen derartigen Kompromiß ab, da Schwule eine besonders schlimme Gefahr für das »Menschenbild« darstellten, das – angeblich – im Grundgesetz verankert sei. In der Niederschrift der Eichholzer Tagung findet sich dazu folgende Eintragung:

»Besonders bei der Homosexualität erfolge ein Angriff auf dieses Menschenbild. Die Tat habe auch soziale Bedeutung. Der Homosexuelle habe eine andere Einstellung zum anderen Mann, eine andere Einstellung zum Homosexuellen, er stelle sich zu den Berufspflichten anders ein, er sei ein verwandelter Mensch und bedeute eine gewisse Gefahr für den Staat« (zit. n. Balser/Kramp/Müller/Gotzmann, ebd.: 141).

Über die Einstellung der CDU/CSU zum Thema Homosexualität, wie sie im Jahr 1962 zum Ausdruck kam, stellen Kramp und Sölle resümierend fest:

»In der von der CDU/CSU 1962 vorgetragenen Sichtweise kamen die moralischen Bewertungen der Homosexualität, wie sie etwa die Kirche oder der Volkswartbund vorgetragen haben (Homosexuelle als ›unsittliche Elemente‹), zusammen mit kriminalpolitischen Erwägungen für eine Tabuisierung und Eindämmung der Homosexualität (›Homosexuelle als soziale Gefahr‹). Man hielt den NS-Paragraphen für eine normale und zu Recht bestehende Strafnorm zur Stabilisierung des politischen Systems. Ein Umdenken oder eine Sensibilität für das historische Unrecht, das man den Homosexuellen während und auch noch nach der NS-Zeit angetan hat, fand bis 1962 in der CDU/CSU keinen Platz« (ebd.: 141).

Glücklicherweise konnte die damalige Regierung ihre homosexualstrafrechtlichen Ziele nicht mehr realisieren. Freilich: An der antihomosexuellen Haltung hat sich innerhalb der C-Parteien nicht viel geändert. Vor allem hat sich die CSU immer wieder mit extrem schwulenfeindlichen Attacken hervorgetan. Hier nur zwei Beispiele: Die *Frankfurter Allgemeine* berichtete am 1. September 1980 über die reaktionären Ansichten des damaligen CSU-Vorsitzenden Strauß bezüglich nichtehelicher Formen des Zusammenlebens. Strauß setzte schwule Partnerschaften in Verbindung mit dem »Bösen«:

»Das Böse ist die anarchistische Auflösung von Werten und Ordnungen: wäre etwa staatliche Unterstützung aller Formen des Zusammenlebens einschließlich der homosexuellen Verbindungen, völlige Abtreibungsfreiheit.«

Die Toleranz, so Strauß weiter, erfordere die »Intoleranz gegen das Böse«. Der bayerische Politiker legitimierte mit diesen Äußerungen die Stigmatisierung schwuler Lebensweise. Noch einen Schritt weiter ging sieben Jahre später Kultusminister Zehetmair. In einer Fernsehdiskussion des Bayerischen Rundfunks meinte er:

»Diese Randgruppe (die Homosexuellen; H. B.) muß ausgedünnt werden, weil sie naturwidrig ist.«

Nachdem diese fatal an das Denken und die Sprache der Nazis erinnernde Formulierung in der Öffentlichkeit Empörung ausgelöst hatte, nahm Zehetmair in einem öffentlichen Brief, der in der *Süddeutschen Zeitung* vom 4. April 1987 publiziert wurde, dazu Stellung: Seine Äußerung nahm er keineswegs zurück, was er damit begründete, er habe sich damit nicht für eine physische Dezimierung Homosexueller ausgesprochen.

Wie bereits festgestellt, konnte die CDU/CSU ihre politischen Vorstellungen hinsichtlich des § 175 nicht verwirklichen; und zwar deshalb nicht, weil mit der großen Koalition 1966 zum ersten Mal die SPD auf Bundesebene mehr Einfluß auf politische Entscheidungsprozesse nehmen konnte. Ab Mitte der 6oer Jahre ging die Restaurationsphase der Bundesrepublik zu Ende; in der Gesellschaft machten sich Liberalisierungstendenzen bemerkbar, die auch den Umgang mit Sexualität erfaßten: Dieses Thema wurde nun nicht mehr tabuisiert – es wurde vielmehr in der Öffentlichkeit diskutiert und nicht zuletzt auch vermarktet. In dieser freizügigeren Atmosphäre setzte man sich immer nachhaltiger mit der Homosexualität auseinander. Einer der wichtigsten Autoren, der zum Thema Homosexualität bereits in den 5oer Jahren hervorgetreten war, der Leiter des Hamburger Instituts für Sexualforschung Hans Giese, veröffentlichte 1964 sein Buch *Der homosexuelle Mann in der Welt* – ein Werk, das nicht zuletzt dazu beitrug, daß man Giese als den herausragenden Spezialisten in puncto Homosexualität betrachtete. Im Mittelpunkt von Gieses Argumentation stehen die Beziehungen von Schwulen, die sogenannten Dauerfreundschaften. In ihnen liegt für Giese der Beleg dafür, daß es eine »Homosexualität in der Ordnung« gibt. Hatte die klassische Psychiatrie *alle* homosexuellen Männer als pervers angesehen, so sind in den Augen Gieses nur noch »ungebunden« lebende Schwule pervers. Bezüglich bestimmter Homosexueller verwendet Giese den Ausdruck des Verfehlens bzw. der Fehlhaltung: Beim »Verfehlen« handle es sich um eine Anomalie gegenüber normativen menschlichen Seinsmöglichkeiten von jeweils verschiedenem Belang. Nur dort, wo ihr *gegen* die Norm gerichtete Impulse zugrunde lägen, sei der Begriff der Perversion legitim: Die Verfehlung

»spielt sich ›in‹ Ordnung ab, die Perversion richtet sich ›gegen‹ die Ordnung. In einem Fall wird die normgemäße Liebeswirklichkeit ›verfehlt‹, im anderen wird sie ›zerstört‹. Der homosexuelle Mann verfehlt die biologisch natürliche Geschlechterbeziehung. Im weiteren Verlauf gerät er entweder in den Zirkel der Perversion hinein (dies ist dann der Fall, wenn er sich ›sexsüchtig‹ verhält; H. B.) …oder er übernimmt im Grundverhalten der vollkommenen Abstinenz oder der Bindung Verantwortung… Der perverse homosexuelle Mann verhält sich destruktiv, der ›nichtperverse homosexuelle Mann‹ trotz des zugrunde liegenden Verfehlens konstruktiv« (Giese, 1964: 290).

In ihrer für die Schwulenbewegung der 70er Jahre eminent wichtigen Untersuchung *Der gewöhnliche Homosexuelle* (1974) – auf sie wird später noch mehrmals eingegangen werden – haben Martin Dannecker und Reimut Reiche die Theorie Gieses näher analysiert und bewertet. Nachdem beide Autoren Giese das Verdienst zusprechen, das Thema Homosexualität überhaupt erst wieder medizinisch »hoffähig« gemacht zu haben, unterziehen sie seine Theorie einer eingehenderen Kritik:

»die Homosexuellen werden in zwei Lager gespalten; in die Bösen und die Guten. Dennoch war Gieses Position für ihre Zeit fortschrittlicher als die seiner damaligen Kontrahenten. Es gelang ihm auch, der Psych-

iatrie ein Stück ihrer verfilzten Lehrmeinung abzutrotzen. Gleichwohl haftet Gieses Betrachtungsweise etwas Gewaltsames an, und die
Unterteilung in Abstinente, Gebundene und Ungebundene erscheint
willkürlich. Gebundene, nach Giese ›nichtperverse Homosexuelle‹,
sind solche, denen es gelingt, sich in die ›Welt‹ einzuordnen. Einordnung ist bei ihm identisch mit einer bruchlosen Unterordnung unter
Normen und Verhaltensweisen, die der ›normgemäßen Liebeswirklichkeit‹ der Heterosexuellen zugrunde liegen sollen« (Dannecker,
Reiche, 1974: 157).

Ungebunden- und Gebundensein sind für Giese also keine zeitlich be-
fristeten Verhaltensweisen, die einander ablösen können (wie
Dannecker und Reiche in ihrer Untersuchung bewiesen haben), sondern beides erscheint als gegensätzliches »Grundverhalten« wesens-
mäßig unterschiedlicher Menschen.

Ab Mitte der 60er Jahre wurden in recht kurzer Zeit Taschenbücher
veröffentlicht, die wissenschaftliche Theorien zum Thema Homosexualität einem breiteren Publikum zu erschließen halfen: *Plädoyer für
die Abschaffung des § 175* (1966), *Homosexualität oder Politik mit
dem § 175* (1967), um nur zwei dieser Publikationen zu erwähnen. Das
zuletzt genannte Buch enthielt ein Vorwort von Hans Giese, in dem
sich der Wissenschaftler für eine Reform des § 175 einsetzte. Joachim
Campe faßt seine Argumente zusammen:

»Zunächst nahm Giese den Strafrechtsentwurf von 1962 kritisch unter
die Lupe. Er wandte ein, Kommission und Ministerium hätten ihren
Entschluß, nur die *nicht* beischlaffähigen Sexualpraktiken freizuge-
ben, nicht durchdacht. Was man da als Zugeständnisse aus christlicher
Nächstenliebe ausgebe, werde fatale Folgen haben: denn eine solche
Regelung begünstige die flüchtigen Kontakte und den anonymen Sex.
Und so werde das zerstört, was die konservative Ideologie doch sonst
zum höchsten Gut erkläre: die *kulturelle Chance* des Menschen, Intimität und lebenslange Gemeinschaft herzustellen. Und gegen
Schelsky und sein restauratives Konzept der Moral bemerkt Giese:
Ordnung setze doch wohl nicht voraus, an dieser oder jener Regel starr
festzuhalten; vielmehr entstehe Ordnung immer, wenn Trieb und Instinkt kulturell geformt seien und sich auf konstruktive Beziehungen
zu anderen richteten. Daher forderte er: Homo- und Heterosexualität

müßten vom Strafrecht endlich gleich behandelt werden« (Campe, 1988: 291).

Nicht nur Buchverlage beschäftigten sich nun verstärkt mit dem Thema Homosexualität; auch in den Medien Presse und Fernsehen fand ab Mitte der 60er Jahre eine intensivere Auseinandersetzung statt. Das Bild, das die Presse bislang von homosexuellen Männern gezeichnet hatte, war bestimmt von der Vorstellung des Schwulen als abartigen Verführers von Kindern und Jugendlichen. Ab etwa 1965 findet sich eine Berichterstattung, die über das stumpfsinnige Repetieren dieses Vorurteils hinausgeht:

»So kamen in der Berichterstattung über die Strafrechtsreform auch die Befürworter der Abschaffung des §175 zu Wort. Die in England bereits seit Jahren geführte Debatte um das Ende der Strafverfolgung Homosexueller wurde nun auch in der Kölner Tagespresse ausführlich diskutiert. Die Beiträge zum Thema Homosexualität nahmen nach 1967 sprunghaft zu. Das Thema Sex und hier natürlich auch das Thema Homosexualität war für die neu entstandene Boulevardpresse und die Illustrierten ein billiges Muster zur Steigerung und Befriedigung der Sensationslust. Oft wurden Homosexuelle in sensationsbetonten Schlagzeilen in einen kriminellen Zusammenhang gebracht – bis weit über das Jahr 1969 hinaus und teilweise bis heute. Die Illustrierte *Quick* wußte 1967 zu berichten: ›*Kennedys Mörder waren krankhafte Homosexuelle*‹« (Balser u. a., ebd.: 142 f.).

Obgleich die Auseinandersetzung der Presse mit Homosexualität in den 60er Jahren zweifellos immer noch von Vorurteilen belastet war, druckte sie doch immerhin schwulenfreundliche Ansichten ab.

Das Medium Fernsehen befaßte sich in der Bundesrepublik mit dem Thema Homosexualität erstmals explizit im Jahr 1965. Der renommierte Journalist Peter von Zahn erstellte eine Dokumentation mit dem Titel *§175 – Überlegungen zu einem Problem der Strafrechtsreform*, die am 24. Mai um 22.25 Uhr vom WDR im dritten Fernsehprogramm ausgestrahlt wurde. Die Resonanz, die der Film in der Schwulenszene fand, war sehr groß; er wurde intensiv besprochen. Auch die Medienlandschaft würdigte die Leistung von Zahns: Er erhielt 1966 den »Adolf-Grimme-Preis«, eine der wichtigsten Auszeichnungen des deutschen Fernsehens. Kramp und Sölle schreiben über die Dokumentation von Zahns:

»er (von Zahn; H. B.) (hatte) im Grunde nichts anderes getan, als sehr behutsam die verschiedenen ›Meinungsführer‹ zur Reform des § 175 zu Wort kommen lassen. Ausführlich sprach Prof. Giese vom Hamburger Institut für Sexualforschung. Er erläuterte mit vorsichtigen Worten, daß etwa 4 % der Bevölkerung seit der frühen Kindheit ›manifeste Homosexuelle‹ seien. Die von Juristen und ›Jugendschützern‹ immer wieder bemühte ›Verführungstheorie‹ war damit entkräftet« (ebd.: 143 f.).

Wissenschaftlich widerlegt worden war die Verführungstheorie bereits wesentlich früher, und zwar durch die Untersuchungen, die der amerikanische Sexualwissenschaftler Alfred C. Kinsey mit seinem Team durchgeführt hatte. In seiner Studie über das Sexualverhalten des Mannes aus dem Jahr 1948 kam er zu dem Ergebnis, daß 18 % aller männlichen Amerikaner in ihrem Leben homosexuelle Erfahrungen gemacht hatten. Kinsey folgerte daraus, daß es sich bei der Homosexualität kaum um eine Krankheit oder Perversion handeln könne; darüber hinaus stellte er die übliche strikte Unterscheidung zwischen den »rein« homosexuellen und den »rein« heterosexuellen Männern in Frage, indem er erwog, nur von Männern zu sprechen, deren Sexualverhalten überwiegend auf das eigene oder das andere Geschlecht ausgerichtet war.

Wissenschaftlern, die sich mit der menschlichen Sexualität befaßten, waren die Erkenntnisse Kinseys freilich bekannt. Peter von Zahns Verdienst bestand darin, ein breiteres deutsches Publikum mit den Forschungsresultaten des Kinsey-Teams bekannt zu machen.

Neben Hans Giese plädierten der Düsseldorfer Psychiater Dr. von Schumann und sogar der Präsident der Deutschen Kriminologischen Gesellschaft, Prof. Mergen, für mehr Toleranz gegenüber Schwulen: Schumann informierte die Zuschauer über die hohe Selbstmordrate bei Homosexuellen sowie die Vereinsamung und Verzweiflung vieler Schwuler.

In der Fernsehdokumentation kamen aber auch Personen zu Wort, die nach wie vor für eine Bestrafung Schwuler eintraten. Wer sich hier hervortat, war nicht zuletzt ein Vertreter des Volkswartbundes:

»der Kölner Amtsrichter Dr. Panzer vom Volkswartbund, der zum Leiter des Düsseldorfer Landeskriminalamtes avancierte ehemalige Kripochef Wenzky und der Direktor einer Jugendstrafanstalt (vertraten) den Standpunkt, der §175 solle unbedingt beibehalten und auch erwachsene Homosexuelle weiter mit Gefängnis bestraft werden. Sie untermauerten diese Ansicht vor dem bundesdeutschen Fernsehpublikum mit den bekannten, immer wieder vertretenen Theorien von der ›Unsittlichkeit‹, der ›Jugendgefährdung‹, der ›Kriminalität‹ und der ›Sozialgefährlichkeit‹ der Homosexuellen« (ebd.: 144 f.).

Auch Vertreter der Kirchen ließ Peter von Zahn Stellung zum Thema Homosexualität beziehen. Der protestantische Theologe Dr. Thielecke wollte sich auf einen eindeutigen Standpunkt nicht festlegen; ganz im Gegensatz zu dem katholischen Professor Klomps:

»Seine Ausführungen bildeten einen Höhepunkt antihomosexueller Standpunkte, die vor einem großen Publikum in diesen Jahren ausgesprochen wurden. Klomps erklärte, daß Homosexualität ›dem Naturrecht‹ widerspreche, ›unsittlich‹ und ›Sünde‹ sei. Bei der drohenden Reform des §175 würde ›die Jugend gefährdet‹ und ›allerdings auch Ehe und Familie‹. Es sei wichtig, daß der §175 in der Fassung von 1935 weiterhin existiere, denn ›das Strafgesetzbuch hat auch eine sehr große Bedeutung für die Bildung des Gewissens des Staatsvolkes‹« (ebd.: 145).

Peter von Zahn beendete die Fernsehsendung mit einem Schlußkommentar, der, so sonderbar das heute klingen mag, fortschrittlich war – für die Adenauer-Zeit: Er wies darauf hin, daß es Gerichte gäbe, die von einer Verfolgung des Grundtatbestandes absähen:

»Sie haben damit eine stillschweigende Angliederung vorgenommen an die Rechtsentwicklung in anderen Ländern und an die Erkenntnis, daß die Probleme, die die Homosexuellen mit sich herumschleppen, sehr viel schwerer wiegen als das eine Problem, das sie der Rechtsgemeinschaft stellen. Man könnte auch sagen: homosexuell zu sein, das ist Strafe genug.«

Im Jahr der Ausstrahlung von Peter von Zahns Dokumentation wurden 2538 Männer aufgrund Vergehen nach §175 rechtskräftig verurteilt (die Zahl der rechtskräftig Abgeurteilten betrug 3104). Obgleich diese Zahlen natürlich nicht bagatellisiert werden sollen (es handelt sich immerhin um die Leben Tausender, die durch diese Urteile Schaden genommen haben bzw. sogar ruiniert worden sind), muß doch festgestellt werden, daß angesichts der unzähligen erfolgten homosexuellen Handlungen die Verhaltensbeeinflussung durch den §175 als ausgesprochen gering zu bezeichnen ist. Dies muß auch den Politikern klar gewesen sein: Es stellt sich also die Frage, weshalb immer wieder derart hartnäckig gegen eine Reform des §175 agiert worden ist. Rüdiger Lautmann liefert in seinem Buch *Seminar: Gesellschaft und Homosexualität* (1977) eine überzeugende Erklärung dafür. Mit Recht behauptet er, daß die Strafverfolgung schwuler Männer politischen Charakter trägt. Und das bedeutet:

»Offenbar besteht die von jener Strafvorschrift erwartete Leistung nicht so sehr in der direkten Konsequenz, durch Eingriffe von Polizei und Justiz das homosexuelle Verhalten zu unterdrücken; §175 hat *weniger eine instrumentelle als vielmehr eine symbolische Funktion* zu erfüllen... §175 bezieht seine symbolische Relevanz daraus, daß er einige wichtige Strukturmerkmale der Gesellschaft versinnbildlicht: die Geschlechtsrollendifferenzierung (einschließlich der Privilegien der Männer), eine sexualfeindliche Moral, die Kompetenzverteilung für die Setzung von Moralnormen (insbesondere von den Kirchen beansprucht) und damit letztlich den Anteil der Normsetzer an gesellschaftlicher Herrschaft« (Lautmann, 1977: 52f.).

Trotz der energischen Bemühungen reaktionärer Kräfte, den §175 so zu belassen, wie er war, ließ sich seine Reformierung nicht mehr aufhalten. Die Vorlage des E 62 sorgte für eine intensivierte Diskussion um den Paragraphen; insbesondere bei der SPD sorgte der Entwurf für Entrüstung, da er zu Recht als reaktionär eingestuft wurde. In einem Interview vom 27. März 1985 äußerte das ehemalige Mitglied des Strafrechtsausschusses, Freiherr Ostmann von der Leye (SPD), seinen Unmut über den E 62:

»Das war ja keine Strafrechtsreform, das war die Wiederherstellung mittelalterlicher Vorstellungen sozusagen« (zit. n. Balser/Kramp/ Müller/Gotzmann, ebd.: 146 f.).

Mitte der 60er Jahre waren nicht nur Intellektuelle und Politiker, sondern auch ein bedeutender Teil der Öffentlichkeit und – man höre und staune – auch Kirchenvertreter der Auffassung, der § 175 müsse reformiert werden. Wer besonders auf diese Reform insistierte, war der damalige Justizminister Gustav Heinemann:

»Die Reform konnte vollzogen werden, als mit Gustav Heinemann erstmals ein Sozialdemokrat Bundesminister der Justiz wurde (1966–1969, danach Bundespräsident). Heinemann betrachtete den ›Fortschritt im Strafrecht‹ als ›Forderung unserer Zeit‹ und scheute sich auch nicht, öffentlich gegen die Strafverfolgung Homosexueller einzutreten. Es sei, so Heinemann, falsch, wenn Strafrichter sich als ›Sitten- oder Tugendwächter‹ berufen fühlten. Nur deshalb sei ›die Homosexualität einst ins Strafgesetzbuch geraten‹. Ein solches Strafrecht ›würde Heuchelei, Schnüffelei und Erpressungsversuche begünstigen‹. In ähnlicher Weise sprach sich 1968 auch der 47. Deutsche Juristentag aus« (ebd.: 147).

Die Ansichten des Juristentages und Gustav Heinemanns wurden auch in den Reihen der CDU/CSU teilweise positiv bewertet: So gab es Parteimitglieder, die sich für eine Reformierung des Paragraphen einsetzten oder wenigstens eine offene Diskussion über das »Problem« Homosexualität forderten; insbesondere der Bundesarbeitskreis Christlich-Demokratischer Juristen, der 1968 gegründet wurde, vertrat eine liberale Linie.

Die Gegner einer Reform der NS-Fassung des § 175 gaben sich jedoch noch keineswegs geschlagen: Wie nicht anders zu erwarten, meldeten sich Vertreter der katholischen Kirche, des Volkswartbundes und auch der frühere Familienminister Wuermeling zu Wort. Wenn man Schwule nicht mehr einsperren würde, so ihre Argumentation, drohte der Untergang von Sittlichkeit und Kultur. Mit der »Aktion Sorge um Deutschland«, die 1969 gestartet wurde, versuchten die schwulenfeindlichen Kräfte, die Reform des Paragraphen im letzten Moment abzuwenden – ihre Anstrengungen waren allerdings vergeblich: Die

Große Koalition von SPD und CDU/CSU entschärfte den § 175 im selben Jahr. Erwachsenen Männern, die sich homosexuell betätigten, drohte jetzt keine Strafe mehr; jedoch »ein Mann über achtzehn Jahre, der mit einem anderen Mann unter 21 Jahren Unzucht treibt oder sich von ihm zur Unzucht mißbrauchen läßt«, wurde weiterhin mit Gefängnis bestraft. Von dieser Regelung wurde im November 1973 abgegangen, indem die Straflosigkeit ab dem 18. Lebensjahr eingeführt wurde – gleichzeitig ersetzte man den verstaubten Ausdruck »Unzucht« durch den neutralen Begriff »sexuelle Handlung«.

Angesichts der tiefverwurzelten Vorurteile gegenüber Schwulen ist es nicht weiter erstaunlich, daß es innerhalb der Koalitionen, die mit diesen Reformen befaßt waren, zum Teil heftige Kontroversen gab, die quer durch alle Parteien verliefen:

»So sprach der Ausschußvorsitzende Güde (CDU/CSU-Fraktion) 1969 davon, daß es ›sozusagen eine Instinkthaltung der Völker‹ gegen die gleichgeschlechtliche Unzucht gebe und zugleich ›ein paar tief verwurzelte Anschauungen, die der Gesetzgeber nicht einfach wegmanipulieren kann – Tabus, die sich mit schwächlichen Aussagen nicht aus der Welt schaffen lassen. Das sitzt noch tiefer als das Sittengesetz‹. Auch der amtierende Justizminister Ehmke (SPD) betonte, daß mit der Reform ›keine moralische Billigung‹ homosexuellen Verhaltens verbunden sei« (Stümke, ebd.: 153).

Einige SPD-Politiker befürchteten, daß die Reformen – insbesondere hinsichtlich des Sexualstrafrechts – zu weit getrieben werden könnten; so äußerte etwa ein Abgeordneter Willy Brandt gegenüber seine Sorge, die Reformen könnten der Partei Stimmen kosten (Balser/Kramp/Müller/Gotzmann, ebd.: 148).

Für die Emanzipierung der Schwulen war die Reform des § 175, obgleich es sich um eine Befreiung »von oben« gehandelt hatte, von großer Bedeutung, trug sie doch entscheidend mit dazu bei, daß nach 1969 eine zweite Schwulenbewegung entstand: Nun war es möglich, ohne Angst vor Strafverfolgung Organisationsformen zu entwickeln. *Vor* 1969 war das politische Klima derart homosexuellenfeindlich, daß eine Anknüpfung an die Schwulenbewegung der Weimarer Zeit unmöglich erschien:

»So scheiterte in Frankfurt bereits im Jahre 1949 der Versuch zu einer Neugründung des ›Wissenschaftlich-humanitären Komitees‹. Man wolle, so argumentierte das Stadtgesundheitsamt Frankfurt, keine neue ›Laienorganisation‹, die sich die Abschaffung des Paragraphen 175 zum Ziel setzt und in der jedermann Mitglied werden könne. Diese Bedenken, so F. Pfäfflin in der Einleitung eines Nachdrucks der Mitteilungen des alten WhKs, ließ die Stadt erst mit Gründung der ›Deutschen Gesellschaft für Sexualforschung‹ am 12. April 1950 fallen. Der Grund: Im ›Präsidium und im Beirat der Gesellschaft‹ seien ›hervorragende Vertreter der Wissenschaft, die wohl die Gewähr für eine wissenschaftlich einwandfreie Arbeit bieten‹. Kurt Hiller machte 1962 als Achtundsiebzigjähriger noch mal einen Versuch, das alte WhK ins Leben zu rufen… Über die Auswirkungen dieses Versuchs ist wenig bekannt« (Stümke, ebd.: 146).

Im Jahr 1969 wurden erste Schwulenverbände gegründet, darüber hinaus erschienen neue kommerzielle Zeitschriften für Homosexuelle.

Die Schwulenverbände [»Internationale Homophile Weltorganisation« (IHWO), »Deutsche Homophile Organisation« (DHO), »Interessenvereinigung der deutschen Homophilen e. V.« (IDH)] betrachteten sich als Interessenvertreter und organisierten sich in Vereinen. Über ihre Ziele schreibt Harald Rimmele:

»Die weitreichendste Forderung der um Integration bemühten Verbände dürfte sicherlich die nach völliger Streichung des § 175 gewesen sein. Nicht nur in ihren Forderungen, in denen sie sich gegen Diskriminierungen im Arbeits- und Mietrecht etc. wendeten, sondern auch in ihrer politischen Arbeit, die vor allem aus klassischer Lobbyarbeit in Form von Anfragen an die Parteien bestand, zeigte sich diese Tendenz, die auf Anpassung und Integration hinauslief und jegliche Provokation vermied. In der Presse wurden diese Organisationen wohlwollend zur Kenntnis genommen« (Rimmele, 1993: 26).

Gegen die Anpassungsstrategien dieser Verbände wandten sich linke schwule Gruppen, die von Studenten zu Beginn der 70er Jahre ins Leben gerufen wurden. Die neue Schwulenbewegung schlug eine antibürgerliche Richtung ein, wobei sie ganz entscheidend von Rosa von Praunheims Film *Nicht der Homosexuelle ist pervers, sondern die Si-*

tuation, in der er lebt – oder das Glück auf der Toilette geprägt wurde. Der im Jahr 1970 zusammen mit Martin Dannecker gedrehte Film wendet sich in erster Linie an schwule Männer; er kritisiert ihre Anpassung an die Welt der Heterosexuellen, die im krassen Gegensatz zu ihrem Verhalten in der schwulen Subkultur (Bars, öffentliche Toiletten – die sogenannten Klappen, – Saunen etc.) steht. Aber auch die Subkultur selbst kommt in dem Film nicht ungeschoren davon, da die Filmemacher die Anpassung Schwuler gerade durch sie gewährleistet sehen, wodurch die Subkultur als Hindernis auf dem Weg zur tatsächlichen Emanzipation erscheint. Dem Film geht es nicht so sehr um die Darstellung von gesellschaftlichen oder juristischen Diskriminierungen; vielmehr legt er sein Augenmerk auf die Ursachen des angepaßten Verhaltens der meisten Schwulen, um so eine Grundlage für eine wirkliche individuelle Emanzipation zu schaffen. Dabei schlagen Praunheim/Dannecker recht scharfe Töne an; zu Beginn des Films etwa wird der Versuch zweier Schwuler, bürgerliches Eheleben nachzuahmen, folgendermaßen kommentiert:

»Schwule wollen nicht schwul sein, sondern so spießig und kitschig leben wie der Durchschnittsbürger… Da die Schwulen vom Spießer als krank und minderwertig verachtet werden, versuchen sie noch spießiger zu werden, um ihr Schuldgefühl abzutragen mit einem Übermaß an bürgerlichen Tugenden« (zit. n. Jacobsen, 1984: 113).

Nicht der Homosexuelle ist pervers lehnt also eine »Homo-Ehe« (für die ab 1989 Teile der Schwulenbewegung eintreten werden, wie noch zu zeigen sein wird), ab; gleichzeitig attackiert er den Warencharakter, den Sexualität in der Subkultur aufweist. Das Ende des Films bildet eine gestellte Szene, die eine schwule Wohngruppe zeigt. Wie der Film von Schwulengruppen aufgenommen wurde, darüber teilt Rimmele mit:

»Nicht von allen Gruppen wurde die Kritik in dieser Weise übernommen, wenn auch vielerorts ›Wohngruppen‹ gegründet wurden und man deren progressiven Charakter betonte. Mehr noch gab es eine Vielzahl von Selbsterfahrungsgruppen, die sich mit den eigenen Beziehungserfahrungen und subkulturellen Verhaltensweisen auseinandersetzten, Ergebnisse aus den Selbsterfahrungsgruppen und erst recht aus den Wohngruppen blieben jedoch meist isoliert« (Rimmele, ebd.: 30).

Zwischen diesen Gruppen tat sich nun ein Konflikt auf: Die theoretisch ausgerichteten Gruppen kritisierten an den Selbsterfahrungsgruppen, sie würden letztlich systemstabilisierend handeln; letztere wiederum lehnten den Politikbegriff der Theoretiker ab: Sie vertraten die Ansicht, der einzelne müsse zunächst an sich arbeiten, damit eine gesellschaftliche Veränderung herbeigeführt werden könne.

Bevor die Geschichte der neuen Schwulenbewegung in Deutschland weiter dargestellt werden soll, erscheint ein Blick auf die amerikanische Schwulenbewegung notwendig. Die Gay-Bewegung (gay = schwul bzw. lesbisch) in den USA wurde für die deutschen Schwulen das große Vorbild; vor allem die couragierte Selbstdarstellung der Gays wirkte beeindruckend. Die amerikanische Homosexuellenbewegung war in den 50er und 60er Jahren zunächst um Integration bemüht – wie die ersten Schwulenverbände in Deutschland. Um an der Situation der Lesben und Schwulen etwas zu ändern, richteten die »Mattachine Society« (Schwule) und die »Daughters of Bilitis« (Lesben) Petitionen an die Regierung und führten Gespräche mit Politikern. Die Aktivitäten dieser Gruppen bewirkten jedoch so gut wie nichts. Mitte der 60er Jahre änderte sich in den USA der politische Stil durch die Studentenrevolte und die Anti-Vietnamkrieg-Bewegung: Aggressive Aktionen gegen Polizeiwillkür und ihre Macht mißbrauchende Politiker wurden gestartet, große Friedensdemonstrationen abgehalten, die Universitäten wurden Zentren politischer Diskussionen, und die Schwarzen organisierten sich, um für ihre Rechte zu kämpfen. Dieser neue politische Stil wirkte sich auch auf das Verhalten zahlreicher Homosexueller aus: Sie begnügten sich nicht mehr damit, um ihre Emanzipation zu bitten, sondern sie setzten sich schlagkräftig zur Wehr. Am 28. Juni 1969 fiel für die aggressivere Vorgehensweise der Gays der Startschuß. Thomas Grossmann beschreibt die Ereignisse sehr anschaulich:

»Ort: New York, Christopher Street. In der Bar ›Stonewall Inn‹ herrscht das übliche Gedränge… Plötzlich quietschen Bremsen vor der Tür, Polizisten springen aus ihren Wagen und stürmen in das ›Stonewall‹. Der einzige Ausgang wird besetzt, Ausweise werden kontrolliert… Während nach und nach die gefilzten Schwulen aus der Bar kommen, sammelt sich eine Menge auf der Straße… Vereinzelt sind Rufe zu hören: ›Bullen raus!‹, aber sonst ist die Stimmung noch friedlich. Auf einmal… (jagen) Polizeiautos und ein Mannschaftswagen herbei, stoppen inmitten der Menge, Uniformierte springen heraus, greifen sich fünf Leute und stoßen sie in den Mannschaftswagen. Schlagartig verwandelt sich die Stimmung. Pfiffe gellen durch die Straßen, die Menschenmenge umringt die Wagen, versucht die Verhafteten zu befreien. Die Polizisten, völlig verblüfft angesichts des Widerstandes, verlieren die Fassung, flüchten in die Wagen und preschen davon« (Grossmann, 1994: 135).

Natürlich kehrten sie bald mit Verstärkung zurück; die Gewalt eskalierte, wobei die Polizei freilich die Oberhand behielt. Dennoch stärkten diese Ereignisse das Selbstbewußtsein der Gays, da sie bewiesen hatten, daß sich Homosexuelle zur Wehr setzen können:

»Ein neues Bewußtsein ist geboren: Gay Pride – schwuler Stolz. Noch in dieser Woche nach den Stonewall-Ereignissen wird die ›Gay Liberation Front‹ (GLF) gegründet. Der Name ist abgeleitet von der ›Nationalen Befreiungsfront Vietnams‹ und drückt eine enge Verbundenheit mit dem Kampf des vietnamesischen Volkes gegen die USA aus. Dasselbe gilt für die Parole ›Gay Power‹ – bekanntlich ist die Parole der Schwarzen Amerikas in jenen Jahren ›Black Power‹. Die GLF sieht sich als Teil einer großen Bewegung gegen Unterdrückung an, Unterdrückung von Schwarzen, von Frauen, von Indianern und von Hippies« (Grossmann, ebd.: 137).

Die Vorgehensweise der GLF war ausgesprochen offensiv: Man stürmte Redaktionen, die homosexuellenfeindliche Artikel verfaßten; politische Veranstaltungen wurden gesprengt, um auf die Diskriminierung Homosexueller hinzuweisen, und im Büro des New Yorker Oberbürgermeisters ketteten sich GLF-Aktivisten an seinem Schreibtisch an, wodurch sie sich Aufmerksamkeit verschafften. Andere Untergruppen der GLF waren im Bereich Öffentlichkeits- und Medienarbeit tätig, gründeten Straßentheater und publizierten die erste New Yorker Schwulenzeitung.

Zum ersten Jahrestag der Ereignisse im »Stonewall« wurde im Juni

1970 eine große Demonstration organisiert: Etwa 5000 Schwule und Lesben gingen in New York auf die Straße und forderten alle Gays dazu auf, sich zu ihrer Homosexualität zu bekennen und für ihre Emanzipierung zu kämpfen. Immer neue Gruppen entstanden; im Juni 1971 existierten bereits mehr als einhundert Gay-Aktionsgruppen in den USA. In den 70er Jahren konnten die Gay-Aktivisten bedeutende Erfolge verbuchen:

»1974 zum Beispiel streicht die US-Psychiater-Vereinigung Homosexualität aus ihrer offiziellen Liste der Krankheiten und bestätigt damit, daß Schwulsein was sehr Gesundes sein kann. Großfirmen wie IBM, die Bank of America und die American Airlines erklären offen, Homosexuelle hätten bei ihnen keine beruflichen Nachteile zu befürchten. Und in 39 Städten werden Anti-Diskriminierungsgesetze verabschiedet – Homosexuelle zu benachteiligen wird verboten« (Grossmann, ebd.: 138).

Doch es gab auch Rückschläge: 1977 gelang es reaktionären Kräften, in mehreren Städten die Antidiskriminierungsgesetze durch Volksentscheid zu Fall zu bringen. Besonders aggressiv agierte Anita Bryant, eine frühere »Miß Amerika«, gegen Homosexuelle. Stets mit der Bibel im Gepäck, reiste sie durch die Staaten, um die Menschen von der »Sünde« der Homosexualität zu befreien. In ihrer Agitation schreckte Anita Bryant vor nichts zurück; sie vertrat sogar allen Ernstes die Sodom-Mythe. Im *Miami-Magazine* (5/77) gab sie folgendes Statement ab:

»Wissen Sie, warum Kalifornien eine Dürre hatte? Weil Städte Südkaliforniens ein Gesetz zum Schutze Homosexueller machten. Dies ist Gottes Art, eine Zivilisation zu strafen, die gegenüber Homosexualität tolerant ist.«

Zusammen mit Anita Bryant kämpften konservative bis rechtsradikale Gruppen gegen Gays, etwa der Ku-Klux-Klan und die »Nationalsozialistische Partei der Weißen«. Aber die Lesben und Schwulen ließen sich nicht entmutigen: Die NOW, eine der größten Frauenorganisationen Amerikas, rief zum Widerstand gegen die konservative Front auf, und am 26. Juni 1977 traten über eine halbe Million Gays an die

Öffentlichkeit, indem sie zum »Gay-Lesbian-Pride-Day« auf die Straße gingen.

Wie stark die Aktivitäten der amerikanischen Homosexuellenbewegung der deutschen politischen Schwulenszene imponierten, zeigt Rosa von Praunheims Beschreibung einer Schwulendemonstration in San Francisco:

»Wir waren wahnsinnig vor Glück. Der große Schwulenmarsch, Hand in Hand inmitten von Hunderttausenden von Brüdern und Schwestern, wurde für uns der schönste Tag unseres Lebens. Wir küßten uns ständig auf dem Marsch zum Rathaus, und die Menge am Straßenrand applaudierte...« (zit. n. Campe, 1988: 314).

Zurück zur deutschen Schwulenbewegung der 70er Jahre. Wie offensiv die Strategie im Kampf für die Schwulenemanzipation sein sollte, darüber herrschte in den verschiedenen Gruppierungen Uneinigkeit, was nicht weiter erstaunt, gingen die einzelnen Organisationen doch von unterschiedlichen politischen Überzeugungen aus. Zum einen gab es linksliberale Gruppen (z. B. die »Homosexuelle Studentengruppe Münster«, HSM), zum anderen mehr sozialistisch orientierte wie die »Homosexuelle Aktion Westberlin« (HAW). Die Analysen der sozialen Diskriminierung Schwuler, die beide Gruppierungen vornahmen, differierten. Während die Linksliberalen die Unterdrückung des Schwulseins als Bestandteil einer allgemeinen Sexualfeindlichkeit betrachteten und sich in ihrer Öffentlichkeitsarbeit für eine Ausdehnung des Freiraums für Schwule, der das private Glück des Individuums gewährleisten sollte, einsetzten, verstanden die sozialistisch ausgerichteten Gruppen die Schwulenunterdrückung

»als ein vorkapitalistisches Relikt. Die weitere Diskriminierung von Randgruppen im Kapitalismus wurde mit der Funktion eines Aggressionsventils für die unterdrückten Klassen begründet. Hieraus leitete man ab, daß es eine grundlegende Veränderung für die Homosexuellen nur im gemeinsamen Kampf mit der Arbeiterklasse geben kann« (Rimmele, ebd.: 32).

In der Praxis unterschied sich die Vorgehensweise beider Gruppierungen nicht: Beide leisteten Aufklärungsarbeit und vertraten die These, daß die Homosexuellenfeindlichkeit in die allgemeine Sexualfeindlichkeit eingebunden sei. 1973 kam es zu einer Spaltung der Schwulenbewegung in »Radikale« und »Integrationisten«, verursacht vom sogenannten Tuntenstreit. Dieser Streit wurde ausgelöst durch das provokant feminine bzw. »tuntige« Auftreten schwuler Franzosen und Italiener auf einer von der HAW organisierten Demonstration. Jetzt traten die sogenannten Feministen gegen die marxistisch orientierten Schwulen an. Letztere plädierten für eine gemäßigtere Vorgehensweise, um die Zusammenarbeit mit den Arbeiterorganisationen nicht zu gefährden; ganz anders die Position der Feministen: Ihrer Meinung nach waren soziale Veränderungen ausschließlich durch radikalere Strategien zu erreichen. Rimmele faßt die Theorie der Feministen zusammen:

»Ausgehend von der Unterdrückung der Frau durch den Mann sahen die Feministen den entscheidenden Grund für die Unterdrückung der Homosexualität im Männlichkeitsanspruch der Männer selbst, was deutlich in der Ablehnung der Tunte zum Ausdruck komme. Die Tunte konfrontiere Mann und Frau in ihrer ›festgefahrenen Rollenfixierung‹. Die Feministen forderten eine Infragestellung der als überhistorisch und natürlich geltenden Geschlechtsrollen und kritisierten daher auch die Tunte, da sie den ›Dualismus von männlich und weiblich‹ übernehme... Die Tunte sollte zur bewußten Tunte, zum Feministen werden, und der Homophile zum Schwulen – mit dem Ziel der Aufhebung dieser Gegenüberstellung...« (ebd.: 32 f.).

Die Kritik am Patriarchat als der Ursache für die Schwulenunterdrückung stieß bei den Marxisten auf wenig Gegenliebe: Sie vertraten die Auffassung, daß der kapitalistische Wirtschaftsprozeß für die Unterdrückung verantwortlich sei. Nur wenn dieser Prozeß durch die Arbeiterklasse abgeschafft würde, so ihre Argumentation, sei eine Gleichberechtigung Homosexueller möglich. Die Schwulenbewegung habe sich deshalb mit der Arbeiterklasse zu verbünden; eine ihrer Hauptaufgaben müsse sein, Vorurteile gegenüber Schwulen in der Arbeiterklasse durch Aufklärungsarbeit abzubauen.

Während also die Marxisten, aber auch die linksliberalen Gruppen und bürgerlichen Verbände auf Aufklärung setzten, glaubten die Feministen, durch provozierende Aktionen in der Öffentlichkeit gesellschaftliche Veränderungen erreichen zu können. Sie radikalisierten die Parole »Macht euer Schwulsein öffentlich« dahingehend, daß sie Schwule, deren Schwulsein nach außen hin nicht auffiel, aufforderten, sich mit den Tunten zu solidarisieren, indem sie einen »Rosa Winkel« tragen sollten.

Was die Bereitschaft der diversen Schwulenorganisationen, an die Öffentlichkeit zu gehen, betrifft, zeigt sich, daß es insbesondere linke Gruppierungen waren, die den Kontakt etwa zu Printmedien suchten. Den bürgerlichen Organisationen hingegen schien es wichtiger zu sein, sich auf Selbsterfahrung jenseits der Subkultur zu konzentrieren. Ein entscheidender Grund dafür, daß Schwulengruppen den Massenmedien eine so große Bedeutung im Kampf um ihre Rechte beimaßen, liegt darin, daß sich mehr und mehr die These des »labeling-approach« durchsetzte, eine These, die davon ausgeht, daß das »Problem« Homosexualität erst entsteht durch gesellschaftliche Stigmatisierung, die auch von den Medien durch Kriminalisierung, Pathologisierung, Ironisierung Schwuler praktiziert wird. Einer der wichtigsten Vertreter dieser Theorie ist Rüdiger Lautmann. Der Soziologe stellt die Frage, wie besondere Verhaltensweisen der Schwulen, etwa die im Vergleich zu Heterosexuellen wesentlich stärker entwickelte Promiskuität, die von Dannecker / Reiche in ihrer schon erwähnten empirisch-soziologischen Untersuchung *Der gewöhnliche Homosexuelle* nachgewiesen wurde, zu erklären sind. Die gesellschaftliche Bewertung, die der Schwule erlebt, seine Charakterisierung als anormal, gefährlich und abstoßend prägt nach Lautmann sein soziales Verhalten bzw. deformiert seine Persönlichkeit sogar:

»Nur die wenigsten Menschen sind persönlichkeitsstark genug, um von einer geballten Ladung an Ablehnung unbeeindruckt zu bleiben und sich dem zu verweigern, was ihnen da an Theorie über sich selber angeboten wird… Wem eine massive Ablehnung entgegenschlägt, der bekommt Schwierigkeiten mit seiner Identität, d. h. mit dem Selbst-Erleben und Mit-sich-eins-Sein. Es kann nicht ausbleiben, zumindest einen Teil der gesellschaftlichen Meinungen zur eigenen Person zu übernehmen… Daraus entstehen Formen von Selbsthaß, welche wiederum Neurosen verursachen, gipfelnd in einer Selbstmordanfälligkeit, die gegenüber der Gesamtbevölkerung erheblich gesteigert ist« (Lautmann, 1977: 15).

273

Lautmann begreift also viele neurotische Symptome Schwuler und einige ihrer Verhaltensbesonderheiten als »Reaktion auf die diskriminierte Situation«; er vertritt die Auffassung, daß das »andere« am Verhalten Schwuler zu einem großen Teil auf die Ablehnung, die sie durch ihre Umwelt erfahren, zurückzuführen ist. Wie Lautmann in seinem Aufsatz »Stigma Homosexualität« (in: *Sexualmedizin 3*, 1974) behauptete, ist es wahrscheinlich auch die gesellschaftliche Stigmatisierung,

»welche die Homosexuellen aus Partnerschaften hinaus- und in eine anonymisierende Subkultur hineintreibt« (ebd.: 445).

Rüdiger Lautmanns Theorie blieb nicht unwidersprochen: So erfuhr sie Kritik etwa von Martin Dannecker. Doch darf eine zentrale Gemeinsamkeit der Auffassungen Danneckers und Lautmanns nicht übersehen werden: Für beide Autoren spielt der soziale Kontext, in den Schwule eingebunden sind, eine entscheidende Rolle. In Danneckers und Reiches soziologischer Untersuchung *Der gewöhnliche Homosexuelle* – einem Klassiker der neuen deutschen Schwulenbewegung – hoben die Autoren hervor, daß aus den gesellschaftlichen Tatsachen schwulen Lebens eine Theorie der Homosexualität entwickelt werden müßte; die Frage nach den Ursachen der Homosexualität sei hintanzustellen. Von zentraler Bedeutung für das Selbstbild des Schwulen ist für Dannecker und Reiche das Coming-out, also der Prozeß, der damit beginnt, daß man sich des Hingezogenseins zum eigenen Geschlecht bewußt wird, und an dessen Ende das Finden einer Existenzweise steht, die mit dem Schwulsein harmoniert. Wichtig für einen glücklichen Verlauf dieses Prozesses ist für Dannecker und Reiche die schwule Subkultur, die sich keineswegs auf ihre Funktion als Vermittler von Sex-Partnern reduzieren lasse. Die Subkultur erscheint als eine Art Schule, in der ein Mann mit homoerotischen Neigungen erst zum Homosexuellen wird:

»Das Arsenal von Techniken, das anzueignen unerläßlich ist, um in der übrigen Welt zurechtzukommen, wird qua subkultureller Sozialisation erworben. Kommt der junge Homosexuelle mit einer noch unvollständigen und bruchstückhaften Maske der Heterosexualität in die Subkultur, werden die Lücken binnen kurzem gefüllt sein. Nach relativ kurzer Zeit in der Subkultur hat er gelernt, die Masken der Homo- wie der Heterosexualität souverän zu handhaben. Als Vorbild dienen ihm die bereits in die Subkultur integrierten Personen. Diese haben zwar den Konflikt mit der Homosexualität ebenso bewältigt wie er, verfügen jedoch über Rituale, die über diesen Konflikt hinweg- täuschen... Erst nachdem die in der Subkultur vermittelten homo- sexuellen Spezifika angeeignet sind, wird aus einem Individuum mit homosexuellen Interessen ein Homosexueller, nämlich ein Teil der homosexuellen Minderheit« (Dannecker, Reiche, 1974: 83 f.).

Gelungen sei die Aneignung dann, wenn eine Mischform zwischen he- tero- und homosexuellem Verhalten erworben worden sei, die das eine (»unverdächtig« für Heterosexuelle) noch und das andere (eindeutig für Insider) schon sei.

Wenn der Prozeß des Coming-outs gelingt, das Schwulsein ausge- lebt wird, so Dannecker und Reiche, wird dem Homosexuellen zwar klar sein, daß seine Lebensweise und sein sexuelles Verhalten vom »Normalen« abweichen, er wird sich aber nicht im anthropologischen Sinn als »anders« erleben – weil freilich auch er mit einem Partner eine konstruktive Beziehung aufzubauen imstande ist, und dies viel- leicht gerade in dem Fall, wenn auf eine Nachahmung der bürgerlichen Hetero-Ehe verzichtet wird.

Martin Dannecker stimmt mit Lautmanns Überzeugung, daß die gesellschaftliche Verachtung Schwuler auf deren Verhalten Einfluß ausübt, völlig überein. Er kritisiert an Lautmanns Theorie jedoch, daß sie psychoanalytische Theorien zur Homosexualität ignoriere, die in- dividuelle Biographie des Schwulen nicht beachte und eine mechani- sche Relation zwischen gesellschaftlicher Diskriminierung und den Schwierigkeiten, mit denen Schwule zu kämpfen haben, herstelle. Dannecker grenzt sich auch von der bisherigen Forschung über die Ursachen der Homosexualität ab: Deren Resultate seien zwangsläufig falsch, da man das »Abweichende« Schwuler als Phänomen isoliert habe und dadurch grundlegende gesellschaftliche Mechanismen aus- geblendet worden seien. Entschieden weist Dannecker die Ansicht, Homosexualität sei eine Krankheit oder eine minderwertige Form von Sexualität, zurück; *seine* Position faßt Rüdiger Lautmann, der Danneckers Ansatz für sehr interessant hält, folgendermaßen zusam- men:

»Es bedürfe nicht erst einer homosexuellen Handlung und einer negativen Reaktion auf sie, damit sich ein besonderer Lebenslauf konstituiere; für die Karriere als homosexueller Außenseiter seien nicht Reaktionen auf bestimmte, fälschlicherweise als neutral angesehene homosexuelle Handlungen konstitutiv, sondern psychische Dispositionen, mit denen Wünsche und Abneigungen verflochten seien und die in einer konkreten Gesellschaft zu Konflikten führen können… Auch seien die Kategorien ›Homosexualität‹ und ›Homosexuelle‹ auseinanderzuhalten; solange Homosexualität nur als Zwangsgestalt erscheine und als Notlösung verwirklicht werden könne, wäre ihr Wesen nicht durch empirische Untersuchungen an Homosexuellen aufzudecken…« (Lautmann, 1977: 145).

Obwohl Martin Dannecker zwar eine Pathologisierung Schwuler ablehnt, sorgt er doch dafür, daß der Mythos vom kranken Homosexuellen sozusagen durch die Hintertür wieder hereinkommt: Er vertritt die Ansicht, daß beim Großteil der Schwulen narzißtische bzw. neurotische Störungen vorlägen, die vor jeglicher Diskriminierung, in früher Sozialisation, entstanden seien und zu Promiskuität, Liebesunfähigkeit und Subkulturnutzung (als Sex-Markt) geführt hätten.

Rüdiger Lautmann tritt dieser Auffassung entgegen: Die erbrachten Nachweise, die zu belegen versuchen, Schwule »funktionierten« psychisch schlechter als Heterosexuelle, hält er für nicht stichhaltig. Er hält an seiner Stigmatisierungs-Theorie fest:

»Soweit Deformationen bei homosexuellen Frauen und Männern überhaupt vorhanden sind, sind sie überwiegend der gesellschaftlichen Stigmatisierung geschuldet« (ebd.: 149).

Um gegen die Stigmatisierung Homosexueller durch die Gesellschaft vorzugehen, organisierten Schwulengruppen im Verlauf der 70er Jahre in zunehmendem Maß Aktionen in der Öffentlichkeit:

»Die *Stern*-Titelstory (41 / 1978), in der sich 682 Schwule aus fast allen Gruppen mit vollem Namen zu ihrer Homosexualität bekennen, ist ein Höhepunkt dieser Entwicklung, Massenmedien für sich zu instrumentalisieren… Nicht mehr das persönliche Umfeld und die eigenen sozialen Beziehungen werden politisiert, statt dessen erhofft man sich durch ein Sich-Öffentlich-Machen in den Massenmedien gesellschaftlichen Wandel« (Rimmele, ebd.: 36).

Die öffentlichkeitsbezogenen Aktivitäten der Schwulengruppen wurden nicht zuletzt bestimmt durch die negativen Erfahrungen, die man mit staatlichen und kirchlichen Institutionen machte: Raumverbote wurden ausgesprochen, Berufsverbote durch die Bundeswehr, Kirchen und Schulbehörden erlassen, Informationsstände verboten – z. B. 1973 in Aachen.

Der Freiraum, der Schwulen nach den Reformen von 1969 und 1973 zugesprochen wurde (Bundeskanzler Willy Brandt: »Wir wollen mehr Demokratie wagen«), wurde durch Bestimmungen von Gerichten und Institutionen immer wieder eingeschränkt; darüber hinaus waren sich die einzelnen Bundesländer durchaus nicht einig, wie tolerant man Homosexuelle behandeln sollte. Wenig von Toleranz hielt man beispielsweise in Bayern: So klinkte sich der CSU-Staat aus der ARD aus, um den Bürgern des sogenannten Freistaates den Empfang des schon erwähnten Praunheim-Films unmöglich zu machen.

Die Diskriminierungen, mit denen sich die Schwulengruppen konfrontiert sahen, sowie der Motivationsschub, den man durch die Erfolge der Gay-Bewegung in den USA erhielt, führten 1977 zur Gründung der »Nationalen Arbeitsgruppe Repression gegen Schwule« (NARGS), die sich aus zwölf Gruppen zusammensetzte, die einen Fall von Diskriminierung eines Schwulen vor das projektierte Russell-Tribunal über Verletzung der Menschenrechte in der BRD bringen wollten. Während der Vorbereitungsarbeiten in Frankfurt kam man auf die Idee,

»ein internationales Treffen schwuler Vielfalt zu veranstalten. Auf Homolulu 1979 wurde nach einjähriger Vorbereitungszeit schwule Vielfalt und Eigenart dargestellt, die Forderungen auf der Abschlußkundgebung sind jedoch schon durch das Antidiskriminierungsgesetz (ADG) wesentlich bestimmt. Gleich nach den Forderungen zum Sexualstrafrecht verlangte man, ›daß mit der Benachteiligung der Unverheirateten endlich Schluß gemacht wird‹, und forderte ›die Gleichberechtigung im Erb- und Steuerrecht‹ … Man forderte das Recht, sich in den Massenmedien und im Sexualkundeunterricht selbst darstellen zu können« (Rimmele, ebd.: 37).

Je nach der politischen Ausrichtung unterschied sich das Verhältnis, das die diversen Schwulengruppen zu den politischen Institutionen hatten: Die mehr bürgerlichen Organisationen strebten nach einer Zusammenarbeit mit den Parteien, wohingegen sich die sozialistisch geprägten Organisationen an kommunistische Gruppen und an die Gewerkschaften wandten. Manfred Herzer etwa betrachtete es als zentrale Aufgabe, gegen antihomosexuelle Vorurteile in der Arbeiterbewegung zu kämpfen: Es sei

»zu fordern, daß mehr Homosexuelle als bisher zumindest im Kreise ihrer Gewerkschaftskollegen auf die politischen Aspekte der Homosexuellenunterdrückung hinweisen und darauf, daß Homosexuellendiskriminierung als ein antidemokratisches Element in unserer Gesellschaft bekämpft werden muß. Ferner käme es darauf an, konkrete Fälle von beruflicher Diskriminierung Homosexueller zum Anlaß zu nehmen, um Solidaritätsresolutionen einzubringen, die die Organisationen auffordern, praktische Hilfe (Rechtsbeistand usw.) zu gewähren. Weiterhin käme es darauf an, Beschlüsse herbeizuführen, die die Gewerkschaft veranlassen, sich für die Beseitigung des §175 und der antihomosexuellen Berufsverbote einzusetzen« (Herzer, in: Lautmann, 1977: 483).

Die dritte Strömung innerhalb der Schwulenbewegung hingegen, die Gruppen, die aus der Studentenbewegung hervorgegangen oder von ihr geprägt waren, betrachteten sich als linke Bewegung, die in Opposition zu den traditionellen Parteien und Einrichtungen stand. Rimmele weist zu Recht darauf hin, daß

»die Bewegung nicht nur in der Frage des Verhältnisses zu den traditionellen Parteien, sondern auch in der Frage der Beteiligung an den neu entstehenden grün-alternativen Wahlbündnissen (gespalten war). Während einige vor allem die Autonomie der Schwulenbewegung gewahrt wissen wollten, versprachen sich andere einen größeren Einfluß im parlamentarischen System. Ab 1977/78 begannen sich in Gewerkschaften, Kirchen und linken Parteien bis hin zu den Jugendverbänden von SPD und FDP schwule Arbeitsgruppen zu bilden. Mit ihnen beginnt schon die neue ›Anti-Diskriminierungs-Politik‹ der 80er« (Rimmele, ebd.: 38).

Die von Rimmele so genannte Politik setzte sich ab 1978 zunehmend durch und dauerte bis etwa 1988 an. Die Gegner eines Engagements in den traditionellen Einrichtungen, die »Radikalen«, beschränkten sich mehr und mehr auf konkrete Projekte. Der Versuch der Linksliberalen, eine gemeinsame Vorgehensweise sämtlicher Schwulenorganisationen zu erreichen, war zunächst gescheitert: 1980 hatten sie ein Hearing zur Frage der Homosexualität mit Vertretern der etablierten Parteien in der Bonner Beethoven-Halle organisiert, das jedoch von Vertretern der »Radikalen« gesprengt wurde. Von der Entwicklung gemeinsamer Strategien war man also weit entfernt; der Rückzug der »Radikalen« ermöglichte es nun den auf Integration bedachten Schwulen, ihre Antidiskriminierungspolitik voranzutreiben. Ihr Ziel war es, ein Antidiskriminierungsgesetz (ADG) durchzusetzen, um die Haltung der Bevölkerung gegenüber Schwulen positiv zu verändern, was in der Tat notwendig erschien. Denn eine antihomosexuelle Einstellung in der BRD war trotz der Gesetzesreformen von 1969/1973 und den liberalen Publikationen zum Thema Schwulsein nach wie vor weit verbreitet, wie eine empirische Erhebung von Hanns Wienold und Rüdiger Lautmann aus dem Jahr 1974 zeigt. Bevor die Ziele der Antidiskriminierungspolitik genauer erläutert werden sollen, hier ein kurzer Blick auf diese Studie. Wienold und Lautmann stellten im Interview folgende Frage:

»›Stellen Sie sich vor, Sie müßten mit einem anderen Menschen für längere Zeit zusammensein. Sie sind z. B. zur Kur oder im Urlaub und sitzen immer am selben Tisch zum Essen zusammen. Bei welchen Personen wäre Ihnen das nicht so sympathisch?‹ Aus einer Liste von 16 Personengruppen (Farbiger, Gastarbeiter, Boxer, Kommunist, Epileptiker, Homosexueller etc.) konnten die Befragten frei beliebige Gruppen auswählen oder auf eine Wahl ganz verzichten. Die Liste der unsympathischen Tischnachbarn wird von den Homosexuellen angeführt, die von 48 % der Befragten abgelehnt wurden. Auf den nächsten Plätzen folgen Epileptiker (42 %), Kommunisten (28 %). Diese Antworten zeigen … die prominente Rolle, die die Homosexuellen im Verein der verachteten und gehetzten Minderheiten und Gruppierungen durch die westdeutsche Bevölkerung zu spielen gezwungen sind« (Lautmann, 1977: 386 f.).

Wienold und Lautmann fassen die Resultate ihrer Untersuchung zusammen:

»Antihomosexualität kennzeichnet die Mehrheit der Bevölkerung... (Es)... läßt sich ein harter Kern von Diskriminierern identifizieren, der zum größten Teil politisch an der CDU/CSU orientiert ist. Dem entspricht die überwiegend antihomosexuelle Ausrichtung der Parteimitglieder. Demgegenüber sind vorurteilsfreie und prohomosexuell eingestellte Personen zum überwiegenden Teil politisch bei der SPD und der FDP eingebunden...« (Lautmann, ebd.: 413).

In Anbetracht der schwulenfeindlichen Einstellung der bundesdeutschen Bevölkerung erscheint es mehr als begreiflich, daß Schwulengruppen auf einem Antidiskriminierungsgesetz insistierten. Der erste Entwurf für ein solches Gesetz wurde 1979 von den Juristen der »Allgemeinen Homosexuellen Arbeitsgemeinschaft« (AHA, Berlin) ausgearbeitet. Mit Hilfe des Antidiskriminierungsgesetzes sollten folgende Ziele erreicht werden: Straffreiheit für gewaltlose Sexualität mit Kindern, Streichung des § 175; überdies enthielt der ADG-Entwurf Ausführungen zu Erziehungs- und Bildungseinrichtungen, zum Miet- und Arbeitsrecht und den Massenmedien. Die Initiative für ein ADG scheiterte; diese bedeutete jedoch nicht, daß damit die gesamte Antidiskriminierungspolitik gänzlich erfolglos geblieben wäre. Verschiedene Forderungen des ADG wurden insbesondere von schwulen Arbeitskreisen in den Gewerkschaften und Parteien zur Sprache gebracht. Harald Rimmele schreibt dazu:

»Der AK Homosexualität der Jungdemokraten (Judos) sah sein Ziel auf einer Bundesdelegiertenkonferenz in Fulda 1980 zunächst darin, Mitglieder der Judos zu ermutigen, offen zu ihrer Homosexualität zu stehen. Forderungen waren die Wiedergutmachung von NS-Opfern (sic!) und ein ›Gleichberechtigungsgesetz für sexuelle Minderheiten‹... Bei den GRÜNEN enthielt der Programmentwurf ›Gegen die Diskriminierung von sexuellen Außenseitern‹, der auf dem Saarbrücker Parteitag 1980 verabschiedet wurde, die Forderung nach Streichung des § 175, nach Vernichtung von ›Rosa Listen‹, Wiedergutmachung und einem ADG... Eine der spektakulärsten Diskriminierungsfälle wurde 1980 durch den GRÜNEN-Bundestagskandidaten Corny Littmann öffentlich gemacht, indem er einen Spezialspiegel auf einer Toilette (Klappe) in Hamburg zertrümmerte und die geheime Überwachung der Besucher durch die Polizei offenlegte...« (Rimmele, ebd.: 41 f.).

Der Erfolg der in dieser Zeit in den Parteien engagierten Schwulen hielt sich in Grenzen: Zwar wurden Teile ihrer Forderungen in die Wahlprogramme der GRÜNEN und der FDP aufgenommen, eine intensive Beschäftigung der Parteien mit dem Thema Homosexualität wurde jedoch nicht erreicht. Es folgten zwei Ereignisse, die einen schweren Rückschlag für die reformistischen Schwulen bedeuteten: Die FDP verlagerte im Zuge der Koalitionsvereinbarungen (1980) ihren Forderungskatalog vom rechtspolitischen auf den wirtschaftspolitischen Bereich, und mit dem Koalitionswechsel der Liberalen ging eine Abkehr von prohomosexuellen Forderungen einher. Die Regierungsübernahme durch die konservativ-liberale Koalition ließ die Hoffnungen von Schwulen auf die Parteien schwinden. Eine deutlich schwulenfreundliche Verhaltensweise legten Mitte der 80er Jahre lediglich die GRÜNEN, Alternative und Bunte Listen an den Tag, indem sie offen schwule Kandidaten unterstützten, die daraufhin in verschiedene Parlamente einzogen; eine Kooperation dieser Abgeordneten mit der Schwulenbewegung erfolgte jedoch kaum.

Ende der 70er Jahre verlor sich die Kritik der Bewegung an der homosexuellen Subkultur

»zugunsten eines ›anything goes‹..., was sich in einem Anwachsen der Subkultur und der Entstehung von Einrichtungen zur direkten sexuellen Kommunikation (Saunen und Darkrooms) oder in der Propagierung des Sado-Masochismus (S/M) durch einige Schwule als letztem Akt der sexuellen Befreiung zeigt...« (Rimmele, ebd.: 43).

Worin diese Kritik bestanden hatte, wurde bereits angeschnitten: Die Subkultur wurde insbesondere deshalb kritisiert, weil die darin gelebte Sexualität Warencharakter aufweise. An dieser Stelle sei nun die kritische Einstellung Schwuler gegenüber der Subkultur differenzierter erläutert. Wie schon gezeigt, halten Dannecker und Reiche subkulturelle Institutionen für einen positiven Verlauf des Coming-outs für notwendig; sie schlagen aber gegenüber der Subkultur auch kritische Töne an:

»Unter Homosexuellen ist promiskes Verhalten nahezu selbstverständlich, und die Subkultur ist der Ort, an dem die Kontakte geknüpft werden. In ihr trägt man seine Haut zu Markte. Auf diesem Markt wird Sex angeboten, für den es auch eine Nachfrage gibt, da die jeweilige Sexualität, über die ein Individuum verfügt, für ein anderes Individuum einen Gebrauchswert darstellt. Da aber jeder über die gleiche ›Ware‹ verfügt, kommt es zu beträchtlichen Realisationsproblemen. Es wird daher unerläßlich, mit Hilfe von Konsumobjekten einen Werbefeldzug für sich zu starten. Um sich gegen die allseitige Konkurrenz des doch Gleichen durchzusetzen, muß einer verlockender und vielversprechender als der andere erscheinen... Da wird kein Mensch mit vielschichtigen Wünschen und Eigenarten erwartet, sondern ein Objekt mit unverhohlenem Interesse am Sex und nichts weiter« (Dannecker, Reiche, 1974: 78 f.).

Mit Recht werfen Dannecker und Reiche der Subkultur vor, daß sie ein »terroristisches Jugend- und Schönheitsideal« vertrete; in der Subkultur würden Männer spätestens ab Mitte Dreißig »zum alten Eisen« gerechnet:

»Längst auch gilt Jugend an sich in der homosexuellen Subkultur als Qualität, die keiner Ergänzung bedarf. Jugend garantiert sexuellen Erfolg besonders dann, wenn das Erscheinungsbild außerdem ›männlich‹ ist. Das terroristische Jugend- und Schönheitsideal dürfte die Phantasie vieler Homosexueller bereits so weit modifiziert haben, daß sie sich Sexualität nur mehr als kosmetischen Akt zweier glatter Körper vorstellen können« (ebd.: 80).

In *Der Homosexuelle und die Homosexualität* entwickelt Dannecker ein psychoanalytisches Modell, das die Subkultur keineswegs verteufelt, ihre Existenz aber doch nur als eine Art Durchgangsstation legitimiert. Dannecker geht davon aus, daß bei einem Großteil der Schwulen schwerwiegende narzißtische bzw. neurotische Störungen vorliegen, die eine Entwicklung der Fähigkeiten, sich zu verlieben und zu lieben, verhinderten. Um diese narzißtischen Disharmonien, die sich in seelischen Angst- und Schmerzzuständen äußerten, zu überwinden, suchten Homosexuelle häufig orgastische Erlebnisse, die diese Disharmonien in psychisches Wohlbefinden transformierten, meint

Dannecker. So erkläre sich auch das Phänomen des promisken Verhaltens Schwuler:

»Aus dem Arsenal der zur Bewältigung eines narzißtischen Grundkonfliktes zur Verfügung stehenden Möglichkeiten haben sich männliche Homosexuelle, darin einer Gruppe narzißtisch gestörter heterosexueller Männer durchaus vergleichbar, das Flüchten in eine temporäre oder dauernde Promiskuität ausgewählt, mit der die Angst erzeugende Nähe einer Liebesbeziehung entweder aufgefangen oder dauernd vermieden wird« (Dannecker, 1978: 109).

Die Existenz von subkulturellen Orten ist dem Autor zufolge insofern berechtigt, weil sie Homosexuellen die Möglichkeit bieten, rasch zu Sex zu gelangen, wodurch sich ihr seelisches Gleichgewicht stabilisiert:

»Einige subkulturelle Bereiche, insbesondere Sauna, Park und öffentliche Bedürfnisanstalt, stellen nichts weiter als den ›organisatorischen Rahmen‹ für die Befriedigung der aus den spezifischen Konflikten der Homosexuellen resultierenden Wünsche und Zwänge zur Verfügung. Ein Besucher dieser Orte wird dort nicht nur Menschen treffen, die aus den nämlichen Motiven und mit den nämlichen reduzierten Erwartungen wie er sexuelle Kontakte suchen. Er kann sich in den dort herrschenden Kommunikations- und Interaktionsformen auch insofern geborgen fühlen, als sie seinen augenblicklichen Bedürfnissen entsprechen. Das Ziel ist erreicht, wenn über den Orgasmus oder auch über einen in der Phantasie vollzogenen Kontakt die Wiederherstellung des gestörten narzißtischen Gleichgewichts gelungen ist. Von zahlreichen subkulturellen Orten läßt sich sagen, daß sich darin ihr eigentlicher Zweck erschöpft« (ebd.: 110 f.).

Für kurze Zeit befreit die Subkultur den Schwulen von Widersprüchen, wie dem zwischen Sehnsucht nach Liebe und Geborgenheit und promiskem Verhalten, indem sie psychische Entlastung durch Sex gewährt. Das Problematische an der Subkultur sieht Dannecker nun darin, daß sie dadurch die Bearbeitung und Lösung psychischer Probleme behindert:

»Das regressive Moment der homosexuellen Subkultur liegt nun aber darin, daß sie bei der Valorisierung (bei der Aufwertung sexueller Symptome; H. B.) stehenbleibt, diese durch die von ihr bereitgestellten Befriedigungs- und Kommunikationsformen festschreibt und so jene die Valorisierung der besonderen sexuellen Formen erst erzwingenden, aber über die hinaustreibenden Widersprüche zurückbindet. Die Struktur der Subkultur verdeckt den Zugang und erschwert die Bearbeitung jener Konflikte, die konstitutiv für die subkulturelle Existenz sind, also jener Konflikte, die glückversprechende, leidenschaftliche und mehr als flüchtige Liebesbeziehungen erschweren oder verhindern« (ebd.: 113).

Dannecker begrüßt also den von der Subkultur ermöglichten Prozeß der Stabilisierung des Selbstwertgefühls Homosexueller; doch dieser Prozeß dürfe nicht Selbstzweck sein, sondern solle zu einer Auseinandersetzung schwuler Männer mit ihren psychischen Konflikten führen. Auch von literarischer Seite wurde die Subkultur kritisiert: Zu nennen ist hier der Schriftsteller Hubert Fichte. Er vertrat die Ansicht, daß die Subkultur als sexuelles Ghetto die Rollenverteilungen der bürgerlichen Anthropologie reproduziere,

»freilich in theatralisch grotesker Verzerrung: da sind die Tunten in ihrer überdrehten Weiblichkeit, aber auch die ›Männer-on-the-rocks‹, die sich kühler und härter geben als jeder Heterosexuelle. Diese phantasmagorischen Nachbilder, so Fichte, sollten mit ihren Vorbildern verschwinden: den Konzepten der bürgerlichen Anthropologie von Männlich und Weiblich« (Campe, 1988: 296).

Diese Utopie findet sich – wenn auch recht verdeckt – etwa in Fichtes Roman *Die Palette* (1968); in diesem Text beschreibt er die schwule Subkultur ausgesprochen ironisch. Hier ein Beispiel dafür, in dem Fichte das Personal und die Besucher einer Schwulenbar charakterisiert:

»Sie wären alle schon da... alle die nicht mehr ganz jungen Jungen mit toupierten rotschwarzen Haaren, der siebenunddreißigjährige Junge, der achtundzwanzigjährige Junge... die netten Jungs... und auch die dummen Jungs und die jungen Jungs und der wirklich nette kleine

Junge... Kommt jetzt endlich der Mann? Kommt jetzt endlich der noch nettere kleine Junge? Kommt jetzt endlich der Freier, der Nettste, der Schönste, der Reichste, der Anspruchsvollste, der Dickste, der Schickste, der Längste, der Toffste?« (Fichte, 1968: 225).

Dieser Ausschnitt aus Fichtes Roman zeigt, daß der Autor, ebenso wie Dannecker und Reiche, den von der Subkultur gepflegten Jungen-Kult kritisiert: Fichte macht sich über das »terroristische Jungen- und Schönheitsideal« lustig. Gleichwohl glaubte der Schriftsteller zu dieser Zeit noch an eine Selbstbefreiung der Schwulen – was sich jedoch bald änderte. 1974 publizierte er seinen Roman *Versuch über die Pubertät*, ein Werk, in dessen Zentrum das Coming-out steht. Fichtes *Versuch* erzählt nicht nur Geschichten, er stellt auch eine theoretische Auseinandersetzung mit der Pubertät und dem Coming-out sowie mit Fragen schwuler Selbstfindung dar:

»An eigenen und fremden Erfahrungen macht Fichte deutlich, daß die Pubertät für einen Homosexuellen mehr bedeutet als Krise und Umbruch – in seinen Augen ist das *Coming-out* nämlich eine regelrechte Initiation in die Riten der Gegenwelt. Jeder dort trägt eine Rollenmaske; die des schönen Jungen oder die des ältlichen Liebhabers. Was zwischen den Personen geschieht, ist genau festgelegtes Spiel – Ritus eben, kein individuelles Agieren und Reagieren. Daher kommt es in den sexuellen Beziehungen zwischen Jüngeren und Älteren auch nie zu innerer Nähe und wirklichem Austausch...« (Campe, 1988: 315).

In Hubert Fichtes *Versuch über die Pubertät* erscheinen Homosexuelle in der Subkultur völlig festgelegt auf bestimmte Verhaltensmuster; eine wirkliche Selbstfindung und damit Selbstbefreiung ist für den Autor deshalb nicht mehr vorstellbar.

Schwule sollten ihre sexuellen Wünsche ausleben: Diese Auffassung setzte sich ab Ende der 70er Jahre in der Schwulenbewegung durch und verdrängte die kritische Auseinandersetzung mit der Subkultur. Reglementierungen des Sexuallebens wurden abgelehnt, was sich auch darin zeigt, daß die Schwulenbewegung die Ehe als Modell für homosexuelle Partnerschaften ablehnte. Zwar setzten sich die Juristen der »Allgemeinen Homosexuellen Arbeitsgemeinschaft« anfangs für die Legalisierung homosexueller Ehen ein, und zwar in der Form, daß homosexuelle Partnerschaften auf dem Standesamt registriert werden sollten, um so eine erb- und steuerrechtliche Gleichbehandlung mit heterosexuellen Paaren zu erreichen. Doch ließen sie die Forderung nach einer »Homo-Ehe« bald wieder fallen. Anstelle einer Einführung der »Homo-Ehe« plädierte man nun für einen »Abbau von Ehestandsprivilegien«. Obgleich die Schwulenbewegung der Institution Ehe negativ gegenüberstand, hatte sich doch in ihrer ablehnenden Haltung eine Veränderung ergeben. In der Weise nämlich,

»daß nicht mehr die Abschaffung der Ehe als Unterdrückungsinstitution gefordert wurde. Vielmehr wurde nun in erster Linie die rechtliche Ungleichbehandlung von verschiedenen Familienständen unter dem label ›Abschaffung von Ehestandsprivilegien‹ angeklagt... Wurden früher über die allgemeine Unterdrückungsfunktion der Institution Ehe für die Sexualität auch die eigenen subkulturellen Verhaltensmuster und Beziehungsstrukturen problematisiert und wurde mit der Forderung nach Abschaffung der Ehe das Ziel umfassender gesellschaftlicher Emanzipation verbunden, so erfolgt nun (etwa im Zeitraum 1978–1988; H.B.) die Problematisierung der Ehe einzig als rechtliche Ungleichbehandlung verschiedener Lebensformen« (Rimmele, ebd.: 45).

Die Schwulenbewegung erlebte Anfang der 80er Jahre einen Aufschwung, der auf zwei Faktoren zurückzuführen ist: Zum einen führte das Ablassen von einer Kritik an der Subkultur, verbunden mit der Forderung nach Ausleben sämtlicher sexueller Phantasien, bei vielen Schwulen zu dem Gefühl, eine Art sexuelle Avantgarde zu bilden. Zum anderen stärkte die aktionistisch ausgerichtete Antidiskriminierungspolitik das Selbstgefühl der Bewegung. Einen deutlichen Ausdruck fand der Höhepunkt der westdeutschen Schwulenbewegung in der bislang größten Homosexuellendemonstration in Hamburg am 20. Juni 1981: Mehr als 3000 Schwule und Lesben gingen auf die Straße. Doch ein schwerer Rückschlag für die Emanzipierung Homosexueller ließ nicht lange auf sich warten – verursacht wurde er durch die Immunschwächekrankheit AIDS. Im Jahr 1981 erkrankten fünf junge Schwule in Atlanta / USA an schwerer Lungenentzündung, was sich der behandelnde Arzt nur durch eine ungewöhnliche Schwächung des Immunsystems erklären konnte.

Die Krankheit AIDS blieb für die Wissenschaftler relativ lange ein Rätsel; vor 1984 war weder bekannt, wodurch sie ausgelöst wurde noch wie man sich vor ihr schützen konnte. Heute weiß man, daß die Krankheit das Immunsystem des Körpers zerstört; daher auch der Name AIDS (Acquired Immunodeficiency Syndrome – Erworbene Immunschwäche). Durch die Außerkraftsetzung des Immunsystems werden Krankheiten, die normalerweise ungefährlich sind, zu Krankheiten mit Todesfolge. Ausgelöst wird AIDS durch das Virus HIV (Humanes Immunschwäche-Virus). Besonders tückisch an AIDS ist die lange Inkubationszeit: Zwischen der Ansteckung und dem möglichen Ausbruch der Krankheit können Jahre liegen, was mit ein Grund für die rapide Ausbreitung von AIDS ist, denn vielen Infizierten war nicht bewußt, daß sie angesteckt waren, und verhielten sich daher unvorsichtig. Eine Ansteckung mit dem Virus kann erfolgen, wenn Samen- oder Scheidenflüssigkeit bzw. Blut eines Infizierten in den Blutkreislauf eines anderen Menschen gelangt. Dies kann geschehen beim Geschlechtsakt oder bei gemeinsamer Benutzung von Spritzen bei Drogensüchtigen – aber auch, wenn Pistolen zum Schießen von Ohrlöchern oder Tätowiernadeln nicht desinfiziert werden. Was den Geschlechtsverkehr betrifft, kann eine Ansteckung mit dem Virus vor allem beim Analverkehr erfolgen – die Verwendung eines Kondoms bietet einen relativ sicheren Schutz davor. Der Analverkehr, aber auch der heterosexuelle Verkehr bringen die größten Ansteckungsrisiken mit sich, was daran liegt, daß im Samen und in der Scheidenflüssigkeit das Virus sehr konzentriert auftritt. Da beim Analverkehr kleine Abschürfungen der Darmschleimhaut auftreten, kann das Virus leicht in den Blutkreislauf eintreten; dies gilt in abgeschwächter Form auch für den Penis und die Scheide. Was den Oralverkehr betrifft, stellt auch er eine verhältnismäßig riskante Sexualpraktik dar – das Ejakulieren in den Mund des Partners sollte vermieden werden.

Besonders betroffen von AIDS waren und sind Homosexuelle, was für die Schwulen selbst, die Bewegung sowie den politischen und sozialen Umgang mit Homosexuellen wesentliche Veränderungen mit sich brachte.

Die Presse reagierte zwischen 1984 und 1988 auf AIDS mit Panikmache. Schwule erschienen in den Printmedien wieder einmal als Sündenböcke. Grossmann schreibt dazu:

»Genüßlich und gleichzeitig mit spitzen Fingern lamentieren selbster-
nannte Fachleute über das Sexualleben schwuler Männer, ›Analverkehr‹ und ›Sadomasochismus‹, wilde Fotos aus Leder-Lokalen und
verdreckten Toiletten – dem braven Hetero werden mal wieder Sündenböcke präsentiert. Homos, welche die unschuldige ›Normal‹-Bevöl-
kerung verseuchen! In Leserbriefen, wo nur offen ausgesprochen
wird, was die Journalisten denken, offenbart sich der Bodensatz mancher bundesdeutschen Seele: ›Nun hat Mutter Natur diesen perversen
Drecksäcken und dito Menschen per AIDS eins auf den Deckel gegeben‹ (O. Friedrich aus Offingen / Bayern), oder ›Was schadet es schon,
wenn Teile einer verruchten Brut en masse vergehen‹ (B. Specht aus
Heidelberg – beide in DER SPIEGEL)« (Grossmann, ebd.: 162 f.).

Der Pathologisierung von Schwulen, aber auch der Verfallstheorie war
nun wieder Tür und Tor geöffnet. So sprach etwa ein Dr. Dr. med. Werner Freitag aus Reckershausen von der »Seuche Homosexualität«, die
»eine der ausgeprägtesten psychischen Störungen« und eine »Verfalls-
erscheinung« sei (zit. n. Grossmann, ebd.: 163).

Wie reagierte nun die schwule Presse auf AIDS? Nachdem erste
Krankheitsfälle in der Bundesrepublik bekannt wurden, bezogen Homosexuellenzeitschriften Stellung: Man befürchtete, daß die Immunschwächekrankheit eine reaktionäre Wende in der Berichterstattung
der Medien über Schwule, die in den letzten Jahren homosexuellen-
freundlicher geworden war, hervorrufen könnte – eine wahrlich begründete Befürchtung.

In der Schwulenbewegung selbst fand vorerst keine Beschäftigung
mit dem Thema AIDS statt; möglicherweise liegt dies daran, daß
Schwule eine sehr heterogene Gruppe bilden, eine Gruppe, die sich als
solche nur über die große Bedeutung gemeinsam erlebter Sexualität
konstituiert, die jetzt von AIDS bedroht wurde.

Im November 1994 meldete sich in DER SPIEGEL Rosa von Praunheim zu Wort; er forderte eine neue Moral für Homosexuelle:

»Es geht nicht mehr um die Entscheidung eines jeden einzelnen für
sich selbst, es geht um die Gemeinschaft, denn jede Ansteckung, die
wir verursachen, kann fahrlässige Tötung bedeuten« (DER SPIEGEL v.
26.11.1984).

Für den Filmemacher war die Pseudofreiheit der Subkultur mit ihrer Promiskuität für die Ausbreitung von AIDS verantwortlich – promiskem Verhalten sollte seiner Meinung nach Liebe, Zuneigung und menschliche Wärme entgegengesetzt werden. Was Praunheim in seinem Kommentar unternahm, war nichts anderes, als im Namen der Homosexuellen ein Schuldbekenntnis abzulegen; ein Vorgang, der in der Bundesrepublik glücklicherweise die Ausnahme bildete. Scharfe Kritik an Praunheims Auffassungen kam von Martin Dannecker: Unter dem Titel *Rosa wird evangelisch* veröffentlichte er in *Konkret* (1/85) einen offenen Brief an Praunheim:

»Du legst stellvertretend für die Homosexuellen ein Schuldbekenntnis ab und identifizierst Dich mit Deiner Selbstbezichtigung mit den offenen und versteckten Angriffen auf sie in den vergangenen Wochen. Wie jede Identifikation wirkt auch die Identifikation mit dem Aggressor entlastend. Zu bekommen ist diese Entlastung jedoch nur um den Preis der Unterwerfung... Ich fürchte, Du verstehst von dem Krankheitsbild AIDS... zu wenig. Daran könnte es auch liegen, daß Du AIDS zu einer gigantischen Metapher stilisierst... Bei Dir... wird AIDS zu einem mysteriösen Übel, von dem eine auserwählte Gruppe befallen ist. ›Warum trifft es uns Schwule, so fragen wir uns, jahrhundertelang verfolgt, gedemütigt und bestraft.‹ Wer so fragt, wird keine Antwort erhalten. Er drückt jedoch tiefverwurzelte Schuldgefühle aus und benützt AIDS als ein Vehikel, die Homosexualität einmal mehr in eine metaphysische Schuld zu überführen.«

Weiter wirft Dannecker Praunheim vor, die gesamte Gruppe der Schwulen zu stigmatisieren, indem er aus dem Begriff »Risikogruppe« eine ethische Kategorie mache und promiskes Verhalten als moralisch minderwertiges abstemple. Besonders interessant an dem offenen Brief ist der theoretische Ansatz, den Dannecker hier zur Erklärung der Promiskuität Schwuler liefert: Homosexuelle, so Dannecker jetzt, verhalten sich deshalb promisker als Heterosexuelle, weil bei ihnen der Trieb stärker akzentuiert sei, was jedoch nichts mit extremer Triebhaftigkeit zu tun habe. In dieser größeren Triebnähe der Schwulen sei eine der »Wurzeln für den geheimen Neid, ja Haß auf Homosexuelle« zu sehen. Die Krankheit AIDS biete nun eine Möglichkeit, promiskes Verhalten zu diskreditieren:

»AIDS gibt den Moralisten einen Triumph (sic!) in die Hand, weil sie zeigen können, was bei einem solchen Umgang mit dem Sexuellen herauskommt. Dich mitten unter den Verteidigern der kulturellen Sexualmoral zu finden, wird nicht nur mich überrascht haben. Wir mußten in den letzten Wochen beobachten, daß der alte Haß auf Homosexuelle wieder virulent wird… Sollte sich im Gefolge von AIDS der Selbsthaß der Homosexuellen mit dem Haß auf sie verbünden, dann ist Schlimmes zu befürchten.«

Wie sich Schwule angesichts von AIDS sexuell verhalten sollten, darüber entbrannte in den Homosexuellenzeitschriften eine heftige Diskussion, und zwar zwischen

»›Triebrealisten‹, die ihr Verhalten durch AIDS nicht ändern wollen – im Mittelpunkt ihrer Überlegungen steht u. a., daß sie niemandem vorschreiben wollen, wie er sich vor AIDS schützt und daß sie eine Infektion mit dem Virus keinesfalls mit moralischen Urteilen verbunden sehen wollen –, und ›Präventionsrationalisten‹, die sich für ein rigides Konzept von risikomindernden Sexualpraktiken einsetzen, unabhängig davon, ob diese für den einzelnen noch lebbar sind – jeglicher intensive Kontakt solle vermieden werden und exhibitionistische und voyeuristische Sexualpraktiken werden propagiert« (Rimmele, ebd.: 50).

Einerseits wollten Schwule verständlicherweise ihre Formen sexuellen Handelns nicht aufgeben, andererseits wuchs der öffentliche Druck, um Zwangsmaßnahmen gegen Schwule durchzusetzen. Eine Möglichkeit, diesen Interessenskonflikt zu lösen, zeigte sich schließlich mit der Entwicklung und Propagierung des Präventionskonzepts »safer sex«: Der öffentliche Druck nahm ab, Homosexuelle konnten weiterhin ihren spezifischen Lebensstil beibehalten. Wie eine Untersuchung von Michael Bochow aus dem Jahr 1988 zeigt, setzte sich »safer sex« rasch durch: Kondome wurden in hohem Umfang regelmäßig benützt. Die Angst davor, sich mit dem Virus zu infizieren, führte aber auch zu einer Einschränkung der Partnerzahlen bei promisken Schwulen und zu einer Zunahme fester und monogamer homosexueller Partnerschaften.

Um sich gegen AIDS zu wehren, gründete die Schwulenbewegung

AIDS-Hilfen und deren Dachorganisation, die »Deutsche AIDS-Hilfe«:

»Die AIDS-Hilfen, die sich um die psychische Betreuung von Kranken und Infizierten, um Beratung allgemein und um die Erstellung eines Präventionskonzeptes bemühen, hatten zu Beginn den Anspruch, die Interessen aller AIDS-betroffenen Personengruppen zu vertreten und Ansprechpartner für alle zu sein. Ihr Ziel war es, eine Stigmatisierung und Diskriminierung der Hauptbetroffenengruppen (zu denen neben Homosexuellen auch Drogenabhängige zu rechnen sind; H. B.) zu vermeiden... In ihrem Bemühen um ›Seriosität‹ und durch ihren Gesamtvertretungsanspruch in punkto AIDS trat jedoch zwischen den AIDS-Hilfen und den Schwulengruppen eine Entfremdung ein, die es von seiten der Schwulenbewegung notwendig erscheinen ließ, eine eigene AIDS-Politik in einer bundesweiten Organisation zu betreiben« (Rimmele, ebd.: 51).

Eine ganz andere Art, gegen die Immunschwächekrankheit anzukämpfen, entwickelte sich in den USA: 1987 wurde eine Aktivistenbewegung mit dem Namen ACT UP (AIDS Coalition to Unleash Power = AIDS-Bündnis zur Freisetzung von Kraft) gegründet. Diese Bewegung wehrt sich dagegen, AIDS als moralisches Problem zu betrachten – für sie handelt es sich um ein politisches. ACT UP bezeichnet sich selbst als »eine mannigfaltige Gruppe, geeint durch Wut und verpflichtet zu direktem Vorgehen, um die AIDS-Krise zu beenden«. Die Wut, die sich vehement gegen die Passivität der Politiker in Sachen AIDS richtet, findet ihren Ausdruck in provokativer politischer Kunst, in Plakaten, die an Andy Warhol erinnern. ACT UP plakatierte auf U-Bahnen, Häuserfassaden, Bussen, und auch der Sockel der Freiheitsstatue wurde von den Aktivisten beklebt. Die ACT-UP-Bewegung, die sich unermüdlich für die Bereitstellung von staatlichen Geldern für die AIDS-Forschung und Krankenbetreuung sowie für mehr Rechte für Schwule und Lesben einsetzt, machte bereits in einem ihrer frühesten Poster (»Aidsgate«) deutlich, daß AIDS nicht alle Bevölkerungsteile in gleichem Ausmaß bedroht, sondern daß die Krankheit auch ein Rassen- und Klassenproblem ist. So ist AIDS besonders verbreitet bei jungen Frauen, Latinos und Schwarzen, die in New York City leben. Und ein weiteres »heißes politisches Eisen« griff ACT UP auf: das menschenverachtende Profitstreben der Pharma-Industrie. Hier nur ein Beispiel: Die Firma »Wellcome« entwickelte mit staatlicher Finanzhilfe das Mittel AZT (es bewirkt einen langsameren Verlauf des Ausbruchs von AIDS), verkaufte es aber zu einem derart hohen Preis, den viele AIDS-Kranke nicht bezahlen konnten. Auf diesen Skandal reagierten einige ACT UP-Aktivisten mit einer spektakulären Aktion: Wie Makler gekleidet, schleusten sie sich in die New Yorker Börse ein und ließen ein Spruchband von einem Balkon herunter, auf dem zu lesen war: »Verkauft Wellcome«. Dazu veranstalteten sie mit Hilfe von Nebelhörnern einen derartigen Lärm, daß der Börsenbetrieb für kurze Zeit zusammenbrach. Aktionen, die sich gegen Institutionen richten, die sich gegenüber eine effizienten Bekämpfung von AIDS kontraproduktiv verhalten, wurden auch von deutschen ACT UP-Gruppen durchgeführt. Angeführt sei hier eine Aktion, die sich gegen die katholische Kirche richtete. ACT UP, so der schwule Aktivist Rüdiger Anhalt, könne

»zu den diskriminierenden Äußerungen der Kirchen zu Homosexualität und Aids... nicht länger schweigen... ACT UP will und kann nicht hinnehmen und länger dulden, daß Würdenträger der katholischen Kirche Homosexualität als ›widernatürliche Veranlagung‹ (Bischof Dyba, Fulda)... bezeichnen.

ACT UP will und kann weiterhin nicht länger hinnehmen und dulden, daß Aids immer von Schuldzuweisung seitens der katholischen Kirche begleitet ist. Aids, so wiederum Dyba, sei ›eine Folge unmoralischen Lebens, ist Strafe für falsches und schuldhaftes Verhalten‹. Seine Äußerungen gipfeln in der Bemerkung, daß Aids-Kranke für die Zukunft keine Rolle mehr spielten und der Menschheit nichts mehr einbrächten. ›Sie werden praktisch ausgelöscht.‹ Diese Sprachformulierung erinnert an die Sprache des Dritten Reiches und ist in keiner Weise hinzunehmen« (in: Dunde, 1994: 145 f.).

Am 26. September 1991 führte ACT UP in Fulda eine Protestaktion durch. Zunächst wurde auf dem Domplatz ein Transparent mit der Aufschrift *Stoppt die Kirche* ausgerollt. Flugblätter wurden an die Dombesucher verteilt, die Forderungen von ACT UP über Megaphon vorgetragen. Die Aktivisten legten Leichentücher, mit symbolisch bemalten Figuren von AIDS-Toten, auf die Freitreppe zum Dom. Bischof Dyba beeindruckte dies, wie Anhalt berichtet, nicht im geringsten. Er

»erscheint auf dem Domplatz. In vollem Ornat. Er sieht die Tücher auf der Freitreppe. Selbstgefällig schreitet er darauf die Treppe hinunter« (ebd.: 150).

Der zweite Teil der Aktion fand im Dom selbst statt, wo die Aktivisten den dort versammelten Bischöfen ihren Protest vortrugen; daraufhin kam es zu Tumulten:

»Nur eine kurze Zeit dauert die Aktion. Christen, Ordnungskräfte entreißen den ACT-UP-Leuten das Transparent. Die Aktivisten werden geschlagen. Sie legen sich auf den Boden. Tritte. Schreie. Fausthiebe. Die Bischöfe? Sie sitzen und schauen zu« (ebd.: 151).

Diese Aktion fand in den Medien anfangs so gut wie kein Echo; erst als Bischof Dyba im »Bonifatiusboten« Stellung zu den Vorfällen bezog, reagierten die Medien – kein Wunder, denn was der Bischof hier zum besten gab, war ungeheuerlich: Er bezeichnete die Demonstranten als drei Dutzend hergelaufene Schwule, unterstellte ihnen den Willen, Gewalt zu entfesseln, nannte sie »randalierende Aids-Positive«. Die Infamie seiner Äußerungen gipfelte schließlich darin, daß er die ACT-UP-Aktivisten mit den Nazis verglich, was angesichts der Homosexuellenverfolgung im »Dritten Reich« schier unglaublich ist. Dyba:

»Im Dritten Reich ist die SA auch schon auf dem Fuldaer Domplatz erschienen, um die Gläubigen einzuschüchtern. Aber noch nicht einmal im Dritten Reich sind die Nazis in den Dom eingefallen« (zit. n. Anhalt, ebd.: 153).

Auf Dybas Ausfälle hin nahm die Presse den Bischof unter Beschuß; hier einige Schlagzeilen: »Der römische Furz« (DER SPIEGEL), »Die Scheinheilige (stern), »Im heiligen Zorn für den Herrn« (DIE ZEIT), »Kreuzzüge gegen die Schwulen. Warum?« (Kölner Express). Doch nicht nur die Printmedien beschäftigten sich mit den Fuldaer Vorfällen und dem Bischof, auch das Fernsehen zog mit Sendungen wie »Tagesthemen«, »Monitor« und »ZAK« bald nach. Die Aktion von ACT UP war also keineswegs sinnlos gewesen, sorgten die Berichterstattungen doch für eine erneute Diskussion über die Einstellung der Kirche zur Sexualmoral, zur Homosexualität und zu AIDS.

Eines der zentralen Anliegen von ACT UP ist die Entwicklung von AIDS-Präventionsprogrammen, die von einer die Risikogruppen tatsächlich verstehenden und akzeptierenden Haltung geprägt sind. Die staatliche Finanzierung der AIDS-Hilfen wird für nicht ausreichend erachtet. Klaus Görgens, ein Fachmann in Sachen AIDS-Prävention, bewertet in seiner Stellungnahme für eine Tagung des Ministeriums für Arbeit, Gesundheit und Soziales NRW, die am 27. November 1991 unter dem Titel »Aidsprävention in den 90er Jahren« veranstaltet wurde, die bisherigen gegen die Ausbreitung von AIDS ergriffenen Maßnahmen wie folgt:

»Staatliche Prävention für schwule Männer – nämlich Maßnahmen, die im Vorfeld von Problementstehungen wirksam werden sollen – gibt es in dieser Gesellschaft bis heute nicht. Durch die Finanzierung der Aids-Hilfen ist allenfalls aus einer engen Aids-Perspektive heraus eine problemmindernde Maßnahme gewollt... Daß... schwule Männer keine homogene Gesamtgruppe darstellen und insbesondere für versteckt schwul lebende Männer ebenso wie für schwule Jugendliche, die erst die ersten Schritte ihres Coming-outs wagen, eine Aufklärung nötig wäre, die auch über die allgemeinen Medien wie z. B. Fernsehen zu laufen hätte, wird in den bisherigen Konzepten nicht reflektiert. Die höheren Infektionsraten bei schwulen Jugendlichen scheinen hier die Defizite offensichtlich werden zu lassen« (Görgens, in: Dunde, ebd.: 231).

Um AIDS erfolgreich bekämpfen zu können, fordert Görgens ein lebensweltbezogenes Präventionskonzept:

»Es wäre an der Zeit, daß strukturelle Prävention gesellschaftlich verankert wird. Das heißt,
– daß Politik aufgefordert ist, gesellschaftliche Sanktionen gegen schwule Männer abzubauen (§ 175 StGB, Berufsverbote) und die Teilhabe- und Freiheitsrechte eines Bürgers auch für schwule Männer zur Geltung kommen zu lassen (wie z. B. Zeugnisverweigerungsrecht, Besuchsrecht im Krankenhaus...)
– daß Politik der langen Tradition von diskriminierenden und stigmatisierenden Interpretationen über Homosexualität durch Förderung schwuler Forschungsprojekte etwas entgegensetzt, soziale

Desintegration rückgängig macht und in den Sozialisationsinstanzen (etwa Schulen; H. B.) schwule Identitätsentwürfe als gleichberechtigte Entwürfe verankert und bejaht;

– daß Politik aufgefordert ist, die sozial integrativen Bemühungen der Selbsthilfe-Organisation zu unterstützen…

– daß Politik auf die soziale Verarmung junger erwerbsloser Menschen reagiert und ihre materielle Sicherheit gewährleistet…« (ebd.: 233).

Für eine soziale Integration und gleiche Rechte für Schwule, HIV-Positive und AIDS-Kranke setzte sich mit außerordentlichem Engagement der selbst an AIDS erkrankte und 1996 verstorbene Markus Commerçon ein. In mehr als 400 Veranstaltungen versuchte er, die Öffentlichkeit über AIDS aufzuklären und Vorurteile und Ängste gegenüber AIDS-Kranken abzubauen. Der Bundespräsident würdigte seine Verdienste, indem er Commerçon im Oktober 1994 mit dem Bundesverdienstkreuz auszeichnete. In seiner Rede anläßlich der Ordensverleihung weist Commerçon allerdings darauf hin, daß ihm der Staat anfangs alles andere als entgegenkam:

»Zu der Freude, die an diesem Abend vorherrscht, mischt sich ein Gefühl der Bitterkeit, werde ich doch für eine Arbeit ausgezeichnet, für die mich der Staat zunächst als unqualifiziert abgelehnt hat. Nicht zu vergessen bleibt der entwürdigende und diskriminierende Behördenkampf, den ich vor knapp zwei Jahren führen mußte, und nicht zu vergessen bleibt auch die Tatsache, daß ich erst aufgrund meiner aidstypischen Lungenentzündung über die Schwerbehindertenförderung diese wichtige Arbeit aufnehmen konnte« (Commerçon, 1995: 189 f.).

In seiner Rede prangert Commerçon die zunehmende Ausgrenzung und soziale Verelendung von Menschen mit HIV und AIDS an; letztere sei dadurch staatlich vorprogrammiert,

»daß die Regierung beabsichtigt, bis 1997 die Gelder für die Deutsche Aids-Hilfe in Berlin auf Null zurückzufahren. Im Zuge der Einsparungen im Sozialbereich ist der Überlebenskampf der Aids-Hilfen im vollen Gange, und das bei ständig steigenden Infektionszahlen, gerade bei Frauen« (ebd.: 190 f.).

Am Ende seiner Rede richtete Commerçon einen eindringlichen Appell an die Politiker:

»Ich fordere die Politiker auf, durch eine integrative Sozialpolitik Homosexuelle gleichzustellen, denn ihnen als sogenannte ›Minderheit‹ steht der besondere Schutz eines demokratischen Staates zu. Ich fordere dazu auf, daß die Aids-Hilfen weiterhin mit ausreichenden finanziellen Mitteln ausgestattet werden, damit eine effiziente Arbeit im Bereich der Prävention, Beratung und Betreuung gewährleistet bleibt« (ebd.: 191).

Nach diesem zeitlichen Vorgriff in die 90er Jahre wieder zurück zur Antidiskriminierungspolitik der Schwulenbewegung in den 80er Jahren. Die öffentliche Diskussion darüber, ob staatliche Repressionsmaßnahmen gegenüber HIV-Infizierten erforderlich seien, war mit ein Grund dafür, daß 1986 in Köln der Bundesverband Homosexualität (BVH) gegründet wurde. Diese bundesweite Organisation verstand sich von Anfang an als Dachverband aller Schwulen und Schwulengruppen; seine Hauptaufgabe sah der BVH darin, die Aufmerksamkeit der Medien auf sich zu ziehen und dadurch eine effiziente Öffentlichkeitsarbeit zu erzielen, wodurch auf Staat, Kirche und Wirtschaft eingewirkt werden sollte. Im wesentlichen konzentrierte sich die Politik des BVH auf die Abgabe von Presseerklärungen:

»Der Vorstand hoffte im allgemeinen – entsprechend dem Konzept einer Dachorganisation – auf die Zuarbeit durch die Gruppen, die ausblieb, und schaffte es nicht, eigene Positionen wesentlich voranzutreiben. Schwerpunkte setzte sich der BVH bei Aktionen zur gesellschaftlichen Auseinandersetzung mit AIDS, in der Planung von Aktionen zur Forderung nach ersatzloser Streichung des § 175 und nach Entschädigung von homosexuellen NS-Opfern… Etwas größeres Aufsehen erregte der BVH einzig mit einer bundesweiten Unterschriftenaktion gegen den § 175. Andere Programmpunkte des BVH – wie etwa die ›Unverheiratetenpolitik‹ – blieben auf der internen Öffentlichkeitsebene der Schwulenbewegung« (Rimmele, ebd.: 52).

Begründet wurde die »Unverheiratetenpolitik« mit der Feststellung, daß eine Benachteiligung von Menschen, die nicht innerhalb der traditionellen Ehe leben wollen, nicht gerechtfertigt sei. Die Forderung nach einer Gleichbehandlung von unverheirateten und verheirateten Paaren wurde bald darauf ausgedehnt: *Alle* Lebensformen sollten gleichberechtigt behandelt werden. Jetzt sprach man nicht mehr von »Unverheiratetenpolitik«, sondern von »Lebensformenpolitik«, da eine negative Selbstbestimmung über die Verheirateten abgelehnt wurde.

Drei Jahre nach Gründung des BVH entstand in der Schwulenbewegung ein Bruch, hervorgerufen durch die GRÜNEN-Abgeordneten Volker Beck und Manfred Bruns: Sie traten in der Öffentlichkeit vehement für die Einführung einer »Homo-Ehe« ein.

Die »Reformisten« der Homosexuellenbewegung (unter ihnen Volker Beck und Manfred Bruns) sahen sich mit der Forderung nach einer Öffnung der Ehe für Homosexuelle und der Einführung nach einer »kleinen Ehe« (die eine Gleichbehandlung nichtehelicher Lebensgemeinschaften gewährleisten sollte) dem Ziel der »Lebensformenpolitik« (Gleichberechtigung aller Lebensformen) näher. Nach Rimmele wird jedoch der

»Interpretationsrahmen (bzw. Interpretationsblickwinkel) von ›Gleichberechtigung‹… durch die ›Reformisten‹ erheblich verändert: Gleichstellung aller schwuler und lesbischer Lebensformen mit den heterosexuellen Paarbeziehungen in der Institution Ehe wird zwar weiter verbal gefordert…, thematisiert wird jedoch nur noch die Gleichberechtigung von homosexuellen und heterosexuellen Paarbeziehungen in einer Institution, die durch eine Öffnung der Ehe für Homosexuelle bzw. durch eine Einbeziehung von Schwulen und Lesben in eine zukünftige ›kleine Ehe‹ erreicht werden soll. Mit dieser Veränderung des Blickwinkels werden andere schwule und lesbische Lebensformen nicht mehr miteinbezogen. Lediglich mit Forderungen nach Abschaffung des Ehegattensplittings und einer Zusammenlegung von Sozialwohnungsberechtigungsscheinen auch für Wohngemeinschaften werden Diskriminierungen von anderen Lebensformen als der Paarbeziehung thematisiert… (ebd.: 59).

Rimmele, selbst ein Gegner der »Homo-Ehe«, befürchtet also, daß homosexuelle Lebensformen, die nicht paarbezogen sind, durch die Politik der »Reformisten« ausgegrenzt werden.

Zu den Gegnern der »Homo-Ehe« gehören ebenfalls Jutta Oesterle-Schwerin und Stefan Etgeton. Oesterle-Schwerin ist der Ansicht, daß Diskriminierungen durch einzelne Reformen abgeschafft werden sollten und nicht durch eine Öffnung der Ehe für Homosexuelle bzw. die Einführung der »kleinen Ehe«; durch die Ausweitung von Privilegien auf einen beschränkten Personenkreis werde ein falsches Zeichen gesetzt (Rimmele, ebd.: 60). Noch radikaler ist die Position von Stefan Etgeton: Er setzt der Forderung nach der »Homo-Ehe« seine Forderung nach der

»Bewahrung jener ›subversiven Sehnsucht‹ von Schwulen (entgegen): des ›Kindheitstraums‹ einer nicht normierten Sexualität. Diese ›individuellen Träume‹ hält er für allemal realer und politikfähiger als die ›realpolitische Resignation‹« (Rimmele, ebd.: 61).

Wie bereits erwähnt, führte die Diskussion um die »Homo-Ehe« zu einer Spaltung der Homosexuellenbewegung: Die Positionen der »Reformisten« standen den Ansichten der »Radikalen« (etwa Stefan Etgeton) und der Lesbenbewegung (vertreten z. B. durch Jutta Oesterle-Schwerin) konträr gegenüber. Wie Rimmele hervorhebt, lehnten jedoch nur die anti-institutionell orientierten Teile der Schwulenbewegung, die vorher schon die »Lebensformenpolitik« kritisch beurteilt hatten, jede Art von mit Registrierung verbundenen rechtlichen Regelungen von Paarbeziehungen generell ab – begründet wurde diese Ablehnung mit den negativen Erfahrungen, die Schwule mit »Rosa Listen« gemacht hatten (Rimmele, ebd.: 62).

Ähnliche Ziele wie der BVH vertrat und vertritt der »Schwulenverband in Deutschland (SVD), der sich am 18. Februar 1990 in Leipzig, also noch zur Zeit des Bestehens der DDR, konstituierte. Die Vereinigung der beiden deutschen Staaten hatte zur Folge, daß nun in der Bundesrepublik zwei Schwulenbewegungen existierten, die sich unter verschiedenen historischen Umständen entwickelt hatten. Wie die Geschichte der Schwulenbewegung in der DDR verlief, soll nun im einzelnen dargestellt werden.

Die NS-Fassung des § 175 wurde in der DDR als eindeutig nationalsozialistisch eingestuft und daher abgelehnt; Homosexuelle wurden aber weiterhin kriminalisiert. Der Berliner Philosoph Bert Thinius schreibt in seinem Aufsatz *Vom grauen Versteck ins bunte Ghetto. Ansichten zur Geschichte ostdeutscher Schwuler* (in: Kurt Starke: *Schwuler Osten. Homosexuelle Männer in der DDR*, 1994) dazu:

»Zwar hatten einige Länder sofort nach 1945 Gesetze erlassen, durch die der § 175 im wesentlichen wieder die vor 1935 gültige Fassung erhielt, zwar kam 1949 der zur Entscheidung angerufene Strafsenat des Obersten Gerichts zu der Auffassung, daß die §§ 175 und 175 a in der Formulierung von 1935 typisch nationalsozialistisch wären... Zwar wurde gerade die Androhung von Zuchthaus als Normalstrafe (§ 175 a) als ›typisch nationalsozialistisch‹ eingeschätzt und verurteilt, doch bestätigte man, daß der ›besondere Schutz der Jugend‹ durch höhere Strafen für ›qualifizierte Fälle‹ ein ›gesunder rechtspolitischer Gedanke‹ sei. So hatten Schwule in beiden Teilen Deutschlands nicht nur Grund zum Jubeln über den Aufbruch nach 1945. Was allen abstrakt drohte, ist vielen wirklich geschehen: Sie hatten den Faschismus überstanden, womöglich das KZ überlebt und wurden wieder als Verbrecher behandelt, in Gefängnisse geworfen« (Starke, 1994: 15).

Es läßt sich jedoch mit Recht behaupten, daß die Homophobie in der DDR etwas weniger ausgeprägt war als in der BRD, was sich zum Beispiel darin zeigte, daß seit 1957 die »einfache Homosexualität«, also die zwischen Erwachsenen, nur mehr selten bestraft wurde. Der entsprechende Paragraph wurde allerdings erst 1968 (ein Jahr früher als in der BRD) aus dem Strafgesetzbuch gestrichen. Bis zum Jahr 1988, in dem die strafrechtliche Sonderbehandlung Schwuler gänzlich aufgehoben wurde, galt der § 151, der den »besonderen Schutz der Jugend« gewährleisten sollte. Sein Wortlaut:

»Ein Erwachsener, der mit einem Jugendlichen gleichen Geschlechts sexuelle Handlungen vornimmt, wird mit Freiheitsstrafe bis zu drei Jahren oder mit Verurteilung auf Bewährung bestraft.«

Diese Regelung betraf – im Gegensatz zu der entsprechenden straf-rechtlichen Bestimmung der BRD – nicht nur männliche Homosexu-elle, sondern auch Lesben.

Wie in der BRD befürchtete man in der DDR, männliche Jugendliche könnten durch schwule Erwachsene zur Homosexualität verführt wer-den. Die Verführungstheorie wurde beispielsweise von W. Bretschnei-der in seinem »Aufklärungsbuch« *Sexuell aufklären – rechtzeitig und richtig* (1965) vertreten – überdies stellte der Autor auch einen Zu-sammenhang zwischen Kriminalität und Schwulsein her:

»Eine besondere Gefahr der Verführung Jugendlicher besteht durch sogenannte Homosexuelle... In manchen Fällen mag diese anormale Triebrichtung angeboren oder wenigstens anlagemäßig vorgebildet sein; weitaus wichtiger ist dabei jedoch das Beispiel, also die Ver-führung... Unter welch verderbliche Einflüsse Jugendliche kommen können, zeigt auch folgender Fall: In einer Kleinstadt des Landkreises Leipzig bildete sich vor nicht langer Zeit ein Freundeskreis von vier Ju-gendlichen im Alter von etwa 18 Jahren. Ihr größtes Interesse galt dem Sport; später aber kamen sie dazu, gegenseitig zu onanieren und in homosexuelle Beziehungen zu treten... Sie verübten einen gemein-samen Einbruch in eine Kirche, ohne daß sie etwa dabei die Absicht eines Diebstahls gehabt hätten. Dort benahmen sie sich in einer un-beschreiblichen Weise. Der Älteste der Gruppe war hier zweifellos der Verführer. Abnormales homosexuelles Verhalten und kriminelle Vergehen sind nicht selten miteinander verbunden« (ebd.: 69 f.).

Der Homosexuelle erschien in der DDR-Literatur jedoch nicht nur als Verführer und Krimineller; er trat auch als Bedrohung für die soziali-stische Ehe und Familie auf. Darüber hinaus wurde er als krank einge-stuft: »Echte« Homosexualität glaubte man durch eine Mißbildung der Keimdrüsen verursacht. Der »echte« Schwule war ein Fall für den Arzt, wohingegen der Junge oder Mann, der durch negative Umwelt-einflüsse bzw. Verführung auf schwules Terrain gelangt war, in den Kompetenzbereich des Psychotherapeuten oder Psychiaters fiel.

Einen wichtigen Anstoß dazu, sich zu organisieren und für ihre Emanzipation zu kämpfen, erhielten Lesben und Schwule durch die Fernsehausstrahlung des Praunheim/Dannecker-Films *Nicht der Homosexuelle ist pervers*. Was dieser Film bei den Homosexuellen in der DDR auslöste, berichtet eine der ersten Aktivistinnen der DDR-Schwulen- und Lesbenbewegung, Uschi Sillge:

»Auch Ostberliner Lesben und Schwule sahen ihn und fühlten sich... ermutigt, sich zu engagieren, zu organisieren... (1974) entstand die Homosexuelle Interessengemeinschaft Berlin (HIB). Die Gruppe wollte nach dem Vorbild der in der BRD wirkenden Bürgerinitiativen arbeiten. Doch das war zu diesem Zeitpunkt in der DDR unmöglich. Trotzdem wurden die Beteiligten in vielen Bereichen aktiv. Die Interessengemeinschaft richtete Eingaben an die Polizei, die Volkskammer und andere Institutionen. 1976 veranlaßte die URANIA, ein Forum zum Thema Homosexualität durchzuführen... Die FreundInnen trafen sich mehr oder weniger regelmäßig zu Diskussionen und Geselligkeiten im Keller des Gründerzeitmuseums bei Lothar Berfeldes in Berlin-Mahlsdorf... Die Interessengemeinschaft verstand sich als Wahlfamilie für Lesben und Schwule« (Sillge, 1991: 89 f.).

Es dauerte nicht lange, bis die Interessengemeinschaft aus dem Domizil, das sie bei Lothar Berfeldes alias Charlotte von Mahlsdorf gefunden hatte, vertrieben wurde: Als 1978 ein DDR-weites Lesbentreffen projektiert wurde, untersagte der Stadtrat für Kultur Charlotte von Mahlsdorf, weiterhin Veranstaltungen im Gründerzeitmuseum zu organisieren. Die Sicherheitsbehörden kamen zu dem Schluß, daß die HIB eine subversive Gruppe sei. Zahlreiche Mitglieder der Interessengemeinschaft hielten den auf sie ausgeübten Druck nicht aus, was dazu führte, daß die HIB zerfiel – lediglich eine Restgruppe um Uschi Sillge blieb bestehen.

Daß die HIB von den Behörden als staatsbedrohend eingestuft wurde, erstaunt angesichts der Machtstrukturen der DDR nicht: Gesellschaftliche Prozesse sollten ausschließlich von der Partei gelenkt werden; jegliche ungeplante, von Bürgern ausgehende Initiative wurde von vornherein als oppositionell betrachtet. Dazu kam, daß der Staat Homosexuelle als Sicherheitsrisiko und Infektionsherd für Geschlechtskrankheiten ansah. Für wie gefährlich Homosexuelle gehalten wurden, zeigt eine Dissertation, die im Auftrag des Berliner Magistrats im Jahr 1983 geschrieben wurde, eine Arbeit, welche die Vorurteile vieler Funktionäre gegenüber Homosexuellen widerspiegelt. Der Autor gelangt u. a. zu folgenden Ergebnissen:

»Die Gruppe der Homosexuellen…

- sind auf Grund ihrer vielen sexuellen Kontakte Hauptinfektions-
  quellen für Syphiliserkrankungen und anderer sexuell übertrag-
  barer Krankheiten,
- sind Personen, die sich oft von jungen Jahren an konspirativ
  gegenüber ihrer Umwelt verhalten…
- sind kriminell gefährdete Personen…
- strebt homosexuelle Kontakte zu Ausländern, besonders zu kapitalistischen Ländern, der BRD und Westberlin, an und versucht
  darüberhinaus (sic!) diese Kontakte zu persönlichen Vorteilen und
  einer evtl. Ausreise auszuweiten,
- ist in allen Bereichen unserer Gesellschaft tätig und ist auf Grund
  ihrer Kontaktfreudigkeit und dem Bestreben, bei jeder Gelegenheit neue Partner für sexuelle Manipulationen kennenzulernen,
  für den Klassengegner und seine Agentenzentralen besonders in-
  teressante Personen« (zit. n. Thinius, in: Starke, ebd.: 24 f.).

Um zu Informationen über die »subversive« Tätigkeit Homosexueller
zu gelangen, setzte man Schwule und Lesben als inoffizielle Mitarbeiter ein – jedoch nicht immer mit Erfolg, wie aus einem Interview hervorgeht, das Kurt Starke mit Eduard Stapel vom »Schwulenverband in
Deutschland« geführt hat. Stapel setzte sich innerhalb der Evangelischen Kirche für die Emanzipierung Homosexueller ein; Grund genug
für die Stasi, nicht nur seine Post zu kontrollieren, sondern auch etwas
ungewöhnlichere Observationsmethoden anzuwenden. Stapel erinnert sich:

»Sie haben mir sogar mal einen ziemlich hübschen Knaben ins Bett ge-
packt und dann das Pech gehabt, daß er sich in mich verguckte und alles auffliegen ließ. Manche finden das heute ›furchtbar‹. Ich fand das
alles auch irgendwie lustig. Allerdings nicht an der Stelle, wo man
Leuten zu schaffen gemacht hat« (Starke, ebd.: 101).

Homosexuelle nur einfach zu beobachten genügte dem Verfasser der
oben erwähnten Dissertation nicht; er forderte eine Registrierung und
Kontrollierung ihres Verhaltens sowie ihrer Kontakte zu Ausländern.
Allerdings scheint es so, daß diese Forderungen den Auftraggebern der
Dissertation nicht mehr auf der Höhe der Zeit erschienen; sie betrach-
teten sie als dem Sozialismus nicht entsprechend.

Anfang der 8oer Jahre änderte der Staat seine Strategie im Umgang mit Homosexuellen: So gab der Berliner Magistrat 1984 eine Studie in Auftrag, die wissenschaftliche Erkenntnisse zum »sozialismusgerechten« Umgang mit Schwulen und Lesben liefern sollte. Die Studie mit dem Titel *Zur Situation homophiler Bürger in der DDR (Analyse des Phänomens und Lösungsvorschläge)* sollte die SED davon überzeugen, daß eine Verbesserung der Lebenssituation Homosexueller nicht zuletzt in ihrem eigenen Interesse liege; insbesondere in ihrem ökonomischen Interesse:

»Die Gestaltung des entwickelten Sozialismus, die Festigung der sozialistischen Friedensordnung und die Beherrschung der umfassend intensiv erweiterten Reproduktion erfordern die Ausschöpfung der Leistungsfähigkeit aller Bürger, ihr volles Engagement und ihre unbeschwerte Identifikation mit der sozialistischen Gesellschaft. Für unsere Gesellschaft ist es daher von größter Bedeutung, mit den Besonderheiten und Lebensbedingungen spezifischer Gruppen so umzugehen, daß keine Hemmnisse für die soziale Integration und Lebensaktivität dieser Bürger entstehen. Das betrifft auch die Gruppe homophiler Bürger (=Homosexuelle). Diese sollen sich wie alle Bürger im Sozialismus objektiv und subjektiv wohlfühlen« (zit. n. Starke, ebd.: 26 f.).

Das Bedeutendste an der von der »Interdisziplinären Arbeitsgruppe Homosexualität« erarbeiteten Studie war ein Forderungskatalog zur Verbesserung der Situation Homosexueller – der jedoch für Schwule und Lesben auch wieder negative Folgen hatte, da er, wie Bert Thinius ihn bezeichnet, als »Integrationsprogramm von oben« einen tatsächlich gleichberechtigten Austausch mit in eigener Regie politisch arbeitenden Homosexuellen so gut wie nicht vorsah.

Nahm die »Interdisziplinäre Arbeitsgruppe Homosexualität« zwar durchaus kritisch Stellung zu gesellschaftspolitischen Zuständen in der DDR, so war sie doch grundsätzlich mit dem System einverstanden. Einerseits glaubte die Arbeitsgruppe daran, daß eine Benachteiligung von Homosexuellen negative Auswirkungen auf die Entwicklung des Sozialismus habe, andererseits war sie der Überzeugung, daß sich Homosexuelle nur dann wirklich entfalten könnten, wenn sie sich in den gesamtgesellschaftlichen Prozeß integrieren würden. Diese beiden Positionen steckten den Rahmen ab, innerhalb dessen Kritik an den gesellschaftlichen Verhältnissen geübt wurde.

Bemerkenswert an dem Forschungskonzept der Arbeitsgruppe ist, daß es die Polarisierung Homosexualität – Heterosexualität ablehnt; die konkrete sexuelle Ausrichtung des Individuums liege zwischen diesen beiden Extrempunkten. Verabsolutierungen sowohl der Hetero- als auch der Homosexualität erteilt die Arbeitsgruppe eine deutliche Absage:

»Die Verabsolutierung der Heterosexualität bei der Mehrheit hat die Verabsolutierung der Homosexualität bei einer Minderheit zur Folge. Konzeptionen, die allein auf Integration einer besonderen Minderheit in der Gesellschaft zielen, sind deshalb perspektivisch nicht tragfähig. Gesellschaftlich geht es primär um die Integration der Homosexualität in die menschliche Sexualität überhaupt. Dabei ist die soziale Integration der Homosexuellen ein Teilaspekt. Die vollständige Integration der Homosexualität in die menschliche Sexualität, die Aufhebung der Polarisierung der Sexualitätsformen, ist die Aufhebung der Homosexuellen als besonderer, ›anders gearteter‹ Menschengruppe. Die gesellschaftliche Anerkennung der Homosexuellen als Subjekte und als Gleiche ist der Beginn dieses Prozesses« (zit. n. Starke, ebd.: 31).

Die Arbeit der »Interdisziplinären Arbeitsgruppe Homosexualität« stellt einen Versuch dar, Homosexuelle »von oben« in die Gesellschaft miteinzubeziehen. Es gab aber auch andere Integrationsbemühungen, und zwar von Schwulen in der Kirche und homosexuellen Bürgern – Integrationsbemühungen also »von unten«.

1982 gründeten Schwule die »Arbeitsgruppe Homosexualität« in der evangelischen Studentengemeinde in Leipzig; ein Jahr später folgte die Gruppe »Schwule in der Kirche« (Berlin). Die Kirchenleitung der Landeskirche Sachsens reagierte auf die Organisierung Schwuler in der Kirche in der Weise, daß sie ein Informationsdefizit zum Thema Homosexualität eingestand; um dieses abzubauen, erbat sie von der Theologischen Studienabteilung beim Bund evangelischer Kirchen in der DDR eine Orientierungshilfe, die Manfred Punge im Mai 1984 in Form einer Studie mit dem Titel *Homosexuelle in der Kirche?* vorlegte. Punges Arbeit bricht mit den bislang gültigen Beurteilungen der Homosexualität. Im Vorwort der Studie heißt es:

»Die Studie... nimmt Partei für die homosexuelle Minderheit und tritt dafür ein, die unheilvolle Geschichte der Verurteilung und Verfolgung der Homosexuellen nicht fortzuschreiben... Dahinter steht eine Sachentscheidung, die aus der theoretischen Beschäftigung mit dem Thema resultiert. Den letzten Ausschlag aber gaben Menschen mit ihren ganz persönlichen Schicksalen, homosexuelle Frauen und Männer, die ich durch die Mitarbeit im ›Gesprächskreis Homosexualität‹ in Berlin kennengelernt habe« (zit. n. Starke, ebd.: 32).

Manfred Punge setzte sich für eine völlige Gleichberechtigung homosexueller Gemeindemitglieder und Kirchenmitarbeiter ein; seine Ansichten stießen in der evangelischen Kirche jedoch auf Widerstand. Die Einstellung, die in der Kirche gegenüber Schwulen und Lesben damals noch vorherrschte, dokumentiert ein im März 1985 in der zentralen Kirchenzeitung erschienener Artikel. Der Verfasser hält Homosexuelle für »subjektiv schuldlos«; objektiv hingegen befänden sie sich in »schuldhafter Verstrickung«, sie litten an einem Unvermögen, das sie daran hindere, so zu sein, »wie der Mensch normalerweise und seiner Bestimmung gemäß sein soll«. Homosexuelle seien leidende, bedrängte, hilfsbedürftige Menschen, doch könne die ihnen von kirchlicher Seite gewährte Hilfe nicht darin bestehen, daß die Kirche

»als organisatorische Basis für eine militant-missionarische Minderheitsideologie dient, wie es sich bei den bisherigen Veranstaltungen und Gruppenbildungen oft gezeigt hat. Die Kirche wird sich hüten müssen, zum Ausgangspunkt homosexueller Organisation, Agitation und gar einer ›Bewegung‹ zu werden« (zit. n. Starke, ebd.: 33).

Die innerhalb der Kirche aktiven Schwulen ließen sich jedoch von den ihnen entgegengesetzten Widerständen keineswegs abschrecken – ihr Auftreten war ausgesprochen selbstbewußt: Sie baten nicht um Gleichberechtigung, sondern forderten ihr Recht darauf ein – als Teil der sozialistischen Gesellschaft, die sie grundsätzlich bejahten. Ihre Arbeit, die mit derjenigen der Friedensinitiativen abgestimmt war, verstanden sie nicht zuletzt als Friedensarbeit.

Die Öffentlichkeit über schwulenfeindliches Verhalten zu informieren – darin sahen die Schwulen in der Kirche einen wesentlichen Bestandteil ihrer Tätigkeit. Ein Beispiel sei hier angeführt: In »Schwule

in der Kirche, Info-Brief 2« (1986) wird folgender Fall von Antihomosexualität berichtet:

»Berlin, Marx-Engels-Forum. Zeit: 20. März 1986, gegen 19.00 Uhr.
Auf dem Nachhauseweg kommen mir einige jüngere Leute entgegen. Einer erkennt mein Schwulenzeichen (unser doppeltes Männer-
signum) am Mantelaufschlag und ruft seinen Begleitern zu: ›Da, ein
Homo!‹ Nun beginnen verschiedene Wortspiele, die in dem Satz gipfeln: ›Das gehört in die Mülltonne!‹ Eine Geschichte, die so oder ähnlich fast jeder Schwule kennt. Am meisten erschütterte mich, daß sie
sich dabei im Recht wähnten: ›Den müßte man aufs Revier schaffen!‹
war eine Äußerung. Was mich noch mehr beunruhigt, war die Reaktion der Passanten. Sie reichte von verschämtem Wegsehen bis zu unverhohlen schadenfroher Zustimmung. Ich frage: Woher kommt diese
latente Bereitschaft zum antihomosexuellen Pogrom bei einigen Bürgern? Ich frage weiter: Wie hätte eine VP-Streife reagiert, die ich mit
dieser Situation konfrontiert hätte, um Anzeige wegen Beleidigung zu
erstatten?«
Charakteristisch für die in der Kirche aktiven Schwulen war eine kritische Einstellung zum Patriarchat, die sie von Anfang an einnahmen.
Dies schien einer Zusammenarbeit mit der Frauenbewegung entge-
genzukommen, doch kam es zu keiner dauerhaften Kooperation: Die
Frauen mußten feststellen, daß männliche Dominanz auch von
Schwulen nicht in Frage gestellt wurde. Die Folge davon war, daß keine
einheitliche Homosexuellenbewegung zustande kam; nach der Wende
engagierten sich die Lesben im Unabhängigen Frauenverband, während die homosexuellen Männer den Schwulenverband gründeten.
   Versuche, Homosexuelle »von unten« in die Gesellschaft zu integrieren, kamen auch von homosexuellen Initiativen außerhalb der Kirche. Die schon erwähnte Lesbe Uschi Sillge spielte hier eine besonders
wichtige Rolle: Eine vom HIB übriggebliebene Restgruppe um Uschi
Sillge gründete 1987 den Berliner Sonntags-Club. Seine Aufgaben und
Intentionen definierte der Club so:

»Die Arbeit des Clubs ist auf die Entwicklung eines kulturvollen sozialistischen Gemeinschaftslebens gerichtet und trägt zur Herausbildung
der sozialistischen Lebensweise bei. Als Begegnungsstätte besonders
für homosexuelle Bürger reagiert er auf die Bedürfnisse dieser Män-

ner und Frauen nach sozialem Kontakt, Geselligkeit, nach Informationen und Kommunikation über den Sachverhalt Homosexualität und trägt damit zur eigenen Identifikation der Betroffenen, zur Partnerfindung und Partnerschaftsstabilisierung bei. Homo- wie heterosexuelle Bürger sollen durch bewußte Begegnung miteinander Toleranz und Akzeptanz lernen, um mit der Homosexualität richtig umgehen zu können« (zit. n. Starke, ebd.: 37).

Nach jahrelangem Kampf mit den Behörden war es endlich möglich geworden: Die Organisierung zu einem Club wurde genehmigt, die Voraussetzung dafür, daß man sich in öffentlichen Räumen treffen durfte. Auch in Leipzig, wo Schwule und Lesben ebenfalls einen »Sonntags-Club« gründen wollten, hatten es die Homosexuellen mit den DDR-Behörden nicht leicht; dank der Initiative der »Interdisziplinären Arbeitsgruppe Homosexualität«, die sich an den Ersten Sekretär des Zentralrates der FDJ wandte, wurde die Einrichtung eines Leipziger Sonntag-Clubs schließlich doch von oben abgesegnet. Sicherlich nicht zuletzt aufgrund der diplomatischen Argumentation der Arbeitsgruppe, in der explizit hervorgehoben wurde, daß ein derartiger Club

»in schon vorhandene staatliche und gesellschaftliche Strukturen voll einzuordnen (sei). Damit soll eine politische Verselbständigung ausgeschlossen, eine relative Selbständigkeit, die die besonderen Interessen homosexueller Bürger betrifft, aber gesichert werden« (Brief an den Ersten Sekretär des Zentralrates der FDJ v. 30.6.1988).

Der Zentralrat ordnete nicht nur die Genehmigung des Leipziger Sonntags-Clubs (der später in »Rosalinde« umgetauft wurde) an; er bestimmte darüber hinaus, daß die Jugendclubs der DDR monatlich einmal eine Veranstaltung zum Thema Homosexualität abzuhalten hätten – sicherlich nicht aus Homosexuellenfreundlichkeit heraus, sondern weil man begriff, daß eine Integration Homosexueller in die sozialistische Gesellschaft notwendig und überdies die Tätigkeit von Homo-Gruppen innerhalb der FDJ leichter zu kontrollieren sei als im Rahmen kirchlicher Organisationsformen.

Es wurden also außerkirchliche Homosexuellenorganisationen erlaubt und auch von Parteimitgliedern gegründet, wie etwa die Berliner

»Courage« (eine Abspaltung des Berliner Sonntags-Clubs). Thomas Grossmann hebt richtig hervor, daß sich

»das Verhältnis dieser neuen, staatlich abgesegneten Gruppen und der alten ›freien‹ bzw. kirchlichen Gruppen manchmal recht unfreundlich (gestaltete). Die Gründung von ›Courage‹ z. B. ging einher mit heftigen politischen Angriffen gegen die Mit-Gründerin des Sonntags-Clubs, Uschi Sillge. Bei den Weltjugendfestspielen war es natürlich auch wieder die ›Courage‹, deren Stand exzellent plaziert war. Und beim Treffen der ILGA (International Lesbian and Gay Association) 1989 in Wien beantragten vier Mitglieder der Gruppe ohne Wissen der anderen DDR-Gruppen stellvertretend die Mitgliedschaft in der Organisation« (Grossmann, ebd.: 148 f.).

In den 80er Jahren fanden zwei wichtige Tagungen zum Thema Homosexualität statt: 1985 in Leipzig und 1988 in Karl-Marx-Stadt. Die Themenstellung der ersten Veranstaltung, die von etablierten Organisationen initiiert wurde, lautete: »Psychosoziale Aspekte der Homosexualität«. Auf der Tagung wurde die Notwendigkeit betont, Schwule und Lesben in die Gesellschaft zu integrieren, ihre Emanzipation voranzutreiben. Dazu Bert Thinius:

»Der zentrale Satz dieser Tagung, mit dem das Umdenken und praktische Handeln in der ganzen Gesellschaft vorangetrieben werden sollte, lautete schließlich: ›Es gibt keine humane Alternative zur vollen Anerkennung Homosexueller als gleichwertige und gleichberechtigte Bürger, zur Respektierung ihre sexueller Orientierung und der daraus resultierenden Formen ihrer Partnerschaften‹« (Starke, ebd.: 50).

Wie weit es mittlerweile mit dem Umdenken in der Gesellschaft in puncto Homosexualität her sei, analysierte man auf der zweiten Tagung 1988. Das Ergebnis war positiv: In den letzten Jahren waren neue Arbeitsgruppen und Clubs entstanden, die Medien hatten das Thema Homosexualität auf liberale Weise aufgegriffen. Zum Beispiel das Fernsehen: Im Herbst 1987 wurde in dem Gesundheitsmagazin »Visite« ein Beitrag ausgestrahlt, dessen Anliegen es war,

»den Zuschauern ›Wissen über Homosexualität zu vermitteln, Voreingenommenheiten abzubauen und die Basis zu verbreitern für ein unverkrampftes, rationales Umgehen mit unseren homosexuellen Mitmenschen‹. Im Verlauf der Sendung wurde beklagt, daß ›die jahrhundertelange Diffamierung von Homosexuellen dazu geführt hat, daß eine gesellschaftlich abzulehnende Haltung gegen diese Menschen zum Teil noch heute vorherrscht‹ und ›neuere Erkenntnisse über Homosexualität sich nur langsam durchsetzen gegen Voreingenommenheit und Intoleranz‹. Vor allem aber auf die soziale Entmystifizierung der Homosexualität wurde dabei besonderer Wert gelegt. ›Homosexuelle Männer und Frauen‹, so der Moderator, ›stammen aus allen Schichten der Bevölkerung, sie haben die gleichen Fähigkeiten und Qualifikationen wie andere auch und sind in allen Berufen tätig, teils sogar in leitenden Positionen, und sie leisten wichtige Beiträge zum gesellschaftlichen Fortschritt‹‹ (Stümke, ebd.: 168).

In der Fernsehsendung wurde die Verführungstheorie in Frage gestellt, und zwar auf sehr originelle Weise. Wenn es tatsächlich eine Verführung geben sollte, so die Argumentation, dann würden

»Jugendliche viel eher und intensiver durch Literatur, Film und Fernsehen, durch Elternhaus und die soziale Umwelt zur Liebe zum *anderen* Geschlecht verführt werden. Nach dieser Interpretation der Verführungstheorie dürfte es also überhaupt keine Homosexuellen geben« (zit. n. Stümke, ebd.: 169).

Der Beitrag von »Visite« richtete an die Eltern von homosexuellen Kindern den Appell, ihnen bei der Überwindung von im Zusammenhang mit ihrer Sexualität entstehenden Problemen zu helfen; betont wurde, daß homosexuelles Handeln kein Ersatzhandeln sei, sondern eine natürliche Form der Sexualität.

Ein Umdenken in der DDR hatte also stattgefunden, und von ganz besonderer Bedeutung war, daß für den § 151 das letzte Stündlein bald schlagen sollte. Im März 1987 fand beim 3. Strafsenat des Obersten Gerichts eine Anhörung statt, in der Sexualwissenschaftler ihre Theorien zur Homosexualität darlegten.

Im Protokoll wurde festgehalten, daß die unterschiedliche Regelung im Strafgesetzbuch hinsichtlich homo- und heterosexueller Handlungen von Erwachsenen mit Jugendlichen nicht gerechtfertigt sei.

Das Ende des § 151 kam nun sehr schnell:

Das Oberste Gericht fällte im August 1987 ein Grundsatzurteil, das die Bewährungsstrafe gegen einen einunddreißigjährigen Mann, der sexuell mit einem 17jährigen verkehrt hatte, aufhob. Ein gutes Jahr später, am 14. Dezember 1988, beschloß die Volkskammer der DDR die ersatzlose Streichung des Paragraphen, und zwar einstimmig und ohne vorherige Diskussion – es gab in der DDR somit kein Sondergesetz mehr für Homosexuelle. Homosexuelle und heterosexuelle Erwachsene wurden jetzt sexualstrafrechtlich gleichbehandelt: Der § 149 StGB sah für jeden Erwachsenen, gleich ob homo- oder heterosexuell, Strafe vor, wenn er / sie sexuelle Beziehungen mit einem / einer Jugendlichen unter sechzehn Jahren unterhielt.

Auch nach der Wiedervereinigung im Oktober 1990 galt in Ost und West unterschiedliches Sexualrecht – bis zum 10. März 1994. Der Bundestag beschloß die Abschaffung des § 175, nicht zuletzt deshalb, um eine Vereinheitlichung des Rechts in West- und Ostdeutschland herbeizuführen. Verbunden mit der Abschaffung des § 175 war die Einführung des § 182, der Jugendliche unter sechzehn Jahren – unabhängig vom Geschlecht – vor sexuellem Mißbrauch schützen soll. Unter Strafe stellt der Paragraph jene Fälle, in denen der ältere Partner die Unfähigkeit zu sexueller Selbstbestimmung des Mädchens oder Jungen ausnützt.

Mehr als 120 Jahre hatte es also gedauert, bis der schwulendiskriminierende § 175 aus dem Strafgesetzbuch getilgt wurde. Zweifellos stellte die Abschaffung des § 175 einen wichtigen Schritt für die Emanzipierung Homosexueller dar; die mit dieser Streichung verbundene Einführung des § 182 stieß jedoch bei Interessenvertretungen der Schwulen, Bündnis 90 / DIE GRÜNEN und der PDS / Linke Liste auf scharfe Kritik, die damit begründet wurde, daß der § 182 gegen das sexuelle Selbstbestimmungsrecht der Jugendlichen verstoßen würde, denn auch Vierzehn- und Fünfzehnjährige hätten Anspruch darauf, sich mit Älteren sexuell auszuleben. Gegen diese Auffassung polemisierte der CDU / CSU-Abgeordnete Eylmann vor dem Deutschen Bundestag:

»wenn homo- und heterosexuelle erwachsene Männer sexuelle Kontakte mit 14jährigen Jungen und Mädchen haben wollen, dann wollen sich in aller Regel nicht diese, die Jungen und Mädchen, sexuell ausleben, sondern die älteren Herrschaften. Die Heuchelei, in diesem Zusammenhang das Interesse der kaum dem Kindesalter entwachsenen Jugendlichen auf ungehinderte Betätigung ihrer Sexualität in den Vordergrund zu schieben, ist in ihrer Unverfrorenheit kaum zu überbieten« (zit. n. Starke, ebd.: 64).

Angesichts dieser Ausführungen drängt sich freilich die Frage auf, woher Eylmann so gut über die sexuellen Bedürfnisse von Vierzehn- und Fünfzehnjährigen Bescheid zu wissen glaubt; hier gibt jemand vor, die Interessen einer Personengruppe zu kennen, der in der Diskussion über diesen Paragraphen keinerlei Möglichkeit eingeräumt wurde, selbst ihre Bedürfnisse und Wünsche zu artikulieren.

Ein Abriß der Geschichte der Homosexualität in der DDR wäre unvollständig, würde die Theorie des berühmten DDR-Homosexualitätsforschers Günter Dörner unerwähnt bleiben. Dörner nimmt an, daß Homosexualität im wesentlichen biologische Ursachen habe: Das Gehirn bei Schwulen sei wenigstens teilweise weiblich differenziert. Schwulsein sei eine vorgeburtliche neuroendokrine Störung, die durch eine Hormonanalyse während der Schwangerschaft rechtzeitig festgestellt werden könne. Um diese Störung zu beseitigen, empfiehlt Dörner eine Hormonbehandlung streßgefährdeter schwangerer Frauen, da deren Kinder besonders von Homosexualität »bedroht« seien.

Dörners Homosexualitätsforschung wurde von der Wissenschaft unterschiedlich bewertet: Bert Thinius etwa hält Günter Dörner einerseits zugute, daß er seine Theorie wohl im Glauben entwickelt habe, damit zur Entkriminalisierung Homosexueller beizutragen, da schwule Handlungen aufgrund ihrer »natürlichen« Ursprünge keine Verbrechen sein könnten. Andererseits müsse er sich fragen lassen,

»ob er die inhumanen Implikationen seiner Theorie wirklich nicht wahrnimmt. Noch 1986 bezog er sich positiv auf persönlichkeitszerstörende Eingriffe im menschlichen Gehirn, um seine Befunde zu stützen. Er selbst hatte nur mit Ratten experimentiert und ihre vorher ›induzierte Homosexualität‹ durch ›elektrolytische Läsion‹ des Sexualzentrums im Gehirn zurückgebildet. Nun schrieb er, daß andere Mediziner ›entsprechende Effekte bei pädophilen Männern durch stereotaktische Eingriffe im gleichen Hypothalamusgebiet‹ erzielt hätten« (Starke, ebd.: 53).

Kein gutes Haar läßt Martin Dannecker an Dörners Überzeugung: In seinem Vortrag zu »Ursachen der Homosexualität«, den Dannecker auf dem 6. Frankfurter Fortbildungskurs für Sexualmedizin (24.–26. 2. 1982) gehalten hat, unterzieht er Dörners Theorie einer massiven Kritik, die eingebettet ist in generelles Infragestellen der Ursachenforschung in puncto Homosexualität. Auf Danneckers Vortrag sei hier eingegangen, da sich in ihm die grundsätzlich ablehnende Haltung vieler Schwuler gegenüber der Ursachenforschung als Teil der gegen sie gerichteten Repression und Ausdruck ihres Nichtakzeptiertwerdens widerspiegelt. Martin Dannecker schreibt:

»Nur dem naiven Beobachter erscheint die Forschung nach den Ursachen der Homosexualität als eine wissenschaftliche Beschäftigung wie andere auch. Bringt man sie indes in Zusammenhang mit dem herrschenden Mißtrauen gegenüber der Homosexualität, von dem die Ätiologieforschung einerseits befruchtet wird und das sie andererseits bestätigt, verliert die Suche nach den Ursachen der Homosexualität ihre Unschuld... Sie selbst ist Ausdruck der kollektiven Verzauberung durch das homosexuelle Vorurteil. Solange die Homosexualität als unerwünscht oder gar als pathologisch angesehen wird, wird nach ihren Ursachen geforscht werden. Die Ätiologieforschung befindet sich in weitgehender Übereinstimmung mit dem kruden Alltagsverständnis, dem die Homosexualität als ein Phänomen gilt, das in der Spanne zwischen monströs und gefährlich angesiedelt ist« (Dannecker, 1987: 52).

Bezüglich der Theorie von Dörner stellt Dannecker richtig fest, daß seine Forschungen nichts tatsächlich Neues gebracht hätten, da Sexualwissenschaftler immer wieder von einer krankhaften biologischen Basis der Homosexualität ausgegangen wären. Doch läge der

»zynische Fortschritt in den Vorstellungen von Dörner darin, daß er an die Wurzeln zu gehen verspricht. Auch wenn die bisher bekannten Therapien der Homosexualität häufig offen mit der Antihomosexualität im Bunde standen, so waren sie doch vergleichsweise harmlos... Gemessen an den bisherigen therapeutischen Angeboten ist das von

Dörner vorgelegte Versprechen deshalb so perfide, weil es der Homo-sexualität schon im Mutterleib… den Kampf ansagt« (ebd.: 53).

Wie gestaltete sich das Verhältnis zwischen ost- und westdeutschen Schwulen(gruppen)? Zu einem schwulen Ost-West-Treffen kam es im November 1989 im »Waldschlößchen« bei Göttingen. Die Hoffnung einiger Aktivisten, daß aus diesem Treffen eine neue politische Bewe-gung entstehen könnte, erfüllte sich nicht, was Bert Thinius damit er-klärt, daß die Mehrzahl der Schwulen aus dem Osten noch nicht »so-weit« war, ihren Anliegen eine eigene politische Form zu geben.

Der Wille zum politischen Handeln setzte sich jedoch schon bald durch: Auf dem III. Workshop »Psychosoziale Aspekte der Homose-xualität« im Februar 1990, auf dem beinahe sämtliche Schwulen- und Lesbengruppen der DDR vertreten waren, wurde die Notwendigkeit hervorgehoben, Kommunikationsformen zu schaffen, die eine ad-äquate Formulierung der eigenen Interessen ermöglichen sollten; überdies forderte man Organisationsstrukturen, mit deren Hilfe diese Interessen auch effizient in soziale Kontexte eingebracht und verwirk-licht werden könnten. Des weiteren setzte man sich dafür ein, endlich das Thema Antihomosexualität ins Blickfeld zu rücken.

Die ebenfalls im Februar 1990 erfolgte Gründung des Schwulenver-bandes in Deutschland (ursprünglich hieß er »Schwulenverband der DDR«) wurde bereits erwähnt, ebenso die weitgehende Übereinstim-mung in den Zielen dieses Verbandes mit denjenigen des westdeut-schen Bundesverbandes Homosexualität (BVH). Trotz dieser Überein-stimmungen muß festgestellt werden daß beide Organisationen nach wie vor nicht kooperieren, was ihren ohnehin geringen politischen Einfluß nicht eben vergrößert.

Das Verhältnis zwischen ost- und westdeutschen Schwulen gestal-tete sich von Anfang an mitunter als sehr schwierig: Zum einen lag das an verschiedenen politischen Vorstellungen und Machtkämpfen inner-halb der Bewegung, zum anderen an der Differenz zwischen den schwulen Lebensstilen in Ost- und Westdeutschland und den daraus resultierenden Kommunikationsproblemen. Wie in anderen Lebens-bereichen auch, fühlen sich die »Ossis« von den »Wessis« in der schwulenpolitischen Arbeit über den Tisch gezogen. So stellt z. B. Eduard Stapel vom SVD fest:

»Ossis haben fast keine Stimme mehr im Verband. Unter neun Sprechern sind vier Ossis, und die werden regelmäßig überstimmt, wenn sie anderer Meinung sind. Jetzt ist Demokratie, und da sind wir Ossis eben in der Minderheit. Was mich aber besonders ärgert, ist, daß wir nur noch Lobbyarbeit machen, wenn auch ziemlich gute... nur: Wir arbeiten nicht mehr mit den Leuten. So werden wir irgendwann eine Bürgerrechtsbewegung ohne Bürger sein, weil wir uns nicht um unsere Mitglieder kümmern (Starke, ebd.: 98 f.).

Was die Unterschiedlichkeit der schwulen Lebensweisen in West- und Ostdeutschland betrifft, ist vor allem die Existenz bzw. Nicht-Existenz einer Schwulenszene hervorzuheben: Eine mit der im Westen vergleichbare, öffentlich gegenwärtige Szene gab es in der DDR nicht, was von ostdeutschen Schwulenaktivisten durchaus positiv bewertet wurde. Dazu wiederum Eduard Stapel:

»Wir haben mindestens kein Getto aufgebaut. Darum wende ich mich ja auch gegen diese Art von Subkultur, die wir nun aus dem Westen bekommen, denn das ist nichts weiter als ein Verschwinden im Getto. Wo man sich vollpumpt mit lauter Musik und anonymen, unverbindlichem Sex. Dagegen unser Arbeitskreiskonzept. Ich war immer heilfroh, daß wir dieses Ablenkungsmanöver ›Szene‹ hier nicht hatten« (ebd.: 106).

Wie Praunheim und Dannecker in ihrem Film *Nicht der Homosexuelle ist pervers* die Überzeugung vertraten, die Subkultur verhindere wirkliche Emanzipation, da sie schizophrenes Verhalten fördere (sich nach außen als »Hetero« anpassen vs. sich als Schwuler »austoben« im Innenraum der Subkultur), geht auch Stapel davon aus, daß sich die Subkultur zu Emanzipationsbestrebungen kontraproduktiv verhält:

»Die Szeneschwulen grenzen sich selber aus. Ich erlebe das ja nun unmittelbar im Vergleich dessen, was ich zu DDR-Zeiten gemacht habe, mit dem, was jetzt aus dem Westen kommt. Wir haben damals versucht, die Leute zur Integration zu bewegen, also über die Gruppe, über das Einwirken auf die Gesellschaft. Heute macht eine Schwulendisco auf, und die Leute spielen tagsüber wieder ihren Hetero und versinken nachts in den Discos. Dieses Doppelleben wird wieder richtig gefestigt. Schluß mit Integration und mit allem, sogar mit Emanzipation. Na gut, man könnte vielleicht noch sagen, sie emanzipieren sich wenigstens für ihren engsten Kreis, für ein paar Stunden in der Nacht. Aber das ist keine Emanzipation, wie ich sie mir vorstelle. Darum lehne ich das so stark ab« (ebd.: 106).

Der Kritik der »Ossis« am anonymen, unverbindlichen Sex der »Wessis« steht deren Kritik an der (angeblichen) Ausrichtung der Ostdeutschen auf monogame, feste Beziehungen entgegen. Sie äußert sich etwa in der ironischen Formulierung »Ossis wollen Händchen halten«, die von Szeneschwulen geprägt wurde. Sicherlich wurde das Verhältnis zwischen schwulen »Ossis« und »Wessis« auch durch einen unterschiedlichen Sprachgebrauch erschwert. Ein Beispiel: »Auf-den-Strich-Gehen« konnte im Sprachgebrauch schwuler DDR-Bürger bedeuten, in einen Park zu gehen, dort jemanden kennenzulernen und Sex mit ihm zu haben – ohne daß Geld dabei mit im Spiel gewesen wäre. Im Westen dagegen meint das Wort »Strich« keinen Ort, sondern das Geschäft »Sex gegen Geld«.

Ein wichtiger Punkt, in dem der SVD und der BVH voneinander abweichen, ist die »Homo-Ehe«. Während der SVD für eine Öffnung der Ehe für Schwule und Lesben eintrat, plädiert der BVH mehrheitlich für eine gesetzliche Regelung für nichteheliche Lebensgemeinschaften.

Ab dem Jahr 1991 stieß der SVD mit seiner Forderung nach der »Homo-Ehe« auf zunehmende Resonanz bei Schwulen, wofür gewiß auch die »Aktion Standesamt« verantwortlich war. Diese Aktion – unterstützt vom SVD und der SCHWIPS (»Schwule Initiative gegen den Paragraphensumpf«) – fand am 19. August 1992 im gesamten Bundesgebiet statt: Ein Massenaufgebot auf Standesämtern wurde durchgeführt; etwa 250 lesbische und schwule Paare beteiligten sich daran. Freilich: Kein Beamter wollte die Aufgebote entgegennehmen. Ziel dieser Aktion war, die Aufmerksamkeit der Massenmedien zu erregen, und dieses Ziel wurde, wie gleich gezeigt werden soll, zur vollen Zufriedenheit der Organisatoren erreicht. Es stellt sich nun die Frage, aus welchen Gründen immer mehr Schwule den Hafen der Ehe ansteuerten und dies auch heute noch tun. Die Erklärungen, die Harald Rimmele dafür liefert, scheinen recht plausibel zu sein:

»Die Karriere der ›Homo-Ehe‹ als Forderung von Teilen der Schwulenbewegung dürfte zum einen in der großen Bereitschaft der Medien begründet sein, sich diesem Thema zuzuwenden, und zum anderen in den veränderten soziostrukturellen Bedingungen, die sich seit den 80er Jahren zum Teil infolge von AIDS finden: längere Partnerschaften, das Bedürfnis, sich der Bedrohung durch AIDS in einer monogamen Beziehung zu entziehen, der Rückzug ins Private« (Rimmele, ebd.: 71).

Über ein mangelndes Interesse der Medien an der »Homo-Ehe« konnten und können sich die Befürworter gleichgeschlechtlicher Ehen tatsächlich nicht beklagen: Mehr als ein Jahr vor der »Aktion Standesamt« wurde die »Homo-Ehe« von zwei Fersehsendungen thematisiert:

»Am 1. März 1991 sendet die Reihe ›Gott und die Welt‹ eine Folge mit dem Titel ›Die Braut heißt Uwe‹, in der konfessionelle und zivilrechtliche Aspekte der Ehe zur Sprache kommen. Am 17. April folgt ›Pro & Contra‹ zum Thema ›Homosexuellen-Ehe?‹, nachdem sich die ZuschauerInnen zweimal für dieses Thema entschieden haben. In beiden Sendungen wird auf die Einführung der registrierten Partnerschaft in Dänemark verwiesen (im Jahr 1989; durch die registrierte Partnerschaft sind für schwule und lesbische Paare die rechtlichen Bestimmungen der dänischen Ehegesetzgebung mit Ausnahme der mit Kindern zusammenhängenden Regelungen gültig; H. B.)« (Rimmele, ebd.: 120).

Am Ende dieser »Pro & Contra«-Sendung sprach sich knapp mehr als die Hälfte der Zuschauer gegen eine »Homo-Ehe« aus – was sich vier Jahre später in einer weiteren Sendung zu diesem Thema allerdings änderte. Am 2. Juni 1995 lud die »Pro & Contra«-Redaktion den niedersächsischen Sozialminister Walter Hiller (SPD) und den rechtspolitischen Sprecher von Bündnis 90/DIE GRÜNEN als Befürworter der Homo-Ehe ein; die »Contra«-Seite wurde von dem Moraltheologen Eberhard Schockenhoff sowie Norbert Geis, dem rechtspolitischen Sprecher der CDU/CSU-Fraktion, vertreten. Weder Schockenhoff und Geis noch der »Contra«-Anwältin Christine Wagemann gelang es, die Zuschauer von ihrer zu Beginn der Sendung geäußerten Bejahung einer »Homo-Ehe« abzubringen – vielmehr affirmierten bei der

Schlußabstimmung mehr Zuschauer gleichgeschlechtliche Ehen als bei der anfänglichen Abstimmung, was wohl auch mit der engagierten Argumentation der »Pro«-Anwältin Wibke Bruhns zusammenhängen mochte. Die Schlußplädoyers beider Anwältinnen seien an dieser Stelle wiedergegeben. Zunächst Christine Wagemann:

»das Abendland ist ja nun weiß Gott nicht bedroht, wenn Schwule und Lesben mehr Rechte für ihre Partnerschaft fordern und erreichen. Hier wird aber so getan, als ob die Ehe die einzige Möglichkeit wäre, diese Probleme zu lösen. Gilt es nicht vielmehr, schon bereits bestehende Gesetze einfach praktikabler zu gestalten, so daß die Entscheidungsfreiheit des einzelnen vergrößert wird und er bestimmen kann, wen der Arzt im Krankheitsfall informiert, wer – und auch das gehört nun mal dazu – berechtigt ist, die Beerdigung zu gestalten und am Grabe zu stehen, und wer den gemeinsamen Hausstand erbt. Am besten regelt das ein umfassender Partnerschaftsvertrag und diese Möglichkeit muß man allen unverheirateten Paaren zur Verfügung stellen... und das kann man ja auch heute längst schon. Deswegen: Keine Sonderrechte Homosexueller, keine neuen Ungerechtigkeiten und deshalb bitte ich Sie, stimmen Sie mit ›nein‹...«

Das »Pro«-Plädoyer von Wibke Bruhns lautete folgendermaßen:

»Die Ehe, meine Damen und Herren, die traditionelle Familie ist ja nicht gefährdet dadurch, daß andere Partner ihre Verbindung legalisieren wollen. Die einen so und die anderen so... Aber es geht nicht, daß erwachsene Menschen, die ihrem Leben eine gemeinsame Verantwortung geben wollen, ausgegrenzt werden, steuerlich benachteiligt, arbeitsrechtlich benachteiligt werden, so, als hätten sie nichts miteinander zu tun... hier wollen Menschen Verantwortung für einander übernehmen, Pflichten für einander übernehmen, und das erlauben wir ihnen nicht, weil sie homosexuell sind. Die Kirche muß solche Verbindungen ja nicht absegnen, das ist ihre Sache, ob sie das tut oder nicht. Der Herrgott jedoch hat die Sexualität nicht verpönt, er hat sie geschaffen, und dem Staat steht es zu und man kann von ihm erwarten, daß er die Würde des einzelnen Menschen schützt und die größte Würde des Menschen ist die Liebe.«

Ausgesprochen intensiv beschäftigten sich die Medien mit dem Thema »Homo-Ehe« anläßlich der »Aktion Standesamt«. Angekündigt wurde die Aktion als eigene Meldung zwar nur von wenigen Zeitungen (im Gegensatz zur Bekanntgabe, daß Hella von Sinnen und Cornelia Scheel heiraten und das Aufgebot bestellen wollten), doch nach der Durchführung der Aktion stürzten sich beinahe alle Tageszeitungen und die visuellen Medien auf das Ereignis.

Welche Haltung die Parteien zu dem Thema »Homo-Ehe« einnehmen, wollte die Bundesarbeitsgemeinschaft Schwuler Juristen (BASJ) im Jahr 1994 wissen. Aus Anlaß der damals bevorstehenden Europa-, Bundes- und Landtagswahlen befragte die BASJ die Parteien nach ihrer Einstellung zu einer rechtlichen Absicherung homosexueller Partnerschaften. Die Arbeitsgemeinschaft kam zu dem Ergebnis, daß – obgleich es positive Ansätze gäbe – die Reaktion der Parteien in puncto Homosexuellenrecht eher zurückhaltend seien.

Mittlerweile können Homosexuelle, die sich für eine »Homo-Ehe« einsetzen, eine Reihe von Erfolgen verbuchen:

1. Das Land Niedersachsen kündigt Ende Juni 1995 eine Bundesratsinitiative an, die schwulen und lesbischen Paaren die Standesämter öffnen soll. Angestrebt wird eine eingetragene Lebensgemeinschaft, die teilweise Bestimmungen des Eherechts übernimmt. So sollen sich die Partner z. B. gegenseitig beerben können.

2. Sachsen-Anhalt hat eine Entschließung des Europaparlaments zur Gleichberechtigung Homosexueller zu einer Grundlage der Landespolitik erklärt.

3. Im Juni 1995 legt Bündnis 90/DIE GRÜNEN einen Gesetzesentwurf vor, demzufolge in einer homosexuellen Lebensgemeinschaft der Hinterbliebene nach dem Tod des Partners das Recht erhalten soll, einen Mietvertrag zu übernehmen.

4. Bundesjustizministerin Leutheusser-Schnarrenberger (FDP) spricht sich in einem Interview des Südwestfunks dafür aus, Benachteiligungen schwuler und lesbischer Paare abzuschaffen.

5. Ende Juni 1995 setzt sich der Petitionsausschuß des Bundestags dafür ein, die rechtliche Lage homosexueller Paare zu verbessern.

Sogar innerhalb der Kirche – wenngleich auch nur in der evangelischen – zeichnet sich ein Umdenkungsprozeß hinsichtlich des Umgangs mit Homosexuellen ab: So fordert die evangelische Kirche im Rheinland ihre Mitglieder dazu auf, Schwule und Lesben ohne Vorbehalte zu akzeptieren und bei Personalentscheidungen nicht zu benachteiligen. Einen Schritt weiter gehen der Hamburger Pastor Rainer Jarchow und die Präsidentin der Nordelbischen Synode, Elisabeth Lingner: Beide sprechen sich für einen Segen für Homosexuelle aus.

Neben der »Homo-Ehe« beschäftigen sich die Medien (und auch die Homosexuellen selbst) in den 90er Jahren besonders intensiv mit den Themen »AIDS« und »Gewalt gegen Schwule«. Von der Thematisierung der Immunschwächekrankheit war bereits die Rede; nun soll ein Blick auf die antihomosexuelle Gewalt geworfen werden, wobei »Gewalt« hier nicht nur körperliche Gewalt gegen Schwule (etwa von Seiten neonazistischer Kreise) meint, sondern auch weniger handgreifliche Formen von Aggression, wie Diskriminierung von Lesben / Schwulen am Arbeitsplatz, durch Polizeibehörden und durch große Teile der deutschen Bevölkerung.

Zahlreichen Vertretern der Schwulenbewegung ist es längst klar geworden, daß es nicht darum geht,

»die ›Normalität‹ der Homosexualität, der gleichgeschlechtlichen Liebe und der Schwulen unter Beweis zu stellen, sondern die Antihomosexualität als ›Abnormalität‹ zu entlarven« (Eduard Stapel, zit. n. Starke, ebd.: 69).

Wie verbreitet antischwule Einstellungen in Deutschland immer noch sind, zeigt die Repräsentativbefragung über »Einstellungen und Werthaltungen zu homosexuellen Männern in Ost- und Westdeutschland« (1991), die der Soziologe Michael Bochow durchgeführt hat. Bochow befragte 1 002 Ost- und 1 220 Westdeutsche. Das Resultat: 9,7 % der Ost- und 13,4 % der Westdeutschen sprechen sich für ein absolutes Verbot homosexueller Aktivitäten aus. Eine Ungleichbehandlung von schwulen und heterosexuellen Männern wird von der Mehrheit der Deutschen bejaht:

»Eine berufliche Diskriminierung homosexueller Männer in Gestalt einer Einschränkung des Zugangs oder das Zugangsverbot zu politischen Ämtern und / oder zum Beruf des Lehrers befürworten... 71 % der Westdeutschen und 64 % der Ostdeutschen.« (zit. n. Starke, ebd.: 70).

Erschreckend ist ebenfalls der hohe Prozentsatz an Deutschen, die mit Schwulen nichts zu tun haben möchten: Bei den Westdeutschen sind es 61 %, bei den Ostdeutschen 65 %. Bochows Untersuchung bestätigt die Auffassung von Lautmanns und Wienold, die in ihrer schon erwähnten Erhebung zur Antihomosexualität in der BRD (1974) zu dem Ergebnis gelangten, daß ein nachweisbarer Zusammenhang zwischen Schwulenfeindlichkeit und Konservativismus besteht.

Offenbar existiert aber nicht nur ein Zusammenhang zwischen Antihomosexualität und Konservativismus; es gibt überdies eine Verbindung zwischen Sexual- und Schwulenfeindlichkeit, was Bochow damit belegt, daß der schwulenfeindlichere Teil der Deutschen wesentlich später Geschlechtsverkehr praktiziert hat, nach seiner eigenen Einschätzung den Koitus seltener vollzieht als andere gleichaltrige Personen und auch weniger Lust am Sex verspürt sowie monogamer lebt.

Michael Bochow erklärt das starke Ausmaß an schwulenfeindlichen Anschauungen mit der

»sozialen Konstruktion von Männlichkeit und Weiblichkeit in unserer Gesellschaft... Die... Frage ›Wann ist ein Mann ein Mann‹... wird von der überwiegenden Mehrheit der Männer und Frauen noch so beantwortet, daß sexuelle, erotische, ja selbst zärtliche Tönungen mannmännlicher Sozialität die sozial lizensierte Geschlechtsrolle in Frage stellt. Die soziokulturell fest verankerte Definition von Männlichkeit und Weiblichkeit gestattet in den Augen der Bevölkerungsmehrheit keine gleichgeschlechtlichen sexuellen Kontakte. Diese Form der sozialen Konstruktion von Männlichkeit und Weiblichkeit ist damit in ihren Wirkungen noch sehr viel verbreiteter und wesentlich weitgehender als die individuelle Abwehr und Verdrängung eigener homosexueller Impulse, die häufig für antihomosexuelles Verhalten angeführt werden« (zit. n. Starke, ebd.: 71 f.).

Antihomosexuelle Einstellungen wirken sich für Schwule und Lesben besonders bedrohlich am Arbeitsplatz aus, da sie dort ihre Existenzgrundlage gefährden können. Eine 1995 im Auftrag des Niedersächsischen Sozialministeriums von der Schwul-lesbischen Forschungsgruppe am Institut für Psychologie – Sozialpsychologie – der Ludwig-Maximilians-Universität München erarbeiteten Studie macht deutlich, in welchem Ausmaß Homosexuelle an ihrem Arbeitsplatz noch immer diskriminiert werden. In der Studie »*Lesben und Schwule in der Arbeitswelt. Ergebnisse zur Diskriminierung von Lesben und Schwulen in der Arbeitssituation*« (für die 2 522 Lesben und Schwule in ganz Deutschland befragt wurden) heißt es:

»80,9 % der befragten Lesben und Schwulen wurden und werden am Arbeitsplatz wegen ihrer Homosexualität diskriminiert (Männer 81,2 %, Frauen 80,4 %). Wenn man bei diesem Ergebnis noch diejenigen berücksichtigt, denen es gelingt, ihre Homosexualität gänzlich zu verschweigen (und trotzdem etwas von ihrem Privatleben oder vermeintlichem Privatleben zu erzählen, damit sie nicht wegen ihres Schweigens in eine Randposition geraten… und wenn man diejenigen berücksichtigt, die einen explizit schwulen- oder lesbenfreundlichen Arbeitsplatz haben (z. B. MitarbeiterInnen in schwulen / lesbischen Projekten), dann kann man sagen, daß fast alle Schwulen und Lesben aufgrund ihrer Homosexualität Diskriminierungen am Arbeitsplatz erfahren« (S. 5).

Die Verfasser der Studie (Christopher Knoll, Monika Bittner, Manfred Edinger, Dr. Günter Reisbeck, Rainer Schmitt, Prof. Dr. Heiner Keupp) führen zwei Fallbeispiele an, welche die Situation Homosexueller in der Arbeitswelt klarmacht – eines davon lautet wie folgt:

»Hans, 25 Jahre alt, ist vor 4 Monaten von Berlin nach München gezogen, um – direkt nach seinem BWL-Studium – eine Stellung im Vertrieb einer namhaften Computerfirma anzunehmen. Von Anfang an wurde er – insbesondere auf externen Schulungen – von den Kollegen nach Freundinnen bzw. ›Frauengeschichten‹ befragt. Dies geschah so intensiv, daß er, um sich nicht verdächtig zu machen, eine Freundin erfand. Er hat sich sozusagen zwangsheterosexualisiert. Der Druck, diese Geschichte authentisch zu halten und das Interesse der Kollegen zu befriedigen, ist mittlerweile so groß geworden, daß er überlegt, noch in der Probezeit die für ihn ansonsten sehr attraktive Stellung zu kündigen« (S. 2).

Während Hans großartigerweise noch die »Entscheidungsfreiheit« hat, im Verlauf der Probezeit selbst zu kündigen, wurde einem anderen Schwulen aufgrund seiner Homosexualität in der Probezeit gekündigt.

Der Mann verklagte daraufhin seinen Arbeitgeber, jedoch ohne Erfolg. Das Bayerische Landesarbeitsgericht (Urteil vom 12.9.1991, Az. Ca 4676/91) begründet die Zurückweisung der Klage so:

»Der Kläger könne sich nicht auf Art. 3 Abs. 3 GG berufen, weil diese Grundrechtsbestimmung einen Mann nicht davor schütze, wegen seiner Homosexualität benachteiligt zu werden. Vor der Benachteiligung wegen dieser ›abartigen Anlage seines Geschlechtstriebes‹ müsse ein Mann nicht in gleicher Weise geschützt werden wie vor einer Diskriminierung wegen seines Geschlechtes, seiner Abstammung, seiner Rasse, Sprache etc. Die Kündigung sei auch nicht sittenwidrig. Die wegen der Homosexualität erfolgte Kündigung sei von dem verständlichen und vertretbaren Motiv getragen gewesen, den persönlichen und geschäftlichen Umgang von Personen freizuhalten, deren Sexualverhalten als anstößig empfunden werde. Es widerspreche keineswegs dem Anstandsgefühl aller Billig- und Gerechtdenkenden, den Umgang mit homosexuellen Personen zu meiden und bestehende Kontakte zu ihnen abzubrechen« (zit. n. *Aids-Forschung*, 10. Jg., Februar 1995, Heft 2).

Dieser Urteilsspruch ist in seiner Homosexualitätsfeindlichkeit wohl kaum zu überbieten; daß er von einem bayerischen Gericht gefällt wurde, verblüfft freilich nicht: Institutionen in diesem Bundesland Deutschlands produzieren sich mit besonderer Vorliebe in Sachen Schwulenfeindlichkeit; hierin macht auch die Polizei, wie später dargestellt werden wird, keine Ausnahme.

Auf welche Weise werden Lesben/Schwule am Arbeitsplatz diskriminiert? Die am häufigsten vorkommenden »Spiel«-Arten von Benachteiligungen/Diskriminierungen sind:

Unangenehme Schwulen-/Lesbenwitze: 53,7 %;
  KollegInnen reden hinter meinem Rücken über mich: 48,2 %;
  Unangenehmes Interesse an meinem Privatleben: 35,6 %;
  Unangenehme sexuelle Anspielungen: 26,3 %;
  Lächerlich gemacht werden: 20,6 %. (Die Prozentzahlen beziehen sich auf Männer und Frauen insgesamt.)

Als wichtigste Ergebnisse fassen die Autoren der Studie zusammen:

1. Schwule und Lesben sind in allen Bereichen des Arbeitslebens beschäftigt. Das Klischee, Homosexuelle arbeiten in beruflichen »Nischen« (Friseure, Ballettänzer etc.), entspricht also nicht der Realität.
2. Diskriminierung am Arbeitsplatz trifft fast alle Schwulen und Lesben.
3. Diskriminierung trifft Schwule und Lesben unabhängig von ihrer Lebens- und Arbeitssituation. Betroffen sind Homosexuelle aller Lebensbereiche; Alter, Einkommen und Wohnortgröße sind keine geeigneten Parameter, Diskriminierungen vorherzusagen.
4. Diskriminierung ist unabhängig von äußeren betrieblichen Strukturen. Egal, ob es sich um einen großen oder kleinen Arbeitsplatz handelt, egal, ob mehr Männer oder Frauen in einem Betrieb arbeiten: Überall ist antihomosexuelles Verhalten anzutreffen.
5. Diskriminierung senkt die Arbeitszufriedenheit.
6. Diskriminierung macht krank (sie verursacht z. B. diverse psychosomatische Störungen).
7. Diskriminierung ist ein betriebswirtschaftliches Problem (amerikanische Analysen haben ergeben, daß homosexualitätsfeindliche Arbeitsplätze weniger produktiv sind als liberale Arbeitsplätze, und beziffern die Produktionseinbußen durch Homophobie mit bis zu 10 % (S. 21 f.).

Die Verfasser der Studie gelangen am Ende ihrer Arbeit zu der Ansicht, daß die Situation Homosexueller am Arbeitsplatz, die kaum anders als katastrophal zu bezeichnen ist, nur von außen verbessert werden kann:

»Die rechtliche und soziale Absicherung schwuler und lesbischer ArbeitnehmerInnen ist unzureichend. In dem potentiell diskriminierenden Umfeld, in dem sich Lesben und Schwule in der Arbeitssituation oft bewegen, kann nicht erwartet werden, daß diese in Einzelkämpfermentalität ihre Situation selbst verbessern können. Zudem wird von seiten der Betriebe bisher noch kein Änderungsbedarf gesehen. Hier müssen von seiten der Ministerien, Gewerkschaften und Wirtschaftsverbände Maßnahmen getroffen werden, die die Situation der Schwulen und Lesben am Arbeitsplatz entscheidend verbessern« (S. 22).

Um Homosexuellen-Diskriminierung am Arbeitsplatz zu bekämpfen, schlagen die Autoren der Studie folgende Maßnahmen vor:

»– Diskriminierungsverbote in arbeitsrechtlichen Richtlinien, um Defizite in der rechtlichen Absicherung homosexueller ArbeitnehmerInnen auszugleichen.
– Information der Betriebe, z. B. durch Informationsbroschüren von seiten der Ministerien, Arbeitgeberverbände und Gewerkschaften, um eine gewisse Sensibilisierung für dieses Thema zu erreichen…
– Aufnahme des Themas Homosexualität in die Lehrpläne der Ausbildungsanstalten, die die rechtliche und soziale Situation von ArbeitnehmerInnen thematisieren.
– Größeres Engagement der Gewerkschaften zur Wahrung der Rechte von Lesben und Schwulen« (S. 20).

Interessant erscheint ein Vergleich zwischen den Ergebnissen dieser statistischen Erhebung und denjenigen von Studien zum Thema Diskriminierung am Arbeitsplatz aus den 70er Jahren. Es zeigt sich nämlich, daß sich vor etwa zwanzig Jahren weit weniger Schwule im Beruf benachteiligt fühlten als heute: Die Zahlenangaben schwanken zwischen 10 und 20 % der befragten homosexuellen Männer. Warum relativ wenige Schwule in den 70er Jahren über Diskriminierungen am Arbeitsplatz zu klagen hatten, erklärt Rüdiger Lautmann so:

»Die allgemeine Lage in der Bundesrepublik war in den beiden letzten Jahrzehnten gekennzeichnet durch vergleichsweisen Wohlstand, durch abgemilderte Spürbarkeit von Wirtschaftskrisen und durch ein im ganzen gegenüber früher liberalisiert-demokratisches Klima (womit über nach wie vor schlimme Teilbereiche, über Sektoren einer sich verschärfenden Illiberalität sowie über zukünftige Entwicklungen hier nichts gesagt sein soll). Im Vergleich zu den erlebten und anderswo beobachtbaren Kriegs- und Hungerszeiten bewerten viele Bürger die *wirtschaftliche und politische Situation* ihrer selbst und dieses Landes als eher positiv… So verwundert es nicht, wenn in dieser Periode die antihomosexuelle Diskriminierung auch am Arbeitsplatz nachgelassen hat…« (Lautmann, 1977: 95).

Nimmt man diese Erklärung an und geht von einem reziproken Verhältnis »(Gefühl ökonomischer Sicherheit« – »Antihomosexuelles Verhalten am Arbeitsplatz)« aus, so ist es keineswegs erstaunlich, daß homosexuellenfeindliches Handeln im Beruf in den 90er Jahren derart vermehrt anzutreffen ist: Angesichts der hohen Arbeitslosenquote, die u. a. auf Wegrationalisierung von Arbeitsplätzen, Investitionsverlagerungen großer Betriebe ins Ausland und nicht zuletzt auf die fehlende Bereitschaft der Bundesregierung, effektive Maßnahmen gegen die Arbeitslosigkeit zu ergreifen, zurückzuführen ist, bangen viele Arbeitnehmer um ihre Stelle – und Angst kann bekanntlich leicht in Aggression gegenüber Schwächeren umschlagen. Da Homosexualität immer noch weitgehend als Makel gilt, verwundert es nicht, daß Schwule und Lesben häufig Zielscheibe dieser Aggressionen sind.

Einen mißliebigen Konkurrenten beim Vorgesetzten mehr oder weniger direkt als schwul oder lesbisch zu »outen«, wird darüber hinaus gewiß für manchen Arbeitnehmer zu einem probaten Mittel, seinen beruflichen Status quo zu wahren bzw. zu verbessern.

Nicht nur am Arbeitsplatz, auch an den verschiedenen Orten der schwulen Subkultur sehen sich Schwule mit Gewalt konfrontiert. Längst richtet sich die Aggressivität von Rechtsradikalen nicht mehr »nur« gegen Ausländer und Juden, sondern auch gegen homosexuelle Männer. Rechtsradikale Gruppierungen suchen bekannte Schwulen-Treffpunkte – Klappen, Kneipen, Parks oder auch Beratungszentren auf –, um gegen Schwule gewaltsam vorzugehen: »Schwule klatschen«, nennen sie es, die sogenannten Schwulen-Ticker.

Die Gründe dafür, weshalb Rechtsradikale Schwule attackieren, liegen auf der Hand: Zum einen gelten für sie Schwule als »undeutsch« und »dekadent«, zum anderen verkörpern sie verdrängte homosexuelle Wünsche der Täter; über die Gewaltverbrechen an Schwulen versuchen die Neonazis, ihre eigenen schwulen Anteile zu zerstören.

Mittlerweile haben sich in deutschen Großstädten zahlreiche Schwulen-Organisationen gebildet, die sich gegen antischwule Gewalt (die auch von kriminellen Strichern ausgeht) zur Wehr setzen, so etwa das »Schwule Überfalltelefon Berlin«, das vom Verein »Mann-O-Meter« eingerichtet wurde. Zielsetzung des Vereins ist es, schwule Opfer zu betreuen, antischwule Gewalttaten zu erfassen und zu dokumentieren, entsprechende Öffentlichkeitsarbeit zu leisten sowie die Ausein-

andersetzung mit Polizei, Behörden und der Politik zu suchen. Bastian
Finke von »Mann-O-Meter« schreibt über die Arbeit des Vereins:

»Seit Arbeitsbeginn verzeichnen wir monatlich 80–90 Anfragen zum
Thema ›Gewalt gegen Schwule‹. In der Zeit zwischen dem 1.7.90 und
30.6.92, d. h. in zwei Jahren registrierten wir mehr als 300 Fälle an-
tischwuler Gewalt in Berlin mit über 700 Opfern… Opfer antischwu-
ler Gewalttaten, die sich an uns wenden, werden von geschulten Mit-
arbeitern gezielt beraten und betreut. Geboten werden psychologische
Hilfestellungen, schneller Kontakt zu erfahrenen Rechtsanwälten und
Kontakte zu Ärzten und Krankenhäusern, Beratung zu Anzeigen, sowie auf Wunsch auch Begleitung zur Polizei« (*DU & ICH*, 25. Jg.,
11/93, S. 64).

Die Mitarbeiter des »Überfalltelefons« mußten immer wieder inad-
äquates bzw. diskriminierendes Verhalten von Polizisten gegenüber
Schwulen feststellen. Ein besonders krasses Beispiel, bei dem sich von
»unterlassener Hilfeleistung« seitens der Polizei sprechen läßt: Am
20.6.92, 17.30 Uhr, wurden an

»der Jebensstraße (Bahnhof Zoo), unweit der Polizeiauffahrt, …zwei
Stricher von ›Zuhältern‹ bedrängt, die von ihnen ›Standgeld‹ zu erpressen versuchen. Während der eine Stricher fliehen kann, wird der
andere festgehalten. In diesem Moment winkt ein Polizeibeamter ein
Polizeifahrzeug auf die Straße. Die Beamten werden von einem Stricher angerufen, daß ›hinter ihrem Rücken‹ jemand mit einem Baseball-Schläger bedroht wird. Die Beamten schauen hin, drehen sich jedoch wieder um. Gleich darauf fährt das Polizeifahrzeug am Tatort
vorbei. In diesem Moment erhält der festgehaltene Stricher einen
kräftigen Schlag mit dem Baseball-Schläger auf den Rücken. Die Täter
flüchten. Am nächsten Tag spürt das Opfer ein Kribbeln auf der linken
Körperhälfte und bricht bewußtlos zusammen. Mit einem Rettungs-
wagen muß er ins Krankenhaus gebracht werden. Es werden innere
Verletzungen diagnostiziert.« (ebd.: 64).

Aus den negativen Erfahrungen, die »Mann-O-Meter« mit Polizisten
gemacht hatte, leitete der Verein nur allzu berechtigte Forderungen ab:
Die Polizei müsse »von oben« klare Anweisungen an die Beamten ge-

ben, da nur so eine Veränderung des Umgangs von Polizisten mit Homosexuellen zu erreichen sei. Zusätzlich sei eine Sensibilisierung für das Thema »Gewalt gegen Schwule« und eine intensive Aufklärung über schwule Lebensformen notwendig, wozu Aus- und Fortbildungsveranstaltungen geeignete Mittel wären.

Wie notwendig ein Umdenken der Polizei in puncto Homosexualität ist, zeigt ein Vorfall von Schwulen- und Ausländerdiskriminierung, der (nicht nur) in München für Schlagzeilen sorgte.

Im August 1995 griffen zwei Beamte der Polizeiinspektion 11 am Gärtnerplatz, dem Schwulen-Viertel Münchens, vier Männer aus Polen und Rumänien auf, die sie der illegalen Prostitution verdächtigten. Sie nahmen den Männern die Pässe ab und versahen sie mit dem nicht zu übersehenden handschriftlichen Vermerk »Homo-Strich« bzw. »Homo-Szene«. Eine derartige Vorgehensweise, bemerkte die Münchner »Rosa Liste« zutreffend, erinnere »frappierend an den Rosa Winkel des Dritten Reiches«; für »Schwule, die wie Juden, Sinti und politische Oppositionelle zu den Verfolgten des Dritten Reiches gehörten, ist das Verhalten der Polizei schockierend« (*Abendzeitung* v. 19./20.8.1995).

Zweifellos überschritten die beiden Polizisten ihre Kompetenzen: Es ist zwar legal, bei Ausländern einen Vermerk über Ort und Zeit einer Kontrolle in den Paß zu stempeln; ein Eintrag wie »Homo-Strich« verstößt jedoch gegen die Anweisungen der Paßkontrollen.

Die Münchner Polizei scheint übrigens Paßkontrollen und Razzien in Schwulenkneipen besonders gern durchzuführen, und sie macht dies mit besonderer Härte und mit recht eigentümlichen Methoden. So berichtet beispielsweise der Diplom-Psychologe Manfred Edinger, Leiter der Schwulen-Anlaufstelle »Anti-Gewalt-Projekt«, daß die Polizei bei Razzien in Lokalen die Pässe der Besucher einsammelt und anschließend die Namen laut vorliest bzw. die Pässe gesammelt einem einzelnen Gast zurückgibt, was freilich die Wahrung der Anonymität nicht gerade fördert. Wie solche Razzien aussehen und welche Konsequenzen sie haben, darüber berichtete die *Abendzeitung* (19./20.8.1995), die den Wirt eines Schwulen-Lokals interviewte:

»Er erzählt, wie Beamte ›so, als ob ihnen der Laden gehören würde‹, mit Aufgeboten, die die Zahl der Gäste bei weitem überstieg, Keller, Toilette, Bar durchsuchten. ›Dann fordern sie die Pässe, kontrollieren sie und werfen sie gebündelt auf den Tisch – mit der Aufforderung: Nehmt sie euch wieder!‹ Walter leidet nicht nur unter den Umsatzeinbußen, die die tägliche Kontrolle durch die Polizei verursacht. Auch die Privatsphäre der Gäste – ein Bier in der Kneipe der eigenen Wahl sollte wohl dazugerechnet werden – wird dauerhaft gestört. Der Wirt: ›Bei uns kehren viele ältere Homosexuelle ein. Die sind wegen ihren Neigungen immer diskriminiert worden: In der Nazi-Zeit, in der Bundesrepublik bis zur Aufhebung des ›Schwulenparagraphen‹ im Jahre 1967 (sic!). Jetzt dachten sie, sie könnten in Ruhe leben. Doch die dauernden Razzien der Polizei versetzen sie in Angst und Schrecken.«

Glücklicherweise waren zwei der kontrollierten Polen mutig genug und haben sich die diskriminierende Behandlung durch die Polizei nicht gefallen lassen: Sie strengten eine Dienstaufsichtsbeschwerde gegen die beiden Beamten an. Der Polizei-Skandal sprach sich natürlich auch am traditionellen Münchner »Schwulen Straßenfest«, das am 19.8.1995 stattfand, rasch herum. Die Reaktionen:

»Einmütige Empörung überall... Fassungslosigkeit mischt sich mit Ironie: ›Bekommen das wirklich nur Ausländer. Ich hätte so gerne einen Eintrag.‹ Oder die Parole: ›Registriert uns! Registriert uns!‹ Unterschriftslisten gegen die Praktiken der Münchner Polizei füllen sich in Windeseile« (*Abendzeitung* v. 21.8.1995).

Manfred Bruns, der Sprecher des deutschen Schwulenverbands, kommentierte die Münchner Vorfälle folgendermaßen:

»Da stimmt in der Polizeiführung was nicht. Es müßte eine Selbstverständlichkeit für jeden Polizisten sein, daß so etwas schlechterdings unmöglich geht. In Köln oder Berlin gehört der korrekte Umgang mit Homosexuellen zum Ausbildungsprogramm für Polizisten (›Mann-O-Meter‹ konnte mittlerweile offensichtlich einiges bewegen; H.B.). In München hat man gesagt: Das brauchen wir nicht« (*Abendzeitung* v. 19./20.8.1995).

Wie äußert sich nun die Polizei zu den Ereignissen? Rainer Stolle, Pressesprecher der Münchner Polizei, meinte:

»Ich kann mir nicht vorstellen, wie so etwas passieren konnte. Der Vorgang ist absolut nicht in Ordnung… Gegen sie (die beiden Beamten; H. B.) wird beamten- und disziplinarrechtlich ermittelt. …eine Versetzung wird meiner Meinung nach nicht genügen. Disziplinarrechtlich könnte das weitergehen, von Gehaltskürzungen bis zur Entlassung« (*die tageszeitung* v. 21.8.1995).

Daß die Münchner Polizei im Umgang mit Schwulen alles andere als sensibel ist, gab Rainer Stolle unumwunden zu:

»Wir haben keinen einzigen Großstadtpolizisten. Wir müssen leider viele unserer Leute aus dem Bayerischen Wald oder dem tiefsten Franken holen. Für sie ist vielleicht – das ist meine eigene Meinung – ein Homosexueller noch was Furchtbares« (*Abendzeitung* v. 21.8.1995).

Andererseits relativiert Stolle die Vorfälle wieder, indem er in der *tageszeitung* zum Ausdruck brachte, daß es bis jetzt keinen eigentlichen Schaden gegeben hätte. Als ob es nicht Schaden genug wäre, daß die betroffenen Polen und Rumänen durch den Paß-Eintrag diskriminiert wurden. Und es hätte auch durchaus schlimmer kommen können: Erst im Mai 1995 wies amnesty international nach, daß in Rumänien Schwule massiv unterdrückt werden. Die Rede ist von Verfolgung, Inhaftierung und sogar Folterung. Eine herzliche Begrüßung hätten die Rumänen mit dem Homo-Vermerk im Paß wohl schwerlich erwarten dürfen. Nicht nur in Deutschland, auch im Ausland sorgte der Münchner Polizei-Skandal für Empörung. Die *Süddeutsche Zeitung* schreibt am 23.8.1995:

»Internationaler Protest rührt sich gegen die von der Polizei als ›rechtsfehlerhaft‹ eingestandene Eintragung der Kontrollvermerke ›Homo-Strich‹ und ›Homo-Szene‹… Eine Liste mit 70 Namen schwuler Männer und lesbischer Frauen, die gegen dieses Vorgehen Einspruch erheben, ging beim Münchner Polizeipräsidium und in der SZ-Redaktion ein. Als Absender zeichnet Björn Skolander aus Uppsala in Schweden… Unterzeichnet haben Homosexuelle aus Australien, Schottland, Frankreich, den USA, Kanada, Neuseeland und Argentinien.«

Das Vorgehen der Münchner Polizei hatte am 23.8.1995 ein Nachspiel im Stadtrat: Oberbürgermeister Christian Ude (SPD) sprach von dem »schlimmsten Fall von Diskriminierung der letzten Jahre«; überdies warf er der Polizei zu wenig Sensibilität beim Umgang mit Schwulen vor, und die Weigerung der Polizei, einen eigenen Schwulenbeauftragten einzusetzen, nannte er dogmatisch und unflexibel.

Auch die Bundesregierung wird sich mit den Münchner Ereignissen auseinanderzusetzen haben, da die Fraktion Bündnis 90/DIE GRÜNEN am 22.8.95 eine Kleine Anfrage im Bundestag einbrachte.

»Rosa Zeiten für rosa Liebe« sind offensichtlich längst noch nicht angebrochen. Schwule sollten sich jedoch nicht allzusehr deprimieren lassen. Der Kampf um die Gleichberechtigung wird weitergehen, und er hat bisher auch schon einiges erreicht.

Literaturverzeichnis

Antikes Griechenland

Campe, J. (Hg.) (1994). »Matrosen sind der Liebe Schwingen«. Homosexuelle Poesie von der Antike bis zur Gegenwart. Frankfurt am Main–Leipzig.

Dover, K. J. (1983). Homosexualität in der griechischen Antike. München.

Foucault, M. (1991²). Sexualität und Wahrheit 2. Der Gebrauch der Lüste. Frankfurt am Main.

Platon. Charmides. Text und deutsche Übersetzung Schleiermacher. Hg. G. Eigler.

Platon. Phaidros, ebd.

Platon. Symposion, ebd.

Symonds, J. A. (1992). Die Homosexualität in Griechenland. Hg. Wim Hottentot. Berlin.

Theognis (1971). Elegie. Leipzig.

Xenophon (1962). Memorabilia. Text und deutsche Übersetzung P. Jaerisch. München.

Xenophon (LCL). Symposion. Text und englische Übersetzung C. J. Brownson und O. J. Todd. London.

Mittelalter

Bleibtreu-Ehrenberg, G. (1978). Tabu Homosexualität. Die Geschichte eines Vorurteils. Frankfurt am Main.

Brunner, H. (1887). Deutsche Rechtsgeschichte. Leipzig.

Campe, J. (1988). Andere Lieben. Homosexualität in der deutschen Literatur. Frankfurt am Main.

Campe, J. (Hg.) (1994). »Matrosen sind der Liebe Schwingen«. Homosexuelle Poesie von der Antike bis zur Gegenwart. Frankfurt am Main–Leipzig.

Hergemöller, B.-U. (1990). Sodomiter – Schuldzuschreibungen und Repressionsformen im späten Mittelalter. In: Hergemöller, B.-U. (Hg.) (1990). Randgruppen der spätmittelalterlichen Gesellschaft. 316–356. Warendorf.

Soldan, W. G., H. Heppe (1991). Geschichte der Hexenprozesse. Hg. Max Bauer. Bd. 1, Bd. 2. München.

Bleibtreu-Ehrenberg, G. (1978). Tabu Homosexualität. Die Geschichte eines Vorurteils. Frankfurt am Main.

Campe, J. (1988). Andere Lieben. Homosexualität in der deutschen Literatur. Frankfurt am Main.

Campe, J. (Hg.) (1994).»Matrosen sind der Liebe Schwingen«. Homosexuelle Poesie von der Antike bis zur Gegenwart. Frankfurt am Main–Leipzig.

Kohan-Bernstein, M. (1909). Die widernatürliche Unzucht (Diss.). Heidelberg.

Mann, Th. (1974²). Die Erotik Michelangelo's. In: Thomas Mann. Gesammelte Werke in dreizehn Bänden. Bd. 9 (Reden und Aufsätze). Frankfurt am Main 783–793.

Marlowe, Chr. (1981). Edward II/ Eduard II. Hg. D. Hamblock. Übers. H. Bolte, D. Hamblock. Stuttgart.

Mayer, H. (1981²). Außenseiter. Frankfurt am Main.

Solé, J. (1979). Liebe in der westlichen Kultur. Frankfurt am Main–Berlin–Wien.

Sternweiler, A. (1993). Die Lust der Götter. Homosexualität in der italienischen Kunst. Von Donatello zu Caravaggio. Berlin.

18. Jahrhundert

Bleibtreu-Ehrenberg, G. (1978). Tabu Homosexualität. Die Geschichte eines Vorurteils. Frankfurt am Main.

Campe, J. (1988). Andere Lieben. Homosexualität in der deutschen Literatur. Frankfurt am Main.

Derks, P. (1990). Die Schande der heiligen Päderastie. Homosexualität und Öffentlichkeit in der deutschen Literatur 1750–1850. Berlin.

Goethe, J. W. (1965²). Winckelmann und sein Jahrhundert. In: Johann Wolfgang Goethe. Gedenkausgabe der Werke, Briefe und Gespräche. Hg. Ernst Beutler, Bd. 13. Schriften zur Kunst. Zürich, Stuttgart. 407–450.

Mayer, H. (1981²). Außenseiter. Frankfurt am Main.

Winckelmann, J. J. (1952). Briefe. In Verbindung mit H. Diepolder hg. v. W. Rehm. Bd. 1–4. Berlin.

Goethezeit

Campe, J. (1988). Andere Lieben. Homosexualität in der deutschen Literatur. Frankfurt am Main.

Derks, P. (1990). Die Schande der heiligen Päderastie. Homosexualität und Öffentlichkeit in der deutschen Literatur 1750–1850. Berlin.

Goethe, J. W. (1887–1912). Briefe. Weimarer Ausgabe. Abteilung IV. Bd. 1–50. Weimar.

Goethe, J. W. (1977). Sämtliche Werke. Hg. Ernst Beutler. Bd. 1–18. Zürich–München.

Goethe, J. W. (1973). West-östlicher Divan. In: Johann Wolfgang von Goethe. Werke Bd. 1–6. Nach d. Text d. Artemis-Gedenkausg. Mit e. Einf. v. Victor Lange u. Anm. v. Eva-Maria Lenz. Bd. 1. 323–447.

Goethe, J. W. (1965[2]). Winckelmann und sein Jahrhundert. In: Johann Wolfgang Goethe. Gedenkausgabe der Werke, Briefe und Gespräche. Hg. Ernst Beutler. Bd. 13. Schriften zur Kunst. Zürich–Stuttgart. 407–450.

Ramdohr, F. W. v. (1798). Venus Urania. Über die Natur der Liebe, über ihre Veredlung und Verschönerung. Th. 1.2.3 I. II. Leipzig.

Restauration bis zur Gründung des Deutschen Reiches

Aron, J.-P., R. Kempf (1982). Der sittliche Verfall. Bourgeoisie und Sexualität in Frankreich. Frankfurt am Main.

Bleibtreu-Ehrenberg, G. (1978). Tabu Homosexualität. Die Geschichte eines Vorurteils. Frankfurt am Main.

Campe, J. (1988). Andere Lieben. Homosexualität in der deutschen Literatur. Frankfurt am Main.

Canler (1862). Mémoires. Paris.

Carlier, F. (1882). Les Deux Prostitutions. Paris.

Derks, P. (1990). Die Schande der heiligen Päderastie. Homosexualität und Öffentlichkeit in der deutschen Literatur 1750–1850. Berlin.

Garnier, P. (1889). Anomalies sexuelles. Paris.

Hoffschildt, R. (1992). Olivia. Die bisher geheime Geschichte des Tabus Homosexualität und der Verfolgung der Homosexuellen in Hannover. Hannover.

Hutter, J. (1992). Die gesellschaftliche Kontrolle des homosexuellen Begehrens. Medizinische Definitionen und juristische Sanktionen im 19. Jahrhundert. Frankfurt am Main–New York.

Mayer, H. (1981[2]). Außenseiter. Frankfurt am Main.

Platen, A. v. (1969[2]). Die Tagebücher. Aus der Handschrift des Dichters. Hg. G. Laubmann, L. v. Scheffler. Bd. 1, 2. Hildesheim.

Platen, A. v. (1982). Werke. Hg. Jürgen Link. Bd. 1. Lyrik. München.

Stümke, H.-G. (1989). Homosexuelle in Deutschland. Eine politische Geschichte, München.

Ulrichs, K. H. (1994). Vindex. In: Karl Heinrich Ulrichs. Forschungen über das Räthsel der mannmännlichen Liebe. (Neuausg.). Hg. Hubert Kennedy. Bd. 7. 1–28. Berlin.

Ulrichs, K. H. (1994). Memnon. In: Karl Heinrich Ulrichs. Ebd. Bd. 8. 1–50. Berlin.

Wawrzyn, L. (1982[2]). Der Automaten-Mensch. E. T. A. Hoffmanns Erzählung vom »Sandmann«. Berlin.

Blüher, H. (1912) (1914², 1920⁴). Die deutsche Wandervogelbewegung als erotisches Phänomen. Ein Beitrag zur Erkenntnis der sexuellen Inversion. Berlin, Tempelhof.

Blüher, H. (1915). Was ist Antifeminismus? Der Aufbruch. 1. 39–44.

Blüher, H. (1916). Der bürgerliche und der geistige Antifeminismus. Tempelhof.

Campe, J. (1988). Andere Lieben. Homosexualität in der deutschen Literatur. Frankfurt am Main.

Freud, S. (1976¹⁶). Drei Abhandlungen zur Sexualtheorie. Frankfurt am Main.

Freud, S. Eine Kindheitserinnerung des Leonardo da Vinci. Studienausgabe. Bd. 10. 87–159.

Funke, P. (1969). Oscar Wilde. Reinbek.

Geuter, U. (1994). Homosexualität in der deutschen Jugendbewegung. Jungenfreundschaft und Homosexualität im Diskurs von Jugendbewegung, Psychoanalyse und Jugendpsychologie am Beginn des 20. Jahrhunderts. Frankfurt am Main.

Härle, G. (Hg.) (1992). »Heimsuchung und süßes Gift«. Erotik und Poetik bei Thomas Mann. Frankfurt am Main.

Herzer, M. (1992). Magnus Hirschfeld. Leben und Werk eines jüdischen, schwulen und sozialistischen Sexologen. Frankfurt am Main–New York.

Hirschfeld, M. (1896). Sappho und Sokrates oder Wie erklärt sich die Liebe der Männer und Frauen zum eigenen Geschlecht? (erschienen unter dem Pseudonym Th. Ramien). Leipzig.

Hirschfeld, M. (1914). Die Homosexualität des Mannes und des Weibes. Berlin.

Hirschfeld, M. (1991). Berlins Drittes Geschlecht. Nachw. v. M. Herzer. Berlin.

Hutter, J. (1992). Die gesellschaftliche Kontrolle des homosexuellen Begehrens. Medizinische Definitionen und juristische Sanktionen im 19. Jahrhundert. Frankfurt am Main–New York.

Mann, K. (1981). Der Wendepunkt. Ein Lebensbericht. München.

Mann, K. (1993). Der fromme Tanz. Das Abenteuerbuch einer Jugend. Reinbek.

Näcke, P. (1908). Diagnose der Homosexualität. Neurologisches Centralblatt. 27. 338–351.

Naumann, U. (1991). Klaus Mann. Reinbek.

Reich, W. (1932). Der sexuelle Kampf der Jugend. Berlin–Wien–Leipzig.

Schellenbaum, P. (1991). Homosexualität im Mann. Eine tiefenpsychologische Studie. München.

Schonauer, F. (1992⁹). Stefan George. Reinbek.

Stekel, W. (1921²). Onanie und Homosexualität. Berlin–Wien.

Stümke, H.-G. (1989). Homosexuelle in Deutschland. Eine politische Geschichte. München.

Bleuel, H. P. (1972). Das saubere Reich. Theorie und Praxis des sittlichen Lebens im Dritten Reich. Bern–München–Wien.

Campe, J. (1988). Andere Lieben. Homosexualität in der deutschen Literatur. Frankfurt am Main.

Fest, J. C. (1974). Hitler: eine Biographie. Frankfurt am Main–Berlin–Wien.

Grau, G. (1993). Homosexualität in der NS-Zeit. Dokumente einer Diskriminierung und Verfolgung. Frankfurt am Main.

Heger, H. (1993 [4]). Die Männer mit dem rosa Winkel. Gifkendorf.

Hockerts, H.-G. (1971). Die Sittlichkeitsprozesse gegen katholische Ordensangehörige und Priester. Mainz.

Hoffschildt, R. (1992). Olivia. Die bisher geheime Geschichte des Tabus Homosexualität und der Verfolgung der Homosexuellen in Hannover. Hannover.

Klare, R. (1938). Die Homosexuellen als politisches Problem. 2. Teil: Die weibliche Homosexualität. In: Der Hoheitsträger. H. 3.

Kraepelin, E. (1918). Geschlechtliche Verirrungen und Volksvermehrung. In: Münchener Medizinische Wochenschrift. 65. Jg. Nr. 5. 117–120.

Lautmann, R. (1977). Seminar: Gesellschaft und Homosexualität. Frankfurt/M.

Plant, R. (1991). Rosa Winkel. Der Krieg der Nazis gegen die Homosexuellen. Frankfurt am Main–New York.

Schirach, B. v. (o. J.). Kriminalität und Gefährdung der Jugend.

Stümke, H.-G. (1989). Homosexuelle in Deutschland. Eine politische Geschichte. München.

Wilde, H. (Schulze) (1969). Das Schicksal der Verfemten. Tübingen.

Von der Gründung der Bundesrepublik bis in die Gegenwart

Balser, K., M. Kramp, J. Müller, J. Gotzmann (Hg.) (1994). »Himmel und Hölle«. Das Leben der Kölner Homosexuellen 1945–1969. Köln.

Bretschneider, W. (1965). Sexuell aufklären – rechtzeitig und richtig. Leipzig–Jena–Berlin.

Campe, J. (1988). Andere Lieben. Homosexualität in der deutschen Literatur. Frankfurt am Main.

Commerçon, M. (1995). Mut zum Träumen, Kraft zum Kämpfen. Leben mit AIDS. Markus Commerçon im Gespräch mit Michael Steinbrecher. Bergisch Gladbach.

Dannecker, M., R. Reiche, (1974). Der gewöhnliche Homosexuelle. Frankfurt am Main.

Dannecker, M. (1978). Der Homosexuelle und die Homosexualität. Frankfurt am Main.

Dannecker, M. (1987). Das Drama der Sexualität. Frankfurt am Main.

Dunde, S. R. (Hg.) (1994). Die Angst verlieren. Schwules Leben in Zeiten von Aids. Reinbek.

Fichte, H. (1968). Die Palette. Reinbek.

Gatzweiler, R. (1951). Das dritte Geschlecht. Um die Strafbarkeit der Homosexualität. Köln.

Giese, H. (1964). Der homosexuelle Mann in der Welt. Stuttgart.

Grossmann, Th. (1994, überarb. Neuausg.). Schwul – na und? Reinbek.

Jacobsen, W. (1984). Rosa von Praunheim. Reihe Film 30. München.

Lautmann, R. (1974). Stigma Homosexualität. In: Sexualmedizin 3.

Lautmann, R. (1977). Seminar: Gesellschaft und Homosexualität. Frankfurt am Main.

Rimmele, H. (1993). Schwule Biedermänner? Die Karriere der »schwulen Ehe« als Forderung der Schwulenbewegung – Eine politikwissenschaftliche Untersuchung. Hamburg.

Schelsky, H. (1955). Soziologie der Sexualität. Reinbek.

Sillge, U. (1991). Un-Sichtbare Frauen, Lesben und ihre Emanzipation in der DDR. Berlin.

Starke, K. (1994). Schwuler Osten. Homosexuelle Männer in der DDR. Berlin.

Stümke, H.-G. (1989). Homosexuelle in Deutschland. Eine politische Geschichte. München.